本书荣获国家级奖评

◎ 国家新闻出版署列为“常备书目”畅销书

◎ 全国大学出版协会评为“畅销书优秀奖”

◎ 国家教委评为能反映社会主义市场经济规律，具有较高水平的主干教材，并作为“推荐教材”向全国高校推荐

◎ 中国书刊发行协会评为“全国优秀畅销书”

普通高等教育“十四五”规划教材
工 商 管 理 精 品 系 列

企 业 管 理

（第八版）

主编／陈文安 薛松

立信会计出版社
LIXIN ACCOUNTING PUBLISHING HOUSE

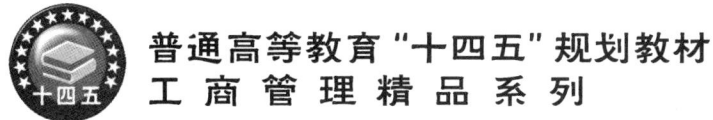

图书在版编目(CIP)数据

企业管理 / 陈文安，薛松主编. —8版. —上海：立信会计出版社，2021.8

ISBN 978-7-5429-6909-5

Ⅰ.①企… Ⅱ.①陈… ②薛… Ⅲ.①企业管理—高等学校—教材 Ⅳ.①F272

中国版本图书馆CIP数据核字(2021)第168629号

策划编辑 方士华

责任编辑 方士华

企业管理(第八版)

QIYE GUANLI

出版发行	立信会计出版社		
地　　址	上海市中山西路2230号	邮政编码	200235
电　　话	(021)64411389	传　　真	(021)64411325
网　　址	www.lixinaph.com	电子邮箱	lixinaph2019@126.com
网上书店	http://lixin.jd.com	http://lxkjcbs.tmall.com	
经　　销	各地新华书店		
印　　刷	上海天地海设计印刷有限公司		
开　　本	710毫米×960毫米	1/16	
印　　张	28.25	插　　页	1
字　　数	570千字		
版　　次	2021年8月第8版		
印　　次	2021年8月第1次		
印　　数	1—3 100		
书　　号	ISBN 978-7-5429-6909-5/F		
定　　价	59.00元		

第八版前言

本书发行以来，广受全国众多高等院校和读者欢迎，已重印49次，发行50余万册。同时多次荣获国家级奖评：1995年被国家新闻出版署列为常备书目(畅销书)；1996年被全国大学出版协会评为畅销书优秀奖；1997年被国家教委评为能反映社会主义市场经济规律，具有较强的科学性和适应性，符合大学教学要求，具有较高水平的主干课教材之一(从全国50所高校和60家出版社申报近400种经济、管理类教材中遴选出39本)，并作为“推荐教材”向全国高校推荐；2000年和2001年连续两年被中国书刊发行协会评为全国优秀畅销书。

鉴于我国“十四五”规划目标、任务、要求，全面参与经济全球化的新机遇、新挑战，努力实现工业自动化、量子信息化、人工智能化、市场化、国际化、法治化。深入发展的新形势、新任务，以及大量企业参与跨国经营，2020年我国进入全球“财富”500强企业高达133家，第一次超过美国121家。企业管理理论和实践得到快速发展，为此我们对本书第七版作了修订。在修订中，我们坚持科学发展观，注意反映国内外企业管理理论和实践的发展，并对全书内容进行了必要的修改和补充。

第八版分五篇：第一篇管理原理与组织；第二篇经营战略管理；第三篇生产管理与控制；第四篇科技开发管理；第五篇财务信息管理。共二十章。第一篇阐述企业运行的基本原理，如企业的运行系统、运行方式、管理理论、企业领导与管理组织、企业文化与企业形象；第二篇阐述企业经营战略与导向、跨国经营、市场预测与经营决策、产品定价和促销策略；第三篇阐述企业生产组织与控制、流程再造、生产计划与作业控制、精益生产、网络技术与优化、人力资源管理、物流管理与库存控制、物料需求计划(MRP)与企业资源计划(ERP)、计算机在MRP和ERP中的应用等；第四篇阐述企业科技创新、新产品开发与计算机辅助设计、质量管理与质量认证、设备选择与评价、设备综合工程学；第五篇对企业财务成本信息管理系统的理论与应用进行了较全面的阐述。

参加本书第一版编写的同志有：李葆坤、穆庆贵、陈文安、胡焕绩、周健临、章健、周菊仙、郑纯选、孙红云、陈晓龙、张勤国等。参加第八版修改的专家学者有:陈文安、胡焕绩、穆庆贵、周菊仙、薛松、陈蓉、柳静雯等。

本书在编写过程中,先后得到上海财经大学博士生导师杨公朴教授、夏大慰教授,复旦大学首席教授、博士生导师苏东水等热情指导和孙时平、曹均伟、张谷镛、方士华等同志的大力支持,在此表示衷心感谢!

本书内容新颖,条理清晰,操作和实用性强,适用于高等院校本科生、研究生、MBA、EMBA、高级工商管理研修班和工商管理部门举办的企业管理进修班、经理研究班的教学需要,也可作为成人高校、企业管理函授和自学教材。

本书配有多媒体教学课件,选用本教材的教师可填写书后的"教学课件索取单"免费获取。

本书在修订过程中参阅了国内外有关书籍的内容,在此特向作者表示诚挚的谢意。同时,由于编者水平有限,书中不足之处在所难免,敬请读者不吝赐教。

另外,作为本书的配套教材《新编企业管理习题与解答》已出版发行,该书具有题型多、内容丰富、题解详尽完整的特点。

陈文安

2021年8月

目　录

第一篇　管理原理与组织

第二篇　经营战略管理

第三篇 生产管理与控制

第四篇　科技开发管理

第五篇　财务信息管理

1 第一篇

管理原理与组织

第一章

企业及其管理

我国经济社会的发展目标是坚持科学发展观，创建社会主义市场经济新体制，坚持和完善以公有制为主体、多种所有制经济共同发展的基本经济制度，毫不动摇地巩固和发展公有制经济，毫不动摇地鼓励、支持、推进非公有制经济发展。同时努力提升我国企业的国际化、市场化、信息化、智能化和法治化水平，促使企业健全和完善现代企业制度，使之成为适应市场的法人实体和竞争主体。目前，企业还应努力创建优良的生态环境，使我国"天更蓝，地更绿、水更清、空气更清新"，使"人与自然和谐共生"。企业管理就是围绕这些目标而展开的。本章主要阐述企业的特征和任务，企业管理的重要性和职能，企业管理的发展以及现代企业制度等。这是研究企业管理的立足点和出发点。

第一节　企业的特征、任务和形式

一、企业的含义和特征

企业是指以盈利为目的，运用生产要素，从事商品生产、流通和服务活动，依法自主经营、自负盈亏、自我发展，并具有独立法人资格的经济组织。企业最初是在资本主义制度下产生和发展起来的，经历了简单协作、工场手工业和机器大工业三个发展阶段，到现代发展成为高度社会化大生产的企业。社会主义企业是以公有制为主体的，与建立在私有制基础上的资本主义企业既有区别，又有共性。其共性也就是企业的一般特征，它主要表现为以下几点：第一，企业是国民经济的经济细胞，拥有一定资源（人力、物力、财力、技术、信息、市场等），形成一定的生产经营能力，在社会化大生产的分工中，担负一定的产品生产、流通和服务，构成社会生产力的基础，促进经济社会的全面协调和可持续发展。第二，在市场经济条件下，企业生产的产品作为商品进入市场，通过销售，从价格与成本的差额中获取利润。因此，企业是营利性的经济组织。第三，在法律上，企业具有"法人"地位，即具有一定的组织机构和法定财产权，能以自己的名义进行民事活动，享有法律规定的权利，履行法律规定的义务。作为"法人"，企业不同于行政组织和事业单位，也不同于一个公司下属的非独立性的分公司，它是对外独立，在法律上具有经济权益并承担相应经济责任的经济独立体。

二、企业的任务

企业的任务是由其性质和特征以及在国民经济中所处的地位和作用决定的。总的说来，其任务就是：根据社会主义市场需要，为社会生产产品，提供服务，以满足人民日益增长的物质文化需要，既为国家缴纳税金，又为企业自我发展积累资金，从而把企业建设成为现代化企业。具体来说，企业的任务可概括为四个方面：第一，在社会主义市场经济条件下，根据市场需要为社会提供适销对路的产品和服务，为繁荣社会主义市场经济服务。第二，以提高经济效益为中心，在提高产品质量，增加产品品种，降低产品成本和发展生产的基础上，搞好资本运营，为国家积累更多的建设资金，为企业改革创新、自我发展创造更多的收益。第三，坚持科学发展观，把我国建设成为资源节约型、环境友好型和创新型国家作为企业的第一要务。第四，抓好社会主义精神文明和法治建设，建设有理想、有道德、有诚信、有文化、有纪律和谐的员工队伍。

三、企业的组织(或法律)形式

现代企业的组织(或法律)形式是多种多样的。按照市场经济的要求，现代企业的组织形式通常是按财产所有权的组织形式和所承担的法律责任来划分的。现代企业的组织形式主要有以下几种。

(一) 独资企业(又称个人独资企业、个人业主制企业)

它是由单个自然人出资兴办，完全由出资者直接经营和管理，并享有企业全部经营利润，同时对企业债务承担无限清偿责任，如果经营失败，出现资不抵债时，出资者个人要用家庭财产来抵偿。这类企业在小型加工、零售商业、物流运输和服务业等领域较为活跃。其特点是：自然、人为因素对企业影响大，规模小，筹资有限，出资者个人负无限责任，风险大，但建立和歇业程序简单方便，产权可灵活转让，决策迅速及时，经营方式灵活，利润独享，保密性强。

(二) 合伙制企业

它是由两个或两个以上的个人合伙经营的企业，合伙人按合伙协议规定的出资比例相应地分享收益，共担风险，并承担无限连带清偿责任，合伙人既是出资者，同时也都参与经营管理。合伙企业同个人独资企业最大的区别在于企业的经营决策有了制约。但合伙人之间主要靠感情或脆弱的财务关系来维系，往往因一人退出或加入而引起企业的解散和重组。合伙企业的特点是：企业的经营有了制约，但经营规模仍不大。合伙企业和个人独资企业都是所有权和经营权集于一身，企业没有独立的法律人格，因此，都属于自然人企业，出资者承担无限责任。

（三）股份合作制企业

它是指劳动者依照法定程序，以资金、实物、技术、劳动力等方式投资入股，全部资产归参与合作并投股的全体劳动者共有，自主经营、独立核算、自负盈亏，独立承担民事责任的企业法人。股东入股后，企业发给记名股份证书为其股权凭证，股东享有参加股东大会，对企业重大问题进行表决；选举董事；监督企业生产经营及董事会工作；按股分红等权利，并以股份为限承担企业风险。股东一般不能退股，但可依法继承、转让、馈赠其股份。股份合作制企业具有以下特点：① 劳动联合与资本联合相结合。它不同于股份制企业和合作制企业。股份合作制企业的基础是劳动联合，员工既是劳动者，又是出资人，共同劳动，共同占有和使用生产资料，风险共担，利益共享，实行民主管理。股份制企业的基础主要是资本联合，是股权式合资的一种资本组织形式。合作制企业的基础主要是劳动联合。股份合作制企业兼有股份制与合作制企业的优点。② 按劳分配与按资分配相结合。股份合作制企业的员工，一方面按劳动贡献取得工资报酬，另一方面按股份分红。这种创新的分配制度，充分调动了员工的积极性。股份合作制企业适应了社会主义市场经济的要求，也符合我国现阶段的生产力发展水平，是一种新型的集体经济组织形式，是能够促进生产力发展的公有制实现形式。

（四）公司制企业

它是指由两个以上的投资者出资，按照一定的法律程序组建、以盈利为目的的经济组织。公司制企业是现代社会化大生产的产物，是市场经济发展对企业组织形式的现实选择，它已被现代市场经济国家的企业普遍采用。公司制企业在机制上提供了企业平等参与国际市场竞争的条件。公司制企业与个人独资企业、合伙制企业相比具有显著特点：① 公司是企业法人，拥有法人地位和独立的法人财产权，享有法人财产权和法人的一系列行为权利；② 公司承担有限责任，即出资者对公司以自己的出资额为限承担责任，公司对债务以其法人财产为限承担责任；③ 公司分为有限责任公司和股份有限公司(本章第 4 节另述)。

公司制企业在市场经济发展过程中，已形成一套完整的组织形式，实现了单体决策、经理负责执行、独立监督和民主管理，使所有者、经营者和生产者之间通过公司的权力机构、监督机构形成各自独立、权责分明、相互制衡的关系，并以法律、法规和公司章程加以确立和实现。这种组织形式既赋予经营者充分的经营自主权，又切实保障所有者的权益，同时又能够调动生产者的积极性，具有其他企业组织形式不可比拟的优势。主要表现为：① 它尽可能地把分散的、单个的小资本组合起来，有效地实现资本集中，进行规范化大生产；② 资本由广泛分散到高度集中经营，必然使企业制度化、专门化、科学化、法制化，从而又进一步促进生产力的发展；

③ 有限责任制解除了投资者的后顾之忧，进一步提高了其投资的积极性。

（五）两合公司

它是指由负无限责任的股东和负有限责任的股东两种成员组成的公司。这是一些拥有资金、只想投资获利而不愿冒较大风险的投资者和一些不怕承担风险、敢于承担连带责任的投资者相结合组成的公司。两合公司兼有无限责任公司信誉好和有限责任公司易筹资的优点。无限责任公司以个人诚信，即“人合”为基础；有限责任公司以股东资本，即“资合”为基础，而两合公司同时具有“人合”与“资合”的双重性质。两合公司具有法人资格。

（六）国有独资公司

它是指国家单独出资、由国务院或者地方人民政府授权本级人民政府国有资产监督管理机构履行出资人职责的有限公司。国有独资公司不设股东会，由国有资产监督管理机构行使股东会职权。它可以授权公司董事会行使股东会的部分职权，决定公司的重大事项，但公司合并、分立、解散、增加或者减少注册资本和发行公司债券，必须由国有资产监督管理机构决定；其中，重要的国有独资公司合并、分立、解散、申请破产的，应当由国有资产监督管理机构审核后，报本级人民政府批准。国有独资公司设董事会，其成员由国有资产监督管理机构委派，董事每届任期不得超过3年。董事会成员中应当有公司职工代表，他由公司职工代表大会选举产生。董事会设董事长1人，可设副董事长，他们均由国有资产监督管理机构从董事会成员中指定。国有独资公司设经理，由董事会聘任或解聘。经理可由董事会成员兼任，依法行使职权。国有独资公司高层管理人员，未经国有资产监督管理机构同意，不得在其他经济组织兼职。国有独资公司监事会成员不得少于5人，其中职工代表的比例不得低于1/3，监事会成员由国有资产监督管理机构委派，其成员中的职工代表由公司职工代表大会选举产生。监事会主席由国有资产监督管理机构从监事会成员中指定，依法行使职权。

（七）企业集团

它是指以一个或几个实力雄厚的大企业为核心，以产权联合为基础，以产品、技术、经济、契约等为纽带，把多个企业连接在一起，形成具有多层次、母子公司结构体制为主体，在经济上统一控制，在法律上各自独立的多法人一体化的经济联合体。企业集团的形式随经营范围不同而多种多样，有的以生产为主，有的是生产和科研相结合，有的是产学研贸相结合，有的是工贸与物流相结合等。企业集团一般具有以下特点：① 它是由多个法人企业组成的联合体；② 企业组织结构多层次；③ 以资本、资产、契约为主要纽带；④ 实行多样化生产和经营；⑤ 具有较强的生产经营、科研开发、贸易和资本运作功能；⑥ 有可能发展成为跨国企业集团的条件等。

企业集团中的成员企业，按与集团联系的紧密程度不同而分成以下层次：核心层（母公司）、紧密层（全资或控股子公司）、半紧密层（母公司参股而未达到控股程度的公司）、松散层（母公司的关联企业，不以资本为纽带，而以协议联结的公司）。核心层企业是独立法人，承担母公司职能，它既从事生产经营活动，又从事资本运作和股份管理活动，并对相关企业进行不同程度的控制，目的是贯彻母公司意图，同时按所占股份比例分享红利。母公司的分支机构和直属单位，如分公司或事业部没有法人资格，它们和母公司共负盈亏、合并纳税，其法律和债务责任由母公司承担。紧密层企业由母公司的全资子公司和控股子公司组成，子公司具有法人资格，实行独立经营，但母公司可凭借控股地位对子公司进行人事、技术和财务控制，并按股份比例分享红利。同理，子公司可以控股孙公司、孙公司也可以控股曾孙公司，这就形成一种垂直的紧密型控股关系。半紧密层企业是指母公司对其投资参股，但未达到控股程度的企业。母公司虽然可根据在半紧密层企业所占股份比例参与人事活动和利润分配，但不具有对它的控制权。松散层企业与企业集团之间的关系是一种协作关系，一般用合同形式加以规范。由于企业集团规模大、实力强，一般都会发展成为跨行业、跨地区、甚至跨国经营的经济组织。

在我国，除上述企业组织形式之外，还有“三资”企业、跨国公司等组织形式。这些组织形式都是符合我国国情，适合我国生产力发展水平的。

第二节　企业管理的重要性和职能

一、企业管理的重要性

管理是管理者运用其拥有和能够支配的人力、物力、财力、技术、信息等各种资源，对管理对象进行一系列有组织、有意识的实践活动，以达到预期目标的过程。企业管理就是对企业的生产经营活动进行计划、组织、指挥、协调和控制，使企业适应外部环境变化，充分利用各种资源，实现企业经营目标的一系列工作。随着科学技术的不断发展，生产社会化程度日益提高，经济全球化、市场区域化正在加快发展，因此加强企业管理，提高科学管理水平，不仅是提高企业经济效益的有效手段，而且也是提高社会经济效益和市场竞争能力的重要途径。从社会生产过程来看，管理的重要性是由以下因素决定的：

1. 管理是由人们共同劳动所引起的，规模越大，人员越多，管理就越重要。随着现代化大工业的出现，不仅生产技术复杂，企业内部分工和协作更加精细，而且社会化程度越来越高，社会联系也更加广泛，要使生产力的各种要素更好地结合起来，使人力、物力、财力、技术、信息等得到有效匹配和充分利用，就更需要科学地组织生产。因而,管理不仅是促成有效分工与协作的需要,而且也是促成各种资源优化配置的需要。可以说,管理是社会化大生产的客观要求和必然产物。

2. 管理是现代科学技术发展的客观要求,是促进技术进步的有力武器。科学技术是第一生产力,管理是生产力中的结合因素,生产力诸要素的有机结合是靠管理来实现的。特别是在市场经济条件下,科学技术突飞猛进,社会生产力呈跳跃式发展,科学技术在生产中的地位越来越重要,作用也越来越显著。为了提高企业技术水平,必须大力加强科学技术研究,尽快将科技新成果应用于生产。管理就是把科学技术转化为实用生产力的手段和中介,只有加强管理,才能加速科技成果的转换。人们常说"三分技术,七分管理",正说明没有科学的管理,将影响先进技术作用的充分发挥。

3. 管理是提高企业经济效益和社会效益的重要手段。在一定生产技术条件下,一个企业经济效益的高低,在很大程度上取决于管理水平的高低。先进的管理能以较少的劳动消耗和物质消耗、较少的资本占用,生产出更多更好的符合社会需要的产品。

综上所述,管理是共同劳动的粘合剂,是科学技术进步的推进器,是提高企业和社会经济效益的金钥匙。

二、企业管理的两重性

社会生产总是在一定的生产方式和生产关系下进行的,因而社会生产过程具有两重性,它既是物质资料的再生产,又是生产关系的再生产。作为组织整个生产经营活动的企业管理来说,也必然具有两重性质:一方面它具有与生产力、社会化大生产相联系的自然属性;另一方面又具有与生产关系、社会制度相联系的社会属性。马克思在分析资本主义企业管理时曾明确指出:"资本家的管理不仅是一种由社会劳动过程的性质产生并属于社会劳动过程的特殊职能,它同时也是剥削社会劳动过程的职能"。① 这说明资本主义企业管理既是合理组织生产的手段,又是资本家对雇佣工人进行剥削的工具,其管理目的就是为了剥削工人创造的剩余价值,榨取最大限度的利润。在社会主义制度下,组成生产过程的,仍然是生产力和生产关系两个方面。在生产力方面,由社会主义企业管理自然属性所决定的一般职能与资本主义企业管理是相同的。在生产关系方面,由社会主义企业管理社会属性所决定的特殊职能同资本主义企业管理则有着根本的区别。它不允许无偿占有社会劳动的职能存在,取而代之的社会主义企业管理具有维护社会公平、公正、合理的分配制度、正确处理人们在生产过程中的相互关系的职能,管理的目的则是为了

---

① 《资本论》第一卷,《马克思恩格斯全集》第23卷,第368页。

满足社会需要，为社会主义生产和建设服务。

正确认识企业管理的两重性，具有十分重要的现实意义。企业管理两重性原理，是马克思主义关于企业管理最基本的理论，它既是正确认识资本主义企业管理的锐利武器，也是建立和发展我国管理科学的理论基础；正确理解和掌握管理两重性原理，可以帮助我们正确区分社会主义企业管理和资本主义企业管理的异同，从而有分析、有选择地吸收和借鉴资本主义企业管理中符合组织社会化大生产的先进经验。只有从我国实际出发，贯彻“以我为主、博采众长、融合提炼、自成一家”的方针，才能逐步创立具有中国特色的社会主义企业管理体系。

三、企业管理的职能

企业管理两重性所阐述的合理组织生产力和不断巩固、完善生产关系方面的两种基本职能，是对整个生产过程组织在理论上的抽象概括。实际上，生产过程是生产力和生产关系的统一体，人与物的关系同人与人的关系紧密结合而不可分割。这两种基本职能是结合在一起发生作用的，在具体的管理活动中，企业管理的职能可以概括为若干具体方面。许多管理学者对企业管理的职能划分，说法不一，但一般认为有以下五种职能。

第一，计划职能。计划是管理者对企业未来生产经营活动所作出的安排和筹划。计划职能是指为适应市场需要，通过企业的外部环境和内部条件的调研，对企业的经营目标、经营方针作出决策，制定长期规划和短期计划，确定实现长期规划和短期计划的措施和方法，并将计划指标层层分解落实到各个部门、各个环节的职能。

第二，组织职能。它是指为实现企业经营目标而把企业生产经营活动的各个要素、各个环节合理地组织起来，以形成一个有机整体，从而有效地进行生产经营活动的职能。

第三，指挥职能(也称领导职能)。它是指管理者运用权力施加影响，对企业各层次、各类人员的领导、沟通或指导，保证企业生产经营活动正常进行和实现既定目标的职能。

第四，协调职能(也称调节职能)。它是指协调企业内部各层次、各职能部门的工作，协调各项生产经营活动，消除和减少工作中的脱节现象和存在的矛盾，以有效地实现企业目标的职能。协调可分为上下级领导人员和上下职能部门之间活动的纵向协调、同层次各职能部门之间活动的横向协调、企业内部协调和企业外部协调。

第五，控制职能(也称监督职能)。它是指按预定计划或目标、标准，对企业生产经营活动各方面的实际完成情况进行检查，考察实际完成情况同原定计划标准的差异，分析原因、采取对策、及时纠正偏差，保证计划目标实现的职能。

企业管理的各项具体职能构成一个有机整体。通过计划职能，明确企业的目标和方向；通过组织职能，确立实现目标的手段；通过指挥职能，建立正常的生产工作秩序；通过协调职能，及时解决内外矛盾，和谐一致地进行生产经营活动；通过控制职能，检查计划的实施情况，保证计划的实现。上述五种职能相互联系，相互渗透，相互制约，缺一不可。

综上所述，企业管理的两重性、基本职能和具体职能，构成了相互联系的有机整体，它们的相互关系如图 1-1 所示。

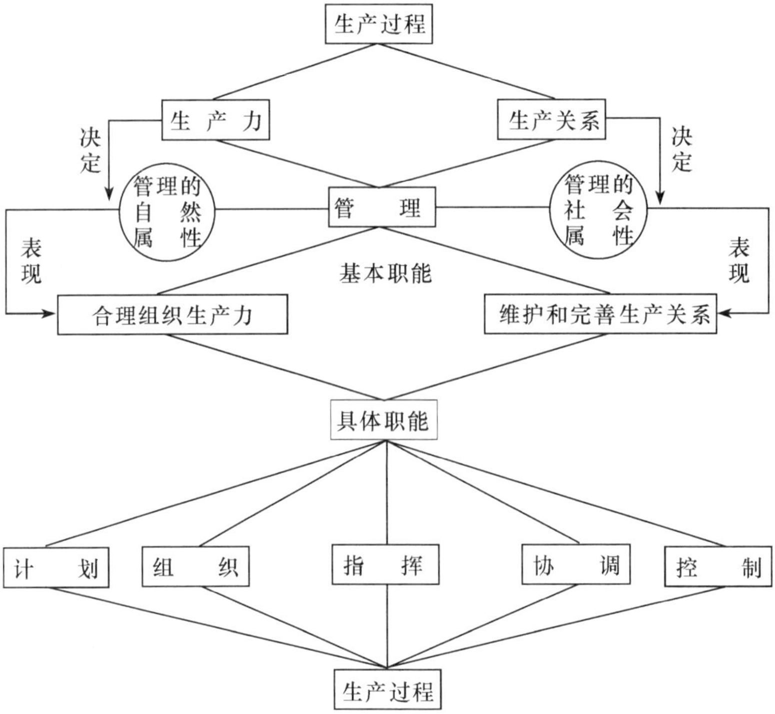

图 1-1　企业管理的两重性、基本职能和具体职能的相互关系

第三节　企业管理的发展

我们学习和了解企业管理的发展历史，是因为“历史是现实的镜子，未来是历史的延续”。管理的着眼点在于“明天”，但离不开“昨天”。我们不能割断历史，人们总是依据历史发展规律和趋势来把握今天和预测未来的。企业管理的发展，最初产生于资本主义社会，随着商品经济、社会化大生产以及科学技术的飞速发展，企业管理的内容日益丰富。我国社会主义企业管理则是从新中国成立以来才有较快发展的。以下对企业管理的发展历史简要地加以阐述。

一、资本主义企业管理的发展

资本主义企业管理的发展过程，一般可分为传统管理理论、科学管理理论、行为科学管理理论和现代管理理论四个阶段。

（一）"传统管理理论"阶段

这个阶段是从18世纪末到20世纪初，也就是从资本主义工厂制度产生起，到资本主义自由竞争阶段结束为止，共经历了一百多年时间。其标志是近代工业代替了工场手工业。

资本主义工厂将劳动者、劳动工具和劳动对象集中在一起，进行产品的生产。最初，管理者是由资本家担任的。后来，随着工厂规模的扩大，管理日益复杂，管理工作逐渐成为一种专门的职能，出现了"特殊雇佣人员"——经理、厂长、监工和领班，他们作为资本家的代理人，行使企业管理的职能。"传统管理理论"的代表人物有英国的古典政治经济学家亚当·斯密、大卫·李嘉图、罗伯特·欧文、查尔斯·巴贝奇、安德鲁·尤尔、美国的亨利·普尔等。传统管理解决的主要问题是实行分工协作，保证生产顺利进行；充分利用人力、物力和财力，减少资本耗费，以赚取更多的利润。因此，生产管理、工资管理和成本管理就成为当时企业管理的主要内容。这个阶段的主要特点是：① 管理者基本上由资本家担任，管理方式是家长专断式的领导方式。② 没有完全摆脱小生产经营方式的影响，仍然依靠个人的经验进行生产和管理。如工人凭自己的经验操作，没有统一的操作规程；管理人员凭经验管理，没有统一的管理方法。③ 工人和管理人员的培养，仍采用师傅带徒弟的方式，没有统一的标准和要求。总之，这个阶段的管理较粗，浪费也大，效率低，基本处于积累经验阶段。

（二）"科学管理理论"阶段

这个阶段大体上从19世纪末到20世纪初。最先提出科学管理理论的代表人物是美国的泰罗(F. W. Tailer)。他提出的科学管理这一名词被人们广泛接受和引用。泰罗根据他在工厂的研究，于1911年发表了《科学管理原理》一书，阐述了他的"科学管理"理论，这一理论指导他在实践中取得提高效率的巨大成就而为人们所承认。他对科学管理总结出以下几点：① 工作方法的标准化。通过分析研究工人的操作动作，选用最合适的劳动工具，集中先进合理的操作动作，省去多余的不合理的操作动作，制定出各种工作的标准操作方法。② 工时的科学利用。通过对工人工时消耗的研究，规定完成合理操作的标准时间，定出单位工作量所需劳动时间定额。③ 实行有差别的计件工资制。对于按照标准操作方法在规定时间内完成工作的工人,按较高工资率计发工资;反之,则按较低工资率计发工资。④ 按标准操作方法对工人进行培训,以代替用师傅带徒弟的传统办法培训工人。⑤ 在工人和管理人员之间,明确划分计划职能(管理者的工作)和执行职能(劳动者的工作),并由计划职能帮助实施执行职能。这些都是提高劳动生产率的一种科学管理制度,人称"泰罗制",它主要着重于对生产管理和工资制度的创新。不仅如此,泰罗还主张一切管理问题都应当而且可以用科学的方法去研究解决,实行各方面工作的标准化,使个人经验上升为理论,并据此倡导专业化管理。这就开创了科学管理阶段。有不少人追随泰罗在科学管理方面作出了贡献,如吉尔布勒斯夫妇,长期从事动作研究和疲劳研究,被称为动作研究的创始人;甘特发明了运用线条图制定生产作业计划和控制计划执行的管理方法(称为"甘特图");福特创立了汽车工业的流水生产线。与泰罗同时提倡科学管理的法国的法约尔(H. Fayol)进一步发展了管理组织的理论,他认为企业全部活动可分为以下六组:① 技术活动(生产、制造);② 商业活动(购买、销售);③ 财务活动(筹集和最适当地利用资本);④ 安全活动(保护财产和人员);⑤ 会计活动(财产清点、资产负债表制作、成本核算、统计等);⑥ 管理活动(计划、组织、指挥、协调、控制)。他认为管理活动就是由五种职能所组成。为了实现管理职能,他在1914年发表的《一般管理与工业管理》一书中提出了管理的十四条原则。上述内容构成了法约尔经营管理理论的重要内容。德国韦伯的研究主要集中在行政组织理论方面,他的贡献是提出了理想的行政组织体系理论,这集中体现在他的代表作《社会组织和经济组织的理论》一书中。现在不少管理学者把泰罗、法约尔、韦伯等的成就称为古典科学管理理论。

(三)"行为科学管理理论"阶段

这个阶段是从20世纪20年代开始的。随着科学技术的进步和资本主义经济的发展,社会生产规模进一步扩大,科学技术的运用愈加广泛,经营管理更加复杂,劳资矛盾日趋尖锐,管理学家们感到不考虑管理中人的因素和处理好人际关系就难以实行有效的管理。在这种历史条件下,行为科学管理理论就应运而生,并逐步得到发展。

行为科学管理理论的主要代表人物有美国的管理学家E·梅奥、心理学家A·H·马斯洛和赫茨伯格、社会心理学家D·麦格雷戈等。梅奥的主要贡献是他在1927年到芝加哥附近的西方电气公司的霍桑工厂进行一系列试验后,于1933年发表了《工业文明的人类问题》一书,创立了早期的行为科学理论——人际关系论。他经过霍桑试验,提出了以下基本原理:① 工人是"社会人",不是单纯的"经济人"。工人除了追求物质条件外,还有社会、心理方面的需求,即感情、友谊、安全感、归属感、受人尊重等需求;② 企业中除正式组织之外,还存在非正式组织,即由共同的兴趣、感情、倾向等因素自然形成的非正式群体。只有正确处理好这两种组织的关系，才能更有效地提高生产效率。③ 新型领导具有提高员工需求满足程度的能力，从而提高员工士气，达到提高生产效率的目的。梅奥所创立的人际关系理论，为后来的行为科学研究奠定了基础，对管理理论的发展有着重要的影响。

行为科学管理理论在后期的发展，主要集中在以下四个理论：① 人类需要层次理论。其代表人物是马斯洛，他在 1943 年发表了《人类动机的理论》一书，把人的需要排成：生理需要、安全需要、社交需要、尊重需要和自我实现需要五个层次。他认为，只有排在前面的需要得到满足，才能产生更高一级的需要。② 双因素理论。其代表人物是赫茨伯格，他在 1959 年发表的《工作的激励因素》和 1966 年发表的《工作与人》等著作中指出：影响人们工作行为的因素有保健因素和激励因素两种。保健因素就是使人们能够维持工作现状起保健作用的因素。如企业的政策、工作的物质条件、工资和福利设施、同事关系等。激励因素就是对员工的积极性起调动作用的因素。如工作上的成就感、自己的才能被承认、增加工作责任感、获得成长和发展机会等，这些激励因素得到满足，可以调动个人和集体的积极性。③ 人的本性理论，即“X—Y”理论。其代表人物是麦格雷戈，他在 1957 年首次提出 X 理论和 Y 理论，并在 1960 年发表了《企业的人性方面》一书，对这两种不同理论进行了具有创见性的分析比较。X 理论把人性建立在错误的假设上，它将劳动效率或工作效率不高，归咎于人的本性是懒惰的，只要可能就会躲避工作；人生下来就以自我为中心，漠视组织的要求；缺乏进取心，不愿负责，喜欢被人领导；人缺乏理性，容易受外界或他人影响。因此，对大多数人必须进行强制监督、指挥，并以惩罚为主要管束手段，才能迫使他们付出足够的努力去实现组织的目标。传统管理所奉行的就是 X 理论。Y 理论对人性作出相反的假设，它认为人性并非生来就是懒惰的，要求工作是人的本能；大多数人都具有一定的想象力和创造力，只要给予一定的外界条件，就能激励和诱发人的能动性去努力工作，达到组织设定的目标；如果员工的工作没干好，应从管理者本身去找妨碍劳动者发挥积极性的因素，主张以“诱导与信任”代替“强制与管束”，去鼓励员工发挥主动性与积极性。Y 理论在近代企业管理中影响较大，但有人在企业和研究所进行试验，结果认为，X 理论并非全部错误，毫无用处；Y 理论也并非全部正确，到处可用，应将两者结合起来，根据不同情况灵活运用。因此，美国的威廉·大内提出了 Z 理论(又叫权变理论)，并于 1981 年出版了《Z 理论》一书。他认为，一切企业的成就都离不开信任、敏感和亲密，主张以坦诚、开放、沟通作为基本准则来实行“民主管理”。企业管理当局与员工利益是一致的，两者的积极性可融为一体。④ 企业中领导方式的理论。其代表性理论有 R·R·布莱克和 J·S·穆顿的“管理方格理论”。他们于 1964 年发表的《新管理方格》一书，就企业中的领导方式问题提出了管理理论。管理方格是以对生产的关心程度为横轴，对员工的关心程度为纵轴，各轴线均为9等分，共形成81个小方格，用来代表不同结合的领导方式。他们认为，把对生产高度关心同对员工的高度关心结合起来的领导方式，是最为有效的领导方式；企业领导者应该客观地分析企业内外的各种情况，把自己的领导方式转化为理想方式，以求得最高的效率。

总之，行为科学管理理论强调的是从人的行为的本质中激发其动力，不断提高生产率的理论，也就是从人际关系和人的行为上去激发动力的管理理论。它们的基础都是建立在梅奥的人际关系学说之上的。

（四）“现代管理理论”阶段

从20世纪40年代开始，企业管理进入现代管理理论阶段，特别是第二次世界大战以后，科学技术和工业生产迅猛发展，技术更新和产品创新周期大大缩短，复杂产品、大型工程相继出现，企业规模不断扩大，生产社会化程度不断提高，专业化、协作化水平进一步加强，市场竞争更加激烈，所有这些都对管理提出了新要求，促使企业管理在思想内容、组织方法、管理手段等方面有了更快的发展，从而形成了现代管理理论。在现代管理理论中，由于管理学家和实业家们所研究的侧重点不同，因而呈现出管理学派林立的局面，故20世纪60年代美国管理学家孔茨把现代众多的管理学派喻为“管理理论丛林”。这些学派主要有：① 社会系统学派。它是从社会学的角度来研究管理，把企业组织及其成员的相互联系看作是一种协作的社会系统。其代表人物是美国管理学家巴纳德，他于1938年出版了《经理的职能》一书，建立了社会系统理论。这种理论是以协作系统为核心论述组织内部平衡和对外部条件适应的管理理论。他认为，社会的各级组织都是一个协作系统，经理人员是协作系统中的关键因素，他在协作系统中起中心作用。为此，经理人员的职能是：建立和维持一个信息沟通的系统；招聘和选拔最好的工作人员；规定组织的目标；授权职能；决策职能等。② 决策理论学派。决策理论是以社会系统理论为基础，吸收了行为科学、系统理论的观点，运用运筹学和计算机技术发展起来的一种理论。它的代表人物是美国管理学家、心理学家西蒙，他的代表作是《管理决策新科学》。他认为管理的关键是决策，决策贯穿于管理的全过程，管理就是决策；管理的任务就是追求管理决策的合理性。同时，他对决策过程、准则、程序化决策和非程序化决策等问题，进行了全面深入的分析，从而使决策从经验上升为科学。③ 管理科学学派（又称数理学派）。其代表人物是美国管理学家伯法，他的代表作是《生产管理基础》《现代生产管理》等。这个学派强调数学分析、计算机技术等在管理中的应用，认为管理就是制定和运用数学模型与程序的系统，是依靠数学模型和电子计算机作为处理问题的方法和手段，运用数学符号和公式来表示决策、计划、组织、控制等符合逻辑的程序，通过对各种模型（方案）的分析比较，求出最优解，以实现企业所追求的管理目标。对于企业的资源分配、订货、运输、存储、生产计划、设备维修等经营管理活动，都可以应用线性规划、数理统计、网络技术、对策论、排队论、决策树、盈亏分析等定量方法，从而使企业投入的资源发挥最大效用。④ 权变理论学派。这是 20 世纪 70 年代末形成的一种管理学派。其代表人物是英国的琼·伍德沃德和美国心理学家菲德勒等人。他们认为，在企业管理中，没有一成不变、普遍适用的“最佳”管理方式和方法；要根据企业所处的内外环境条件因地制宜，随机应变采取适用的管理方式和方法，才能取得良好的效果。权变理论学派强调因时制宜、因地制宜、因事制宜、因人制宜，要具体问题具体分析。⑤ 流程再造理论学派。这是 20 世纪 90 年代初形成的一种全新的管理理论学派。其代表人物是美国的迈克尔·哈默、杰姆斯·钱辟，他们的代表作是《再造企业——工商管理革命宣言》《超越再造——以流程为中心的组织怎样改变我们的生活》等。他们把矛头直接指向亚当·斯密的分工理论，流程再造理论与分工理论反其道而行之，提出了“合工”理论，即借助信息技术，以重整业务流程为突破口，将原来被分割得支离破碎的业务流程再合理地“组装”回去。

此外，除上述学派之外，还有以美国学者彼得·德鲁克、斯隆和戴尔为代表的经验主义学派；以美国孔茨、奥唐奈为代表的管理过程学派；以美国管理学家彼得·杜拉克为代表的有效管理者理论学派；以美国卡斯特、罗森茨韦克和彼得·圣吉为代表的系统管理学派等。管理本身是一项复杂的系统工程，这些观点各异的理论，实际上起到了相互补充、相互促进的作用。

现代管理理论具有以下特点：① 突出经营决策，面对市场和用户，力求提高盈利水平，提出“管理的重心在经营，经营的重心在决策，决策的依据是信息，信息的基础是调查”的观点。② 把技术创新、开发新产品、提高技术水平、创建品牌作为企业发展的核心问题。③ 调节人际关系，实行以人为中心的人性化管理，开展民主管理，以激励为手段调动员工积极性，并进行智力开发，重视教育培训，不断挖掘人的潜能。④ 广泛运用运筹学、电子计算机、通信技术、互联网、云计算、智能技术等现代科技成就，大力推进信息化，实现网络化。⑤ 实行系统管理，把系统论、控制论的观点引入到企业管理中来，将整个企业视为一个开放系统，即外部受社会经济环境和政治、法律因素的制约，内部又将各管理部门分为若干子系统，应用系统工程，从系统的最优化观点出发，进行经营管理的战略决策。系统管埋是 20 世纪 60 年代发展起来的新理论，也有人把它称作为“最新管理理论”。

二、我国企业管理的发展过程

我国企业管理基础在新中国成立前是很薄弱的。从建国后的企业管理的发展过程来看，走的是一条曲折的道路。企业管理在中共十一届三中全会以前经历了

"两起两落"的过程。自第一个五年计划开始,我国全面地学习前苏联企业管理方法,初步走上科学管理的轨道,实行计划管理、技术管理,推行劳动定额,开展计件工资制,建立经济核算制等,有力地推动了生产和建设的发展。1958 年开始了"大跃进",把已建的科学管理制度方法,统统看成是"不合理"的规章制度加以批判和否定,一度使企业管理混乱,造成严重浪费损失。1961 年党中央颁发了《国营工业企业工作条例(草案)》(即《工业七十条》),使企业管理又有了起色,重新建立了具有中国特点的科学管理制度。但在 1966 年开始的"文化大革命",全盘否定了企业管理,把管理说成是"管、卡、压"。这就是企业管理两起两落的过程。

中共十一届三中全会以来,党和国家的工作重心转移到以经济建设为中心的轨道上来,确立了建设有中国特色的社会主义道路和改革开放的战略方针。在企业管理方面,先是进行了恢复和全面性的整顿,1980—1985 年,进行了经济体制改革,扩大了企业自主权,推行了经济责任制。1986 年,颁发了《关于加强工业企业管理若干问题的决定》和《企业管理现代化纲要》;1992 年,发布了《全民所有制工业企业转换经营机制条例》;1993 年颁发了《中华人民共和国公司法》和《中共中央关于建立社会主义市场经济体制若干问题的决议》。1997 年,中共"十五大"指出:"建立现代企业制度是国有企业改革的方向,要按照产权清晰、权责明确、政企分开、管理科学的要求,对国有大中型企业实行规范化的公司制改革,使企业成为适应市场的法人实体和竞争主体。"1999 年第九届人大通过了修改后的《公司法》。2003 年,中共十六届三中全会通过的《中共中央关于完善社会主义市场经济体制若干问题的决定》指出:社会主义市场经济体制初步建立,以公有制为主体、多种所有制经济共同发展的基本经济制度已经确立,全方位、宽领域、多层次的对外开放格局基本形成。要适应经济市场化不断发展的趋势,进一步增强公有制经济的活力,大力发展国有资本、集体资本和民营资本等参股的混合所有制经济,实现投资主体多元化,使股份制成为公司制的主要实现形式。需要由国有资本控股的企业,应区别不同情况实行绝对控股或相对控股。2005 年,第十届人大通过了修改和完善后的《公司法》。2007 年,中共十七大报告指出:坚持和完善公有制为主体、多种所有制经济共同发展的基本经济制度,毫不动摇地巩固和发展公有制经济,毫不动摇地鼓励、支持、引导非公有制经济发展,坚持平等保护物权,形成各种所有制经济平等竞争、相互促进新格局。深化国有企业公司制股份制改革,健全现代企业制度,优化国有经济布局和结构,增强国有经济活力、控制力、影响力。推进集体企业改革,发展多种形式的集体经济、合作经济。推进公平准入,破除体制障碍,促进个体、民营经济和中小企业发展。以现代产权制度为基础,积极发展混合所有制经济。2013 年,中共十八届三中全会指出:"更大程度、更广范围发挥市场在资源配置中的决定性作用",这在理论上是一个新突破。以上这些法规、条例和决定等是企业管理的纲领性文献，它们的颁布和实施标志着我国的企业管理进入了新的发展阶段。

2021 年国家“十四五”规划指出：“全面深化改革，构建高水平社会主义市场经济体制。”“激发各类市场主体活力，建设高标准的市场体系。”

三、企业管理的现代化

企业管理现代化的内涵是：根据我国企业实际和客观需要，综合运用自然科学、社会科学和管理科学的成就，卓有成效地组织生产经营活动，使企业管理适应科学技术的进步和经济发展的要求，达到世界先进水平，创造更好的经济效益。企业管理现代化要求在管理中应用切合实际的现代管理理论、方法，并广泛运用运筹学、系统工程、电子计算机、现代通讯、网络技术、信息技术以及其他先进技术手段和方法。在推进企业管理现代化进程中，特别要以信息化促进管理现代化，走出一条科技含量高、经济效益好、资源消耗低、环境污染少、人力资源优势得到充分发挥的新型管理方式。实现企业管理现代化，对我国具有重要的现实意义，它是提高企业素质和经济效益的重要途径，又是迎接世界新的技术革命挑战、加快技术进步和技术创新的需要。管理现代化与技术现代化处于同等重要地位，必须相互促进以加快现代化的进程。因此，企业管理现代化是我国企业管理发展方向。

企业管理现代化主要包括以下内容：

1. 管理思想的现代化。这是企业管理现代化体系的灵魂。要彻底摆脱小生产经营、封闭式等传统思想的束缚，树立起具有中国特色的现代化企业的经营管理思想，包括市场观念、用户观念、竞争观念、创新观念、效益观念、时间和信息是企业重要资源观念等，使企业具有充沛的活力，迎接经营国际化、经济全球化、市场区域化的挑战。

2. 管理组织的现代化。这是企业管理现代化的基础。根据企业具体情况，从提高企业的生产经营效率出发，按照职责分工明确、指挥灵活统一、信息灵敏准确和精兵简政的要求，合理设置组织机构、配置人员，并建立健全以责任制为中心的科学的、严格的规章制度，保证生产经营活动有条不紊地进行。

3. 管理方法的现代化。这是管理现代化的表现形式。它要求在管理工作中综合运用经济的、行政的、思想教育的方法，运用系统论、控制论、信息论的原理和方法，依靠充分而准确的数据和信息，把定性分析与定量计算结合起来，积极推广先进的管理方法，如目标管理、市场预测、价值工程、运筹学、优选法、ABC 管理法、决策技术、量本利分析、滚动计划、物料需求计划和企业资源计划等。

4. 管理手段的现代化。这是管理现代化的主要工具。它要求在企业管理中广泛采用包括电子计算机、通信设备、网络技术、信息技术、监测和显示仪器、办公室自动化等各种技术和设备。

5. 管理人员的现代化。这是实现管理现代化的保证和条件。企业各类管理人员应掌握现代经营管理所必需的专业知识和技能，善于吸收国内外先进科学技术成果和管理经验。总的来说，没有高素质的管理人才就难以实现管理的现代化。

第四节　现代企业制度

一、现代企业和现代企业制度的含义

(一) 现代企业及其特征

现代企业是指一个能容纳多种产业、多种环节、多种功能的庞大而复杂的组织系统。它的主要特征表现在：① 某种产品的生产不限于在单一工厂生产，可以并行地在多家工厂生产，从而扩大单一产品的生产规模；② 产品经营不限于生产的产品，也可以有选择地实行供应、生产、销售及研究开发的联合经营，提高经营的深度和广度；③ 企业不仅经营一种产品，还可以同时产销若干种相关或者不相关的产品，最终成为能够全面扩张的机体，以实现经济持续增长的目标。

当今世界正处于以大公司、大企业集团为轴心的时代。据美国《财富》杂志提供的资料显示，全球500强大企业的销售额已占到世界经济总产值的60%～70%。在日趋激烈的国际经济竞争中，大公司、大企业集团以其规模、资金、技术、人才、信息等方面的优势，发挥着举足轻重的作用。发展大公司、大企业集团有助于提高我国的综合经济实力，增强国际竞争能力。

(二) 现代企业制度的含义

现代企业制度指的是关于企业组织、运营、管理等一系列行为的规范和模式。企业制度包括产权制度、组织制度、管理制度、会计审计制度、稽查特派员制度、运行规则，以及所有者、经营者、生产者之间的关系，国家对企业的关系，企业和社会的关系等方面内涵。在这些内容中，产权制度是核心和基础。企业制度是由经济体制决定的，有什么样的经济体制，就有与之相适应的企业制度。

现代企业制度是适应社会化大生产和市场经济发展的必然要求，以完善的企业法人治理结构为基础，以产权制度为核心，以有限责任制度为保证，以公司企业为主要形式，以产权清晰、权责明确、政企分开、管理科学为条件的新型企业制度。在现代社会化大生产和市场经济条件下，每个企业必须真正以法人身份进入市场，按市场需要和变化组织生产经营活动，直接参与市场竞争。也就是说，企业拿自己生产的商品，到市场上去交换，交换的结果造成盈利或亏损，由企业自行负责。现代企业制度要求企业成为适应市场的法人实体和竞争主体；要求进一步明确国家和企业的权利

和责任，国家按投入企业的资本额享有所有者权益，对企业的债务承担有限责任，企业依法自主经营、自负盈亏；要求政府不能直接干预企业经营活动，企业也不能不受所有者的约束，损害所有者权益。从法律方面看，现代企业主要是法人企业而非自然人企业，应当是依法成立、依法独立享有民事权利和承担民事义务的法人组织。所以现代企业制度从法律上看也就是企业法人制度。从上述分析不难看出，现代企业制度是社会化大生产和市场经济的发展以及随之而来的法制完善的产物。

二、现代企业制度的基本特征

现代企业制度的基本特征是产权清晰、权责明确、政企分开、管理科学。

（一）产权清晰

企业的设立必须有明确的出资者，必须有法定的资本金。出资者享有企业财产的所有权，企业享有独立的法人财产权。在确定法人财产权过程中，同时需要理顺产权关系，实行出资者所有权与法人财产权相分离。出资者所有权在一定条件下表现为出资者拥有物权、债权、股权和知识产权，并以股东身份依法享有资产受益、重大决策和选择经营管理者等权利。国务院国有资产监督管理委员会代表国家统一行使国有资产所有权，中央和地方政府分级管理国有资产，授权大型企业、企业集团和控股公司经营国有资产。要确保出资人代表到位，行使所有者的权益。法人财产权表现为企业依法享有法人财产的占有、使用、收益和处置权，以独立的财产对自己的经营负责。对国有独资公司来说，确认法人财产权不会改变国家所有者地位，改变的只是国家对国有资产管理的方式，也就是由资产的实物形态的管理转变为资产的价值形态的管理。在这种管理形态下，国有资产的总量并未减少或流失，这是因为企业国有资产增值和收益均属国家所有，对公司的经营风险，国家只以出资额为限承担有限责任。这样，国有独资公司就成为独立的利益主体，拥有相应的财产权利，并承担其财产责任，同时又受到财产所有者的约束，从而真正成为自主经营、自负盈亏的法人实体，也就具备了作为市场竞争主体的基本条件。

（二）权责明确

现代企业制度的一个重要特征就是使企业法人有权有责。企业以其全部法人财产，依法自主经营、自负盈亏、照章纳税；但同时企业要对出资者负责，承担资产保值增值的责任。现代企业制度要求国有资产一旦投资于企业，就应成为法人财产，企业法人财产权也随之确立。这部分法人财产归企业使用，使用中的企业财产必须保值增值，形成法人权责统一。任何一个现代企业，一旦权责关系明确以后，就必须以其所拥有的全部财产为依托，动员一切力量，想尽一切办法，在法律和行政法规规定的经营范围内，努力使企业创造更多的价值，依法纳税，并按照国家投入企业的资本额享有所有者权益。

(三) 政企分开

按照现代企业制度的要求,政府的行政管理职能与国有资产管理职能必须分开。政企分开包括两层含义:① 政资职能分开。政指政府的行政,资指国有资产所有权。行政职能属于政府行政权力,而所有权职能是一种财产权利。两者范围与性质不同,遵循的法律也不一样,政府行政职能由行政法来调整,而所有权职能由民法来协调。在资产关系上,企业与政府行使所有权职能的机构处于平等的民事主体地位,由民法来协调,而行政法所适用的范围是服从与被服从的关系。如果政府这两种职能不分开,政府与企业就很难处在一种平等的民事主体的地位。②政企职责分开。实行政企职责分开,政府不能直接干预企业生产经营活动,而只能通过宏观调控来影响和引导企业的生产经营活动。要明确企业是经济组织,不应承担政府的行政职能,要取消企业与政府的行政隶属关系,企业要摆脱对行政机关的附属地位,不再依赖政府。承担国有资产管理职能的国有资产监督管理委员会应将资产管理与资产经营分开,组建多种形式的资产经营公司。这些公司同企业的关系应以资产为纽带,以控股、参股方式按投入企业的资本额享受股东权益,也不直接干预企业生产经营活动;在企业破产时,只以投入企业的资本额对企业债务负有限责任,这样就能实现政企职责真正分开。③ 政事分开。它是指政府应做好宏观经济调控工作,而不应干涉企业的生产经营管理工作。企业应集中精力做好生产经营管理工作,不断提高企业经济效益,从而达到发展壮大自己的目的。

(四) 管理科学

企业成为独立法人之后,就应主动建立科学的组织管理制度。科学的组织管理制度由两部分构成:① 科学的组织制度。现代企业制度有一套科学、完整的组织机构,它通过规范化的组织制度,使企业的权力机构、监督机构、决策和执行机构之间职责明确,相互制衡。在公司制企业中,实行董事会领导下的经理负责制,所有者通过股东大会选出董事会、监事会,董事会聘任经营者(经理),这就形成了一套责权明确的组织体制和约束机制。② 现代企业管理制度。现代企业管理制度是一种高效率的科学管理制度,它是包括人、财、物、供、产、销以及安全、环保、质量等全方位的管理制度。如企业机构的设置、用工制度、工资制度和财务会计制度等。同时,现代企业应高度重视以人为本理念,主要表现在:重视选好企业经营者、重视员工培训、培养员工的团队精神、重视领导和员工关系、重视奖惩、重视科技人员的作用。通过上述各方面来调节所有者、经营者和员工之间的关系,可形成激励和约束相结合的经营机制。

三、现代企业制度的形式

公司制是现代企业制度的一种有效组织形式。我国目前的公司制,通常被称为“有限责任公司”和“股份有限公司”。我国的跨国公司也在迅速发展。

(一) 有限责任公司

有限责任公司是指不通过发行股票，而由为数不多的股东集资组成的公司。公司的股东以其出资额为限对公司负责，而公司则以其全部资产对公司的债务承担责任。这类公司具有以下特性：① 公司由50个以下股东出资设立。② 有限责任公司的资本(注册资本最低限额为：以生产经营和商品批发为主的公司50万元；商品零售为主的公司30万元；科技开发、咨询、服务性公司10万元)，无需划分为等额的股份，也不发行股票。股东确定出资金额中(或实物、知识产权、非专利技术、土地使用权等依法评估作价)，全体股东的货币出资额不得低于公司注册资本的30%。股东按期足额缴纳出资后，由公司出具股单，股单只能作为股东在公司中应享有权益的凭证，但不能自由买卖或抽逃出资。股东在出让股权或公司新增资本时，必须经全体股东过半数同意，而且老股东具有优先购买权。③ 在有限责任公司中，董事和高层管理人员往往具有股东身份。大股东亲自经营企业，使所有权与经营控制权分离程度不如股份有限公司那样高。④ 有限责任公司设立、合并、分立、增资、减资、解散、清算的程序和管理机构比较简单，同时公司账目无需向公众公开披露。

由于有限责任公司自身所具有的上述特性，许多中小规模的企业往往采取这种公司形式。这样，既可享受政府对法人组织所给予税收等优惠政策，又能保持出资人的封闭式经营。所以，在一些西方国家中，有限责任公司的数目大大超过股份有限公司。

(二) 股份有限公司

股份有限公司是指把全部资本划分为等额的股份，发行代表股份的有价证券——股票的公司。这类公司具有以下基本特性：① 股份有限公司的股东必须达到法定人数(必须有2人以上，200人以下为发起人)。② 股份有限公司的全体发起人的首次出资额不得低于注册资本的20%，公司总资本是由若干均等的股份所组成，股票是一种有价证券，具有自由认购、自由转让的特性，这是股份有限公司区别于其他公司形式或商业团体的一个重要标志。③ 股份有限公司可以通过向社会公开、公平、公正发行股票而募集资本，人们可以通过认购股票而取得相应的股份，股东不能要求退股，但可以通过自由买卖股票而随时出让股份。④ 股东对公司债务以其所认购股份金额为限对公司负责，而公司则以其全部资产对公司债务承担责任。⑤ 股份有限公司必须向公众公开披露财务状况。为了保护投资者的利益，各国公司法一般都规定，股份有限公司必须在每个财务年度终了时公布公司的年度报告，其中包括董事会的年度报告、公司利润表和资产负债表。

股份有限公司较之有限责任公司的优点主要表现在：① 它是募集大规模资本的有效组织形式，为广大公众提供了简便、灵活的投资场所，为企业提供了筹资渠道，使某些需要巨额资本的产业得以建立；② 股份有限公司更有一套严密的管理组织，能够保证大规模工商企业的有效经营；③ 公司董事、监事、经理应向公司申报所持有本公司股份，在任职期间内不得转让，因而公司经营好坏直接与他们自身利益紧密结合；④ 股份有限公司有利于资本产权的社会化和公众化，把大企业的经营置于社会的监督之下。由于股份有限公司具有以上诸多优点，使它成为现代市场经济中大型企业的主要组织形式。

股份有限公司较之其他形式公司的缺点是：① 股份有限公司作为公众公司，设立和歇业的法定程序较为复杂；② 公司经营情况必须向公众披露，难以保守经营秘密。

（三）跨国公司

跨国公司是指以本国为基地或中心，在不同国家或地区设立分支机构（分公司）、子公司，投资办企业（合资企业、合作经营企业、独资企业、授权生产商等），从事国际性生产经营活动的组织。跨国公司就其实质上来讲，它与企业集团是同类型的经济组织，只是它具有国际性的特点，其分公司、子公司都分布于不同国家和地区而已。在法律上，跨国公司也不是一个独立的法人实体，而是法人的联合体。

在当今世界经济舞台上，活跃着一批跨国大企业，它们业已成为世界经济活动的主角。联合国贸易与发展组织历年公布的数据显示，全球跨国公司控制了世界生产总值的40%～50%，国际贸易的50%～60%，国际技术贸易的60%～70%，产品研究与开发的80%～90%，以及对外投资的90%，成为世界经济发展中举足轻重的力量。随着跨国大企业的迅速发展，世界经济正在经历着一场格局、体制、产业结构、贸易、投资布局等方面的深刻变革，使得经济全球化的纵深推进速度进一步加快。在这些跨国大企业中，又有一批“重量级选手”，即全球“财富”500强大企业是跨国公司的典型代表。全球500强大多是当年经营业绩不错的企业，且占据着当年国际级大企业全部经济总量的多数份额。全球500强大企业基本上都是跨国公司，数量上只占跨国公司总数的1%左右，而年营业收入却占跨国公司总营业收入的90%。也就是说全球跨国公司的主体是500强。因此无论是从综合实力，还是从经济贡献上来说，全球500强都是堪称为国际级大企业的主体代表。全球500强是一个动态概念，在激烈的市场竞争和角逐中，全球500强排行榜可谓沧桑巨变，一些新企业不断涌入，一些老企业无奈退出，还有部分企业时进时退。据美国《财富》杂志2021年3月公布的全球“财富”500强企业排行榜中，美国零售业巨头沃尔玛2020年营业收入5 239亿美元，位居榜首；第二名中国石油化工集团公司，营业收入4 070亿美元；第三（中国国家电网公司，营业收入3 839亿美元）、第四名(中国石油天然气集团公司,营业收入 3 791 亿美元)均为中国企业。2020 年全球“财富”500 强企业,营业总收入高达 33 万亿美元,接近中、美两国 GDP(15.6 万亿美元、20.6 万亿美元)的总和,创历史新高。

总之,在进入全球“财富”500 强企业中,1995 年,日本上榜企业高达 149 家,总营业收入占上榜企业的 37%,到 2020 年下降为 57 家;美国上榜企业巅峰时刻是 2001 年为 197 家,总营业收入占上榜企业的 42%,到 2020 年下降到 121 家;1995 年,中国上榜企业仅有 3 家,到 2020 年高达 133 家,超过美国 121 家,跃升世界第一位,实现了历史的跨越。

(四)建立健全现代产权制度

产权是现代企业制度的主要内容,是所有制的核心,它包括物权、债权、股权和知识产权等各类财产权。建立归属清晰、权责明确、保护严格、流转顺畅的现代产权制度,有利于维护公有财产权、巩固公有制经济的主体地位;有利于保护私有财产权,促进民营经济发展;有利于各类资本的流动和重组,推动混合所有制经济发展;有利于增强企业和公众创业创新能力,形成良好的信用基础和市场秩序。这是完善我国基本经济制度的内在要求,是构建现代企业制度的重要基础。要依照物权法保护各类产权,健全产权交易规则和监管制度,推动产权有序流转,保障所有市场主体的平等法律地位和发展权利。

四、完善公司法人治理结构

现代公司在市场经济发展过程中,已经形成了一套完整的法人治理结构。公司法人治理结构规定了所有者、经营者和生产者之间通过公司的权力机构、决策机构、管理机构、监督机构,形成各自独立、权责明确、相互制衡的关系,目的是明确出资者及公司法人各自的责、权、利,促进投资者、经营者和生产者的稳定合作,为形成公司内部的激励机制和约束机制提供制度保证。我国《公司法》和公司章程确立的这种公司法人治理结构,既保证了所有者的权益,又赋予了经营者充分的自主权,同时也有利于调动生产者的积极性,因此,它是现代企业制度的重要内容。

现代企业——公司的组织结构,一般由股东会、董事会、监事会和经理层组成。要明确股东会、董事会、监事会和经理层的职责,形成各负其责、协调运行、有效制衡的公司法人治理结构。

1. 股东会。它是公司的最高权力机构,有权决定公司的经营方针和投资计划;选举和更换非由职工代表担任的董事、监事,决定有关董事、监事报酬事项;审议批准董事会、监事会或监事的报告;审议批准公司年度预决算方案、利润分配以及弥补亏损方案;对公司增减注册资本、发行公司债券作出决议;对公司合并、分立、解散、清算或变更公司形式作出决议;修改公司章程等。股东会虽然是公司的最高权力机构，但它对外不能代表公司，对内不能从事具体的业务和管理。

2. 董事会。其成员为 3～13 人。董事会是公司的经营决策机构，成员由股东代表和其他方面的代表组成。董事长由董事会选举产生，他是公司法定代表人。董事会对股东会负责，行使下列职权：负责召集股东会会议，并向股东会报告工作；执行股东会的决议；决定公司的经营计划和投资方案；制定公司的年度财务预决算方案、利润分配和弥补亏损方案；制定公司增减注册资本以及发行公司债券的方案；制定公司合并、分立、解散或变更公司形式的方案；决定公司内部管理机构的设置；聘任或解聘公司经理及其报酬事项，根据经理提名决定聘任或解聘公司副经理、财务负责人及其报酬事项；制定公司的基本管理制度等。董事会实行集体决策，采取每人一票或简单多数通过的原则，董事会成员对其投票要签字，并承担责任，这样，有利于决策民主化和科学化，并便于对董事的决策能力进行检验。

3. 经理(或总经理)。他是公司日常生产、经营管理工作的最高主管，主持公司的生产经营管理工作，组织实施董事会决议。经理依照公司章程和董事会的授权范围行使职权(具体职权见第二章)，对董事会负责。

4. 监事会。其成员不得少于 3 人。监事会应当包括股东代表和一定比例(不得低于 1/3)的公司职工代表，职工代表由公司职工代表大会选举产生。监事会设主席 1 人，由全体监事过半数选举产生。监事会对股东会负责，行使以下职权：检查公司财务；对董事、高级管理人员执行公司职务的行为进行监督；对违反法律、行政法规、公司章程或股东会决议的董事、高级管理人员提出罢免的建议；当董事、高级管理人员的行为损害公司的利益时，要求他们予以纠正；必要时可以提议召开临时股东会会议；向股东会会议提出提案；依照规定对董事、高级管理人员提起诉讼；监事可列席董事会会议，并对董事会决议事项提出质询或建议；监事会或不设监事会的公司监事发现公司经营情况异常，可以进行调查，必要时可以聘请会计师事务所等协助工作，费用由公司承担；监事会每年至少召开一次会议，其决议应当经半数以上监事通过，出席会议的监事应在会议记录上签名。为了保证监督的独立性，监事不得兼任公司的经营管理职务。

公司法人治理结构允许有一定的灵活性。如有限责任公司股东人数较少和规模较小的，可以设 1 名执行董事，不设立董事会，执行董事可以兼任公司经理。

这里需要强调指出的是，公司股东会和董事会之间是信任托管关系，即股东出于信任推选董事，董事是股东的受托人，承担受托责任。由董事组成的董事会，受股东会的信任委托作为公司的法定代表人(董事长)，负责经营公司的法人财产。董事长与公司经理人员之间是委托代理关系，即董事会按照一定标准挑选和聘任适合于本公司的经理人员，并把部分经营权力(日常经营管理权)委托给他们。经理人员接受董事会的委托，行使公司日常事务的管理权和代理权。

总之，通过建立和规范公司的股东会、董事会、监事会和经理层的法人治理结构，能使公司的权力机构、监督机构、决策和执行机构之间相互独立，责权明确，各司其职，各负其责，相互制衡，更好地调节所有者、经营者和生产者之间的关系，形成激励和约束相结合的经营机制。

第二章

企业领导制度与管理组织

领导制度和管理组织是企业有效开展生产经营活动，取得良好效益的根本保证。前者确定企业领导层各方面的职责权限关系，后者则从总体上建立企业开展管理活动的框架结构。领导制度要融合到组织中去，管理组织也要通过具体的制度、职责权限以及人事工作来落实。领导制度和管理组织是企业管理工作中相辅相成的两个重要方面。

第一节　企　业　领　导

领导是企业管理的一项重要职能，领导水平的高低直接决定着企业的兴衰成败。一个企业的领导者，犹如一支交响乐队的指挥，好的指挥能调动乐队中每一个成员的激情，并使整个乐队协调配合，奏出和谐自然、优美动听的乐章。没有优秀的指挥，即使乐队的每位成员都很出色，也不可能成为出色的乐队。

一、领导的涵义与领导权力的构成

领导是指通过信息沟通，引导和影响群体或组织成员，使其为实现群体或组织目标而作出努力和贡献的过程。领导的本质是一种影响力，领导者通过这种影响力对企业的生产经营活动施加影响，并造成员工的追随与服从。正是由于下属的追随与服从，才使领导者在企业中的地位得以确定，并使领导过程成为可能。

领导权力是指领导者有目的地影响下属心理与行为的能力。权力是领导的基础，也是领导者行使职权的条件。企业各级领导者之所以能对下级员工施加影响，率领和引导员工为实现企业目标而努力，原因就在于他们拥有相应的领导权力。企业的领导权力有五种表现形式：① 法定权。这是由企业中等级制度所规定的正式权力，它通常因职位而产生，并被企业、法律、传统习惯所认可。如公司总经理比副总经理有更多的法定权力，部门经理比第一线的主任有更多的法定权力。② 强制权。这是一种建立在惧怕基础之上的权力。下属意识到不服从上司的意愿将被惩罚，如分配不称心的工作、训斥等。③ 奖励权。这是强制权的对立面。下属意识到服从上司的意愿会给其带来奖励。这些奖励可以是金钱（提高薪酬、奖金）或非金钱(提升、表扬)方面的。④ 专长权。这是由于具有某种专门知识或特殊技能而获得的权力。这种权力以敬佩和理性崇拜为基础,因而赢得同事和下级的尊重和服从。⑤ 表率权。这是因领导者的特殊品格、个人魅力而形成的权力。这种权力建立在下属对领导者的感性认同甚至崇拜的基础上。企业领导者的公正无私、品德高尚、勇于创新、知人善任、关心下属等,则易获得下属的忠诚和依从。

法定权、强制权、奖励权是由个人在企业组织中的职位所决定的,它们是职位与责任结合在一起的制度化的权力;专长权和表率权则取决于领导者的知识和品德。有效的领导者不仅要依靠职位所赋予的权力,还必须具有专长权和表率权,这样才会使被领导者心悦诚服。总之,领导者在运用权力时,必须注意慎重用权、公正用权、例外处理。

二、领导者的素质

现代企业的领导者与党政干部及其他一切行业的人才一样,都应体现在干部队伍的革命化、年轻化、知识化、专业化和德才兼备的标准上。具体来说,企业高层领导者应具备的条件和能力素质主要表现为:① 政治素质。热爱社会主义事业,坚持社会主义经营方向和与时俱进的理念;要有强烈的事业心和责任感,不谋私利,乐于奉献;要有牢固的科学发展观和不断开拓进取的创新理念;要有良好的思想品德(社会公德、职业道德、家庭美德、个人修养)和工作作风;同时,还要学法、懂法、守法和用法。② 文化素质。熟悉本行业的生产、技术、财务、法律、法规等方面的知识,熟悉本企业、本行业业务和科技发展动态;懂得现代经济理论、经营管理、领导艺术、市场经济、国际贸易、国际金融等广博而精深的基本知识;树立新观念,时时处处体现时代精神和创新意识。③ 能力素质。要有敏锐的洞察力,处事果断,雷厉风行,善于组织领导,坚忍不拔,面对困难表现出非凡的勇气和魄力;要有筹划谋断能力、改革创新能力、驾驭全局能力、灵活应变能力、人际交往能力和社交能力;要有沟通和团队协调能力;要有生产经营管理工作的能力。④ 作风素质。廉洁自律,公正严明,以身作则,求真务实,谦虚谨慎,闻过则喜,闻颂则谦;能密切联系群众,发扬民主作风,关心群众,尊重下级,尊重人才,诚实守信,团结和谐。⑤ 心理素质。有主见,但不主观武断;有勇气,但不鲁莽蛮干;有毅力,但不顽固不化;有豁达的心胸,但不是看破红尘。⑥ 身体素质。健康、精力充沛、充满活力,外表端正。

三、企业管理者的类型

凡是在企业中担负对他人的工作进行计划、组织、指挥、协调、控制等工作的人就是管理者。企业管理者的类型,一般可分为高层(决策型)、中层(指挥型)、一线(执行型)管理者三种类型,这三种类型组成金字塔管理层次。金字塔管理层次如图 2-1 所示。

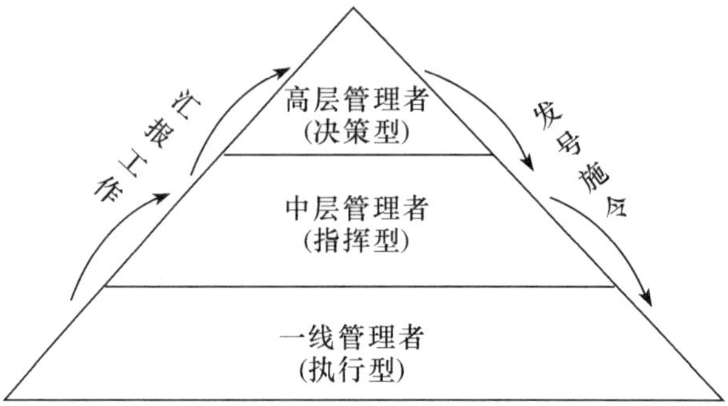

图 2-1　金字塔管理层次图

1. 高层管理人员。这是指企业中制定战略规划、经营战略决策、掌握政策法规、制定规章制度和评价整个企业业绩,并负责和外界(税务、金融机构、保险、社区等)联系的管理人员。高层管理人员主要是指企业的董事长、总经理(或总裁)、经理等。

2. 中层管理人员。这是指负责制定具体执行计划及有关细节(或说明)和程序,以贯彻高层管理部门作出的决策和计划的管理人员。中层管理人员主要是指生产部经理、营销部经理、技术开发部经理、财务部经理、人力资源部经理等。

3. 一线管理人员。这是指给下属分配任务、安排工作和制定程序,确保下属有较好的工作条件和工作环境,使工作流程科学合理,同时对下属人员进行协调和调配负主要责任的管理人员。一线管理人员主要是指工长、班组长、统计员等。

第二节　企业领导制度

企业领导制度是企业领导原则、体制和领导权限规定的总称。它涉及企业领导层中各个方面、各个环节的职责分工、相互关系、权力划分和工作机构设置等问题。企业领导制度是整个经济管理体制的一部分。它主要解决企业中党、政、工组织的相互关系,明确它们之间的职责、权限和分工协作关系。

一、经理负责制

经理负责制是一种专责制,是企业的生产行政和经营管理工作由经理统一领导、全面负责的一种领导制度。企业要建立起以经理为首的生产经营管理系统。经理在企业的生产经营活动中处于中心地位,对企业的物质文明建设和精神文明建设负有全面责任。经理是企业的法定代表人,他的产生,应根据现代企业制度要求的选人用人新机制,把组织考核推荐和公开向社会招聘结合起来。经理的职权主要包括:企业行政机构设置、副经理任免提名、中层干部任免、制定劳动工资及人事制度、经营决策等权力。经理既有以上权力,又必须承担相应的责任:① 对国家负责。认真贯彻党的方针、政策,遵守国家的法律、行政法规和公司章程;依法纳税;使企业资产不断地保值增值等。② 对社会负责。严格履行经济合同,保证和提高产品质量,遵守价格政策,保护生态环境和自然资源等。③ 对企业负责。努力发展生产,提高企业经济效益,不断提高企业自我改造和自我发展能力,使企业不断发展壮大。④ 对员工负责。改善员工的工作和劳动条件,搞好安全生产、文明生产,并在发展生产、提高经济效益的基础上逐步增加员工收入,改善集体福利,提高员工生活水平。经理在履行自己的权责过程中,应当充分理解和尊重党组织在企业中的政治核心地位,自觉接受党组织的监督,主动向党组织汇报工作和听取意见,从各方面支持党组织开展思想政治工作。同时,必须切实尊重员工的主人翁地位,全心全意依靠企业员工办好企业。

二、董事会领导下的总经理负责制

董事会领导下的总经理负责制,是现代公司制企业普遍采用的一种领导制度。这种领导制度是董事会授权总经理,由总经理全面负责公司的日常生产行政和经营管理工作的制度。公司总经理由董事会聘任或解聘,他是公司法定代表人(董事长)的代理人及公司行政工作的主持者,他依照董事会的决议,对公司一切业务工作和行政工作负责,处理日常对内对外的各种业务活动,并对董事会负责。

(一) 总经理的职权

为了保证总经理所承担的生产、行政和经营管理工作顺利进行,公司必须赋予总经理相应的职权。我国《公司法》规定总经理行使的主要职权有:① 主持公司的生产经营管理工作,组织实施董事会决议;② 组织实施公司年度经营计划和投资方案;③ 拟订公司内部管理机构设置方案;④ 拟订公司的基本管理制度;⑤ 制定公司的具体规章;⑥ 提请聘任或者解聘公司副经理、财务负责人等;⑦ 决定聘任或者解聘除应由董事会决定聘任或者解聘以外的其他管理人员;⑧ 公司章程和董事会授予的其他职权。总经理应列席董事会会议。他在行使以上职权时,不得变更股东会和董事会的决议或超越授权范围。

(二) 总经理的行政工作系统

以总经理为首的行政领导班子包括:总经理、副总经理、各部门经理、总经济师、总会计师、总工程师、公司秘书等。副总经理是总经理的助手,协助总经理总揽公司业务工作,在总经理缺席或失去行为能力时,代行总经理的职务。各部门经理主管一个部门或某一方面的工作。总经济师、总会计师、总工程师是协助总经理分管整个公司的总体效益、财务、技术等方面的负责人。公司秘书只从事行政工作,不承担管理职能。秘书人选由总经理提名,报请董事会批准。

(三) 总经理的任职条件和能力素质(参见本章第一节)

三、企业职工代表大会和党组织的地位和作用

(一) 企业职工代表大会

职工代表大会是企业实行民主管理的基本形式,是员工行使民主管理的权力机构。企业在实行经理负责制的同时,必须建立和健全职工代表大会制度,实行民主决策和民主管理,保障与发挥工会组织和职工代表在审议企业重大决策、监督行政领导、维护员工合法权益等方面的权力和作用。职工代表大会在政治上要接受企业党组织的领导,贯彻党和国家的方针、政策,正确处理国家、企业、员工三者利益关系,在法律规定范围内行使职权。职工代表大会的工作机构是工会,工会的职责和权限主要有:开展思想、道德、文化、技术等方面的教育,努力提高企业员工素质;开展劳动竞赛、技术创新和岗位培训,促使员工广泛提合理化建议,总结推广先进经验;协助和监督行政部门搞好集体福利,关心员工生活;组织群众开展业余文体活动,促进团结和睦等。企业中的党组织和行政部门都要支持工会工作,为其履行职责创造条件,维护其合法权限。工会也应当积极支持经理依法行使经营管理和统一指挥生产活动的职权。

(二) 企业党组织

企业党组织是党在企业里的基层组织,在企业中处于政治核心地位,它的主要任务是发挥政治核心作用,适应企业法人治理结构的要求,围绕企业生产经营活动开展工作,具体有:支持股东会、董事会、监事会和经理依法行使职权,参与企业重大问题决策;保证、监督党的方针、政策、法律、法规在本企业的贯彻执行;对企业实行思想政治领导;加强党和群众组织的建设,认真做好思想工作,发挥党组织的战斗堡垒作用和党员的先锋模范作用,保证企业资产保值增值。为此,企业需要设置一定的党的工作专门机构,保持一定数量的专职党务工作者和思想政治工作者。企业党组织应当积极支持职工代表大会、共青团开展工作,充分发挥它们的作用,同心协力,共同搞好企业。

第三节 企业管理组织

企业领导制度确立之后,需要建立和完善相应的管理组织,才能有效地实行经理负责制,开展民主管理,保证企业预定目标的实现。企业的管理组织与领导制度是紧密结合的。

一、企业管理组织的概念和作用

（一）企业组织和管理组织的概念

所谓组织，是为实现既定目标，通过人与人、人与物质资料以及信息的有机结合，所形成的社会系统。企业组织，是为有效地向社会提供产品或服务，将企业的各种资源，按照一定形式相结合的社会系统。企业组织可分为两大方面：其一，是员工和生产资料的紧密结合，使企业的物力、财力和技术得到合理利用，从而形成企业的生产劳动组织；其二，企业根据管理的要求，将整个企业的生产、行政指挥系统，按分工协作关系适当划分，并对各个层次或环节明确职责、权限、义务以及信息沟通方式，并相应配置一定数量具有一定能力的管理人员，这就是企业管理组织。管理组织通过以其整体性的活动和信息传递，决定和影响着企业生产劳动组织配置的合理性和效率。

（二）管理组织的构成要素

1. 管理人员。管理人员是管理组织中的主体。其数量、素质和结合的方式决定性地影响到整个组织的效率和其他各个方面。管理人员的主体作用，主要通过三个环节来表现。其一，职务和人员素质的协调一致。通过管理岗位的职务和人员的优化配置，可促进组织群体素质的优化。其二，管理人员和职位、责权的统一。这是决定管理人员发挥效用的基本措施。其三，管理人员素质的培养和提高。这需要由组织的适当激励作保障。

2. 规章制度。由于管理组织系统中的层次、环节以及职位的不同，管理人员能力素质的差异，需要有共同的纪律加以约束和协调，才能取得组织的群体效应。这就是规章制度的作用。有了它，组织系统才能有秩序地、协调地运行。

3. 企业信息。管理人员在组织中的活动，是通过相互传递、交流信息来进行的。整个管理组织对企业内部生产经营活动的安排、贯彻落实，也要通过信息指令进行。企业也要吸收有关的外部信息，并作出相应的决策和采取适当的措施。信息是管理组织的神经系统，其完整、灵敏与否同样会影响和决定管理组织的功效。

管理组织的各个要素，缺一不可。必须使它们很好地结合起来，不断改进、完善，才能发挥组织的功效，为完成企业经营战略目标服务。

（三）管理组织的作用

1. 确定目标、制定决策并加以贯彻落实。在现代企业管理中，决策的制定以至贯彻落实的全过程，都是组织的力量和智慧的体现。领导者个人的才智、能力和知识对管理组织整体固然有很大影响力，但这种个别力量只有融合在组织中才能发挥其龙头作用。

2. 组织生产力，实现企业经营战略目标。为实现企业的经营战略目标，需要经常不断地对企业各种物质资料、劳动力、资本作出安排和合理配置，企业才能形成持续发展的生产力。

3. 协调企业各职能部门、各环节的工作。企业的人、财、物,供、产、销各个环节,各个管理部门和生产部门之间,经常会出现各种脱节和不平衡现象。管理组织的功效,即为经常发现和解决各种脱节现象,协调部门的活动,使企业处于良性循环。

4. 组织的凝聚力和群体效应。企业管理组织能够将企业员工,通过组织制度和激励措施,凝聚成一个强大的整体,使全体员工的活动紧紧围绕企业的任务、目标进行,从而产生巨大的群体效应,促进企业效益的不断提高。

二、建立和完善企业管理组织的原则

建立和完善我国企业的管理组织应遵循以下原则。

(一) 统一指挥、分级管理

按统一指挥、分级管理的一般组织要求建立管理组织系统。一方面,组织的设置在层次划分、分割部门环节等方面都要保证企业开展生产经营管理活动指挥的统一性;另一方面,在整个系统以致在每个子系统中,都要坚持授权的原则,发挥较低层次,或下属工作的主动性,杜绝多头领导,坚持政出一门,下级只接受一个上级的指挥,上级不能越权指挥。职能部门是服务部门,应接受组织中各级行政领导的直接指挥。

(二) 管理组织设置力求精干、高效和节约

组织部门和岗位的设置力求精干,要因事设职,因职设人。精干才能有高效率,精干才能节约管理费用。

(三) 合理确定组织中的管理幅度和管理层次

管理幅度是指一个管理人员所能有效地直接领导和控制的下级人员数。管理层次是指企业内纵向管理系统所划分的等级数。一般情况下,管理幅度和管理层次成反比关系。扩大管理幅度有可能减少管理层次;反之,缩小管理幅度有可能增加管理层次。根据我国情况和国外研究,企业一般采取三个层次,高层—中层(车间、职能部门)—基层,大型企业可采用四个层次,小型企业可采用两个层次。在管理幅度方面,一般采用层次愈高幅度愈小的经验。据研究,高层管理幅度为 5~8 人,中层为 8~15 人,基层为 15 人以上。

(四) 系统性和协调性原则

一方面,无论企业管理系统总体规模的大小,其各个子系统、各个层次、环节在分工基础上都必须紧密联系,要始终保持良好的统一性;另一方面,组织系统的各部分在管理工作负荷方面要保持平衡,在衔接方面要保持协调,这包括纵向协调和横向协调,尤其应重视横向协调,如党、政、工之间,生产部门和管理职能部门之间的协调。

(五) 以客户为中心原则

企业的组织机构必须以客户为中心,满足客户的需要。目前,流行的客户关系管

理(CRM)以及呼叫中心技术(CALL CENTER)都是实现以客户为中心的有效方法。

(六) 扁平化原则

扁平化原则是针对大型企业或跨国公司提出来的。由于它们的组织机构复杂,严重影响了企业的效率和企业的竞争力,为了简化其组织机构而提出了扁平化原则。随着信息网络技术的快速发展,使得企业组织再次集权,中间管理层次功能减退或消失,生产者与消费者之间距离缩短,这为减少中间环节,提高工作效率,降低企业管理成本创造了有利条件。

(七) 适应性原则

1999 年在国际企业研究会议上,有人提出国际化企业的三条标准:“一是要有适应国际市场的应变体系;二是要有全球化的产品;三是要有一套网上销售的战略”。这里的第一条标准就是指企业管理组织要有适应市场环境的应变能力。

(八) 抓好管理组织系统的人事工作

在企业管理组织系统的设置、调整全过程中,人事工作是必不可少的。企业要以管理部门、管理层次或环节、岗位的任务和职责要求为中心,广纳群贤,安排落实管理人员,力求权责统一,以能授职,使人尽其才、才尽其用。另外,从管理组织优化的要求出发,应经常有意识地变动人员的岗位,以拓宽员工的知识面和提高他们的工作能力。

三、企业组织机构

(一) 企业组织机构的基本形式

企业组织机构是企业管理组织,乃至整个企业管理层次、权力划分的基本框架。不同行业、不同生产技术和生产规模的企业,组织机构有不同形式。其基本形式主要有:直线制、直线职能制、事业部制、矩阵组织形式、企业集团(股份制)的组织形式和模拟分散管理等。

1. 直线制。这是早期的企业组织形式。它的特点是指挥和管理的职能,由企业的经理(厂长)执行,不设专门的职能管理部门。这种结构形式简单,指挥统一,职责明确,但企业领导者必须精明能干,具有广泛的业务知识和能力。此种组织结构一般只适合于品种单一、工艺简单和规模较小的企业。直线制的基本形式如图 2-2 所示。

2. 直线职能制。这种组织制度在我国又称“直线参谋制”或“生产区域制”。它的特点是既按集中统一原则设置直线领导机构和人员,又按分工管理原则设置各级职能机构和人员。各级职能机构或人员服从上级和同级行政领导人的指挥,充当他们的参谋和助手,对下属部门仅行使服务和参谋职能,无权进行指挥。采用这种组织形式的企业较为普遍,适合于中小规模,产品、技术较为简单稳定的企业。直线职能制的组织形式如图 2-3(a)、(b)所示。

3. 事业部制(又称部门化组织结构)。事业部制是指以某个产品、地区或顾客

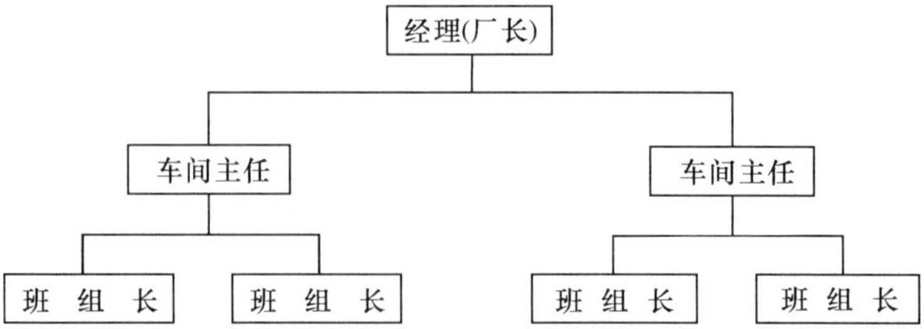

图2 2　直线制组织示意图

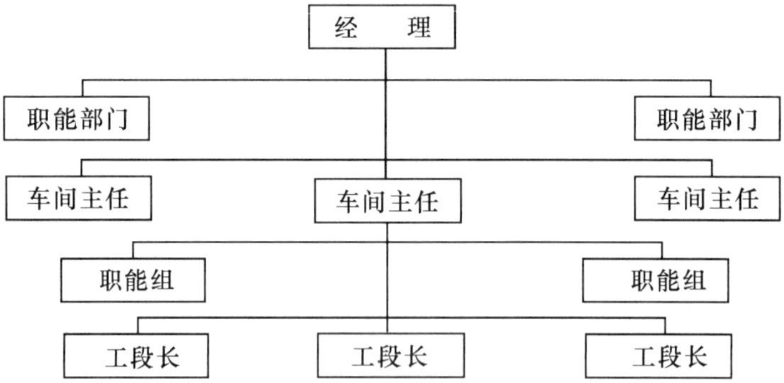

图2 3(a)　经理直线职能制示意图

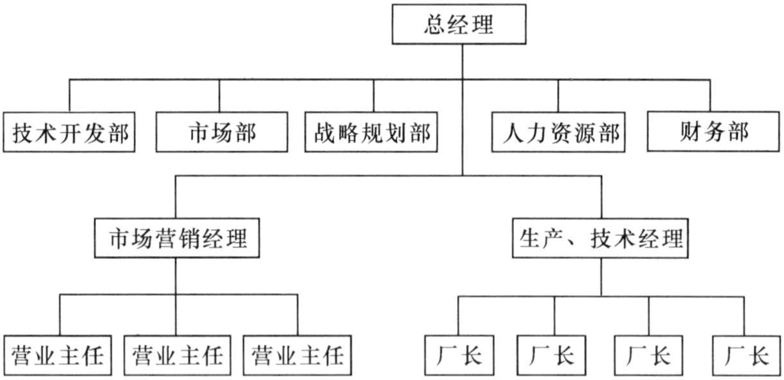

图2 3(b)　总经理直线职能制示意图

为依据，将相关的研究开发、采购、生产、销售等部门结合成一个相对独立单位的组织结构形式。国内外大型企业普遍采用此种组织形式。企业根据需要成立多个事业部，每个事业部在利润指标等向总公司负责，内部实行独立核算、自负盈亏，每个事业部都是一个利润中心，并拥有相应独立的经营自主权。

在组织机构形态上，按照“集中决策，分散经营”的原则，总公司一级设立简要的职能和研究机构，制定公司的投资、经营战略决策，作为下属各事业部的工作指南。各个事业部的组织机构按照自身要求设置。

事业部制有很多优点：① 有利于公司领导集中精力制定投资战略决策和研究长远规划；② 有利于事业部之间展开竞争，发挥主动性和积极性；③ 有利于适应市场变化，提高公司总体的竞争力；④ 有利于培养高层次、全面型的领导干部。事业部制的主要不足是职能机构重叠，用人较多，公司对各事业部协调较为困难。事业部制的组织形式如图 2-4(a)、(b)所示。

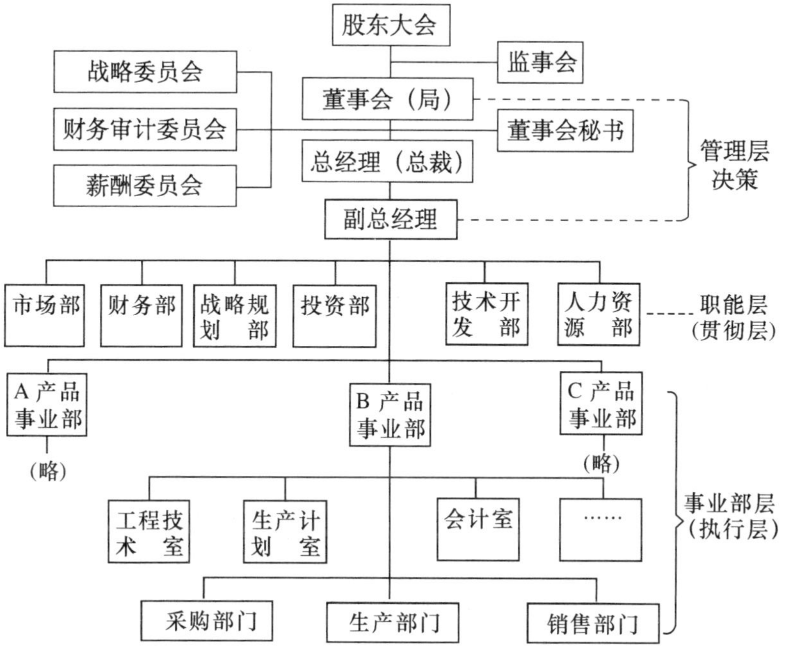

图 2 4(a) 事业部制董事会组织示意图

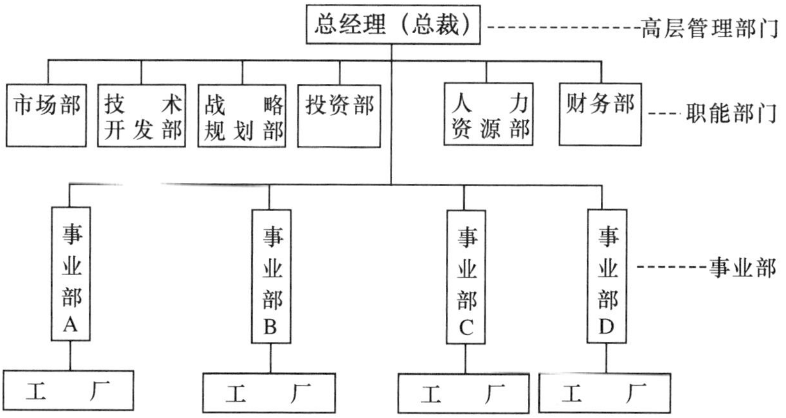

图 2 4(b) 事业部制总经理组织示意图

4. 矩阵组织形式。在企业组织结构上，把既有按职能部门划分的横向管理部门，又有按产品或项目划分的垂直管理部门结合起来的组织结构形式，叫做矩阵

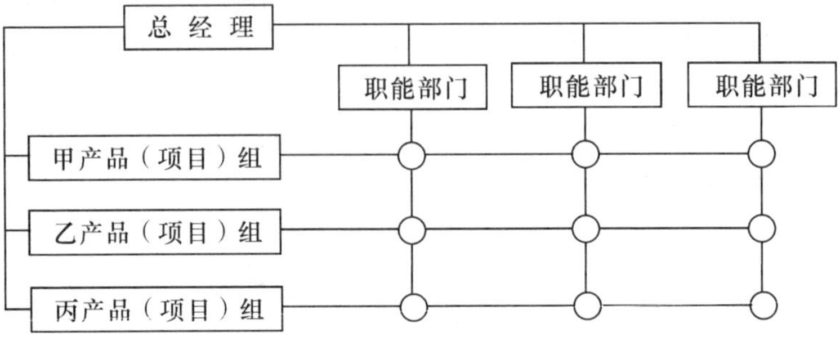

图2 5(a) 矩阵组织纵横结构示意图

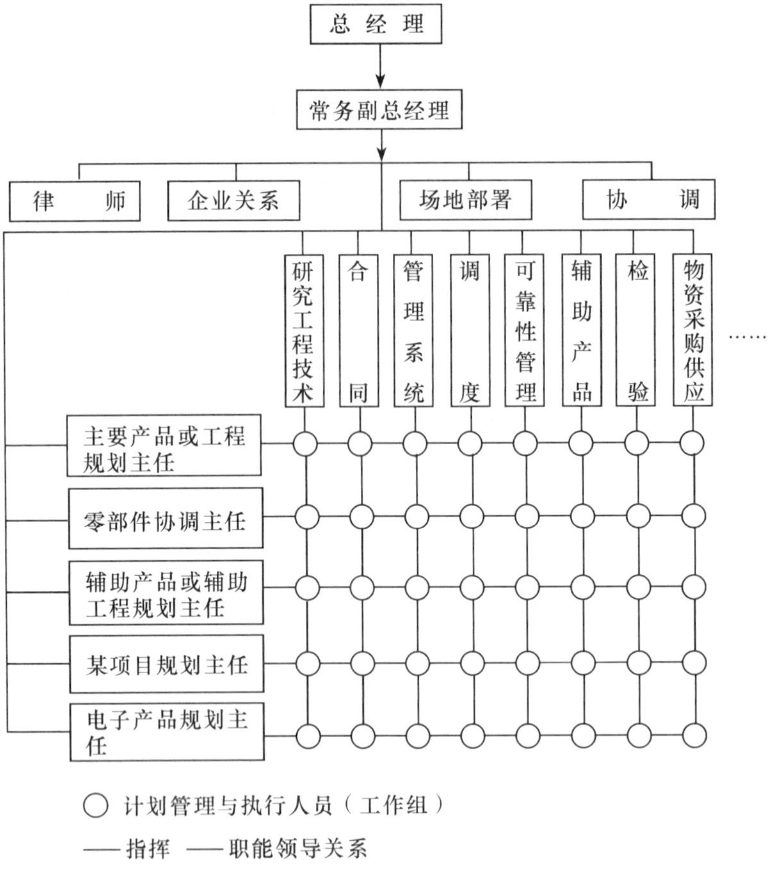

图2 5(b) 矩阵组织纵、横结构示意图

组织形式。在这种组织结构中,每个管理人员要同时受纵、横两方面管理部门的领导,容易沟通信息、强化协调、提高效率。矩阵组织形式是直线职能制和事业部制两种形式的结合。它比较适合于生产大件、小批、高技术产品或大项目、大工程企业和新产品开发。但管理人员受双重领导,职责不清,部门之间关系较为复杂,并且垂直部门又为临时组织。它的基本形式如图 2-5(a)、(b)所示。

5. 企业集团(股份制)的组织形式。企业集团(股份制)的组织形式,是在股东大会下产生董事会和监事会,由总经理全面负责经营管理的组织机构。这种组织形式实行的是三权分立制,即董事会行使决策权,职工代表委员会、监事会行使监督权,总经理行使执行权。企业集团纵向、横向的组织机构示意图如图 2-6(a)、(b)、(c)所示。

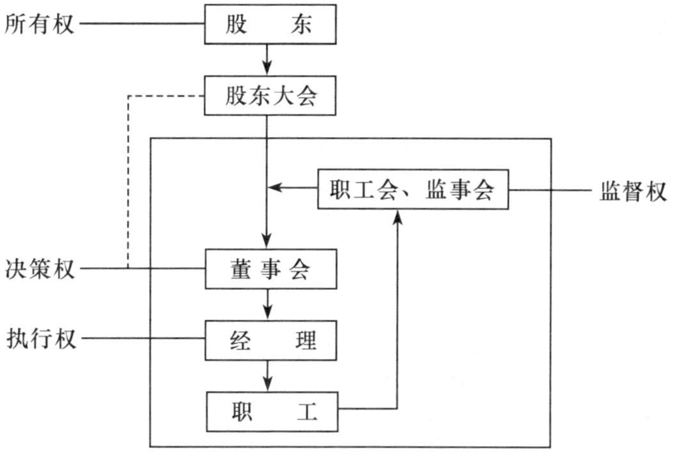

图 2 6(a)　企业集团(股份制)组织机构纵向示意图

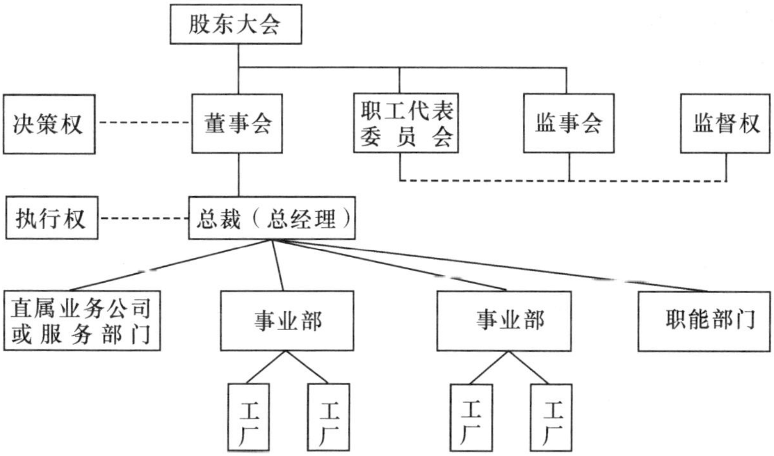

图 2 6(b)　企业集团(股份制)组织机构横向示意图

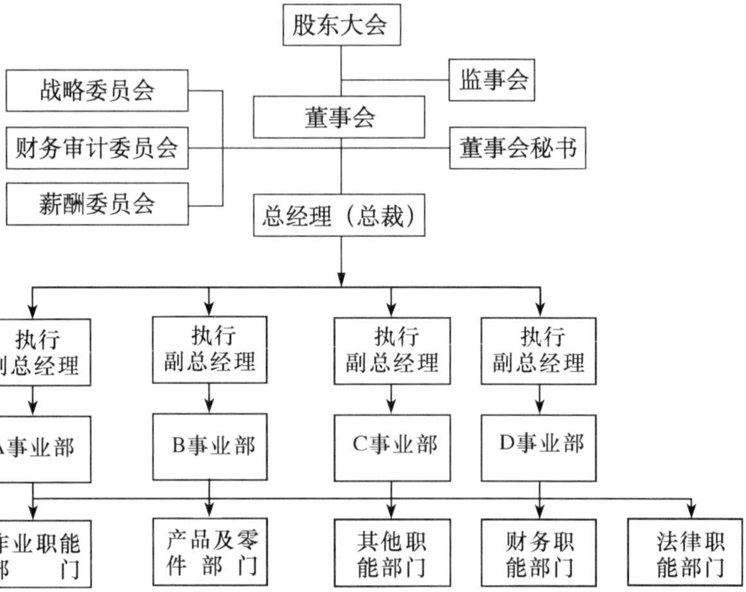

图2 6(c) 企业集团(股份制)组织机构纵向示意图

6. 模拟分散管理。一些企业生产规模较大,并且生产技术过程又有高度统一性和连续性,这些企业,直线职能制和事业部制都不宜采用。为了提高组织效率和企业效率,就产生了模拟分散管理组织形式。这种组织形式模拟地将企业分成若干个相对独立的生产经营单位,并给予一定的经营自主权和相应的经济责任,但很难为模拟相对独立的单位明确规定责任和进行考核。

(二) 组织结构的扁平化

组织结构的扁平化,主要是指减少整个企业的纵向管理层次。企业组织的运作过程实质是信息的传递、处理过程。德鲁克认为"组织的一条基本规则是使组织的层次尽可能地少,指挥线路尽可能地短。每增加一个层次,就会使得保持共同方向和互相理解更困难一些,就会使目标歪曲而注意力分散。"然而,在工业化时代,由于信息传递技术及信息处理能力的限制,需要设置更多的职能部门及管理层次传递信息,并分担信息处理任务。但是,在信息化时代,由于信息技术的应用,企业组织的信息传递和信息处理的能力大大提高,其结构呈现出扁平化趋势,管理层次比等级制组织要少得多。如美国通用汽车公司经过合理化的改变,将管理层次由原来的28个减少到19个;联邦运通公司在董事长、总裁与公司最低一级职员之间只设立5个管理层次。

在信息化时代，信息网络技术使信息传递具有全通道的特征，信息化后的企业，信息传递的阻碍已经不存在。因此，无论是企业的业务信息还是战略信息都可以快速传递到需要者手中，这就意味着所有的决策者，不管他们处在哪个组织层次，都能得到有利于做出灵敏、及时决策的信息。信息化后企业各层次组织获取信息及处理信息的能力大大提高，如图 2-7 所示。

从图 2-7 中可以看出，组织决策权力可有两种安排：一是直接由高层决策，从而降低由授权所带来的代理费用；二是由“活动发生的地方”，即组织底层直接进行决策，从而降低信息成本。这两种安排都能使企业内部的交易费用降低。由此可见，从决策权力分配即从信息处理来看，信息技术应用的结果将使企业组织的中层成为多余，这就为减少管理层次，使企业组织扁平化成为可能。

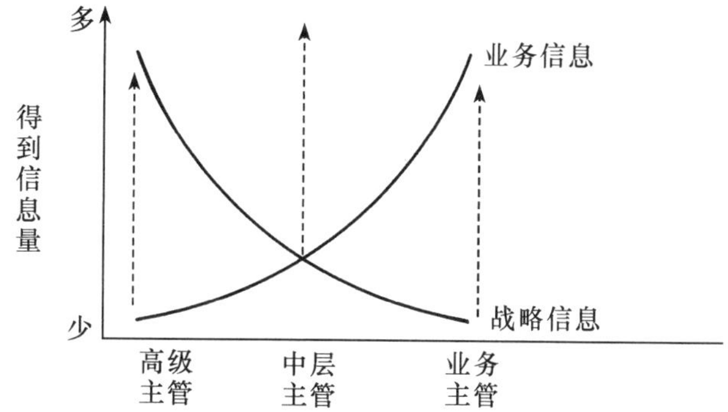

图 2 7 信息化后企业各管理层获取信息变化

在信息化时代，市场需求千变万化，市场机会稍纵即逝，谁能以最快的速度了解消费者的需求，推出新的产品和服务，谁就能赢得竞争的胜利。时间已成为企业赖以生存的关键因素。因此，企业组织结构不得不趋向扁平化，以此来加快企业对市场的响应速度。如联想集团为了加快对市场的响应速度，对组织实施了流程再造，将原有的金字塔组织结构拉平为一条管理流水线，总经理和部门经理不再只是监督和管理者，而且还参与到流程的运作当中，承担业务流程运作的部分工作，从而实现了组织结构的扁平化。下图 2-8(a)、(b)反映了联想集团在流程再造之前与之后，组织结构扁平化的变化。

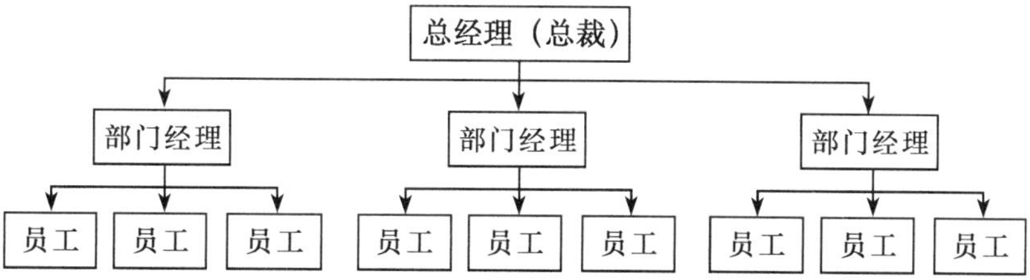

(a) 流程再造之前

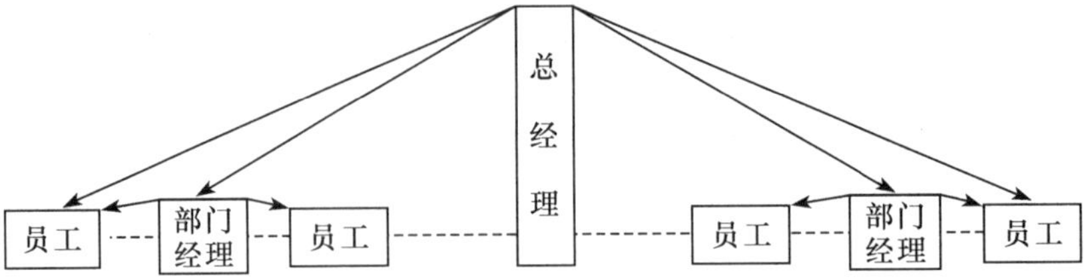

(b) 流程再造之后

图2 8 联想组织结构的扁平化

(三) 企业组织机构形式的选择以及设计程序

1. 企业组织机构形式的选择。企业组织机构形态各异,就组织机构本身而言都有其利弊,关键在于企业要根据自身情况采取适当的形式。

2. 组织机构的设计程序。

(1) 确定目标、收集资料并进行分析,选择合适的组织机构形式。

(2) 将企业生产经营管理活动分解为相对独立性的小单位,并规定它们的业务范围和工作量。按照这种分解和划分绘制企业组织机构图。

(3) 确定管理幅度和层次,并具体到职务、岗位、权限和责任,然后选拔和配置人员。

(4) 结合管理岗位的职责权限和人选,编制各个管理部门和组织总体的规章制度。

(5) 组织人员对筹划的组织机构进行评审,并上报企业领导批准。

第四节 企业管理基础工作

一、企业管理基础工作的特征和作用

企业管理基础工作(以下简称基础工作)是指为实现企业经营目标和履行各项管理职能而提供资料依据、共同准则、基本手段和前提条件的必不可少的专业性工作。如标准化工作、定额工作、计量工作、信息收集工作、规章制度和基础教育工作等。作为管理工作一部分的基础工作,属于专业管理工作的范畴,但它是专业管理工作中的基石。基础工作的好坏直接影响各项业务管理工作的绩效,影响整个企业管理水平的高低。有什么样的基础工作,就有什么样的企业管理水平。

(一) 企业管理基础工作的特征

企业管理基础工作一般具有以下几方面的特征:① 科学性,即基础工作必须

按客观规律科学地做好。② 群众性，即基础工作必须贯穿于生产经营的全过程，依靠企业全体人员共同做好。③ 发展性，即基础工作在相对稳定的基础上，必须随环境与条件，特别是经营目标的变化，在内容与要求上作出调整。④ 先行性，即基础工作必须先于各项专业管理工作进行。

（二）企业管理基础工作的作用

加强企业管理的基础工作对于企业的有效管理具有十分重要的作用：① 它是实现企业管理职能的必要前提。如果没有基础工作为各项专业管理提供准确的资料、准则、手段，计划、组织、指挥、协调与控制就不可能进行。② 它是建立正常生产秩序的有效手段。基础工作解决了诸如做什么、怎么做、何时做、做多少、做得如何等问题，确保生产经营活动的正常进行。③ 它是实现管理现代化的条件。管理现代化需要准确可靠的资料、数据、科学的定额、明确的标准和严格的制度。④ 它是贯彻按劳分配原则的工具。因为基础工作能提供考核的依据和数据，使分配趋于合理。⑤ 它是提高经济效益的重要保证。因为依据基础工作提供的资料能找到努力方向，有利于调动员工积极性和实施严格的核算与控制，这些都必将促进经济效益的提高。

二、企业管理基础工作的内容与要求

各企业所处的行业与环境不同，生产力发展的程度及其相应的管理水平不同，基础工作的内容与要求就不尽相同。即使是同一企业，在不同的时期，其基础工作的内容与要求也会有所变化。目前，我国企业的管理基础工作大致包括标准化工作、定额工作、计量工作、信息工作、制定规章制度以及基础教育等内容。

（一）标准化工作

标准化是指为了达到预期效果，从制定标准、贯彻标准到评价和修订标准的管理活动过程。标准化工作包括技术标准和管理标准的制定、执行和管理工作。技术标准是企业标准的主体，它是对生产对象、生产条件、生产方式以及包装储运等所作的应该达到的尺度和必须共同遵守的规定。它的主要内容有：基础标准、产品标准、零部件标准、原材料标准、工艺及工艺装备标准、安全与环保标准以及设备使用维修标准。技术标准按管理体制和适用范围可分为国际标准、区域标准、国家标准、专业标准和企业标准五类。管理标准是对企业各项管理工作的职责、权限、程序等所作的规定。其内容包括生产组织标准、部门工作质量标准、业务工作流程图、信息传递路线等。

（二）定额工作

定额是指在一定的生产技术组织条件下，为合理利用人力、物力、财力所规定的消耗标准、占用标准等。它是编制计划的依据，是科学组织生产的手段，也是进行经济核算、厉行节约、提高经济效益的有效工具。定额工作是指对各类技术经济定额的制定、执行、修订和管理的工作。企业定额的种类繁多，主要有：劳动定额、物资定额、设备利用定额、生产组织定额（期量标准）、流动资金占用定额、管理费用控制定额等。

（三）计量工作

计量工作就是运用科学的方法和手段，对生产经营活动中的量和质的数值加以掌握与管理的工作。它包括计量技术和计量管理工作。计量技术是研究计量标准及测量方法、测量手段和数据误差的分析与处理的技术；计量管理是对企业计量实行技术、经济、法制、行政和组织的管理，其中带有强制性的计量管理称作计量监督管理或法治计量管理。

（四）信息工作

信息是指对企业管理工作有用的数据资料的总和，一般包括原始记录、数据、资料和情报等。信息是企业生产经营决策的依据，是控制和调节生产过程的手段，是沟通生产者与消费者的桥梁。信息工作则是对信息的收集、加工、传递、存储、检索和输出等一系列管理活动的总称。信息收集：是指原始数据资料的收集，这是信息工作的起点，它贯穿于企业生产经营管理活动的全过程。信息加工：包括对收集的信息加以分类、排序、计算、比较和选择等工作。信息传递：任何信息都可以传递，管理信息必须通过特定的传递通道，依照规定的方向，及时而准确地传递到指定的目的地。信息存储：经过加工的信息或信息使用之后，需要将信息存储起来，供日后参考使用，但根据需要应对原有信息进行不断更新。信息检索：企业存储的信息随时间推移而增多，为了能迅速查找到所需要的信息，就需要有方便、快捷的信息检索方法和手段。信息输出：企业将处理好的信息按照不同需要以各种形式输送出去，为相关人员提供决策、控制的依据。企业中的各种计划、报表、技术文件以及对外广告宣传等都是信息输出的形式。

（五）规章制度

规章制度是用文字形式对企业生产、经营、技术、经济等各项活动所制定的各种条例、规则、程序和办法的总称。它是企业全体员工共同遵守的准则，具有一定的强制性。企业的规章制度大体可分为基本制度、工作制度、责任制度和奖惩制度。基本制度：是指企业中带有根本性的制度。如企业领导制度、职工代表大会制度、企业管理制度等。工作制度：是指导企业进行各项经营管理活动的规范和准则，是对各项专业管理工作的内容、程序、方法和要求的规定。如计划管理、生产管理、营销管理、技术管理、人力资源管理和行政管理等各项管理制度。责任制度：是对企业内各级组织、各类员工在其工作范围内的责任、权力所作的规定。奖惩制度：是为严格劳动纪律、充分调动员工积极性所制定的科学有效的奖惩和考核办法。

（六）基础教育

基础教育是指企业对每个员工所进行的从事本职业、本岗位工作所必需的道德品质和基本的技术业务等的培训教育。其主要内容是向员工灌输正确的思想；对全体员工进行职业技术教育，包括“应知”“应会”等基础性教育和基本功训练；对全体员工进行企业管理方面的培训。

企业管理基础工作的内容虽多，但其本身是一个完整的体系。根据内容及其相互联系，基础工作大致可分为两大部分：一部分是标准化工作系统，主要解决的是技术标准、工作质量与数量标准、行为规范标准以及上岗素质标准等。另一部分是信息工作系统。这两个系统是紧密结合的，前者主要是计划、组织、指挥、协调与监督的依据与目标，后者则主要通过提供方法、手段为决策与标准化工作系统提供数据资料。

第五节　海尔集团组织结构的改革和创新

青岛海尔集团公司，在董事局主席、首席执行官张瑞敏的带领下，由一个亏损174万元的小厂，发展成为全球“财富”500强，营业收入3 719亿美元的大型互联网企业。海尔产品从生产单一品种电冰箱，发展成为生产冰箱、洗衣机、空调、冷柜、微波炉、彩电等42个大类，1万多个规格品种；员工从不到800人，发展到目前8万人规模的网络化企业。随着海尔集团规模的发展壮大，企业管理组织结构也在不断改革和创新。

一、直线职能制

海尔集团公司的前身，是1984年濒临倒闭的两个集体小厂，并购若干个小厂成立的海尔电冰箱总厂，张瑞敏任厂长。当时，电冰箱总厂管理状况相当混乱，员工纪律涣散、素质差。为了尽快提高电冰箱总厂的管理水平和员工素质，厂长张瑞敏果断采用了直线职能制的组织结构形式。

直线职能制又叫直线参谋制或生产区域制。目前，我国不少企业采用这种组织结构形式。直线职能制是在直线制和职能制的基础上，取长补短，吸取了这两种形式的优点而建立起来的。这种组织结构形式，把企业管理机构和人员分为两类：一类是直线领导机构和人员，按命令统一原则，对各级组织行使指挥权；另一类是职能机构和人员，在自己的职责范围内，有一定决定权和所属下级的指挥权，并对自己部门的工作负全部责任。职能机构和人员，则是直线指挥人员的参谋和助手，它不能对下级部门发号施令，只能进行业务指导。直线职能制组织结构图，如图 2-9 所示。

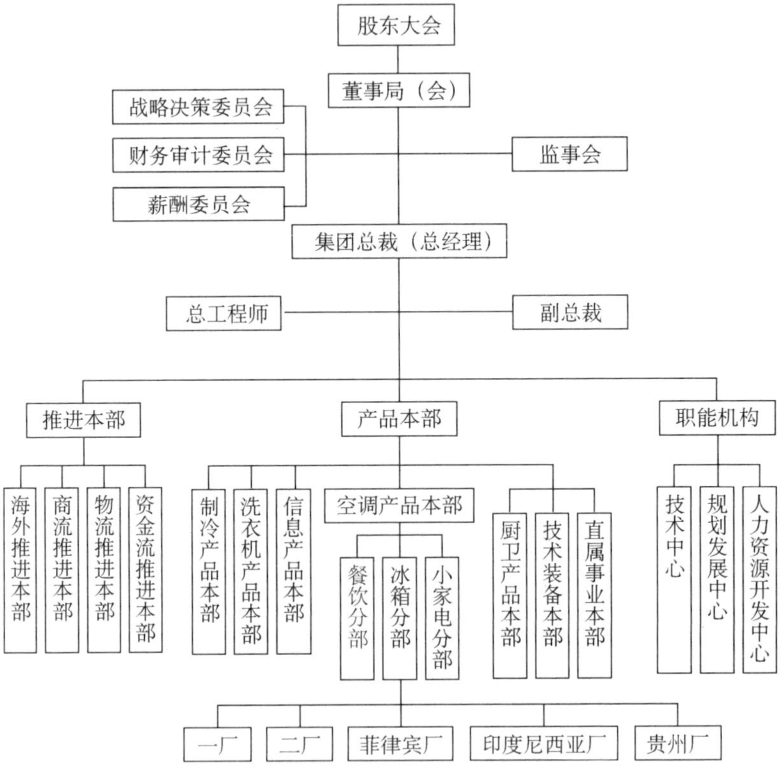

图 2-9 海尔直线职能制组织结构图

图 2-9 中的推进本部和产品本部，对企业发展都起到推进作用：一是降低成本，增加制造利润；二是优化公司供应链；三是提升服务水平，降低运营成本，增加利润。如物流推进本部的推进作用是：降低采购成本，降低库存成本，降低资金占用成本等。

直线职能制的优点：它既保持了直线制的集中统一指挥，又吸取了职能制分工细密，注重专业化管理的长处，从而有助于提高工作效率。它的缺点：权力集中于最高管理层，下级缺乏必要的自主权；各职能部门之间横向联系较差，容易产生矛盾；它是建立在高度的“职权分裂”基础上，各职能部门与直线部门之间如果目标不统一，则容易产生矛盾，特别是对于需要多部门合作的事项，往往难以确定责任归属；信息传递路线长，反馈速度较慢，难以适应环境迅速变化的要求。

二、事业部制

1993年，海尔电冰箱股份有限责任公司上市后，采用了事业部组织结构形式。事业部是以产品、地区、顾客为依据，将相关的研究开发、采购、生产、销售等部门结合成相对独立的组织结构形式。

海尔公司采用事业部制之后，实行了高度的“计划经济”(集权)，将公司的投资决策权集中到公司，如企业并购、人事升迁(事业部部长以上)、资金统贷统还、利润指标统一下达等重大事项有决定权。与此同时，公司对事业部实行高度的“市场经济”，即事业部自主经营、独立核算、自负盈亏，仅对公司利润指标实现负责。经过多年来的实践，海尔公司的事业部制，已形成四个管理层次的组织结构：即海尔总部为投资决策中心、产品本部和发展部为经营决策中心、事业部为利润中心、生产工厂为成本中心。这样，海尔总部与各事业部之间、事业部与各生产工厂之间的权责更加清晰明确。在整体上，海尔呈现出分权化、扁平型的组织结构特征，这在一定程度上，适应了海尔集团规模扩大和多元化经营的要求，较好地调动了员工的积极性和创造性。事业部制的组织结构图，如图2-10所示。

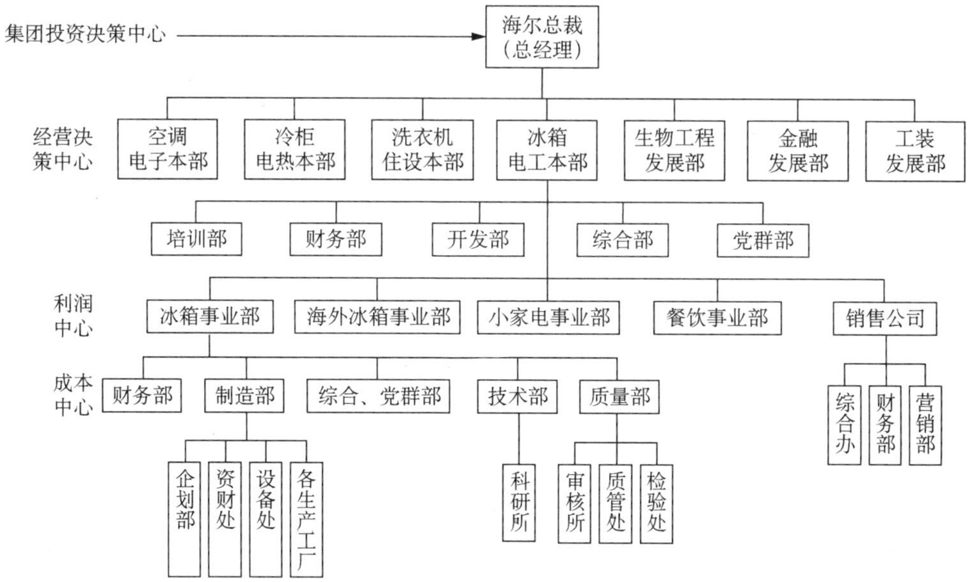

图2-10 事业部组织结构图

图2-10中，海尔下属的事业部，已形成规模效益且管理机构比较完善的称为事业本部，未达到标准的称事业发展部。

事业部制的优点：① 有利于高层领导摆脱日常行政繁杂事务，集中精力搞好战略投资决策等重要工作；② 事业部制既有高度的稳定性，又有良好的适应性；③ 改善了信息传递与沟通，提高了公司对市场的响应速度和应变能力；④ 促使公司内部权力划分趋向合理，提高工作效率；⑤ 利用国外经销商现有的网络和渠道，建立其海外营销体系，节约国际化经营成本；⑥ 较好地利用公司外部资源，促进了公司国际化经营形式的高级化。它的缺点：① 由于各事业部均设置相应的职能部门，造成管理层次和管理机构重叠，管理人员较多，管理成本高；② 事业部基于自身产品和服务的构建，往往会导致产品之间缺乏协调，失去竞争力和技术专门化，产品之间的整合与标准化变得更加困难；③ 各事业部自主经营，独立核算，考虑问题往往从本事业部出发，忽视整个企业利益，影响事业部之间协作；④ 各事业部都设置了一套职能机构，因而失去了职能内部的规模效应。

三、同步业务流程再造

同步业务流程再造的基本思路：以业务流程为中心，以顾客满意度为导向，以互联网技术为手段，以优化流程为目的，以组织结构扁平化为特征，对企业实施业务流程再造。

1999 年，海尔实施以市场链为纽带的业务流程再造。海尔公司根据国际化发展新思路，以顾客为中心，对原来的事业本部制的组织结构，进行了战略性调整。把原来各事业部的财务、采购、销售业务全部分离出来，整合成商流推进本部、物流推进本部、资金流推进本部，实行海尔公司统一营销、采购、结算。把海尔原来的职能管理结构进行整合，形成以创新订单实施的开发支持流程 3R（R&D——研发、HR——人力资源开发、CR——客户管理）和保证已有订单实施的基础支持流程 3T（TCM——全面预算、TPM——全面设备管理、TQM——全面质量管理）。3R 和 3T 支持流程是以海尔的职能中心为主体，注册成为独立经营的服务公司。

在整合后，海尔同步业务流程中：① 全球的商流（商流本部、海外推进本部）搭建全球的营销网络，从全球的用户资源中获取订单；② 产品本部在 3R 开发支持流程的支持下，通过新产品开发、市场研发、提高服务竞争力，不断创造用户新的需求，创造新的订单；③ 产品事业部在 3T 的基础支持流程下，将商流获取的定单和产品本部创造的订单执行实施；④ 物流本部用全球供应链资源，搭建全球采购配送网络，实现 JIT（即时采购、即时配送和即时分拨物流）订单的加速流和资金流搭建全面预算系统。这样就形成了直接面对市场完整的物流、商流等核心流程体系和 3R、3T 等支持流程体系。

商流本部、海外推进本部，从全球营销网络获得的订单，形成信息流，传递到产品本部、产品事业部和物流本部。物流本部按照订单，安排采购配送，产品事业部组织生产。生产的产品通过物流配送系统，送到用户手中。而用户的货款也通过资金流，依次传递到商流、产品本部、物流本部等各供方手中。这样，就形成了横向网络化的同步业务流程。如图 2-11 所示。

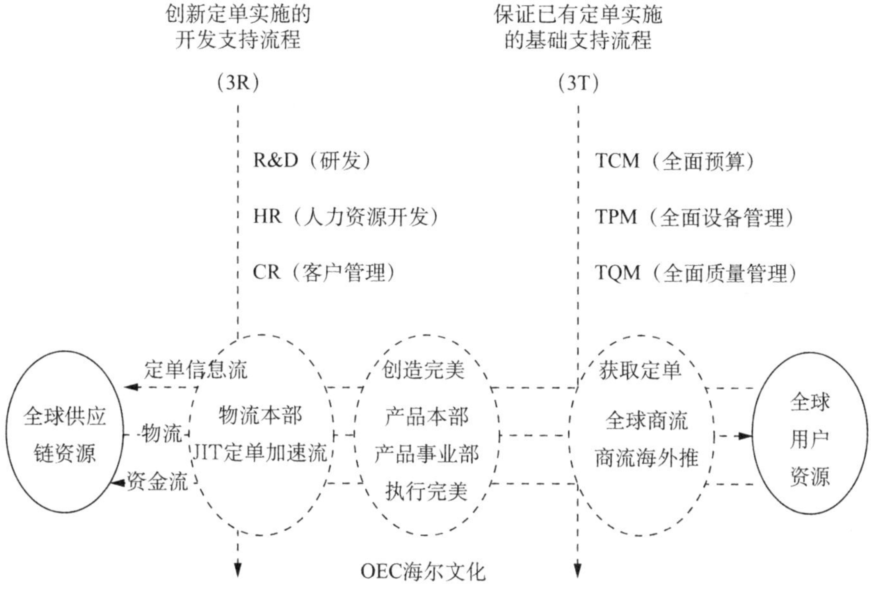

图 2-11　同步业务流程再造结构图(互联网信息输入输出用虚线表示)

同步业务流程再造的优点：① 实现了公司内部和外部网络连接，使公司形成一个开放的，而不是封闭的系统；② 这个开放系统将外部市场压力，传递给公司每一位员工，使得每位员工把这种压力变成工作动力；③ 最大限度地将每位员工的创造性发挥出来，追求顾客满意度最大化，从而实现海尔三个“零”的目标，即：质量零缺陷、服务零距离、流动资金零占用。它的缺点：① 企业财务控制存在一定撇端和问题，很满足业务流程再造发展和需要；② 对企业领导能力提出更高要求；③ 对企业组织结构、信息技术、经营管理带来潜在风险。

四、“人单合一”和“倒三角”组织结构

（一）“人单合一”的含义及其延伸

“人单合一”的基本含义是：每个员工都应直接面对用户，创造用户价值，并在为用户创造价值中，实现自己的价值分享。员工不是从属于岗位，而是因用户而存在，有“单”才有“人”。

在海尔的实践探索中，“人”的含义有了进一步的延伸：① “人”是开放的，不局限于企业内部，任何人都可以凭借有竞争力的预案，竞争上岗；② 员工也不再是被动的执行者，而是拥有“三权”（现场决策权、用人权和分配权）的创业者和动态合伙人。“单”的含义也进一步延伸：① “单”是抢来的，而不是上级分配的；② “单”是引领的，动态变化的，而不是狭义的订单，更不是封闭固化的。因此，“人单合一”是动态变化的人，其特征可概括为两句话：“竞单上岗、按单聚散”“高单聚高人、高人树高单”。人单合一中的“合一”，即通过“人单酬”来闭环，每个人的酬来自用户评价、用户付薪，而不是上级评价、企业付薪。传统的企业付薪，是事后评价考核的结果，而用户付薪则是事先算赢，对赌分享超利。

(二) “人单合一”颠覆了传统管理思想

“人单合一”模式，从薪酬驱动方式的根本变革，倒逼企业战略和组织模式颠覆，具体为“三化”：即企业平台化、员工创客化、用户个性化。企业平台化，即企业从传统的科层制组织，颠覆为共创共赢的平台；员工创客化，即员工从被动接受指令的执行者，颠覆为主动为用户创造价值的创客和动态合伙人；用户个性化，即用户从购买者，颠覆为全流程最佳体验的参与者，从顾客转化为交互作用的用户资源。

(三) “倒三角”自主经营组织结构

为实现“人单合一”的商业模式落地，海尔进行了组织结构创新，建立了“倒三角”的组织结构模式。通过资源的层层倒逼和传递机制，海尔建立了以用户需求为服务起点，以用户满足作为服务终点的闭环管理流程。为实现满足用户需求的管理单元，海尔将企业分成各种各样的自主经营体。

自主经营体，是指以创造满足顾客需求为目标，以相互承诺的契约为纽带，以共创价值为导向的组织。或者说，把企业分成若干个小的组织单元，这些小的组织单元，有自主经营权、决策权和分配权。自主经营体的特征是：自创造、自驱动、自运转。这就可以看出，企业给了自主经营体极大的自主权，充分释放了员工的自主性和积极性，大大激发了员工的创造性。自主经营体组织，在海尔实现由制造型企业，向服务型企业转型过程中发挥了重要作用。

“倒三角”自主径营组织结构显示：员工在最上面，直接面对用户（市场）需求；领导在最下面，提供资源和平台，帮助员工去满足用户需求。在海尔公司由三类自主经营体组成：一级经营体（员工）处于市场第一线，对于是否开发某种产品或服务拥有决定权。他们可以倒逼二级经营体（人力资源、财务、质量、供应等中层管理者），让其提供资源和流程支持，帮助员工满足用户需求。同理，二级经营体也可以倒逼三级经营体（企业老总），让其提供资源和流程支持。三级经营体不再“发号施令”，而是要保证不同经营体之间能有效协同，同时要注意大趋势，发现战略新机遇。通过建立顾客驱动机制，海尔希望能实现"与顾客零距离"。

在海尔的三级经营体之间互为顾客，每个经营体既服务于其他经营体，也享有其他经营体的服务。连接自主经营体之间的关系，不再是传统意义的上下级关系，而是契约关系。在契约关系中"适者生存"是最高法则，一位员工曾表示："在海尔每个人都必须找到自己的顾客，都必须创造价值"。通过契约机制，海尔希望能够实现"内部协同零距离"。

总之，"倒三角"静态时立不住，就像陀螺，必须动起来才能不倒，而且要不停的转动。因此，要使"倒三角"不倒，就必须有顾客需求的外驱动力和竞争上岗、人单酬、契约机制的内驱动力。在这四个驱动力的作用下，才能使"倒三角"组织结构形式不停的运转起来。"倒三角"组织结构图，如图 2-12 所示。

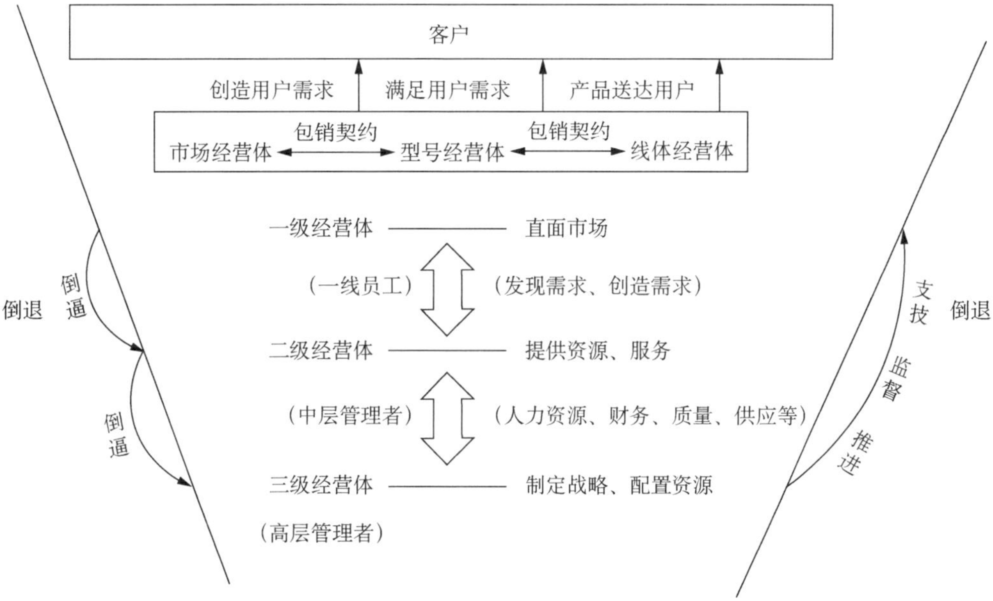

图 2-12 倒三角自主经营体组织结构图

图 2-12 中，型号经营体，即由产品品种、规格、尺寸、型号等组合成的经营体；市场经营体，即由海尔在全球 26 家生产企业、25 个工业园区、53 000 多个营销网点组合成的经营体；线体经营体，即由产品研发、制造、加工、运输等业务组合成满足用户需求的经营体。

倒三角自主经营体的优点：① 以用户为中心，员工围绕用户转，内部员工协同起来共同创造用户需求，实现全流程"与用户零距离"；② 企业员工都对应用户需求，明确每人的职责；③ 企业员工及利益攸关方，都能体现出价值，并获得利益；

④ 自主经营体打破了传统层级结构，大家都面向市场，形成节点闭环的网络状组织，对用户需求作出快速反应；⑤ 激励员工发挥最大作用。它的难点：① 难在失控和管控之间找到可接受的平衡点；② 个人价值空间，经营体难解决；③ 一把手对组织变革节奏的把握能力较困难；④ 不适用于无勇气打破科层坚冰的企业。

第三章
企业文化与企业形象

现代企业文化，是在 20 世纪 80 年代初期对管理科学、行为科学、文化学等当代管理理论的研究和探索中逐渐形成的。其核心内容是吸取了传统文化的精华，应用先进的管理思想，为企业提出明确的价值观、科学发展观和行为规范。现代企业不仅要重视企业文化的建设，同时还要塑造良好的企业形象，这对促进企业生产经营，提高管理水平，增强竞争能力有着极为重要的作用。

第一节　企业文化的内容和特征

企业文化是企业的灵魂，是推动企业发展的不竭动力。企业文化是一个企业的特有的传统和作风，它的内容相当广泛，本节仅对企业文化的概念、内容及特点作一简要的阐述。

一、企业文化的含义

20 世纪 80 年代，由美国哈佛大学教授特伦斯·狄尔和管理顾问艾伦·肯尼迪合著的《公司文化——企业生存的习俗和礼仪》一书的出版，标志着企业文化理论的正式诞生。他们通过研究发现，成功而杰出的大企业都具有明确的经营哲学，员工有共同的价值观念，有共同遵守并不见诸文字的行为规范，并有各种用来渲染和强化这些文化内容的礼仪和习俗。每个企业都有一种文化，它潜移默化地对企业产生重要的作用，从企业的决策、人事的升迁，到员工的行为举止和衣着爱好等都受企业文化的影响，成功的企业必定有繁荣的企业文化。因此，它是企业制胜的法宝。

企业文化是指在一定的历史条件下，企业及其员工在生产经营和变革的实践中逐渐形成的共同思想、作风、价值观念和行为准则，是一种具有企业个性的信念和行为方式。它包括价值观、行为规范、道德伦理、习俗习惯、规章制度、精神风貌等，而企业精神和价值观又处于核心地位。

企业文化可分为狭义和广义两部分。狭义的企业文化，即指在企业生产经营实践中形成的一种基本精神和凝聚力，以及企业全体员工共有的价值观念和行为准则。从广义角度而言，除了上述内容外，还包括企业员工的文化素质，企业中有关文化建设的措施、组织、制度等。就企业文化的结构层次来看，可分为三个层次：第一是物质文化层次，它是指企业环境和企业文化建设的“硬件”设施，它是企业文化结构中的最外层；第二是制度文化层次，包括企业中的习俗、习惯和礼仪，以及成文的或约定俗成的制度等，它是企业文化的中介层；第三是精神文化层次，它是企业文化的核心，主要指的是企业员工共同的意识活动，包括生产经营哲学、以人为本的价值观念、美学意识、管理思维方式等，它是企业文化的最深层，是企业文化的源泉。企业的物质文化、制度文化、精神文化是密不可分的，它们相互影响，相互作用，共同构成企业文化的完整体系。

二、企业文化的内容

企业文化的内容，一般包括外显文化与内隐文化两个部分。企业外显文化是相对于企业内隐文化而言的，两者构成企业文化的有机整体。

（一）企业的外显文化

企业外显文化是企业文化的外在表现形式，是企业全体员工协调、适应外界环境、社会变化以及在与其他企业交往中逐步形成的企业风尚。人们认识和了解企业，首先是透过企业的外显文化获得印象。企业外显文化主要体现在企业的物质文化、文化教育、技术培训和娱乐等活动显示出来。企业外显文化，一般具有以下特点：

1. 硬文化。外显文化的硬文化是由企业生产经营活动中的厂容、厂貌、厂风、厂纪、厂誉、建筑设施、机器设备、产品造型、外观、质量以及文化设施等硬件所构成，能通过观察和感觉而感知。

2. 服务性。企业外显文化通常体现在产品价格和质量、售后服务、经营作风等方面，通过这几个方面，顾客、用户、社会能对企业的服务产生深刻印象。

3. 约束性。外显文化的约束性是由企业领导制度、组织形式、人际关系、规章制度、道德规范、行为准则等所组成，具有明显的控制作用。

4. 可传性。外显文化的可传性通过宣传、交流学习、模仿而显示出来。外显文化易于输出和输入，具有传播性。

5. 易变性。外显文化处于企业文化的表层结构，易察觉、感受，易受外来文化及其他各种文化的影响和干扰，具有动态变化的特征。

（二）企业的内隐文化

企业的内隐文化是企业文化的内在形式，是用以指导企业开展生产经营活动的各种价值观念、群体意识，是企业全体员工在适应外界环境、社会变化，协调企业之间关系中表现出来的各种文化现象。如在精神方面有：创新、开拓精神，工作态度、凝聚力、吸引力等;在意识形态方面有:竞争意识、改革意识、危机意识等。

由于不同企业人员素质的构成不同,它们的内隐文化的特点也不尽一致。诸如不同企业的传统、风格、精神、理想和气质等都具有颇大的差异。

三、企业文化的特征

企业文化作为观念形态,具有以下特征。

(一) 整体性

企业文化是一个有机整体,人的发展和企业的发展密不可分,引导企业和员工把个人奋斗目标融于企业整体目标之中,追求企业整体优势和整体意志的实现。同时,现代企业管理理论,都是从不同的侧面去研究企业生产经营、运行发展规律的。诸如“X 理论”“Y 理论”“Z 理论”和“7S”(经营战略、制度、结构、人员、技巧、作风和最高目标)理论等无不如此。而企业文化是把企业作为多维、立体和有机的整体,并对其进行综合研究。它不仅研究企业价值观、企业宗旨、战略目标、企业精神、企业制度、企业经营哲学以及企业道德理念等方面,而且还研究企业环境、文化仪式、文化网络、英雄模范人物等方面的内容。更重要的是,它不仅研究个别事物,而且注重探索整个系统的系统效应,为企业领导和管理人员提供理论依据,为广大员工积极工作创造优良的环境和有利的条件。

(二) 凝聚力

企业文化具有集体意识特点。它使企业员工相互之间有更多的共同语言、共同目标、共同精神,在企业中产生强烈的感召力、向心力和凝聚力。同时,激发员工的使命感和荣誉感,激励员工创造性地工作。它像一种无形的磁场,将员工吸引在同一价值目标和责任感上,使企业具有一种强大的推动力,不断改革创新,发展前进。

(三) 稳定性

企业文化作为企业员工的价值观、信念、传统、习俗、习惯的提炼和结晶,在相当长一段时间里是稳定不变的。企业文化的形成总是与企业的发展相联系的,是一个长期渐进的过程。企业一旦形成具有自身特点的文化之后,就必然相对稳定地存在,不会轻易消失,不会因企业领导人的更换,组织制度、经营策略和产品方向的改变而发生大的变化。

(四) 时代性

企业文化体现着时代性的特点。任何有用、健康、进取的优秀企业文化,都是时代精神的体现,并随着时代精神的发展而发展。同时,它还受社会政治、经济、文化的影响,因而必须以新的思想观念来丰富企业文化的内容,并与时俱进,使企业文化具有明显的时代特征。

(五) 创新性

企业创新既是时代的呼唤,又是企业文化自身的内在要求。优秀的企业文化往往在继承中发展和创新;又随着企业环境和国内外市场的变化而变化,引导员工追求卓越、追求成效、追求创新。

(六) 人本性

企业文化要体现以人为本,重视员工的主体性,要求员工意识到自己是企业的主人。它强调人的理想、道德、价值观、行为规范等在企业管理中起核心作用;在生产经营管理过程中,关心人、尊重人、信任人,使全体员工互相尊重,团结奋进,积极参与企业管理,推动企业发展。如美国企业管理的专家和学者,经过大量调查得出结论,尊重和信任员工,会激发员工的积极性,提高员工的创新精神。大量事实证明,当企业领导者不尊重、不信任员工,对他们视为无关紧要人员时,他们也会按无关紧要人员的要求对待工作;若你把他们看作核心人员时,他们更会自尊、自强,以核心人员的要求,尽最大的努力实现你的愿望,为企业作出优异的成绩来。

四、企业文化的功能

"文化是明天的经济",这句富有哲理的话,高度概括了具有经济文化性质的企业文化的功能。企业文化能促进企业良好形象的树立,员工潜力的发挥,使员工同心协力,开拓未来,为提高企业经济效益和推动社会进步起主动、积极的作用。具体来说,我国企业文化主要有以下功能。

(一) 自控功能

企业的控制行为可分为两类:一类是外部控制,即通过行政、经济、法律、规章制度等手段来进行控制,如利用上下级关系,奖惩规则,签订合同,明确责、权、利关系,以确定企业行为规范。这类控制对多数人来说带有强制性、支配性。另一类是内部自我控制,即调动人的积极性,正如管理大师德鲁克所说:"我们需要的是用自己发自内心的动力来代替外加的恐惧心的刺激。"积极向上的企业文化能使员工在潜移默化中接受共同的价值观念,把员工引导到企业既定的目标上去,并转化为他们的自觉行动。

(二) 协调功能

企业的员工队伍来自各个方面,由具有不同技能和不同知识的人所组成。员工们从事许多不同种类的工作,带有各种各样的个人动机和需求。企业文化能在员工中间起到沟通协调的作用。在融洽的企业文化氛围中通过各种正式、非正式的交往,管理人员和员工加强了联系,传递了信息,沟通了感情,这样,不仅能改变人们头脑中的等级观念,而且能使人们协调地融合于集体之中。

（三）激励功能

为实现企业宗旨和共同目标，企业除运用奖金、分红等经济手段来调动员工积极性外，还必须运用精神激励形式，培养员工共存亡意识、集体观念和忠诚、奋斗、创新等精神。

（四）凝聚功能

在社会主义企业中，人与人之间的关系应是互帮互助、团结协作的关系，这种关系是企业具有凝聚力的前提。积极向上的企业文化就像一种“粘合剂”，能从思想上、精神上增强企业的内聚力，把各方面的成员团结起来，在良好的企业文化氛围中形成企业尊重、信任员工，员工热爱企业的和谐风气。这种文化氛围能促使个人的动机、行为同企业经营的目标相统一，并能增强员工的归属感、责任感。企业需要企业文化就好比木桶周围需要桶“箍”一样，如接合不紧密，木块会露出缝隙，而有了“箍”，各部分木块才能聚合起来。这就是说，如果没有良好的企业文化，企业组织将变成一盘散沙。

（五）辐射功能

企业文化不但在本企业中发挥作用，而且还会通过各种渠道对社会产生影响。企业员工在和社会各方面的交往过程中，会反映出企业的价值观念和文化特征。企业良好的精神面貌会起示范作用，它将带动其他企业竞相仿效，甚至将提高宏观管理水平和改进企业的微观管理。

五、企业文化建设

（一）必须加强组织领导

企业文化建设，是企业一项长期的带有战略性的任务。首先，企业领导必须给予高度重视，将企业文化列入企业工作的重要议事日程，并积极创造条件，扎扎实实地组织实施。其次，企业领导要身先士卒，身体力行。国内外许多事例证明了优秀的企业文化都是在董事长、总经理的高度重视、积极倡导、大力推进下建设起来的。最后，企业领导还要善于引导，“动之以情”，“晓之以理”，以沟通、交流、协商等形式，说服员工，把企业文化建设活动转化为员工共同的自觉行动。

（二）吸取国内外企业文化建设的经验

我国企业文化建设，虽然不能照搬、照抄西方已有的企业文化建设模式，但在方法、原则、经验、内容等方面，还是可以借鉴的。我们还可以借鉴他们在培育、发展企业文化过程中所走过的道路，寻找我们自己企业文化建设的途径，并处理好古代文化与现代文化、外来文化与本国文化的关系。同任何一种其他文化建设一样，企业文化建设也是开放型的，必须兼容并蓄，充分吸收国内外优秀文化建设的经验，继承和发扬传统文化的优秀遗产，逐步塑造员工喜闻乐见、优秀的企业文化，这是我国企业文化建设的一条重要途径。

（三）重视宣传舆论导向工作

企业文化建设，要通过各种宣传工具，制造舆论，以强化企业员工的文化意识，并化为员工的自觉行动，积极参与。

企业文化的基本内容可以用标语、口号简明扼要地表示出来，并通过各种传媒进行宣传、报道，以取得社会的支持和认可。这不仅能使企业员工深感责任重大，从而积极投身于企业文化建设；而且，社会上有关人士也可以从报纸、杂志、影视、广播、网络等传媒了解到该企业的文化建设。同时可通过各种渠道将先进的思想、有益的建议迅速地反馈到企业中来，以便提供文化建设的新思路，丰富文化建设的新内容。集思广益，内外共建，这也是建设企业文化的有效途径。

（四）以改革促建设

既要认识到企业文化建设是现代企业管理的重要内容，又要认识到现代企业制度建设必须依赖于企业文化。这就是说，企业文化建设与企业管理改革是相互促进，互为补充，不可偏废的。

第二节　国外企业文化

在西方国家中，开始重视企业文化是最近二三十年的事情。而企业文化作为管理学新概念的正式提出则是十多年前的事。在现代企业里，企业家不仅要了解各国的企业，而且要了解各国的企业文化。这对于建设本企业优秀企业文化，搞好企业经营管理，提高企业经济效益等方面都具有重大的现实意义。

一、美国的企业文化

美国是一个由众多国家移民组成的国家，建国历史仅二百多年。但是，资本主义制度的发展速度却很快，社会文化流派甚多，很难形成一种稳定的较统一的民族文化。

美国社会文化所提倡自由贸易、自由经营和个人奋斗。强调个人价值和个人尊严、求新求变的个人主义传统文化，构成了美国社会文化的核心。同时，它渗透到美国企业生产经营活动、售后服务等各个环节之中，构成了美国企业以个人主义为特征的企业文化。

当前，美国仍然是管理科学最发达的国家。科学管理、行为科学到比较管理等管理理论的产生，对世界管理理论产生了极大的影响。同时，这些理论对美国企业文化的产生和发展也起了重要的指导作用。

(一)美国企业文化的发展

20世纪70年代末,美国管理专家、学者和企业界人士,已开始研究企业文化和如何培育美国企业文化。进入80年代,它日益成为理论界和企业界人士关注的热点。他们着重研究企业文化对提高企业员工劳动热情、生产效率和增强企业市场占有率等方面的影响,探索如何重塑企业价值准则,增强企业活力和竞争力,以适应新的经济形势的要求和挑战。

1. 初创阶段。这一阶段始于20世纪70年代末。由于美国在世界经济中的地位日益低落,企业在国际竞争中屡遭失败;而日本正以持续惊人的发展速度一跃成为世界经济强国,日本企业在竞争中往往能击败对手。这引起了美国教授、学者、企业家的注意,并进行探索、研究。美国在对美日企业比较研究中,逐渐发现两国在企业管理中的文化差异,从而为美国企业文化的诞生打下理论基础。

由于美国具有独特文化背景,在管理上特别重视组织结构、战略计划和规章制度,而对人的价值观、传统、习惯、情感等方面重视不够。而日本企业的成功原因,正是他们以人为本、重视人的价值、人的情感等各个方面。经过研究,他们发现,一个企业的成功不完全取决于企业的制度、战略计划或生产技术等因素,而在很大程度上依赖于企业的无形财富,即企业文化。

2. 发展阶段。进入20世纪末,美国一些教授、学者,纷纷著书立说,从对美日管理的比较研究转移到对美国企业管理的自身管理模式的研究上。根据美国国情,他们寻求自己的优势,建立具有美国特色的企业文化。

(1) 美国斯坦福大学帕斯卡尔和哈佛大学阿素合著的《日本的管理艺术》一书,分析了近年来美国企业管理落后于日本的原因,认为并不是日本实行了全面质量管理(TQC)或质量管理小组和终身雇佣制等,而是日本企业管理有独特的支柱——日本企业文化。因此,得出结论是,美国的竞争敌手不是日本人或德国人,而是自己的企业文化落后。

(2) 美籍日本人威廉·大内撰写了《Z理论——美国企业界怎样迎接日本的挑战》专著。他在书中提出了以"J型文化"为代表的日本企业,以"A型文化"为代表人际关系淡漠的美国企业,以"Z型文化"代表接近"J型文化"的美国企业的观点;并认为,美国企业的未来发展将会由"A型文化"转向"Z型文化"。"Z型文化"强调企业是一个亲密的社会团体,员工以各种形式结合在一起,从事生产经营活动;其价值观表现为一种终身雇佣、信任与和谐的人际关系,这能满足员工的利益,实现自我价值的愿望,是未来企业的理想模式。

(3) 美国学者劳伦斯和艾伦撰写了《企业文化》一书,该书的出版,标志着美国企业文化研究进入了一个新的发展阶段。该书系统地阐述了一套新的管理理论,提出了人是企业中最可宝贵的资源,而管理他们的方法必须通过文化的潜移默化和熏陶的观点。他们认为，健康有力的企业文化，不但能指导员工的日常言行、工作，而且还能使员工感到满意，并培养他们奋发进取精神，而这是决定企业成败的关键。

(4) 美国学者E·谢恩所著的《组织文化与领导》一书，引起美国理论界和企业界的高度重视。后来，以教授、学者为主，并广泛吸引理论工作者和企业家参加研究企业文化，使得研究水平迅速提高。他们研究的内容不再是经验的罗列和事实的阐述，而是强调在改进组织领导艺术中发展组织文化，使现代管理艺术与组织文化密切结合，从而更好地发挥企业文化的作用。

(二) 美国企业文化的主要特征

1. 具有强烈的竞争意识。强调个人竞争，勇于进取是美国企业所倡导的经营意识。他们敢于制定高水平的战略目标，鼓励创造发明，依靠科技进步，重视新产品开发，以求占领市场，在竞争中取胜。

2. 具有个人奋斗和进取精神。美国人长期奉行个人能力第一主义，强调凭个人能力去工作、去奋斗，并将其视为造就和培养企业家、企业优秀员工的最好方法。为了个人奋斗进取，企业非常重视员工的培训，以提高他们的文化、技术水平，目的是使员工为企业创造更多的利润。

3. 企业决策集中于少数领导人，缺乏民主性。美国企业的决策，是由企业少数最高领导者作出的，很少征求下属或员工的意见，缺少民主性。其优点是决策形成快，过程简单；在执行过程中，领导以身作则，身体力行；对员工以上情下达的方式，逐级传递指令，要求每个员工贯彻执行。

4. 员工具有明显的雇佣观念。在美国企业中，以个人为主体进行竞争。员工个人有权选择自己的生活道路，不安于现状，因而人员流动频繁。员工与企业的关系往往视条件变化而变化，大部分员工抱着“干活挣钱”的思想服务于企业，有浓厚的雇佣观念。这种赤裸裸的金钱关系决定了员工缺乏主人翁意识和敬业爱厂精神。

5. 重视企业利益，忽视人际关系。美国企业是以盈利为最高目标的，它的一切工作都围绕着资产增值和利润的提高而开展，很少倡导员工有组织的文化交流和娱乐活动。企业与员工之间、员工与员工之间只有单纯的工作联系，缺乏私人之间友好往来，造成人际关系淡漠，唯一重视的是企业利润。

二、日本的企业文化

日本企业文化的形成与发展，始终体现着日本民族的特点——团队精神和家族意识。由于日本的社会文化既受到中国儒家文化的熏陶，又受到西方文化的深刻的影响，因此，日本企业文化吸取了东西方文化的精华。它以“企业使命”“组织风土”“社训”“社风”等多种形式表现出来，已成为世界公认的比较优秀的企业文化。

（一）日本企业文化的发展

日本的企业文化，是企业在长期经营实践中，依靠民族的传统、习惯和“企业风土”建立起来的，它是企业依赖于宣传、教育、灌输、渗透、身体力行等各种活动和有效措施，经过漫长的实践过程而逐渐发展起来的。它渊源于美国国际商用机器公司（IBM）的经营哲学和管理之道。

第二次世界大战后的日本，经济面临崩溃的边缘，资源、能源极为短缺，造成企业既开工不足，又大量产品积压的困难局面。为了励精图治，日本企业界的有识之士，曾多次去美国参观、考察，以寻求繁荣经济，振兴企业之路。在调查中，他们发现唯一适合日本企业管理模式的企业，是美国的国际商用机器公司。这家公司的经营哲理是：第一，尊重个人，发挥天赋；第二，顾客至上，服务第一；第三，完美主义，精益求精。这种独树一帜的企业文化和企业精神，启发了日本的专家、学者。由于他们善于吸取外来企业文化，并与本国企业文化相结合，形成了有原则、有信条、有精神的具有日本特色的企业文化。现在，日本企业正以“精神革新”为动力，进一步改造“组织风土”，改善企业形象，改进商品和服务质量，以期发展和充实企业文化的内容。

（二）日本企业文化的主要特征

同其他国家相比较，日本企业文化的突出特征是：

1. 强调组织风土建设。组织风土是日本企业文化最突出的特点之一。它是指企业员工长期养成的工作态度与作风，以及应遵守的道德规范和行为准则等。

在日本经营管理比较成功的企业中，大都建立了企业自身的“社训”或“社示”，用以培养企业的组织风土，而“社训”或“社示”就是我们所说的企业总纲领或总方针，是全体员工共同遵循的经营宗旨或经营目标。松下电器产业公司，以“纲领、信条、精神”作为企业“社训”的主要内容。其纲领是指履行本岗位职能，通过生产物美价廉的产品，提供优质服务，为社会多做贡献；其信条是指发展提高，亲和协力，至诚至上，团结一致；其精神是指产业报国，光明正大，亲如一家，奋发努力，礼节谦让，顺应同化，感谢报恩。本田技研工业公司，以“三满意”作为企业的“社示”，即员工对自己生产的产品满意，销售店对经销本田商品满意，顾客对本田的商品满意。为了实现“三满意”，形成了员工主动钻研技术，开发新产品，为提高产品质量和性能，生产出世界上最好的产品而自强不息的企业风尚。

重视人、尊重人、关心人，以“人”为中心，这是日本企业组织风土建设的重要内容。在日立公司，形成了“人比组织机构更重要”的组织风土。在这种组织风土中，组织机构的立足点是人，要求组织机构必须适应人。日本企业家认为，人是最富有感情的，要得到别人的尊重与信任，企业应首先给予员工十分的关怀，这样，员工便会以百倍的干劲来报效企业。所以尊重、关心员工对于企业的发展是至关重要的。

2. 教育为经营之本。日本企业非常重视教育、技术培训和文化事业。在日本企业中，最早系统地提出"经营即教育"的理论，是松下电器产业股份公司的前总经理松下幸之助。他从1918年创办松下电器产业公司以来，始终把"经营即教育"作为企业文化建设的重要内容，并以此指导企业经营活动。他曾多次指出："人的智慧、科学知识和实践经验都属于社会财富，而且比黄金更有价值"。"经营即教育"理论的核心，可概括为三点内容：第一，企业和社会有一种无言的契约，即经营是社会对企业的委托。这就是说，企业家应时刻记住企业的社会责任，自觉地协调企业利益与社会利益的关系，为社会发展贡献力量。要实现这一重任，必须依靠企业全体员工，统一企业员工的思想和行为，而统一最好的方法就是教育。第二，集中众人的智慧。企业为了按照社会的要求进行经营，必须集中众人的智慧，使每个员工把自己当作经营者，同心协力，做好本企业工作，并在不断取得工作成绩的过程中，体会到个人存在的意义和价值。同时，为了使员工具有经营意识，提高其经营本领，造就富有开拓进取精神，热衷于为社会服务的集团，就必须坚持不懈地进行教育。第三，依靠教育在员工中树立"经营的目的是为社会服务，利润才是服务的报酬"的思想意识。松下电器产业公司能够从开始制造双插座的几名员工的小企业，发展到今天能够生产各类电器产品和拥有海内外20万员工的世界15家最大公司之一，它的成功经验就在于把"经营即教育"的思想，始终贯彻于企业的经营实践之中。

重视"经营即教育"，寓经营于教育之中的日本企业，不仅仅只是松下电器产业公司，还有丰田和日立公司等世界知名的大企业，它们在长期经营企业的实践中，形成了一种共识，即在经营中实施教育，这不仅构成了企业文化的重要特征，也使得企业在激烈的市场竞争中立于不败之地。

3. 企业家族化。日本民族的特点还表现为"集团内部的互相协作"，即"家族主义"的价值观念。在生产经营活动中，这种家族主义就能使企业保持"稳定性"，并形成以互相依赖为基础的企业生活大家庭，企业文化也正是以这种民族文化为基础的。日本企业普遍推行的"年功序列工资制""终生雇佣制"，提高了员工对公司的归属感和家族意识。而"企业工会制度"，减少了劳资双方的矛盾和对抗，因而员工与企业结成了"命运共同体""利益共同体"和"生活共同体"。并强调企业是一个大家庭，使工人、雇员和上层领导之间有一种亲属式的团结感。这种以公司为家，对企业忠诚，敬业乐业爱企业的精神，是日本企业的支柱，是企业文化的源泉。自1987年以来，日本遇到了日元升值的严重挑战，企业的对策是依靠企业文化，"进一步开发人力资源"，群策群力，集思广益，共渡难关。许多公司举办"同宿研修”活动，即经理人员与员工同吃、同住和同乐，共同探讨改善公司经营管理问题。这种具有日本特色的企业文化，使日本企业在日元升值的巨大压力下，保持在国际市场竞争中的优势，这也是企业立于不败之地的精神动力。

（三）团队精神文化

20世纪中期，日本经济高速发展，成为世界经济大国，企业国际竞争力跃居世界首位，这与日本企业文化形成的团队精神密不可分的。团队精神文化植根于企业内各种团队之中。所谓团队就是一个群体，其成员间紧密合作，以实现一个特定的共同目的或目标。团队精神是团队成员为了团队的利益与目标而相互协作、尽心尽力的意志与作风。团队精神表现为团队成员对团队的强烈归属感与一体感。团队成员把自己的前途与团队的命运牢牢系在一起，为团队的利益与目标尽心尽力、全方位投入；对团队具有无限忠诚，为团队的成功而骄傲，为团队的困境而忧虑。因此，团队与成员结成一个高度牢固的命运共同体，在潜移默化中培养成员对团队的共存共荣意识和深厚久远的情感。在团队成员之间表现为相互协作，共为一体。团队成员彼此视对方为“一家人”，互敬互重，相互宽容，彼此信任，深信不疑，在工作上互相协作，在生活上彼此关怀，在利益面前互相礼让。

综上所述，企业文化是超越国界的，是社会化大生产的产物，也是人类社会的共同财富。美、日两国企业文化的发展和特征，以及互相借鉴和移植的经验，对于推进世界各国企业文化的发展都将起到巨大的推进作用。

第三节 企业形象

企业形象是企业精神文化的外在表现形式。在市场经济条件下，企业之间的竞争，已不再是单纯的技术、产品、质量与人才的竞争，而是日益显示出来的企业形象的竞争。因此，塑造良好的企业形象是企业在市场竞争中获胜的关键。

一、企业形象的概念

企业形象一词来源于英文 Corporate Identity，在国外又称 Corporate Image，缩写为 CI，翻译成中文为“企业形象”或“企业识别”。企业形象是指企业的产品、服务、人员素质、经营作风和公共关系等在社会公众中留下的总体印象。它是企业素质的综合体现，是企业文化的显象反映，是社会公众对企业的总体评价。实践证明，树立良好的企业形象，对创建品牌，增强企业核心能力、竞争能力，提高企业经营管理水平和经济效益等方面都具有极其重要的作用。良好的企业形象对企业员工而言，可增强企业员工的向心力、凝聚力，从而为企业吸引更多高素质的人才。

二、企业形象的构成要素

企业形象的构成要素，一般可概括为企业的有形要素、无形要素和企业员工三大类。企业的有形要素主要包括企业的产品、技术装备、内外环境、产品广告、包装等内容；无形要素主要包括企业经营理念、企业精神、企业管理的规章制度、企业信誉等内容；企业员工包括员工的文化素质和技术水平、职业道德、精神风貌、言谈举止等内容。上述诸要素构成了企业的整体形象。但其中影响企业形象的主要要素有以下几方面。

（一）产品形象

产品形象是企业形象的代表，也是企业形象的基础。社会公众主要是通过企业产品的质量、性能、品种、规格、造型、设计、商标、包装、价格等内容来了解和认识企业的，企业也是依靠向社会提供性能良好、外形美观的产品和提供优质服务来塑造良好形象的。因此产品形象是企业形象的物质基础，产品形象的好坏直接影响着企业形象的好坏。质量优良的产品会给公众留下良好的企业形象，良好的企业形象才能得到社会公众的好感和信赖。

（二）服务形象

服务形象是通过企业及其员工在产品售前、售后和技术服务过程中所表现的服务态度、服务方式、服务质量以及由此引起消费者和社会公众的客观评价而树立的。企业服务方式越广泛、服务态度越好，社会公众对企业的亲切感、信任感就越强。因此，在市场经济中，强化服务，以精湛地道的服务取胜，不失为在激烈竞争中塑造企业良好形象的关键一招。

（三）环境形象

环境形象是指企业的生产环境、销售环境、办公环境、厂房建筑和厂区各种设施等。环境形象反映着企业的经济实力、管理水平和精神风貌，是企业向社会公众展示自己的重要窗口。特别是生产和销售部门环境的布局、造型、设计、色彩及各种装饰等，都直接关系到企业的环境形象。加强“三废”治理，减少环境污染，注意生态平衡，对提高企业知名度和信赖度有着直接的影响。

（四）员工形象

员工形象不仅包括企业员工的装束仪表、言谈举止、工作态度、进取心、服务态度和团结互助精神等，而且还包括员工良好的价值观念、科学发展观和道德行为。企业是员工的集合体，员工的言行也将直接影响企业的形象，同时员工形象是决定企业形象的能动力量。员工形象好，可以强化企业的凝聚力和竞争力，为企业长期稳定发展打下牢固的基础。

（五）企业家形象

企业家在企业形象的形成中处于核心和关键地位。企业的成败、兴衰与企业家素质高低，审时度势和应变能力，敬业和信息灵通程度，及组织指挥能力等有着密切关系。在企业形象塑造过程中，企业家应不断完善和提高自身形象，努力成为员工的楷模，因为企业家形象既影响社会公众对企业的评价，又影响企业自身的声誉和形象等。

企业形象是企业的一项重要的无形资产，因为它代表着企业的信誉、产品的质量、员工的素质，决定了股票价格的涨跌等。它与企业的人力、物力、财力处于同等地位，被称为企业形象力或第四种资源。

三、企业形象的塑造

（一）塑造企业形象的目的

塑造良好的企业形象就是为了得到社会公众对企业的好感和信赖。如果得不到社会公众的信赖和好感，我们就说这家企业形象不好。企业形象反映着社会公众对企业的认可程度，体现了企业的声誉和知名度。因此，塑造企业形象的目的就是要提高企业在社会上的知名度、印象度和美誉度，从而增强企业在市场中的竞争能力。

（二）塑造企业形象的方法

竞争是市场经济的主旋律，企业要在市场竞争中领先同行，就必须与众不同，在社会公众面前塑造超群脱俗的全新形象。那么靠什么塑造企业形象呢？靠高知名度的声誉、高含金量的品牌、高附加值的产品、高质量的品质、高水准的服务、高素质的员工、高效率的管理等。塑造良好企业形象的主要方法有：

1. 进行知信度投资。企业知信度是指企业在社会公众中的知晓程度和信任程度，以及由此产生的知信效应。知信度投资，就是企业在创建品牌、提高产品质量、新产品开发、环境保护、科技进步、发明创造、人才培养、售后服务和回报社会等方面舍得下功夫，花本钱。

2. 注重社会效益。在企业生产经营活动中，对社会效益产生影响的主要因素有：第一，生理卫生。企业所销售的产品应符合国家规定的卫生标准，不得损害消费者的身体健康。第二，生态平衡。企业在生产经营活动中，应当主动承担起保护环境的社会责任。因为工业发展的消极后果，就是环境污染，这会破坏生态平衡，破坏社会资源。第三，资源消耗。社会效益要求企业在生产经营活动中，能充分利用有限的社会资源，生产出更多能满足社会需要的产品。第四，精神健康。企业的生产经营活动要逐渐与社会文化融合起来，有利于精神文明建设。也就是说，企业应文明经商，不能给社会造成精神污染。第五，赞助社会公共事业和公益慈善活动，充分显示企业“回报社会、受益公众”的责任感和使命感。总之，企业通过注重社会效益，以造福人类、保护环境、保持生态平衡等来树立良好的企业形象，这必然给企业经营带来深远的影响。

3. 开展传播活动。它是通过传播媒介，向社会公众传播企业形象的方法。企业形象的传播应遵循经济性、科学性、真实性和艺术性原则。经济性是指如何以最少的投入获得最满意的传播效果，杜绝浪费。科学性要求在整个传播过程中以科学发展规律作为行动指南。真实性要求必须以事实为依据，以实事求是的态度对企业形象进行传播。艺术性强调在与公众的双向沟通过程中，将企业信息化为一种美的艺术，从而使公众对企业产生好感与共鸣。企业形象传播的途径主要有新闻传播(电台、电视、报刊、网络等)、广告传播、公共活动(赞助活动、庆典活动、社会公益活动、竞赛活动、参观活动等)、实物传播(产品展览、橱窗陈列、图片展示、模型展示等)。广告传播，如海尔集团公司提出的口号：“日清日毕、日清日高”和“有缺陷的产品就是废品”；三洋制冷有限公司提出“创造无止境的改善”等，都说明精神理念在企业形象中的重要性。

四、企业形象战略的来源与构成

(一) 企业形象战略的来源

企业形象战略又称企业识别系统，是从英文 Corporate Identity System 翻译过来的，缩写为 CIS。它是一个企业为了塑造企业形象，通过统一的视觉设计，运用整体传达沟通系统，将企业的经营理念、企业文化以及企业经营活动等传达给相关者及社会公众，使社会公众对企业产生一致的认同感和价值观，从而提高企业竞争能力的经营战略。

CIS 战略来源于美国的 CI 策划。CI 策划 20 世纪 50 年代就被应用到了商业活动方面。60 年代 CI 策划传入日本，那时只是运用视觉传播差别化设计，使得更多的相关者和社会公众了解和认识企业，以达到促进销售的一种手段。随着国际化竞争的日益发展，这种差别化设计逐渐渗透到企业各个领域之中，对企业经营理念、行为方式和视觉表达统一的识别设计和统一传播，都产生了巨大的影响。

(二) 企业形象战略(CIS)的构成要素

CIS 战略又称企业识别系统，它由三大要素构成，即理念识别(MI)、行为识别(BI)和视觉识别(VI)。

1. 理念识别(MI)。企业的理念是指经营企业的指导思想，它是由企业的价值观念、企业精神、企业信仰、企业目标、经营方针以及企业风格等方面内容所组成。企业经营理念是企业的灵魂，企业的成功也来自成功的理念。企业只有在正确的经营理念指导下，才能有效地实现企业经营宗旨、经营目标和发展战略，才能使企业员工形成一个整体，并为之奋斗，才能使企业保持良好的形象。所以说，确立企业经营理念，是塑造企业形象的开端，也是实施 CIS 战略的第一步。

2. 行为识别(BI)。行为识别又称活动识别。它是企业理念精神及其经营价值观念的动态化体现。企业在对内和对外的各种沟通中所表达的行为识别，是塑造企业形象和实施 CIS 战略的主要支柱。企业行为识别分为两部分：一是对内部，包括员工教育、领导培训、设备更新、新品开发、生产环境治理、福利实施、文明礼貌规范、未来发展前景等；二是对外部，包括市场调研、公共关系、促销活动、售后服务、公益性事业、广告活动、各种展示活动、慈善活动等。在这些企业行为中，要具体体现出企业理念，从而在企业内部提高全体员工的凝聚力和积极进取精神，在社会公众或消费者中树立起良好的企业形象。

3. 视觉识别(VI)。视觉识别是对企业理念的静态表现，也是对企业形象的直观表现。企业的视觉识别传达，就是把抽象的企业理念形象化、视觉化，也就是把企业名称、企业商标、品牌、标志、企业色彩、企业象征图案、企业专用印刷字体以及企业口号、符号、吉祥物等，以规范统一的视觉表现，将企业富有个性的形象，具体简明、生动地展示出来，给消费者和社会公众心目中留下深刻的视觉印象，从而加深对本企业的了解和认识，产生对企业的好感和信赖。

企业的理念识别是内在的、无形的，企业行为识别是动态的、转瞬即逝的，因而需要借助看得见的、静态的视觉符号把企业理念和行为识别传递给社会公众。视觉识别符号能固定在产品和各种视觉传媒上，具有能长期的、反复传播的特点。所以，视觉传达被称作企业通向公众眼睛的桥梁。在国外，人们把企业识别系统视为一棵大树，企业理念识别是树的根，行为识别是树的枝，视觉识别是树的叶，三者是不可分割的整体。

第二篇

经营战略管理

第四章

企业经营战略

企业经营战略是企业管理的重要组成部分。它是指在竞争的环境里，为实现企业长期经营目标，对外部环境和内部条件进行全面估量与分析，从企业发展全局出发而作出的较长时期的总体性谋划和活动纲领。它涉及企业发展中带有全局性、长远性和根本性的问题，是企业经营思想、经营方针的集中表现，是确定战略规划、计划的基础。同时，企业经营应努力营造公平、公正、公开的市场竞争环境，促进国企、民企、外企共同发展，大力实施“走出去”战略，发挥比较优势，积极开发利用国外资源和国际市场，培育企业自己的跨国经营和国际品牌。本章着重研究企业战略导向、战略环境与经营战略体系，企业总体战略与经营分战略，企业战略实施与控制，企业跨国经营等。

第一节　企业经营战略与导向

一、企业经营战略的兴起

在市场竞争的汪洋大海里，随着竞争风暴与狂浪的冲击下，一些企业冲上去了，显得精神百倍，信心十足；而一些企业被淹没、破产了。秘密在哪里呢？秘密就在于前者有高明而正确的战略，后者没有或者只有“倒霉”的战略。在市场竞争的海洋里，战略就像“游泳术”，谁掌握或拥有它，谁就会游向胜利的彼岸。

（一）战略的产生与发展

“战略”一词，原是军事科学上的一个术语，其本意是基于对战争全局的分析、判断而作出的筹划和指导，后来演变成为泛指重大的、全局性的、左右胜败的谋划。第二次世界大战后，战略这一术语被引入了经济学范畴，并逐步出现了“经济发展战略”一类新的概念和新的用语。战略一词与企业经营的紧密联系大约是 1965 年美国经济学家安索夫发表《公司战略》一书之后。

我国的企业，过去一般用的长期计划、远景发展规划、企业方针等术语，也含有近似企业经营战略的内容，并起到了筹划和指导企业发展的作用。但自 1993 年颁布《公司法》和《中共中央关于建立社会主义市场经济体制若干问题的决议》以来，企业的经营环境随着市场经济的发展而发生了重大变化。企业的生存和可持续发展不再仅仅取决于企业目前的经营状况，而更多地取决于企业对未来发展作出的总体性筹划。而上述长期计划、远景规划、企业方针等术语的含义与战略不尽相同。研究和使用企业经营战略，可以使企业从更高、更远、更全面的角度来观察和考察发展问题，帮助企业制定长期发展的战略目标。

（二）战略与战术

战略是指实现目标的行为与程序。战术是根据战略展开每一具体战斗（工作）的行为。这两个名词之间存在以下差异：

（1）战略的重点放在系统（企业）的外部，而战术的重点则置于系统的内部。也可以说，战略主要考察系统（企业）与外部环境（如市场）之间的关系，进而合理决策；而战术主要是解决系统内部（如生产系统）的各种问题。

（2）战略偏重于处理长期问题；而战术则着眼于解决较短期的问题。

（3）战略主要考虑未来发展方向，与将来课题的决策有关；而战术却着眼于眼前的课题的决策。

（4）战略主要处理系统环境的大范围的问题；而战术则是考虑系统内部小范围的问题。

（5）战略问题与系统环境有关，因此多为不确定因素；而战术问题则多为确定因素。

（6）从决策论的观点来看，战略决策是非程序性的，没有定型的方法和手段，借助经验或直觉之处颇多；战术决策，一般是常规的、程序化的决策行为。

二、企业经营战略的作用

企业经营战略对企业经营活动和各项工作起着指导作用。具体表现在以下几个方面：

1. 促使企业顺利发展。制定经营战略可以对当前和长远发展的经营环境、经营方向和经营能力有一个正确的认识，能够全面了解自己的优势和劣势，面临的机遇和挑战，从而做到“知己知彼”，不失时机地把握机会，利用机会，扬长避短，求得生存和发展。

2. 进一步明确生产经营的目的性。有了经营战略，就有了发展的总纲，有了奋斗的目标，也就可以进行人力、物力、财力、技术的优化配置，统一全体员工的思想，调动员工的积极性和创造性，实现企业生产经营战略目标。

3. 增强企业活力。实行经营战略，既可以理顺内部的各职能部门关系，又可以顺应外部的环境变化，审时度势，正确处理“企业目标和国家政策”“产品方向与市场需要”“生产与资源”“竞争与联合”等一系列关系。

4. 提高企业管理人员的素质。制定经营战略，有利于企业领导层集中精力去思考战略目标、战略思想、战略方针、战略措施等带有全局性的问题，造就出一大批适应社会主义市场经济的高层次管理人才。

三、企业经营战略的特征

企业经营战略是指导企业走向未来的行动纲领。它一般具有以下特征：

1. 全局性。以企业全局为对象，根据企业总体发展的需要而规定企业的总体行动，以全局去实现对局部的指导，发挥战略的整体优化效应，使局部得到最优的结果，使全局目标得以实现。

2. 长远性。企业着眼于未来，对较长时期内（5 年以上）如何生存和发展进行通盘筹划，站在长远的高度来实现既定目标。

3. 风险性。企业的外部环境和市场机会，具有一定的不确定性，要迎接来自各方面的竞争、压力和困难等挑战。

4. 创新性。在市场竞争中，企业不断地创造新的思想、新的方法，采用新的技术成果抵御竞争威胁，进而战胜竞争对手。

四、企业经营战略的内容

企业经营战略是由经营战略思想、战略方针、战略目标、战略重点、战略任务、战略手段、战略步骤、战略措施等组成的有机统一体，并通过经营战略决策和战略规划来表现和实现。在企业经营战略的有机统一体中，经营战略思想和战略方针是指导思想和指导原则，经营战略目标和经营战略重点是核心，它们不仅是经营战略思想和战略方针的具体反映，而且也是经营战略决策和战略规划成败的关键和依据。有什么样的经营战略思想、方针、目标和重点，就有什么样的经营战略任务和战略手段，而经营战略任务、手段，又影响着经营战略思想、方针和目标的贯彻执行程度。经营战略步骤和战略措施，则是解决如何具体实施的问题，它要求具有可行性、可靠性和实践性。

五、企业经营战略导向

企业经营战略导向是指用战略管理的思想来引导企业生产经营活动的长远发展方向。经营战略导向的主要内涵是：

1. 根据经营战略来确定环境分析的重点，保持经营环境、经营目标、经营能力的长期协调。

2. 它决定着产品和市场的选择，以确定企业未来的服务领域和生存空间。

3. 它决定着企业组织结构的调整，使组织模式与战略模式保持一致，使战略目标的实现有可靠的组织保证。

4. 它决定着企业重大资源的配置。

5. 它决定着企业中短期的经营方针，以保证企业战略目标的实现。

第二节　企业经营战略的类型与体系

一、企业经营战略的类型

企业经营战略可以按照不同的标准进行分类。一般来说，通常有以下几种分类方法。

（一）按照战略的目的分类

按照战略的目的，可将企业经营战略划分为成长战略和竞争战略。

1. 成长战略。它是指企业为了适应企业外部环境的变化，有效地利用企业内部资源，研究以成长为目标的新的经营领域或新的增长点，为保证企业获得成长机会所采取的战略。中小企业一般多采用这种战略。

2. 竞争战略。它是指企业在特定产品与市场范围内，为了取得优势，维持和扩大市场占有率所采取的战略。这种战略是从企业自身所处地位决定的，处于优势地位的企业，通过这种战略来维持并扩大这种优势；处于劣势地位的企业，以竞争战略去改变或缩小同优势企业的差距。竞争战略的重点是提高市场占有率和销售增长率。大型企业一般多采用这种战略。

（二）按照竞争态势分类

按照竞争态势，可将企业经营战略划分为进攻战略、防御战略和撤退战略。

1. 进攻战略（又称发展战略）。它是企业依靠自身力量或同其他企业进行联合，以促进企业经营不断发展的一种战略。它的意图是从竞争对手那里争夺顾客，提升企业的市场地位。这种战略的特点是不断开发新产品和新市场，掌握市场竞争的主动权，以攻为守、主动出击、先发制人、以己之长攻人之短，不断提高市场占有率。它包括：技术开发战略、产品发展战略、市场扩张战略、生产扩张战略等。它一般适用处于有利发展的环境，在产品、技术、市场上占有很大优势的企业，特别是拥有名牌产品或社会声誉较高的企业，更应优先采用这种进攻型战略。

2. 防御战略（又称维持战略）。它是企业在一定时期内对产品、技术、市场等方面采取以守为攻，待机而动，以安全经营为宗旨，不冒较大风险的一种战略。这种战略的特点并不是消极防守，而是以守为攻，后发制人。其具体内容包括：战略指导方针是避实就虚，乘虚而入；在技术上实行拿来主义，以购买专利为主；在产品开发上实行紧跟，后发制人；在生产方面不盲目追求生产规模的扩大，而着眼于降低成本，提高效率。它一般适用于外部环境和内部条件暂时处于劣势或市场不稳定，经营中既无突出优势，又无明显有利因素的企业；有些在资金、技术、原料供应或销售渠道方面，还存在着较大困难的企业，在一定时间内通过维持现状，惨淡经营，以便为今后发展创造条件，也可采用这种维持型战略。

3. 撤退战略(又称紧缩战略)。它是企业在一定时期内缩小生产规模或取消某些产品生产的一种战略，企业在经济不景气时期常采用这一战略。这实际上是一种战略性撤退。它包括环境突变时采取战略转移、局部撤退、先退后进等策略。它一般适用在经营环境中处于严重的不利地位的企业；产品已进入淘汰期的企业；或者对某些质次价高的产品，根据现有条件，一时难以改进的企业。

以上三种类型的战略，对一个企业来说，可以采取某一种战略，也可以组合地采用两种或三种战略，做到有进有退、有发展有紧缩、有增长有稳定，从而规划出统筹经营实体的总战略。

(三) 按照成长方向分类

按照成长方向分类，可以将企业经营战略划分为产品战略、市场战略和投资战略。

1. 产品战略。它包括：产品扩展战略、维持战略、收缩战略、更新换代战略、多样化战略、产品组合战略、产品线战略和名牌战略等。多样化战略又可分为垂直多样化战略和水平多样化战略、斜向多样化战略和整体多样化战略。

2. 市场战略。它包括：市场渗透战略、市场开拓战略、新产品市场战略和混合市场战略、产品寿命周期市场战略、市场细分战略、工贸结合战略、国际市场战略、市场营销组合战略等。

3. 投资战略。它是一种投资分配战略。它主要包括：产品投资战略、市场投资战略、技术发展投资战略、规模化投资战略、企业联合与兼并投资战略。

在以上三种战略中，产品战略居于主导地位，市场战略是一种支持战略，投资战略是一种保障扩张战略。

(四) 按照战略层次分类

按照战略的层次，可将企业经营战略划分为公司总战略、职能战略和事业部战略。

1. 公司总战略。这是企业最高层次的战略。它是为实现企业总体目标，对企业未来发展方向所制定的长期的、总体性的战略。企业总体经营战略是统筹企业各项分战略的全局性指导纲领。

2. 职能战略 (又称部门战略)。它的特点是按经营职能分别确定绩效与运用经营资源。其内容是通过生产、销售、技术、财务等部门为保证事业部战略所追求的竞争优势而制定长期规划。

3. 事业部战略。它是一种分散的经营战略。在分散经营条件下，各事业部也要制定发展战略。其侧重点是确定该项事业所经营的产品、市场及地域范围，并根据竞争能力的大小,确定扩张、维持或撤退的战略。

二、企业经营战略体系

企业经营战略体系是具有有机联系的总体经营战略与经营分战略的集合体。总体经营战略可以分为三种类型,即进攻型战略、防御型战略、撤退型战略。经营分战略一般可概括为八个方面,即产品战略、市场战略、投资战略、资源战略、科技发展战略、联合与兼并战略、海外经营战略、文化发展战略。产品战略是企业经营战略体系的核心,产品是输出给社会的物质财富。但产品只有符合市场需求,并通过市场交换才能实现其价值,因此市场战略对产品战略有引导作用。市场战略只有在产品战略的支持下才有可能获得成功,并最终实现企业总体发展战略。资源战略和投资战略是实现产品战略的保证,科技发展战略则是实现产品战略的手段。联合与兼并战略和海外扩张战略是总体经营战略的组成部分,又是产品战略在空间上的延伸。文化发展战略对其他各项战略起着无形的促进作用,它通过激发人的积极因素来实现总体经营战略。经营战略内容体系的基本结构见图 4-1 所示。

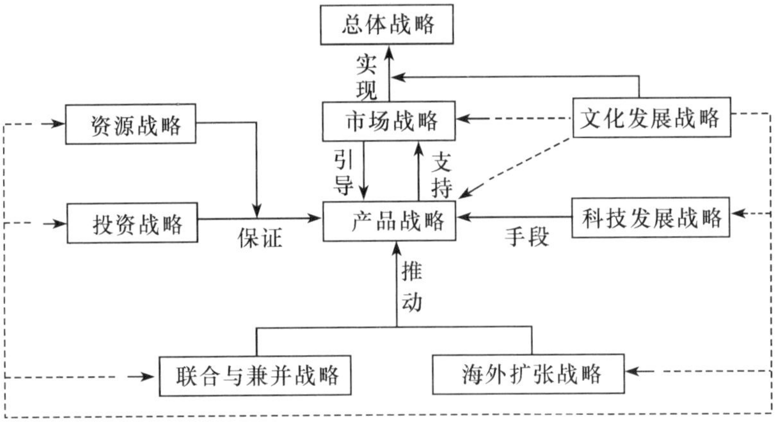

图 4-1 经营战略内容体系的基本结构

第三节 企业战略环境分析与经营战略的程序

一、企业战略环境分析

企业战略环境分析,是为制定企业经营战略而对企业未来外部环境的信息进行搜集、预测、加工处理和研究的工作。它是企业确定战略目标、制定战略规划、配置战略资源和组织战略实施的重要依据，也是制定企业经营战略的一个重要环节。战略环境分析的目的是发现在企业未来发展过程中，外部环境所存在的机会和威胁，为制定企业的经营战略奠定基础。企业战略环境的内容如图4-2所示。从图中可看出，外环为企业的间接环境，中环为企业的直接环境。

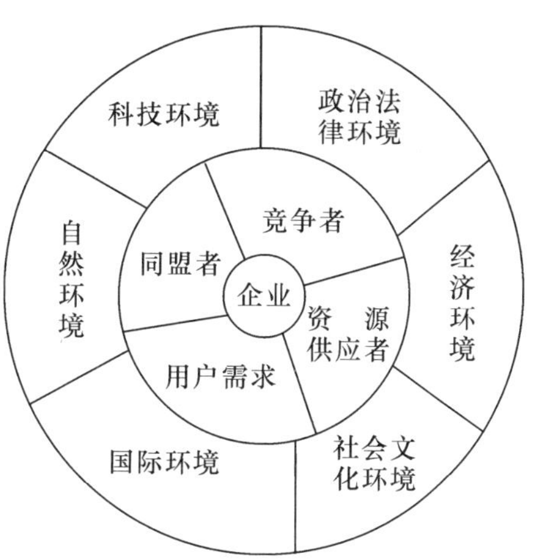

图4-2 企业战略环境

（一）企业战略环境中的信息类型

战略环境分析中所使用的各种信息统称为战略信息，它是指与制定企业经营战略有关的文件、数据和经过处理的资料。其类型有：① 政府机关方面的信息，包括政府的有关发展规划、预算、税收政策、货币政策、价格政策、产业政策、汇率政策、对外贸易和技术引进政策、工资政策，以及国民生产总值增长率等。② 科学技术方面的信息，包括许可证、专利、工艺（生产方式）创新、新材料、新产品、技术协作等。③ 市场方面的信息，包括市场上产品的现在需求和潜在需求，竞争对手的市场占有率和变化，消费者的行为和消费趋向，人口、年龄结构及消费特点，地区消费特点，恩格尔系数（指各项支出在家庭收入中所占的比重）等。

（二）战略环境分析中的信息来源

战略环境分析中的信息来源，主要有来自企业外部和来自企业内部两个方面：来自企业外部的信息主要有市场、顾客、消费者、批发商、代理商、竞争者、专家学者、新闻广播、电影、电视、广告、报刊杂志、专业书籍、科研论文、学术报告、各种信息库、展览会、展销会等；来自企业内部的信息主要有推销员、企业员工、信息交流、企业内部资料、文件数据、档案资料、内部刊物、书信、定期和不定期的会议和学术研讨会等。

战略环境分析的主要特点是将环境通查和环境精查相结合。当战略经营方向尚未确定时，先要进行环境通查，以便发现机会和威胁，明确战略经营方向。通查的方式有：① 根据现有产品性质考察与之相关的环境。② 根据现有技术和工艺性质考察与之相应的环境。③ 根据战略期中的资金实力考察环境。当战略经营方向确定后，还要围绕它进行环境精查，包括市场专题调查、技术和新资源专题调查等。环境分析中采用的是各种预测技术，有时也用假设估计的方法。

二、战略环境评价报告

战略环境评价报告是根据环境分析的评价结论和意见所写成的书面报告，反映了进行环境分析的最终成果。在评价报告中要回答一系列企业战略问题，如：企业可利用哪些机会去获得优势？企业能生产的产品和提供的服务是什么？哪些市场具有最大潜力？有哪些约束条件影响企业经营？有哪些竞争行为影响着企业？等等。虽然环境分析评价主要依据客观资料，但还受到战略家个性特点和判断力的影响。

三、企业经营战略管理的程序

战略管理是企业为实现经营目标而制定战略和实施战略所进行的一系列的决策和行动。企业经营战略管理是一个过程，它包括经营战略分析、制定、实施、控制。其具体内容如图 4-3 所示。

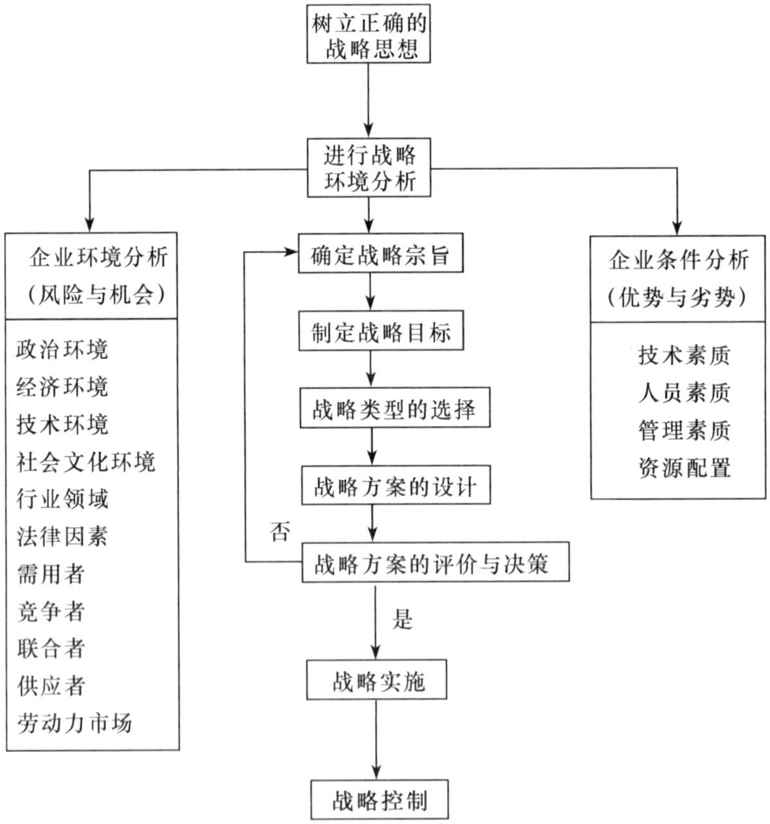

图 4-3　企业经营战略管理程序图

1. 树立正确的战略思想。战略思想是指导企业经营战略的制定和实施的基本思想，是整个企业经营战略的灵魂，它贯穿于经营战略管理的全过程。企业最基本的经营战略思想,应以市场为依托,扬长避短,发挥优势,努力创建优质品牌或名牌,扩大市场占有率。企业经营战略思想是由一些重要的经营战略观念组成的。它主要包括：市场观念、用户观念、竞争观念、创新观念、机会观念、开发观念、信誉观念、开放观念、效益观念等。

2. 进行战略环境分析。任何一个企业都受着外部环境因素的制约，同时，周围环境也是每个企业赖以生存的土壤，它构成了企业存在的框架。一方面，环境变化给企业带来了巨大风险，但同时又为企业发展提供了较多的机会，从而影响和决定了企业在动态环境中可做何种选择；另一方面，环境又对企业提出了承担社会非经济（养老保险、三废治理）责任的要求，从而影响和决定了企业在动态的环境中应做些什么决策。企业内部条件分析是指对影响企业生存和发展的内部因素进行分析。由于企业内部因素是可控因素，因此企业内部条件分析的目的在于利用和强化优势，克服和改变劣势。它主要是对企业的绩效、实力、资源等进行分析。

这里我们把外部战略环境的各种战略要素表述为机会与威胁,内部战略条件的各种战略要素表述为优势和劣势，这是对企业经营战略总形势的概述。其形式可用矩阵图 4-4 表示。

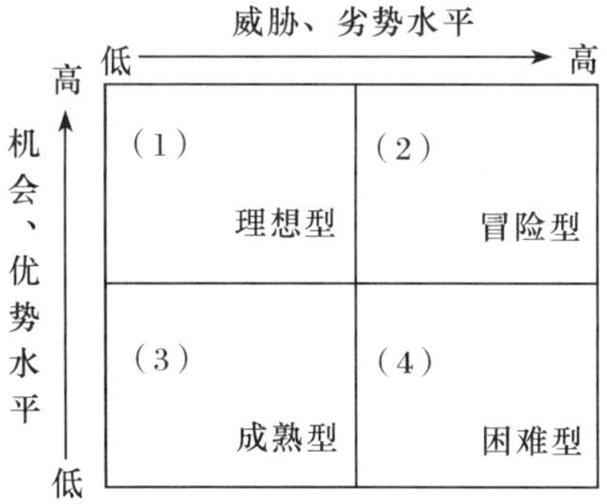

图 4-4 经营战略总形势概貌矩阵图

图 4-4 根据机会与优势水平高低、威胁与劣势水平低高关系划分为四个象限，分别表示企业面临的战略总形势的四种类型。① 理想型，属于高机会与优势，低威胁与劣势的战略总形势；② 冒险型，属于高机会与优势，高威胁与劣势的战略总形势；③ 成熟型，属于低机会与优势，低威胁与劣势的战略总形势；④ 困难型，属于高威胁与劣势，低机会与优势的战略总形势。

3. 确定战略宗旨。战略宗旨是指企业存在的目的或理由。企业的战略宗旨具体要回答企业的使命(服务社会、发展自己)或宗旨是什么?为什么从事该项任务?

4. 制定战略目标。企业战略目标是指企业在完成基本任务过程中所追求的最终结果。它是由战略决策者根据企业宗旨要求确定的定量数值。企业战略目标为企业的运行指明前进的方向,为企业业绩评估提供标准,为企业资源配置提供依据,利用企业战略目标就可以对企业全部经营活动进行有效管理。

5. 战略类型的选择。经营战略的选择,是制定经营战略的重要环节。因此,必须首先明确企业的经营领域、企业在该领域内的优势,了解竞争对手的经营战略。经营战略类型的选择要因地制宜,根据本企业的特点确定战略类型。在经营战略类型中,产品战略是核心,因而对产品战略的选择极为重要。

现介绍产品战略选择中的波士顿矩阵法(又叫 PPM 战略)。这是一种根据对企业每种产品的市场占有率和销售增长率进行评价,然后确定采取不同战略的方法。其做法是:① 将市场占有率、销售增长率分别划分为高、低两档,在直角坐标系中形成四个象限,产生四类产品;② 根据每种产品市场占有率和销售增长率的高低,在四类象限中分别定位;③ 进行评价、分列,制定有针对性的战略。如图 4-5 所示。

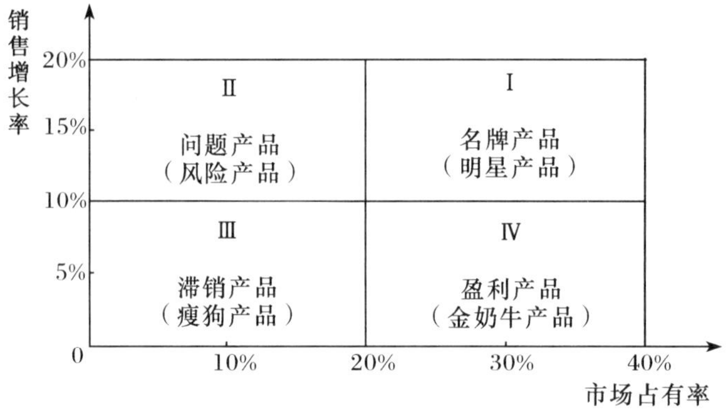

图 4-5　波士顿战略矩阵图

具体评价步骤:① 产品分类。先确定划分市场占有率和销售增长率高低的标准。如图 4-5 中以市场占有率 20%以上为高,销售增长率 10%以上为高。然后根据企业各种产品情况在四个象限中定位。这就得到名牌、问题、滞销、盈利四类产品。② 评价与对策。对于名牌产品,由于其市场占有率和销售增长率都比较高,企业在技术、资金、设备等资源条件上应予以重点倾斜,优先保证,巩固其名牌产品的地位。对这类产品采取的策略是以高投资保高质量,以高质量保高价格,以高价格维持中等利率,以 50%市场占有率为目标。问题产品,一般是销售增长率仍较高,但市场占有率低。对这类产品采取的策略是，对有希望的产品提高质量，赶上名牌，采取优质低价策略，扩大市场占有率；对于有问题的产品，经改进后仍无前途的应迅速撤退。对于滞销产品，由于处于"双低"产品象限内，一般应采取撤退战略。对于盈利产品，虽然销售增长率已下降，但市场占有率仍较高，是企业获得丰厚利润的产品。因此，对这类产品采取的策略是以提高利润为目标，设法延长销售期，维持规模，减少投资。

6. 战略方案的设计。经营战略方案是企业经营战略的具体化，它可以推动企业在自己所确定的经营领域内夺取优势，从而保证企业目标的实现。战略方案的设计，是企业利用经营战略分析的资料和数据、已确定的宗旨与目标、可选择的战略类型，应用多种有效的方法对各种战略要素（企业内外环境条件中的关键要素）进行合理的匹配、组合，形成可供经营战略决策者选择的多个经营战略方案的过程。可用于企业经营战略方案设计的基本方法有 SWOT 矩阵法、SPACE 图解法和战略方案汇总表法等。现介绍前两种方法。

（1）SWOT 矩阵法。它是优势（Strengths）、劣势（Weaknesses）、机会（Opportunities）、威胁（Threats）匹配矩阵法的简称。SWOT 针对企业内外环境条件中关键战略要素进行匹配，可设计出四大类基本经营战略方案。如表 4-1 所示。

表 4-1 SWOT 矩阵结构图

内部条件 / 外部环境	优势（S） （具体列出）	劣势（W） （具体列出）
机会（O） （具体列出）	SO 战略 （依靠内部优势，利用外部机会）	OW 战略 （利用外部机会，克服内部劣势）
威胁（T） （具体列出）	ST 战略 （利用内部优势，避开外部威胁）	WT 战略 （减少内部劣势，回避外部威胁）

（2）SPACE 图解法。它是通过分析影响企业战略地位的决定性因素加以匹配而形成经营战略方案的设计方法。这种方法将影响企业总体战略地位的决定性因素，运用坐标图解分析，进行关键战略要素（变量）组合而形成多种经营战略方案。如图 4-6 所示。

图 4-6 中的纵坐标分别表示企业内部 *FS*（财务优势）与外部 *ES*（环境稳定状况），横坐标分别表示 *IS*（行业优势）与 *CA*（竞争力量）。在这里，*FS*、*ES*、*IS*、*CA* 被认为是影响企业总体战略地位的四大决定性因素；坐标系Ⅰ～Ⅳ象限分别表示与变量组合相对应的战略类型。SPACE 图解法的具体运用步骤：① 选择一组变量描述企业内部财务优势与竞争力量，企业外部环境稳定状况与行业优势。② 对企业财务优势与行业优势的每个变量给出一个取值范围在＋1（最弱）到＋6（最强）

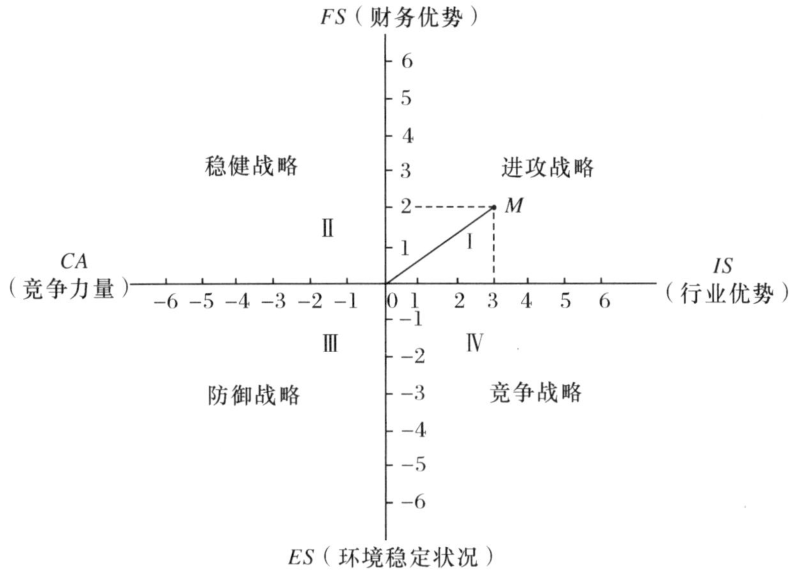

图 4-6 战略地位变量组合图

之间的评分值；对企业外部环境稳定状况与竞争力量中的每一个变量给出一个取值范围在−1（最好）到−6（最差）之间的评分值。③ 计算 FS、CA、ES、IS 得分的平均值，并除以相应所包含的变量个数。④ 将纵轴上 FS 与 ES 得分的平均值相加，以和数作为纵轴上的坐标值；再将横轴上 IS 与 CA 得分的平均值相加，以和数作为横轴上的坐标值。据此，可得到 SPACE 图上的一个坐标点。⑤ 在 SPACE 图上，以原点 0 点为始点，以所得到的坐标点为终点画一条有向线段，这样，结果所得到的向量落在哪一个象限，就表示企业可以采取相对应类型战略的方案。

在 SPACE 图解法中，纵横轴上一些常用的参考变量，如表 4-2 所示。$(\sum FS + \sum ES) \div n$（变量个数）；$(\sum CA + \sum IS) \div n$（变量个数）。根据表中假定的变量计算结果，就可确定其落在图 4-6 中哪一象限。

表 4-2 SPACE 图解法常用的参考变量

外部环境战略地位				企业内部条件战略地位			
环境稳定状况（ES）		行业优势（IS）		财务优势（FS）		竞争力量（CA）	
进入市场障碍	−4	资金密集程度	5	资产负债率	4	产供销控制	−3
需求价格弹性	−2	财务稳定性	4	现金流量	6	技术诀窍（专利）	−1
通货膨胀率	−3	增长潜力	6	流动比率	5	市场份额	−3
需求变动率	−3	利润潜力	4	投资报酬率	5	产品质量	−1
科学技术变革	−3	技术发展趋势	6	经营、财务杠杆	5	用户信誉	−2

7. 战略方案评价与决策。为了选择一个最满意的经营战略方案，就要对各个备选战略方案进行评价。对战略方案的评价过程，也是对各种方案的筛选过程。对于选中的方案，还必须经过一个最终的决策过程。经营战略方案的决策是一个复杂而严肃的过程，因而要应用科学的方法和严格的程序，求得最终的将要付诸实施的经营战略方案。

第四节 企业经营战略的实施与控制

一、企业战略的实施

为贯彻已选定的战略，必须组织以下几方面的活动：建立相应的组织机构、制定战略行动和项目计划、选拔人才、筹措资源、建立战略实施的监控系统和评审系统、有效地进行战略控制。其中，建立相适应的组织机构是战略实施中最重要的因素。

在战略实施的过程中，要综合考虑以下六种因素：

1. 制定详细的实施计划。根据企业战略所规定的各项目标，制定出较为详细的战略项目和行动计划、资金和资源的筹措计划、市场开拓计划等，以便有重点地推行企业战略。

2. 改变人们的行为。要适应企业战略目标的要求，改变企业内各方面人们的传统行为，建立和树立起适合新战略所需要的行为规范、工作方法、价值观念和精神风貌。

3. 建立与新战略一致的组织机构。要分析各类战略组织的优缺点，选择符合战略实施所需要的组织机构，并且明确相应的责任和权力，以及建立各种有效的规章制度。

4. 合理地选拔负责人。对于不同性质的战略要选拔不同的人来负责，并且要根据责任的大小，工作完成的好坏，及时予以合适的奖励和惩罚。

5. 正确地分配资源。在战略实施的过程中，资源分配是否合理将直接影响企业战略的执行。

6. 有效地进行战略控制。依据战略计划的目标和行动方案，对战略实施的状况进行全面的评审，及时发现偏差和纠正偏差。

二、企业战略控制

企业将预定的战略目标或标准，与战略执行成效进行比较，以检测偏差的程度，然后采取行动进行纠正。战略控制是一个活动过程，它由三方面的活动所组成：① 根据企业战略目标要求制定战略评价标准。② 对战略的执行情况（执行前、执行中和执行后）同战略标准加以分析比较。③ 针对偏差采取纠偏行动。这三方面活动有机结合在一起，构成完整的战略控制过程。

企业战略控制的基本要素有：① 战略评价标准。这是指预定的战略目标或标准，是战略控制的依据，一般由定量或定性两个方面的评价标准所组成。定量评价标准一般可选用下列指标：资金利税率、人均创利、劳动生产率、销售利润率、销售增长额、市场占有率、实现利润、工业总产值、投资收益、股票价格、股息支出、每股平均收益、工时利用率等。定性评价标准则一般有以下几个方面：战略与环境的一致性，战略在实施中存在的风险性，战略与资源的配套性，战略执行的时间性，战略与企业组织机构的协调性等。② 实际成效。这是战略在执行过程中实际达到的水平。为了使这些反映客观真实，必须建立管理信息系统，并采用科学控制方法和控制系统来控制。③ 绩效评价。这是指将实际成效和预定的目标或标准进行比较分析。经过比较会出现三种情况：超过目标（或标准），出现正偏差；正好相等，没有偏差；实际成效低于目标（或标准），出现负偏差。

战略控制的主要方法有：① 事中控制，又称行或不行的控制。在实施过程中，按照某一标准来检查工作，确定行与不行。例如，在财务方面，对工程项目进行财务预算的控制，经过一段时间之后，要检查是否超出了财务预算，以决定是否继续将工程进行下去。② 事后控制，又称后馈控制。将执行结果与期望的标准相比较，看是否符合控制标准，总结经验教训，并制定行动措施，以利于将来的行动。③ 事前控制，又称前馈控制。在战略实施前，利用前馈信息进行调节控制，可事先采取预防性的矫正行动。

第五节　企业跨国经营战略

企业跨国经营战略是企业在分析全球经营环境和内部条件、现状及其变化基础上，为求得企业长期生存和发展所作出的整体性、全局性、长远性的谋划和相应对策的战略。企业跨国经营是当代世界经济活动的一大特征，已成为世界经济中越来越引人注目的现象和发展趋势，并对世界经济的发展产生巨大的影响。

一、企业跨国经营的发展阶段

企业跨国经营发展大都是以扩大商品出口为起点，逐步向国外投资，再将重点移向跨国经营转移。美国到 20 世纪 60 年代已基本完成这一重点转移。其发展过程经历以下三个阶段：① 建立国外营销网点，扩大国外销售。② 通过在国外投资办厂，在国外进行直接生产和销售。③ 在国外进行直接生产和销售的同时，实现企业内部的国际性分工。

企业跨国经营的基本特征是：① 企业的生产和经营活动所面临的市场环境是相当复杂的，具有不确定性，因此对它较难适应与控制。② 企业直接面向国际市场，将更深地卷入国际市场，因而更容易受到世界经济波动的影响，面临更大的风险和更多的发展机会。③ 企业具有较高的信息搜集、处理能力和较强的市场应变能力。④ 企业的经营观念和管理方法发生重大变化，必须改变与企业跨国经营要求不相适应的观念，按照国际惯例来管理企业。

二、企业跨国经营的类型

企业跨国经营根据对外直接投资的重点和面向海外经营的性质，可分为六种类型：

1. 资源确保型。世界资源的分布是不均衡的，一些企业为了取得本国短缺的原材料等资源，直接投资于资源国进行生产开发，以确保廉价而稳定的资源供应。

2. 市场开拓型。向海外投资经营的目的是开拓新市场，扩大企业产品的市场覆盖面。通过这种就地生产，就地销售的形式，既可以使企业产品充分适合当地的需要，又可以在当地兼营修理和服务，这不仅有利于扩大销售，而且能带动企业设备、零部件的出口，还能为国内企业提供各种国际市场信息。

3. 劳动力指向型。其目的是获得廉价劳动力，降低成本，提高竞争能力。随着经济的发展和社会生活水平的提高，一些经济发达国家逐步受到劳动力费用不断上升的压力。许多企业将劳动密集的产品生产或加工转移到劳动力价格较低的国家和地区去，在这些国家和地区投资建厂，利用当地廉价劳动力来降低产品成本，获得比较利益，以谋取在国际竞争中的有利地位。

4. 贸易壁垒对应型。一些国家和地区为了平衡国际收支，保护本国经济，采取贸易保护主义措施。为了绕过种种障碍，许多国家、企业都将产品出口改为在国外投资办厂生产、销售。

5. 技术指向型。这主要是通过到技术先进国家投资办厂的方式，利用当地科研机构和人才资源，获取国内难以得到的先进生产技术和管理技能，实现技术“回流”。

6. 全球战略型。经济发达国家的大型跨国公司，为了称霸世界，采取全球性的发展战略，将企业的商品贸易、技术贸易、资本进出进行全球统筹，并根据不同的国际市场类型，采取多种发展方式，在世界范围内建立最佳的生产、销售地区和原材料供应基地。全球战略型，是企业跨国经营发展到成熟阶段的标志。

三、企业跨国经营发展战略

企业跨国经营发展战略包括：

1. 市场经营战略。它可根据跨国经营不同阶段的特点而有所侧重：

(1) 开拓阶段的特点:主要是企业开始进入国际市场,尚未获得稳定的立足点,对此,可考虑选择有利的目标市场,作为进入国际市场的突破口,注重出口产品的适应性,加强促销活动,提高产品的知名度,确定合理的国际销售渠道。

(2) 成长阶段的特点:主要是企业产品具有一定的知名度,并在某一个或更多的国外市场获得比较稳固的市场阵地,销售量增加,但同时竞争者增多,竞争也日趋激烈。对此,一般可采取的战略措施是:改进产品质量、品种、款式;进一步促进产品的市场适应性,增强竞争能力,提高市场占有率,积极寻找和开拓新市场,扩大产品的国际市场的覆盖面;在广告宣传方面重点从介绍产品转向树立产品形象,争取创立名牌,从提高产品的知名度转向培养对产品的信赖度,保住老顾客,争取新顾客;采取灵活的价格策略,以吸引更多的消费者;建立国外销售、服务机构,增加新的销售渠道和销售网点,便利顾客购买及加强售后服务。

(3) 成熟阶段的特点:主要是产品已有相当国际竞争能力,并在较大的区域性市场或整个国际市场中获得了较高的市场占有率。为巩固和扩大企业在国际市场的优势地位,大力发展企业跨国经营,通常可采取如下的战略措施:实行出口产品多样化和出口地区多极化;在广告宣传上,重点转向树立企业形象,提高企业信誉度,树立良好的国际形象,建立和完善国际市场销售网点,并凭借企业雄厚的实力,通过对价格、促销手段以及其他市场营销要素的巧妙运用,以求得到更大的销售额;发展国外投资,直接到国外建厂进行生产和销售,采用对外投资、技术输出、产品出口同时并举的方式,加速企业跨国经营进程,提高企业在国际市场的地位。

2. 技术发展战略。技术是否先进是影响企业跨国经营的关键,因此,在不断扩大出口的基础上进行技术替代,把出口创汇、技术引进、消化创新、再出口、再引进紧密地结合起来,做到不断地采用新设备、新工艺,不断地提高技术水平,不断地扩大出口创汇能力,从而形成出口创汇→技术引进→消化创新→扩大出口创汇→再引进消化创新,这样一种良性循环的技术发展战略,实现企业的跨国经营逐步由低级向高级发展。

3. 组强进攻战略。建立和发展多种形式的企业集团,形成联合的整体优势,发挥集团的群体功能,改变势单力薄的状况,以达到共同占领国际市场的目的。这样做有利于在短期内迅速形成生产能力,扩大出口创汇,加快引进技术的消化吸收,提高国产化程度和配套的生产能力;促进新产品的研制、开发,使出口产品结构向中高档转换;提高产品的深加工程度,增加附加价值;形成一个有弹性的生产经营体系,适应国际市场多层次、多样化的需求。

4. 人才开发战略。人才开发包括选拔人才、使用人才和培养人才等。开发适应跨国经营需要的人才,是实现企业跨国经营战略目标的重要因素。

第五章

市场分析和市场预测

市场分析和市场预测是企业经营战略管理的重要内容。通过对国内外市场环境进行认真的分析研究，可使企业的生产经营活动适应社会主义市场经济发展和市场需求的变化，以保证企业经营决策的正确性。要摸清国内外市场环境，特别是灵活多变的市场需求，必须进行深入细致的市场分析，采取相应的市场策略，搞好市场调查和市场预测。

第一节　市 场 分 析

一、现代市场与市场营销

（一）现代市场的含义

俗话说："市场犹如水，覆舟又载舟"。市场充满着风险，也孕育着机遇，关键是要敢闯市场，开拓市场，驾驭市场。现代市场是一个复杂的、具有多层次内涵的概念。市场是沟通社会产品交流的桥梁，也是买卖双方采用不同方式，使商品或劳务发生转移的场所。市场的概念是随着商品经济的发展而发展的。传统的市场是指商品聚集和交换的场所，而现代市场的概念主要是指商品有没有人买，也就是说，过去的市场概念是突出场所，而现代市场概念主要是突出顾客。现代市场由产品、地点、价格、促销四要素构成。产品(实体或形式产品)——先有产品后有市场，没有产品就没有市场；地点——市场所处的地理位置有着重要作用；价格——它是影响产品供求关系的重要因素；促销——是现代市场的重要手段。现代市场运行的必备条件是人口、购买力、购买欲望、购买行为。

（二）现代市场的一般特征

1. 市场是反映社会需求变化的"晴雨表"，是联系生产和消费的桥梁，通过市场使生产者与消费者之间实现价值与使用价值的转移。

2. 只有消费者、购买力、购买欲望和购买行为四个要素结合起来，在市场中才能形成买卖行为。

3. 市场在一定的时间和空间内，集中一种或多种能满足人们需要的可供交换的商品或劳务。

4. 现代市场是国际化的市场。生产与消费已成为全球性的生产与消费，现代企业应以国际市场作为自己生产经营活动的出发点和立足点。

（三）市场的作用

市场是市场经济运行过程中一个必不可少的环节，它对现代企业有重大作用。

1. 市场是企业连接生产与消费的纽带。一方面企业从市场上获得生产经营活动所需的各种生产要素；另一方面它又通过市场实现其商品或劳务的价值，使企业再生产过程得以顺利进行。同时，只有随着市场的扩大，企业才能实现扩大再生产。

2. 市场是企业竞争的场所。企业通过市场竞争，能更好地满足消费者需要，从而加速市场经济的深化，促进经济全球化的发展。

3. 市场上商品或劳务的交换过程，是价值规律发生作用的过程，也是实现社会资源合理配置的过程，通过交换实现社会资源利用的最优化。

（四）市场营销

市场营销是指以满足消费者的各种需要和欲望为目的，通过市场使潜在交换转换为现实交换的活动，从而使消费者和商品（劳务）生产者都实现自己的要求。从资本主义市场经济开始发展以来，市场营销逐渐为人们所接受，市场营销观念也经历了从生产观念—产品观念—推销观念—营销观念—网络营销观念—社会营销观念的多次转变，从而促进了经济社会的全面发展。

二、市场细分及目标市场的选择

（一）市场细分

1. 市场细分的概念。市场细分是指根据消费者的需要、购买动机与习惯、购买行为等的差异，把市场划分为不同类型消费者群体的分市场。

2. 市场细分的作用：① 发现市场机会，选择对企业最有利的目标市场，有效地组织生产和销售；② 有利于企业制定经营计划和调整生产、销售计划；③ 有利于提高企业市场经营的经济效益。

3. 市场细分的一般标准。市场细分可根据消费者的不同特点，从不同的角度来划分。市场细分的一般标准见表 5-1 所示。

表 5-1　市场细分的一般标准

细分标准	市场类别
按国家地域	西欧、北欧、南美、北美、亚洲、非洲等
按地理环境状况	省、市、县、镇、乡、村、气候特点、地理特点

（续表）

细分标准		市场类别
按产品用途	生产、消费	生产资料、消费资料
	军民	军用、民用
按消费者结合情况		个人、家庭、集团
按社会经济情况		家庭、性别、职业、收入、婚姻状况、年龄结构、文化程度、民族与风俗等
按消费者购买情况		消费者的习惯和爱好 消费者的购买动机 消费者对品牌商标的认识及信赖度 对价格的敏感度、对服务的敏感度等

（二）目标市场的选择

在现代社会化大生产中，任何企业都无法满足所有消费者的整体需求，因而企业必须根据本企业的特点，扬长避短，选择生产那些能发挥自己优势的产品，作为自己从事生产经营的目标市场。如果说企业是乘风破浪的“航船”，那么，市场就是汹涌澎湃的“海洋”。企业这条“航船”若要在市场“海洋”里战胜狂风恶浪，不被颠覆淹没，自由行驶远航，安全到达彼岸，就要熟悉市场这片“海洋”的特性，即要研究市场状况，把握市场脉搏，分析市场动向，预测市场趋势，选准市场目标。

1. 目标市场选择。选择目标市场有赖于市场细分，它必须在市场细分的基础上，选择一个或几个子市场作为目标市场，以确定企业的服务对象与产品结构。

2. 企业选择目标市场的策略。

（1）无差异性市场策略。它是指企业将整个市场看作是一个大市场，不认为市场需求具有差异性，因而它生产一种产品和设计一种营销计划来满足最大多数消费者需求的市场策略。通过广泛的销售渠道和大规模的广告宣传来树立产品的形象，这样能节约大量费用。例如，可口可乐公司早期只生产同一种瓶装、同一口味的饮料。

（2）差异性市场策略。它是指企业针对不同的细分市场，设计、生产规格和性能各不相同的产品，并采用不同的市场营销组合策略，分别满足不同消费者需求的市场策略。例如，牙膏厂生产儿童牙膏、药物牙膏等不同种类的牙膏，以满足不同消费者的需求。

（3）集中性市场策略。它是指企业以一个或少数几个细分市场为目标，力求能在其中占有较大份额的市场策略。采用这种策略，由于产品单一，可集中力量在设计、工艺上精益求精,创名牌,从而获得更多利润,促使企业不断扩大生产规模。这种策略特别适用于资源与能力有限的企业。

上述三种目标市场策略各有优缺点,企业究竟应采用哪一种策略,应综合考虑产品和市场等多方面因素予以决定。当企业的生产、技术、营销、财务、收集信息等方面实力很强时,可考虑采用差异性市场策略。资源有限,实力不强,采用集中性市场策略效果可能更好。当企业生产的产品相似程度高,如钢铁、食盐、白糖、大米等,可采用无差异性市场策略。对于生产的产品相似程度低,如服装、化妆品、汽车等,由于在型号、式样、规格等方面存在较大差别,产品选择性强,宜采用差异性或集中性市场策略。

三、市场进入策略

它是指企业为了使产品顺利地进入目标市场,而对进入方式和进入渠道所采取的策略。在目标市场选定后,选择正确的市场进入策略对企业实现市场目标有极为重要的意义。市场进入策略一般有直接进入策略和间接进入策略(如通过中介机构进入市场)。如果说市场是个"舞台",用户是这个"舞台"下面的"观众"的话,那么,企业就是市场这个"舞台"上的"演员"。企业这个"演员"要想长期持续演好戏,就必须通过市场调查,选准市场目标之后,大胆地参与市场竞争,切实有效地搞好市场营销,最大限度地满足市场需求,千方百计地占据市场优势。即企业既要精心组织生产,大力提高工作效率,又要采取一系列有力的竞争策略,开展一系列成功的营销活动。具体来说,主要有20种招式:"信息处理要以快取胜,市场预测要以准取胜,决策过程要以短取胜,研究开发要以缺取胜,使用功能要以需取胜,产品质量要以优取胜,规格品种要以多取胜,商品包装要以美取胜,消耗占用要以少取胜,注册商标要以名取胜,广告宣传要以奇取胜,销售价格要以廉取胜,推销渠道要以广取胜,服务用户要以诚取胜,工艺技术要以新取胜,经济核算要以严取胜,基础工作要以实取胜,管理水平要以高取胜,经营策略要以活取胜,经济效益要以好取胜。"

对于那些以国际市场为目标市场的企业而言,根据国际贸易惯例与特殊性,其进入市场策略有:国内生产出口产品进入策略;国外生产产品进入策略;补偿贸易方式进入策略;自由贸易区进入策略等。

四、市场发展策略

企业在选择目标市场的同时,要根据市场发展趋势和技术革新方向两个方面的情况,在综合研究的基础上制定占领目标市场的基本策略,以使企业产品能满足目标市场的需求,保证企业的生存和发展。一般来说,企业可以通过下面三方面策略来发展市场。

（一）集中性发展策略

实行集中性发展策略，能为企业在现有业务领域寻找未来发展的机会。它又分三种策略：

1. 市场渗透策略。这是指企业设法在现有市场上增加现有产品市场份额的策略。它主要有三种方法：① 尽力提高现有顾客使用本企业产品的频率来扩大销售额；② 设法把竞争对手的顾客吸引过来购买本企业产品，以扩大市场占有率；③ 发展新顾客，开辟新的销售渠道来扩大现有产品的销售额。

2. 市场开发策略。这是指企业设法用现有产品满足新市场需要的策略。它主要有三种方法：① 在当地寻找潜在顾客，使潜在顾客成为其用户；② 利用当地新的销售渠道将产品分销给其他用户；③ 在外地或国外增加销售渠道。

3. 产品开发策略。这是指发展和改进现有产品的特性，扩展其功能来开拓市场的策略。

（二）一体化发展策略

一体化发展策略是指企业充分利用自己在产品、技术、信息、市场上的优势，根据物品流动方向，使企业不断地向深度和广度发展的一种策略。按其发展方向主要有以下三个方面的策略：

1. 后向一体化发展策略。这是指企业继续保持原有生产性质外，又向原材料生产的方向发展的策略。采用这种策略可以减少企业对供应商的依赖性。如炼铁厂购买铁矿山、服装厂购并纺织厂、整车厂兼并零部件厂等。

2. 前向一体化发展策略。这是指原先向加工企业提供原材料、半成品的企业向加工企业方向发展，或是原加工企业购买若干个批发商或零售企业的发展策略。如纺织厂收购服装厂、汽车制造公司开设销售分公司和维修部等。

3. 水平一体化发展策略。这是指企业购并一个、几个生产同类或相似产品的竞争者，或者另建同类型的新厂的发展策略。

（三）多样化发展策略

它是指企业在现有业务领域外寻找和发现市场机会而发展生产的策略。它也有三种具体策略：

1. 同心多样化策略。这是指企业开发与企业现有产品的技术或营销有协同关系的新产品来吸引新顾客的策略。如生产卡车轮胎的企业又生产自行车轮胎等。

2. 水平多样化策略。这是指企业开发能满足现有顾客需要的，但与现有产品技术关系不大的新产品的策略。如生产录音带的企业开发激光唱片等。

3. 跨行业多样化策略。这是指企业开拓与企业现有技术和市场完全无关的新领域的策略。如生产电视机的企业开拓出租车行业这一新领域等。

(四)"标新立异"策略

所谓"新"与"异",即在当时同类产品或同类服务中,别人尚未赶上,或者起码在外形、内部结构、功能与众不同,形成对比。在企业经营中运用"标新立异"策略,可以明显地树立自己产品的形象和优势,使顾客自觉地将本企业的产品和服务与竞争对手的产品和服务进行对比,最后进行择优,从而赢得市场。当然在运用"标新立异"策略中,必须要满足消费者需求,切忌盲目臆造稀奇古怪的无市场需求的产品。

第二节 市场调查

一、市场调查的概念与作用

市场调查是企业的"望远镜",企业借助这个"望远镜",眼观六面耳听八方,才能取得企业经营管理的主动权,也才能使企业获得最好的经济效益。

(一)市场调查的概念

市场调查是指对买卖商品的现场进行调查,运用科学的方法,有目的、有系统地收集、记录、整理、分析有关市场方面的各种情报资料,了解和掌握市场的现状及其发展趋势,为市场预测与决策提供客观依据的活动。

(二)市场调查的作用

市场调查对企业的生产经营活动有重要作用,主要表现在以下几个方面:

1. 为企业生产符合市场需要的产品提供科学依据。在社会主义市场经济体制下,企业作为一个市场主体,生产经营活动已置于市场之中,企业必须重视市场环境研究,树立市场观念。因而企业必须进行市场调查,依据顾客的要求组织生产,实现企业的产销衔接。

2. 市场调查是企业进行经营决策和制定经营计划的前提。只有通过市场调查,收集有关市场信息,才能制定出切实可行的经营决策和经营计划,减少盲目性和风险性。

3. 对决策和计划起"矫正"作用。在决策和计划执行过程中,通过市场调查,才能根据实际情况对决策与计划进行修改、补充和完善。

二、市场调查的内容

市场调查的内容相当广泛,凡对企业生产经营活动有直接和间接影响的资料、信息都要搜集。一般说来,市场调查的内容主要有:市场调查,销售趋势调查,本企业市场销售策略的调查,竞争者调查,消费者调查,以及其他不可控因素调查等。

三、市场调查的类别、程序与方法

(一) 市场调查的类别

市场调查可以从不同的角度划分为很多类别：

1. 根据调查地区可以分为国内市场调查和国际市场调查；其中国内市场调查又可分为全国市场调查、地区市场调查等。

2. 根据对市场调查涵义的理解又可分为广义的和狭义的市场调查，广义的市场调查包括需求市场调查和供给市场调查；而狭义的市场调查是指需求市场调查。

3. 对某一特定时期的市场所进行的调查研究，称为静态市场调查；对市场发展趋势及市场的未来情况所作的调查研究，称为动态市场调查。

4. 对某些营销指标，如可能的销售额、市场占有率、潜在需求量等进行的定量研究，称为定量市场调查；而对某些因素如购买者及购买动机、谁是新产品的首先使用者、购买者的满意程度等所作的调查，称为定性市场调查。

(二) 市场调查的程序

市场调查的程序一般可分为三个阶段：

1. 预备调查阶段。市场调查首先要针对企业在市场营销中存在的问题确定调查主题及范围。

2. 正式调查阶段。在预备调查阶段将调查的问题确定后就进入了正式调查阶段，它主要有四个步骤：① 一方面收集现成资料或第二手资料，如企业内部资料，有关单位公布的统计资料等；另一方面通过实地调查，收集原始资料或第一手资料。② 准备所需的调查表，以供实地调查之用。③ 在现场调查前应设计并确定对调查对象采用的抽样方法及样本大小，以供实地调查时按设计要求抽样，从而确保调查质量。④ 到现场调查和收集资料。

3. 结果处理阶段。① 要对收集到的未整理的资料进行整理。首先，要检查资料，对不完整或误差大的资料要剔除；其次，要对资料进行审核以保证资料的正确性和真实性；再次，要对整理过的资料按适当标准分类编号以便查找、归档、统计和分析。② 要根据调查研究和分析的情况写出调查报告，以供企业决策之用。调查报告的主要内容，一般应包括：调查研究的目的、方法、结果、结论和建议等。

(三) 市场调查的方法

市场调查的方法，按调查方式划分，有直接调查法和间接调查法；按调查范围分，有全面调查和抽样调查。下面着重介绍直接调查法中的询问法、观察法、实验法以及抽样调查法。

1. 询问法。它是指将所拟调查的事项，通过一定的方式，向被调查者询问，以获取所需资料的一种调查方法。它又可以细分为面谈、电话、邮寄、问卷等不同方式。

2. 观察法。它是指调查人员在现场从旁观察、记录被调查者的活动,以收集有关资料的方法。其特点是调查时被调查者并不感到正在被调查。其优点是调查结果的准确度较高,其缺点是感受不到被调查者的内心活动。

3. 实验法。它通过在实验市场上先试用和试销一部分商品,分析效果后再决定是否大规模营销的一种方法。实验市场是指在一定时间内的一定地区(如3～5个城市)中具有代表性的市场。这种方法可用于新产品投放或老产品的质量、包装、设计的改进、价格、广告的变动等;也可用于市场饱和程度的试验等。这种方法的优点是能客观反映市场需求;缺点是时间长、费用大。

4. 抽样调查法。在进行市场调查时,要根据调查对象的多少分别采用全面调查和抽样调查方法。一般对于生产资料可采用全面调查法,但对一般生活资料只能采用抽样调查法。所谓抽样调查法就是根据数学概率理论,在母体(全部)调查对象中,随机选择其中部分(样本)进行调查,以获得总体情况的方法。抽样调查法又有随机抽样与非随机抽样两种方法。常用的主要有以下几种随机抽样方法:① 简单随机抽样法。它从总体中纯粹偶然地抽取样本。② 分层抽样法。它先将总体按一定特性划分为不同的层,然后在每层中按简单随机抽样法抽取样本进行调查。③ 标准抽样法。它是以中等水平为标准抽取样本来获得总体资料的方法。

第三节　市场预测

一、市场预测的含义与作用

预测是指运用科学知识和手段,对未来事物发展趋势所作出的定性和定量的估计。市场预测是指运用历史统计资料、科学的方法和数学模型,对影响市场需求的各种变化因素进行系统的调查研究,探索市场需求变化的规律及今后的发展趋势,对产品的市场需求量作出估计,为企业制定计划和进行决策提供依据的活动。市场预测的主要作用是:

1. 市场预测是企业制定经营计划的重要依据。在社会主义市场经济体制下,要使企业能生存与发展,企业管理层必须时刻注意市场的变化,必须对市场的变化趋势作出预测,使制定的计划能有效地贯彻执行,实现产销平衡,提高企业的经济效益。

2. 市场预测是企业经营决策的依据。面对瞬息万变的现代市场,企业的经营决策必须以市场预测为前提。通过市场预测来获得经营决策所需的大量信息,以便及时、正确地作出经营决策,从而确保企业在激烈的市场竞争中立于不败之地。

3. 市场预测是企业参与市场竞争的需要。在社会主义市场经济条件下,企业要不断提高自己的产品在国内外市场的竞争力,就必须通过市场预测,了解自己的产品在国内外市场上的情况，并针对具体情况采取不同对策，提高企业的竞争力，促使企业真正成为自主经营、自负盈亏、自我发展、自我约束的经济实体。

二、市场预测的程序

市场预测的一般程序可用图 5-1 表示。

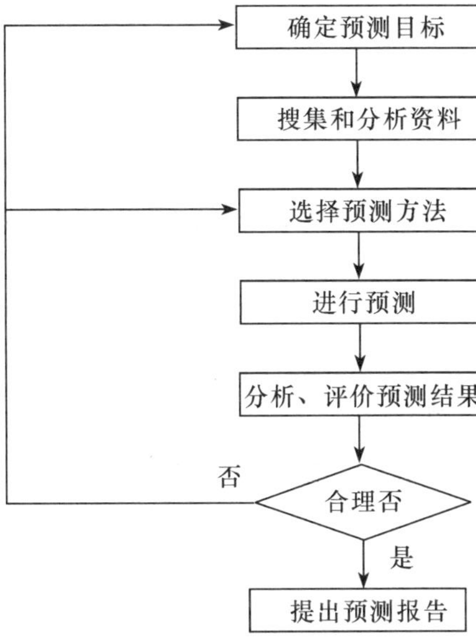

图 5-1　市场预测程序

1. 确定预测目标。这是指确定预测什么，达到什么目标或要求。预测目标、期限与数量单位须用文字说明。

2. 收集和分析资料。对收集到的资料要严格审核，要做到数据可靠、可比，计算口径一致，核算方法相同，统计时间与计量单位一致等。

3. 选择预测方法。根据对资料的动态分析来选择合适的预测方法。

4. 进行预测。利用已有资料信息，用已选定的方法进行预测，以获得预测结果。

5. 分析、评价预测结果。分析是否已达到预测目标的要求；预测误差是否在允许范围内；预测结果的合理程度怎样等。若已满足这些要求，可写出正式预测报告，以供决策之用；若不能满足这些要求，就要回到以前的步骤，要么重新确立预测目标，要么重新选择预测方法，然后再进行预测。

三、市场预测的方法与应用

市场预测的方法有很多种，一般可分为以市场调查为基础的经验判断法（定性预测方法）和以统计资料为基础的分析计算法（定量预测方法）两大类。其中每大类里又可分为好几种方法，下面介绍一些常用的预测方法。

（一）经验判断法（定性预测方法）

这种方法是根据个人的经验和知识，凭个人的主观判断来预测今后发展的趋势和状态的方法。常用的经验判断法有：

1. 个人判断法。它是指企业决策人根据自己的经验和自己对客观情况的分析，对市场需求的情况作出主观判断，并预测未来情况的一种判断方法。这种方法在缺乏预测资料时很有用。其优点是预测时可以综合考虑各方面的因素，且简单、迅速。其缺点是预测的根据不足，有可能发生判断错误。

2. 经理人员意见法。由企业经理召集生产、技术、销售、财务等有关部门经理，广泛地交换意见，让大家各自提出对市场前景的看法，然后由企业经理根据各部门经理在预测中的地位不同，而给予不同的权数来加权平均确定预测值，这就是经理人员意见法。设某企业有关部门经理提出某产品的销售量情况如表 5-2 所示。一般来说，销售部门对市场较熟悉，因而给予权数为 2，其他部门权数为 1。通常可用加权平均法算出预测值。

表 5-2　某产品的销售量情况

不同部门的估计		销售量	成功概率	预测期望值（销售量×成功概率）
销售部经理	最高销售量	1 200	0.3	360
	最可能销售量	1 000	0.5	500
	最低销售量	900	0.2	180
	期望值合计			1 040
生产部经理	最高销售量	1 100	0.3	330
	最可能销售量	900	0.5	450
	最低销售量	800	0.2	160
	期望值合计			940
技术部经理	最高销售量	1 300	0.2	260
	最可能销售量	1 100	0.6	660
	最低销售量	1 000	0.2	200
	期望值合计			1 120
财务部经理	最高销售量	1 200	0.2	240
	最可能销售量	1 100	0.5	550
	最低销售量	1 000	0.3	300
	期望值合计			1 090

$$销售量预测值=\frac{1\,040\times2+940+1\,120+1\,090}{2+1+1+1}=\frac{5\,230}{5}=1\,046$$

这种方法的优点是集中了各部门经理的经验与智慧，解决问题较快，缺点是判断可能存在片面性等。

3. 销售人员意见法。由本企业销售人员提出各自的预测期望值，再用平均数的方法将预测数汇总，这就是销售人员意见法。仍以上例中的企业为例，该企业三个销售人员估计的产品销售量见表 5-3。

表 5-3 估计的产品销售量

销售人员		销售量	成功概率	预测期望值（销售量×成功概率）
销售员甲	最高销售量	1 200	0.3	360
	最可能销售量	1 000	0.5	500
	最低销售量	800	0.2	160
	期望值合计			1 020
销售员乙	最高销售量	1 100	0.3	330
	最可能销售量	1 000	0.5	500
	最低销售量	900	0.2	180
	期望值合计			1 010
销售员丙	最高销售量	1 000	0.2	200
	最可能销售量	900	0.6	540
	最低销售量	800	0.2	160
	期望值合计			900

现设甲、乙、丙三个销售员在预测中有相同的重要性，则：

$$销售量的预测值=\frac{1\,020+1\,010+900}{1+1+1}=\frac{2\,930}{3}=976$$

采用这种方法，因销售人员熟悉当地市场而使预测较接近实际；但其缺点是销售人员只知局部，对总体计划与发展趋势了解不多，而且要预测自己将完成的销售量，因而估计一般偏低。

4. 综合判断法。企业领导者根据各部门经理和销售人员不同的预测值，给以不同的权数，并综合两方面意见而得出预测值，这就是综合判断法。仍以上例来说明，各部门经理预测的销售量是 1 046，而销售人员预测的是 976，企业领导者给部

门经理权数为2,销售人员权数为1,则综合预测销售量如下:

$$\frac{1\,046\times2+976\times1}{3}=1\,022$$

采用这种方法的优点能吸收各种人员的意见,方法简便易行。其缺点是预测者不掌握全面情况,容易受某些权威意见和外界气氛的影响。

5. 顾客意见法。对于用户数量不太大或用户与企业有固定协作关系的企业,可直接听取用户意见,了解用户的购买意向,然后再分析市场需求变化的趋势和竞争情况,作出对本企业产品需求量的预测值。其优点是可用较低的费用取得有用的资料,并使用户感到企业服务热忱,从而进一步赢得信誉;但其缺点是顾客太多或不愿合作时,难以取得预期的效果。

6. 专家意见法(德尔菲法)。这是指采用通讯方式,请专家(10～40人)背靠背地对需要预测的问题提出意见,企业将各人意见经过多次信息交换,逐步取得一致意见,从而得出预测结果的方法。其具体做法是:① 拟订预测课题,列出调查表,并附有背景材料。② 选择与预测课题有关的具有专业知识、工作经验、预见分析能力的专家。③ 将调查表邮寄给选定的专家,由他们在规定的时间内填妥并回寄给企业,而后企业对第一轮调查表进行整理,汇总后再寄给专家征求意见,这样每个专家都能了解其他专家的意见并可作出新的判断。如此反复几轮,便可使意见趋于一致。④ 最后收集到的专家意见存在着乐观、中间、悲观三种估计值,可用推定平均值的方法将其综合起来求得统一的预测值,其计算公式如下:

$$\text{推定平均值}=\frac{\text{最乐观估计值}+4\times\text{最可能估计值}+\text{最悲观估计值}}{6}$$

采用这种方法是匿名的,能使每个专家独立地发表意见。同时,由于反复几次可使专家充分进行思考和修改自己的意见,预测结果综合了全体专家的意见,因而预测结果有较大的可靠性和权威性。这种方法较适用于新产品、新技术和新市场的开拓等难以用定量方法进行预测的项目。

(二) 分析计算法(定量预测法)

分析计算法是指利用历史统计资料进行分析,预测市场需求的方法。它可分为时间序列分析法、回归分析法和因果分析法。

1. 时间序列分析法。这是指收集和整理预测事物的过去资料,从中寻找出该事物随时间而演变的轨迹,用数学模型将其表示出来,并据此进行预测的方法。常用的方法有:

(1) 百分比增加法。这是按以往时期稳定增长的百分比来推算未来时期预测数的一种预测方法。例如,某企业从历史资料中已知过去几年销售额年均增长为10%,2020年的销售额为800万元,那么2021年的预测值为:800×(1+10%)=880(万元)。

(2) 简单平均法。这是将以往几期的实际数字进行简单平均,将其结果用作预测数的一种预测方法。例如,某企业1~4月份的实际销售额为10万元,13万元,9万元,12万元,则:

$$5\text{月份的预测销售额}=\frac{10+13+9+12}{4}=11(\text{万元})$$

(3) 移动平均法。这是用靠近预测期的各期实际销售额的平均值来预测未来时期销售额的一种预测方法。

移动平均法的计算公式如下:

$$M_{t+1}=\frac{1}{n}(y_t+y_{t-1}+y_{t-2}+\cdots+y_{t-n+1})$$

式中:M_{t+1}——第$t+1$期的预测值;第y_i期的实际销售额($i=t-n+1,\cdots+t-2,t-1,t$);n——移动平均期数。

例如,某企业2020年12个月的销售额见表5-4。试根据该企业2021年1~3月实际销售额,预测4月及以后各月的销售额。

利用公式 $M_{t+1}=\frac{1}{n}(y_t+y_{t-1}+y_{t-2}+\cdots+y_{t-n+1})$

$$4\text{月份的销售额}\ M_4=\frac{1}{3}\times(98+103+100)=100.3(\text{万元})$$

运用这种方法,假定以3个月为基准($n=3$),不断引进新数据来消除偶然因素的影响,逐月预测结果为:$M_5=\frac{1}{3}\times(104+98+103)=101.7$(万元);$M_6=\frac{1}{3}\times(120+104+98)=107.3$(万元)……

取$n=5$,$n=7$时,结果见表5-4所示。

表5-4 某企业2020年销售额

月份	销售额(万元)	$n=3$	$n=5$	$n=7$
1	100			
2	103			
3	98			
4	104	100.3		

（续表）

月份	销售额(万元)	$n=3$	$n=5$	$n=7$
5	120	101.7		
6	117	107.3	105	
7	115	113.7	108.4	
8	121	117.3	110.8	108.1
9	125	117.7	115.4	111.1
10	130	120.3	119.6	114.3
11	134	125.3	121.6	118.9
12	140	129.7	125	123.1
2021年1月		134.7	130	126

这样就可以将2021年1月份的预测销售额定为：134.7万元($n=3$时)，或为130万元($n=5$时)，或126万元($n=7$时)。

由上可知，n的取值不同对预测值有较大影响。一般n取值大，预测值适应新水平的时间长，但落后于可能发展的水平(即误差相对增大)；n取值小，预测值能较灵敏地反映实际趋势，适应新水平的时间短。一般来说，n的取值要考虑资料期的多少。

(4) 指数平滑法。它根据近期数据比远期数据对预测的影响要大的情况，而给近期数据以较大的权数。具体做法是以本期实际值和预测值为基数，分别给两者以不同的权数，计算出指数平滑预测值，作为预测的结果。其计算公式如下：

$$S_{t+1}=\alpha y_t+(1-\alpha)S_t$$

或

$$S_{t+1}=S_t+\alpha(y_t-S_t)$$

式中：S_{t+1}——下期预测值；y_t——本期实销值；S_t——本期预测值；α——平滑系数。

应用指数平滑法，关键是α值的选择。α值越大，则近期资料的影响也就越大；α值越小，则近期资料影响越小。α取值的一般原则是：时间序列长期趋势处于稳定状态，则α取值应较小，一般为0.05～0.2；时间序列具有迅速明显的变动倾向，则α取值应较大，一般为 0.3～0.5。

另外，对初始值S_1的取值，可以取时间序列前几项的算术平均值为S_1，也可取时间序列数据中的第一项 y_1 为 S_1。

例如，某企业 1～6 月份甲产品的实际销售额分别为：30 万元、32 万元、34 万元、35 万元、32 万元、34 万元。设 $\alpha=0.3$，预测 7 月份甲产品销售额为多少万元。

初始预测值一般取实销值。

$$S_{t+1}=\alpha y_t+(1-\alpha)S_t$$
$$S_2=0.3\times30+(1-0.3)\times30=30(万元)$$
$$S_3=0.3\times32+(1-0.3)\times30=30.6(万元)$$
$$S_4=0.3\times34+(1-0.3)\times30.6=31.6(万元)$$
$$S_5=0.3\times35+(1-0.3)\times31.6=32.6(万元)$$
$$S_6=0.3\times32+(1-0.3)\times32.6=32.4(万元)$$
$$S_7=0.3\times34+(1-0.3)\times32.4=32.9(万元)$$

甲产品 7 月份预测值为 32.9 万元。

2. 回归分析法。把一定时期的实际销售量填列在坐标图上，其分布会呈现一定的趋势，这一趋势在坐标图上可用一条直线代表，即称为回归直线。回归线的方程式如下：

$$y=a+bx \tag{1}$$

式中：y——预测销售量(额)；x——预测的时间序列；a——回归线纵轴的截距；b——回归线的斜率。

a、b 常数用最小二乘法求出，其计算公式如下：

$$a=\frac{\sum y_i}{n} \tag{2}$$

$$b=\frac{\sum y_i x_i}{\sum x_i^2} \tag{3}$$

公式(2)、公式(3)中，y_i 为各期的销售量；x_i 为各期的距差(离中差)；n 为资料的期数。

例如，已知某厂今年 1～6 月份的实际销售额如表 5-5 所示。

表 5-5 某厂今年 1～6 月份的实际销售额

单位：万元

月份 n	1	2	3	4	5	6
销售量 y_i	44	50	45	60	55	70

根据表 5-5 资料预测今年 7 月份的销售额如表 5-6 所示。

表 5-6　某厂今年 7 月份的销售额

单位：万元

月份 n	y_i	x_i	y_ix_i	x_i^2
1	44	−5	−220	25
2	50	−3	−150	9
3	45	−1	−45	1
4	60	1	60	1
5	55	3	165	9
6	70	5	350	25
合　计	$\sum y_i=324$	0	$\sum y_ix_i=160$	$\sum x_i^2=70$

将表 5-6 的数据代入公式(2)和公式(3)，即可算出 a 和 b 的值，即得：

$$a=\frac{\sum y_i}{n}=\frac{324}{6}=54$$

$$b=\frac{\sum y_ix_i}{\sum x_i^2}=\frac{160}{70}=2.29$$

预测今年 7 月份的销售额，其 x 值顺序的距差应为 7(即 $x=7$)。

已知 a、b、x 的值，就可代入公式(1)即可求今年 7 月份的预测销售额。

$$y=a+bx=54+2.29\times7=70(\text{万元})$$

3. 因果(相关)分析法。这是根据各种经济现象之间的相互关系来进行市场预测的一种方法。回归分析法不仅可用于时间序列分析，而且也可用于因果分析。当回归线反映因果关系时，x 轴就不代表时间，而是代表某种经济因素，即影响预测值 y 的因素。在这里的自变量 x 表现为因，因变量 y 表现为果，一因一果的回归分析称为一元回归分析；二因一果的回归分析称为二元回归分析；多因一果的回归分析称为多元回归分析。其基本预测公式仍然是一元回归方程式：

$$y=a+bx$$

式中：a——不考虑自变量影响的销售量；b——自变量与因变量之间的比例关系。a、b 均为未知参数，它们可用最小二乘法解得，其计算公式如下：

$$b=\frac{\sum x_iy_i-\bar{x}\sum y_i}{\sum x_i^2-\bar{x}\sum x_i}$$

$$a=\bar{y}-b\bar{x}$$

式中：$\bar{y}$——y_i 的平均值；$\bar{x}$——变量 x_i 的平均值。

现举例说明，某市平均每人年收入与电冰箱销售量之间的关系如表 5-7 所示。现预测 2021 年该市人均年收入为 13 000 元时电冰箱的销售量。

表 5-7　某市平均每人年收入与电冰箱销售量之间的关系

年份	x_i 人均年收入(千元)	y_i 电冰箱销量(万台)	x_iy_i	x_i^2
2014	5.0	20	100	25
2015	6.0	28	168	36
2016	7.2	34	244.8	51.84
2017	8.0	42	336	64
2018	9.2	48	441.6	84.64
2019	10.0	55	550	100
2020	11.6	63	730.8	134.56
$\sum$	57	290	2 571.2	496.04

根据表 5-7 中的数据作图 5-2。

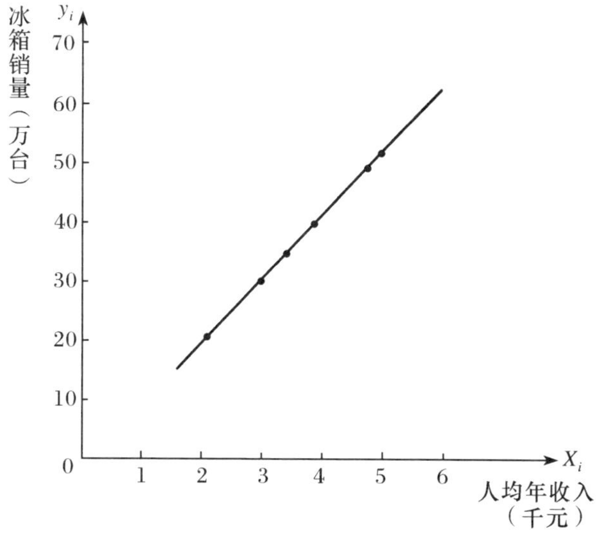

图 5-2　某市平均每人年收入与电冰箱销售量之间的关系

从图 5-2 可知，人均年收入与电冰箱销售量之间基本呈线性趋势，故可用一元线性回归法来预测 2021 年电冰箱销售量。

$$\bar{x}=\frac{57}{7}=8.14 \qquad \bar{y}=\frac{290}{7}=41.43$$

$$b=\frac{\sum x_i y_i-\bar{x}\sum y_i}{\sum x_i^2-\bar{x}\sum x_i}=\frac{2\,571.2-8.14\times 290}{496.04-8.14\times 57}=\frac{210.6}{32.06}=6.57$$

$$a=\bar{y}-b\bar{x}=41.43-6.57\times 8.14=-12.05$$

则2021年人均年收入为13 000元时，电冰箱的销售量：

$$y=-12.05+6.57\times 13=97.46\text{(万台)}$$

四、市场调查和市场预测的区别与联系

市场调查的对象是过去或现在已经存在的经济事件，而市场预测是为了认识未来的市场需求，预测对象是尚未形成的经济现象。市场调查可以获得大量可靠的数据，它是进行市场预测的基础，而市场预测又必须以市场调查为前提。总之，市场调查和市场预测都是为企业经营决策提供依据的重要手段。所以，市场调查和市场预测是既有不同之处，又有共同之点。

第六章

经营决策与经营计划

经营决策与经营计划是紧密相连的两项管理职能。经营决策是对企业总体活动以及经营活动的目标、方针、战略、策略所作的抉择工作，它确定的经营方案，是制定经营计划的依据。经营计划是按照经营决策所规定的方案对企业重大生产经营活动及其所需各种资源从时间和空间上作出具体统筹安排，同时还具有调整经营目标、修正经营方针、协调经营决策等作用。

第一节　经营决策的原则和程序

一、经营决策的概念

经营决策是指企业决策者在拥有大量信息和丰富经验的基础上，对未来经营行为确定目标，并借助一定的计算手段、方法和技巧，对影响决策的各种因素进行分析研究后，从两个以上可行方案中选择一个合理方案的分析判断过程。这一定义包含着以下内容：① 决策要有明确的目标，没有目标就无从决策；② 决策要有几个可行方案供选择；③ 决策是建立在科学分析、评价和选择的基础上的。

经营决策日益渗透到企业经营的各个层次、各个环节，在指导企业经营的实践中发挥着重要的作用。

二、经营决策的分类

企业经营决策涉及的范围十分广泛，内容较多，且各有特点。为了便于决策者从不同管理层次上掌握各类决策的特点，根据市场经济发展的需要，这里只介绍几种较为实用的决策类型：

1. 按照决策目标的广度和深度，可把决策分为战略决策和战术决策两种。决策目标所要解决的问题带有全局性、影响重大而长期性的，就是战略决策；带有局部性、短期性并为战略目标服务的，就是战术决策。战术决策又称为管理决策，如生产计划、设备更新改造决策等。一般来说，战略决策常常属于高层决策，战术决策常常属于低层决策。

2. 按照决策目标的数目，可把决策分为单目标决策和多目标决策两种。

3. 按照决策目标中包含项目的多少，可把决策分为单项决策和系列决策两种。单项决策要解决的问题只有一个，例如本年度要开发几个新产品；系列决策要解决彼此连贯的多个问题，例如为开发新产品还需要多少资金、人力、设备等。

4. 按照决策所起作用的时间长短和制约关系，可把决策分为过程决策、阶段性决策和随机决策。过程决策是一种中期决策，它一般是战略性的；阶段性决策是一种短期决策，它要解决的是全过程中不同阶段的问题，为过程决策服务，如企业为了扩大市场占有率而推出新款产品或降低产品价格策略等，它是战术性和策略性的；随机决策是一种当时性决策，是对随时发生的问题作出当机立断的决定和处理，它要受过程决策和阶段决策的制约并为它们服务。过程决策、阶段性决策和随机决策，实际上构成了管理工作的主要内容。

5. 按照决策的可靠程度，可把决策分为确定型决策和风险型决策两种。确定型决策即可靠性很大的决策，一般有把握实现。风险型决策的可靠性较差，有可能实现但也可能受挫。确定型决策往往是一种中等决策，而不是最好的决策；最好的决策常常带有一定的风险因素。对于风险型决策，决策人的素质和才能要起很大的作用。

6. 按决策事件的重复程度（又称发生频率），可把决策分为程序化决策和非程序化决策两大类。程序化决策是指每一步骤都有规范化固定程序的决策，这些程序可以重复地使用，以便于解决相同或基本相同的问题。如生产方案决策、采购方案决策、库存决策等，这一类决策几乎都可以用电子计算机去完成。非程序化决策包括那些没有固定程序和常规办法处理的一次性决策。如经营方向、目标决策、新产品开发决策、新市场开拓决策等。它难以定量化，难以使用数学模式，也不能使用计算机，而要靠决策者的知识、智慧、经验、信念、才干去处理。一些专家认为，在决策中重要而又困难的是非程序化决策，它更需要决策艺术，更能体现决策者的作用。

在上述决策中，决策者要特别重视提高战略决策、多目标决策、系列决策、随机决策、风险决策和非程序化决策的能力。

三、科学的决策原则

决策的原则，是指那些反映决策过程的客观规律和要求，在决策工作中需要遵守的准则。主要的决策原则如下。

（一）差距原则、紧迫原则、力及原则

这是在确定经营目标时需要运用的原则。所谓差距，是指需要与现实之间存在差距。这个差距不解决，将影响并将继续影响事业的发展。所谓紧迫，是指这个决策目标不但需要解决差距性问题，而且需要解决紧迫性的差距问题，这是影响全局的主要矛盾。所谓力及,是指这个决策目标不仅需要解决紧迫性的差距问题,而且主观和客观条件允许并可能加以解决的差距问题。这三条原则有一条不符合,决策目标就不能说是正确的。

(二)瞄准原则和差异原则

这是在准备备选方案时需要运用的原则。瞄准原则,是指在选择备选方案时必须瞄准决策目标的原则。差异原则,是指所提出的几个备选方案,以及所采取的路线、途径和措施必须是互不相同的原则。这两条原则有一条不符合,就不够备选方案的条件。

(三)"两最"原则、预后原则、时机原则

这是在优选决策时需要运用的原则。"两最"指的是最大和最小。"两最"原则,即指最后决定选取的方案应该是得利最大、弊失最小和可靠性最大、风险性最小的原则。预后原则,是指选定的方案应该有应变性预防措施的原则。时机原则,是指决策应该在信息充分或根据充足的时机作出决策的原则。满足时机原则的决策叫做成熟决策,不成熟的决策会直接影响决策的可行性与可靠性。这三条原则有一条不符合,这个决策就不会是最优决策。

(四)跟踪原则、反馈原则

这是在决策实施过程中需要运用的原则。跟踪原则,要求在决策付诸实施之后进行随时检查和验证,因为任何决策都有主观因素,不可能完全符合不断变化着的客观情况,所以跟踪检查是非常必要的。反馈原则,要求一旦发现决策与客观情况有不适应之处,就要及时采取措施,进行必要的修改与调整。决策应是动态的决策,跟踪原则和反馈原则都是适应动态决策要求的。这两条原则有一条被忽视,决策的实施就会产生损失。

(五)外脑原则和经济原则

这是在决策的全过程中必须运用的原则。外脑原则,要求确定目标、准备方案、选定方案、实施方案时都必须重视利用参谋、顾问、智囊团、思想库等作用。外脑原则的实质,是发挥集体智慧,防止个人专断,把决策建立在科学的基础上。尤其是在确定决策目标和选定决策方案的时候,更要重视外脑的作用,通过集思广益,充分论证,然后再作出决定。电子计算机也是一种外脑,应该充分利用。经济原则,要求在决策的全过程中都要力求节约财力、物力、人力和时间。这一原则所以要强调,是由于现代决策过程中的每一个程序都是比较复杂的,都需要投入相当多的人、财、物和时间,这就需要精打细算,力求节约,以免得不偿失。

四、决策的程序与步骤

决策是一个过程,过程有它的内在规律性,应按照客观过程的规律性划分为几个既相对独立、又前后联系的阶段进行决策。科学决策的一般程序可分为:确定决策目标、准备决策方案、选择决策方案和决策的实施追踪。在决策的每个程序之中,又有许多相应的步骤。

(一) 确定决策目标

目标的确定是制定决策的起点。目标选得正确,目标的内容定得明确而具体,是决策的首要条件。在确定决策目标的时候,要贯彻差距、紧迫和力及三原则。

为了保证目标确定的正确性,需经下列步骤: ① 对经营环境进行调查、预测和对企业进行诊断,找出理想经营状态与实际经营状态之间的差距; ② 认识差距问题的类型; ③ 根据现实的可能性对决策目标提出约束条件,并规定要达到的边界,在这个基础上初步确定决策目标; ④ 要组织专家进行可行性论证,再慎重地确定决策目标。

在确定决策目标程序中,需要注意两个问题:一个问题是尽可能使决策目标定量化,并据此作为实施决策中的检验标准,例如时间指标、数量和质量指标、消费指标、技术指标等;另一个问题是决策目标既要注意有形的价值(含近期),也要注意无形的价值(含远期),不要单从有形的价值上来评估决策目标的总价值。

(二) 准备决策方案

准备出两个以上的备选方案,需要经过以下步骤: ① 研究确定决策目标的经营环境,注意企业内部条件利用; ② 备选方案拟订者要充分应用个人经验、知识和创新精神; ③ 运用系统观点,对方案进行设计,使各种措施纵横连贯,形成均衡协调的人工封闭系统,然后对备选方案进行可行性分析和评审。

(三) 选择决策方案

备选方案拟订以后,就要对方案进行评价、比较和选择。需要经过以下步骤: ① 要确定选择决策方案的价值标准; ② 要组织专家对企业内部外部环境进行论证,还可采用经验判断法、数学分析法、试验法等进行比较,找出差异; ③ 对选择的方案要进行修订补充,使其更加完善。

(四) 实施方案并进行追踪决策

决策的实施和追踪是决策全过程中不可缺少的程序,要运用跟踪和反馈原则。为了在实施中取得令人满意的效果,需经过以下几个步骤: ① 使决策执行者都了解决策的内容、目的和意义; ② 要健全机构、组织力量,不适应时要作相应调整; ③ 要指挥实施,及时反馈信息,协调关系; ④ 要注意总体效应,及时总结经验教训,保存原决策优点,而舍弃其不足。根据上述决策程序、步骤,不断重复活动过程,形成决策动态过程。

第二节 经营决策的方法

随着决策实践和决策理论的发展，决策方法可概括为两大类：一类属于主观决策法；另一类属于计量决策法。

一、主观决策法（软科学方法）

主观决策法是运用社会学、心理学、组织行为学、政治学和经济学等有关专业知识及经验和能力，在经营决策的各个阶段，根据已知情况和资料，提出决策意见，并作出相应的评价和选择的方法。主观决策常用的方法有以下三种。

（一）专家意见法（德尔菲法）

（内容详见第五章第三节）

（二）头脑风暴法与反头脑风暴法

头脑风暴法亦称畅谈会法。这种方法的特点是邀集专家、学者，针对一定范围的问题，敞开思想，畅所欲言，同时有四条规矩：第一，鼓励每一个人独立思考、开阔思路，不要重复别人的意见；第二，意见和建议越多越好，不受限制，也不怕冲突；第三，对别人的意见不要反驳、不要批评，也不要作结论；第四，可以补充别人的意见。这种方法旨在于鼓励创新并集思广益。反头脑风暴法的特点是同意的肯定意见一概不提，而专门找矛盾，挑毛病，群起而攻之。这两种方法运用得当，可以起到互补作用。

（三）创造工程方法

这种方法追求的是针对一定问题提出创新性的解决方法或方案。创造工程方法把创新过程看作是一种有秩序、有步骤的工程。它把创新过程分为三个阶段和十多个步骤。第一阶段是确定问题阶段，包括主动搜索、发现问题、认识环境、取得资料、确定问题等步骤；第二阶段是创新思维阶段，通过多发性想象、自发聚合等步骤形成创造性设想；第三阶段是提出设想和付诸实施阶段，把设想形成方案，并接受实践验证。

二、计量决策法（硬技术方法）

计量决策法是建立在数学公式基础上的一种决策方法，计量决策法运用统计学、运筹学、电子计算机等科学技术，把决策的变量（影响因素）与目标，用数学关系表示出来，求出方案的损益值，然后选择出满意的方案。这种决策可以分为确定型、风险型和不确定型三种。分别介绍如下。

(一) 确定型决策方法

确定型决策是指影响决策的因素、条件和发展前景比较清晰明确,并且容易作出判断,根据决策目标可以选择最佳方案的一种决策方法。确定型决策方法,有以下三类。

1. 单纯选优法。这是根据已掌握的每一个方案的每一确切结果,进行比较,直接选择最优方案的方法。

2. 系统分析决策法。它是一种有效的决策工具,也是近年来才发展起来并广泛得到应用的一种新方法。系统分析决策法是对某一项具体任务进行全局性、综合性的研究,分析系统内各个组成部分在全局中所处的地位及其对全局的影响,从系统的角度,即从全局的观点来进行决策的方法。这样的决策一般更符合实际。实践证明,采用系统分析决策法,有其独特的优点。

例如,设某企业生产甲产品,年生产能力为 110 000 件。预计下一年度的经营情况如表 6-1 所示。

表 6-1 预计下一年度的经营情况

项　　目	单价(元/件)	总计(元)
已订货量 8 万件	100	8 000 000
变动费用	50	4 000 000
固定费用	31.25	2 500 000
生产成本	81.25	6 500 000
毛　利	18.75	1 500 000
运　费	5	400 000
固定推销费	5	400 000
净 盈 利	8.75	700 000

由表 6-1 可见,该企业产品的单件生产成本为 81.25 元,如考虑运费和推销费,实际成本为 91.25 元,年净盈利 70 万元。由于订货量只有 80 000 件,小于该企业生产能力(110 000 件)。现假定有一商人愿试销此产品,但只愿出 80 元/件,运费由商人自理,今年先订货 20 000 件试销,如果销路好可逐年追加订货量,价格另定。试问该企业是否要接受此项订货?

一般来说,由于新增加 20 000 件,订货价只有 80 元/件,低于生产成本 81.25 元/件,比实际成本 91.25 元/件更低,企业似乎要亏损,不宜接受此项订货。但实际并非如此。下面对此作具体分析计算。

首先,进行成本分析。由成本曲线可知,单位产品成本(单价)是随产品产量增加而下降的。本产品的成本曲线如图 6-1 所示。

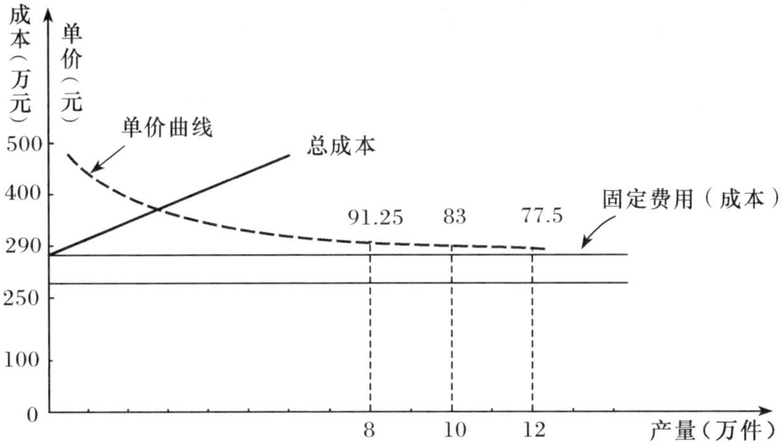

图 6-1 甲产品的成本曲线

由图 6-1 可见，如接受订货，企业产量可由 80 000 件增加到 100 000 件，成本由 91.25 元/件下降到 83 元/件。所以对企业是有利的。

其次，我们再进行下列经济效益计算：

由于增加订货 20 000 件产品，所以总成本的情况如下：

固定成本＝2 500 000＋400 000(固定推销费)＝2 900 000(元)

变动成本＝4 000 000＋400 000(运费)＋20 000×50＝5 400 000(元)

由于新增订货由商人自己运输，故运费未因订货增加而增多。由此可得生产 100 000 件时的总成本如下：

总成本＝2 900 000＋5 400 000＝8 300 000(元)

而总收入如下：

总收入＝80 000×100＋20 000×80＝9 600 000(元)

企业净盈利＝9 600 000－8 300 000＝1 300 000(元)

从上述计算结果可见，不接受该商人订货时，年盈利只有 70 万元；接受该商人订货时，年盈利增至 130 万元，从而使企业多得 60 万元利润，企业的生产能力也得到了充分利用。如果该商人试销顺利还可开辟新的市场，有利于企业长期经营目标的实现。由此可见，企业的正确决策应该是接受订货。

3. 量本利分析决策法。量本利分析或称盈亏平衡分析，是根据对业务量(产量、销售量、销售额)、成本、利润三者关系进行综合分析，用来预测利润、控制成本、生产规划的一种分析方法。这是企业经营决策的常用方法。

量本利分析的基本原理是用成本习性，指明企业获利经营销售量的界限。成本习性是指成本的变动与产量之间的依存关系。企业的生产成本分为变动成本和固定成本两部分。变动成本随产量增减成正比例变化,固定成本在一定范围内不受产量变动的影响。对成本的这样划分,构成了量本利分析的基础。

量本利分析的基本公式如下:

$$\begin{aligned} P &= I - Z \\ &= X \cdot S - X \cdot V - C \\ &= X \cdot (S - V) - C \end{aligned} \tag{1}$$

式中:P——利润;I——销售额;Z——总成本;C——固定成本;X——销售量;S——销售单价;V——单位变动成本。

可以用盈亏平衡图表示公式(1),如图 6-2,销售额减去变动成本后的余额称边际贡献。这个余额先要抵偿固定成本,剩余部分为利润。可见,边际贡献是对固定成本和利润的贡献。当总的边际贡献与固定成本相等时,恰好盈亏平衡,这时,再每增加一个单位的产品,就会增加一个边际贡献的利润。边际贡献是量本利分析的一个重要概念。

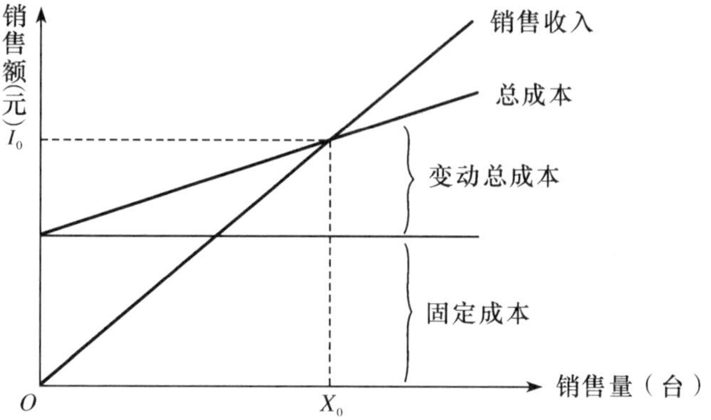

图 6-2　盈亏平衡图

在公式(1)中,当 $P=0$,企业不亏不盈时,则有:

$$X \cdot (S - V) = C$$

将此时的 X 记为 X_0,有:

$$X_0 = \frac{C}{S - V} \tag{2}$$

式中:X_0——盈亏平衡点的销售量;$S-V$——单位边际贡献。

公式(1)只能适用于单一品种的量本利分析,在多品种的情况下,由于不能将不同品种的产品的销售量直接相加,因此,必须把不同产品和销售量均转化成以货币单位表示的销售额，才能进行计算。这样，可得：

$$I_0=\frac{C}{1-\frac{V}{S}} \tag{3}$$

式中：I_0——盈亏平衡点的销售额；$1-\frac{V}{S}$——边际贡献率。

公式(3)还可写成：

$$I_0=\frac{C}{U} \tag{4}$$

式中：U——加权平均边际贡献率。

企业在满足社会需要的前提下，要自负盈亏，尽可能多获利，这样，为求得保证一定目标利润下的销售量成为量本利分析的一个重要问题。销售量(或销售额)可用以下公式求得：

$$X_Z=\frac{C+P_Z}{S-V} \tag{5}$$

$$I=\frac{C+P_Z}{1-\frac{V}{S}} \tag{6}$$

式中：P_Z——目标利润。

4. 量本利分析在决策中的应用。

(1) 企业经营安全边际分析。经营安全边际分析是通过计算经营安全率来判断企业经营状况的重要方法。首先测算出保本点销售额(量)，用 X_1 表示；然后测算实际(或新方案)销售额(量)，用 X_2 表示，若 $X_2>X_1$，则实际(或新方案)销售处于盈利状态；反之，则要亏损；最后计算出经营安全率(L)：

$$L=\frac{X_2-X_1}{X_2}\times 100\% \tag{7}$$

式中的 X_2-X_1 为安全余额，余额越大，说明企业经营状况越好；越接近于 0，说明企业经营状况越差，亏损越大，企业应及时采取措施，用调整品种结构，增加适销对路产品，降低单位变动成本，开辟新的市场等来提高经营安全率。

可供参考的经验数据如下：

经营安全率%	30%以上	25%～30%	15%～25%	10%～15%	10%以下
经营安全状况	很安全	较安全	过得去	要警惕	危　险

例如：某企业计划年度产品销售总额为 2 400 万元，变动成本总额为 1 200 万

元，本期负担的固定成本为 800 万元。判断其经营安全程度。

根据公式(3)和公式(7)：

$$I=\frac{C}{1-\frac{V}{S}}=\frac{800}{1-\frac{1\,200}{2\,400}}=1\,600(\text{万元})$$

$$L=\frac{X_2-X_1}{X_2}\times100\%=\frac{2\,400-1\,600}{2\,400}\times100\%=33.33\%$$

由以上公式计算可见，该企业经营是很安全的。

(2) 预测一定销售量下的利润水平。例如：某企业生产销售一种产品，单位变动成本 50 元，年固定成本 30 000 元，销售单价 200 元，据市场预测，年度销售量为 300 件，问该企业可获利多少？

根据公式(1)：

$$P=X\cdot(S-V)-C=300\times(200-50)-30\,000=15\,000(\text{元})$$

企业每年可获利润 15 000 元。

(3) 测定企业目标成本。例如：某企业压缩机每台售价 10 万元，单位变动成本 6 万元，年固定成本 400 万元，预定目标利润 600 万元，问该企业目标成本应为多少？

根据公式(6)：

$$I=\frac{C+P_Z}{1-\frac{V}{S}}=\frac{400+600}{1-\frac{6}{10}}=2\,500(\text{万元})$$

$$\text{目标成本}=\text{销售额}-\text{目标利润}=2\,500-600=1\,900(\text{万元})$$

在保证 600 万元年目标利润的情况下，目标成本应为 1 900 万元。

(4) 预测一定税率($i\%$)条件下的临界产量。例如：某企业生产甲产品每台售价为 500 元，年销售量为 48 000 台，固定总费用为 800 万元，变动总费用为 1 200 万元，增值税税率为 17%。问其盈亏平衡点产量应为多少？

税率为 $i\%$时临界产量公式：

$$\frac{C}{S(1-i\%)-V}$$

$$\text{盈亏平衡点产量}=\frac{8\,000\,000}{500\times(1-17\%)-\frac{12\,000\,000}{48\,000}}$$

$$\approx48\,485(\text{台})$$

(5) 多品种生产经营的量本利分析。例如：某企业生产甲、乙、丙三种产品，销售单价和可变成本资料如表 6-2 所示。三种产品的固定成本为 6 000 万元，求盈亏平衡点的销售额。

表 6-2 甲、乙、丙三种产品销售单价和可变成本

金额单位：万元

项目＼产品		甲	乙	丙	合计
销售单价 S	①	20	16	10	
单位可变成本 V	②	8	12	6	
单位边际贡献 $S-V$	③=①-②	12	4	4	
单位边际贡献率%	④=③÷①	60	25	40	
销售量(件)X	⑤	300	500	600	
销售额 $X \cdot S$	⑥=⑤×①	6 000	8 000	6 000	20 000
占总销售额比重(%)	⑦=⑥÷20 000	30	40	30	100
加权平均边际贡献率(%)	⑧=④×⑦	18	10	12	40

$$\begin{matrix}\text{加权平均}\\ \text{贡献率}U\end{matrix} = \sum\left(\begin{matrix}\text{各种产品单位}\\ \text{边际贡献率}\end{matrix} \times \begin{matrix}\text{各产品销售额占}\\ \text{总销售额的比重}\end{matrix}\right)$$

根据公式(4)，盈亏平衡点的销售额如下：

$$I_0=\frac{C}{U}=\frac{6\,000}{40\%}=15\,000(\text{万元})$$

(6) 亏损产品的决策。在企业中，若某一产品的销售收入低于总成本而产生亏损时，就会急于停产或淘汰。其实不然，应对此作具体分析后才能决策。在生产单一品种的企业，若出现这种情况，首先应当考虑该产品是否有边际贡献，如果还有边际贡献就应继续生产，因为边际贡献可以补偿固定成本，而停产的话，固定成本依然发生，企业反而会由于减少对固定成本的补偿而增加亏损。如果边际贡献等于零或负数，当然应该停产。在多品种生产的企业中，若有某一种或几种产品亏损是否要停产，我们通过以下例子加以说明。

例如：某企业生产甲、乙、丙三种产品，其中甲产品为亏损产品，具体资料见表 6-3 所示。

表 6-3　甲产品为亏损产品,甲、乙、丙三种产品的具体资料

单位：元

项　　目	甲产品	乙产品	丙产品	合　计
销售收入	100 000	100 000	120 000	320 000
变动成本总额	90 000	50 000	80 000	220 000
边际贡献	10 000	50 000	40 000	100 000
固定成本	20 000	30 000	30 000	80 000
利润	－10 000	20 000	10 000	20 000

由表 6-3 可知,甲产品亏损 10 000 元,利润总额为 20 000 元。如果停止生产甲产品而只生产乙、丙产品,是否会增加盈利呢？见表 6-4 所示。

表 6-4　停止生产甲产品,只生产乙、丙产品的具体资料

单位：元

项　　目	乙产品	丙产品	合　　计
销售收入	100 000	120 000	220 000
变动成本总额	50 000	80 000	130 000
边际贡献	50 000	40 000	90 000
固定成本	40 000	40 000	80 000
利润	10 000	0	10 000

从表 6-4 可以看出,停止生产甲产品,利润总额没有增加反而减少了。这是因为固定成本 80 000 元不会因产量减少而减少,还是要由乙、丙产品来承担,而边际贡献减少了 10 000 元,所以,利润下降了 10 000 元。因此,有边际贡献的甲产品不应停产。

总之,量本利分析在企业经营决策中应用非常广泛,如选择生产经营方式、开发新产品、产品定价、是否接受订货、调整产品结构、购置新设备等都需借助这一分析方法。

(二) 不确定型决策方法

不确定型决策所面临的问题是决策目标、备选方案尚可知,但很难估计各种自然状态发生的概率。因此,此类决策主要靠决策者的经验、智力,以及对承担风险的态度。不确定型决策主要方法有：

1. 等概率决策法。既然各种各样自然状态出现的概率无法预测,不妨按出现的概率机会相等计算求期望值,作出方案的抉择。例如,某企业准备生产一种新产品,对于市场的需要量估计为三种情况,即较多、中等和较少。企业拟定了三种方案,即第一方案是改建生产线；第二方案是新建生产线；第三方案是与外厂协作生产。对这种产品,企业拟生产五年。根据计算,其收益值如表 6-5 所示。

表 6-5 采用等概率决策法的收益值

单位:万元

自然状态 / 方案	不同需求量的收益值			期望值
	较多概率 0.33	中等概率 0.33	较少概率 0.33	
① 改建生产线	18	6	−2	①=0.33×18+0.33×6+0.33×(−2)=7.5
② 新建生产线	20	5	−5	②=0.33×20+0.33×5+0.33×(−5)=6.6
③ 协作生产	16	7	1	③=0.33×16+0.33×7+0.33×1=7.9

从表 6-5 可看出,协作生产期望值最理想,故决策方案为协作生产。

2. 悲观原则(小中取大法)决策法。首先找出各个方案的最小收益值,然后选择最小收益值中最大的那个方案为最优方案。

以表 6-5 为例,可看出:① 方案最小收益值为−2;② 方案最小收益值为−5;③ 方案最小收益值为 1。因此,第三方案应为最优方案。

我们也可采取最大收益值法(大中取大法):在上例中找出各方案的最大收益值分别为 18、20、16,从中选择最大值,这样第二方案将为最优方案。但采用这种方法风险较大,要慎用。

3. 乐观系数决策法。小中取大法是从悲观估计出发,大中取大法是从最乐观的估计出发,两种方法都受个人个性影响。有的专家提出一种折中的方法,要求决策者对未来发展作出判断时,选择一个系数 α 作为主观概率,α 叫作乐观系数。

以表 6-5 为例,若 $\alpha=0.7$,则:

改建生产线期望值=0.7×18+0.3×(−2)=12

新建生产线期望值=0.7×20+0.3×(−5)=12.5

协作生产期望值=0.7×16+0.3×1=11.5

三种方案中新建生产线期望值最高,故决策方案为新建生产线方案。

4. 后悔值原则决策法(最小后悔值法)。某一种自然状态发生时,即可明确哪个方案是最优的,其收益值是最大的。如果决策人当初并未采用这一方案而采取其他方案,这时就会感到后悔,最大收益值与所采用的方案收益值之差,叫后悔值。

首先,从表 6-5 中找出各自然状态的最大值为 20、7、1。

其次,对各个自然状态,用最大收益值减去同种状态的其他收益值,即为后悔值。

表 6-6 采用后悔值原则决策法的后悔值

方案 \ 自然状态	在不同需求下的后悔值			最大后悔值
	需求较多	需求中等	需求较少	
① 改建生产线	20－18＝2	7－6＝1	1－(－2)＝3	3
② 新建生产线	20－20＝0	7－5＝2	1－(－5)＝6	6
③ 协作生产	20－16＝4	7－7＝0	1－1＝0	4

从表 6-6 可见，各方案的最大后悔值分别为 3、6、4。决策者应选择最大后悔值中最小的那个方案为较优方案。因此，改建生产线方案是最佳决策方案。

(三) 风险型决策法

风险型决策有明确的目标，如获得最大利润；有可以选择的两个以上的可行方案；有两种以上的自然状态；不同方案在不同自然状态下的损益值可以计算出来；决策者能估算出不同自然状态出现的概率。因此决策者在决策时，无论采用哪一个方案，都要承担一定风险。风险型决策常用的方法是决策收益表和决策树等。

1. 决策收益表(又称决策损益矩阵)。决策收益表包括可行方案、自然状态及其概率、各方案的损益值等数据。

例如：某肉食品加工厂去年 6～8 月，熟食日销量统计资料如表 6-7 所示。

表 6-7 某肉食品加工厂去年 6～8 月熟食日销量统计资料

日销售量(吨)	销售天数(天)	概　　率
200	18	0.2
220	36	0.4
240	27	0.3
260	9	0.1
∑	90	1.0

预计今年 6～8 月需求量与去年同期无变化。若每销售一吨可获利 50 元，每剩存一吨要支付 30 元冷冻费，问日产计划定为多少吨，使企业能获得最大利润？

根据上述条件，可以选择的可行方案有四个，即日产 200 吨、220 吨、240 吨、260 吨。

编制决策收益表如表 6-8 所示。

(1) 收益值的计算：

以日产 220 吨为例：

表 6-8　今年 6～8 月熟食日销量决策收益表

收益值 / 自然状态 / 概率 / 生产方案(吨)	日销量(吨)				期望利润(元)
日销量	200	220	240	260	
概率	0.2	0.4	0.3	0.1	
(1) 200	10 000	10 000	10 000	10 000	10 000
(2) 220	9 400	11 000	11 000	11 000	10 680
(3) 240	8 800	10 400	12 000	12 000	10 720
(4) 260	8 200	9 800	11 400	13 000	10 280

在日销 200 吨时：

收益值＝(200×50)－(20×30)＝9 400(元)

在日销 220 吨时：

收益值＝(220×50)－(0×30)＝11 000(元)

在日销 240 吨时：

收益值＝(220×50)－(0×30)＝11 000(元)

在日销 260 吨时：

收益值＝(220×50)－(0×30)＝11 000(元)

(2) 期望利润的计算：

仍以日产 220 吨为例：

期望利润＝9 400×0.2＋11 000×0.4＋11 000×0.3＋11 000×0.1
＝10 680(元)

其余类推。

从计算结果看，日产 240 吨时利润最大，为最佳方案。显然，各个生产方案的期望利润，都是将该方案在各种自然状态下的收益或损失加权平均的结果，它掩盖了偶然情况下的损失，所以选择哪一个方案都有一定的风险。因此，我们还可以采取最大可能性标准进行决策分析。最大可能性决策标准，就是选择自然状态中概率最大的事件，再计算在该种自然状态下，各个方案的收益值，进行选优决策。上例中，日销 220 吨的概率是 0.4，220 吨是最大的概率事件。其他方案有日产 200 吨、240 吨、260 吨，各方案收益值如表 6-9 所示。

表 6-9　不同日销量各方案收益值

生产方案(吨)	收益值(元)
200	10 000
220	11 000
240	10 400
260	9 800

日产 220 吨的收益值 11 000 元是最大值,所以,日产 220 吨是最优方案。

2. 决策树。决策树是以图解方式分别计算各个方案在不同自然状态下的损益值,通过综合损益值比较,作出决策的方法。将可行方案、影响因素用一张树形图表示,称作决策树。以决策点为出发点,引出若干方案枝,每个方案枝都代表一个可行方案。在各方案枝末端有一个自然状态结点,从状态结点引出若干概率枝,每个概率枝表示一种自然状态。在各概率枝末梢,注有损益值。决策树结构如图 6-3 所示。

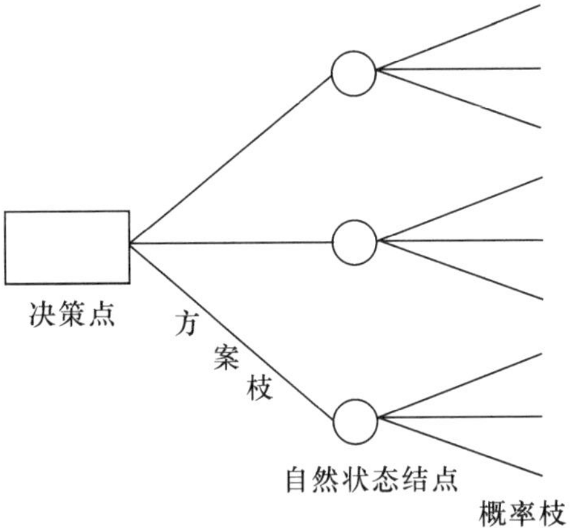

图 6-3 决策树结构图

例如:某企业准备生产一种新产品,对未来三年市场预测资料如下:现有三个方案可供选择,即新建一车间,需要投资 140 万元;扩建原有车间需要投资 60 万元;协作生产,需要投资 40 万元。三个方案在不同自然状态下的年收益值如表 6-10 所示。

表 6-10 不同自然状态下的年收益值

单位:万元

自然状态与概率 / 收益值 / 方案	市场需求		
	高需求	中需求	低需求
	0.3	0.5	0.2
新建车间	170	90	−6
扩建原有车间	100	50	20
协作生产	60	30	10

要求:① 绘制决策树;② 计算收益值;③ 方案优选(剪枝)。根据条件绘制决策树,如图 6-4 所示。

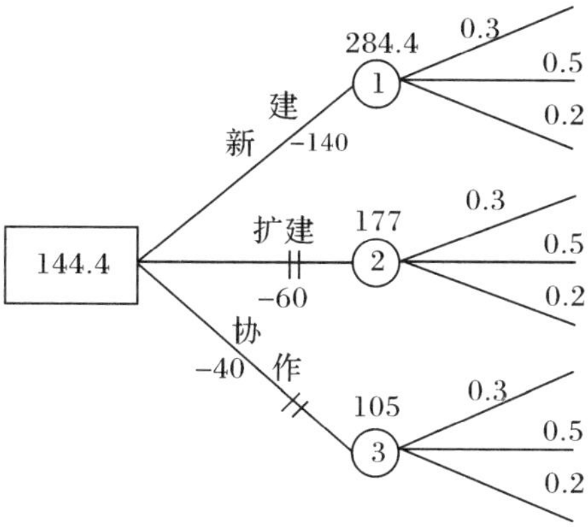

图 6-4 决策树

按三年计算不同方案的综合收益值:

新建车间 [0.3×170+0.5×90+0.2×(-6)]×3=284.4(万元)

扩建车间 (0.3×100+0.5×50+0.2×20)×3=177(万元)

协作生产 (0.3×60+0.5×30+0.2×10)×3=105(万元)

新建方案净收益=284.4-140=144.4(万元)

扩建方案净收益=177-60=117(万元)

协作方案净收益=105-40=65(万元)

方案优选:比较三个方案计算结果,新建方案的预期净收益为 144.4 万元,大于扩建方案和协作方案收益,所以新建方案是最优方案。

(四)计算机模拟决策方法

多年来,由于决策科学和电子计算机技术的突飞猛进,使人们有可能利用电子计算机来协助决策者进行信息的加工处理,从而辅助决策者进行决策。计算机辅助决策运用得较多的是电子计算机模拟技术。模拟就是用模型"模仿"实际系统和目标与环境、条件的关系,来研究、分析、揭示事物发展规律的一种方法。

为了模拟现代企业经营过程,往往需要建立非常复杂的模型和进行大量的运算,而电子计算机的大容量存储信息和高速运算的高超能力就为模拟现代企业极其复杂的经营过程提供了可能。通过模拟可以在极短的时间内把本来不可试验的企业经营过程重复试验千万次,每次都可随机地改变各变量的数值,揭示各种变量间的内在关系,并且计算机还能自动地比较各种不同方案在不同环境和条件下可能得到的结果,从而为决策者提供非常有用的信息。

1. 计算机模拟决策方法。它主要有:① 模拟式模拟法。这是一种用模拟电子计算机进行模拟的方法。这种方法能模拟系统各变量之间复杂的非线性(非程序性)关系和各参量迅速变化的情况,因此,常用于特别复杂的系统模拟或用于自动化生产系统操作人员的实时模拟。其缺点是计算机的专用性较强,精确度较低。② 数字式模拟法。这是一种用数字电子计算机进行模拟的方法。这种方法适用于离散的信息和随机过程的模拟,对于连续变量可以通过采样和量化将其变成离散量进行数字式模拟。这种模拟方法可以在通用的数字计算机上进行,因而具有高精度、无漂移、有判断功能的优点。③ 模拟与数字混合式模拟法。这种方法同时使用连续变量和离散变量进行模拟。它通过模做和数准变换将模拟式设备和数字式设备连接起来。例如,可通过模做变换将原来是连续量的物理量(温度、速度等)变换成离散量。由于混合式模拟具有前述两种方法的优点,因而得到更为广泛的应用。

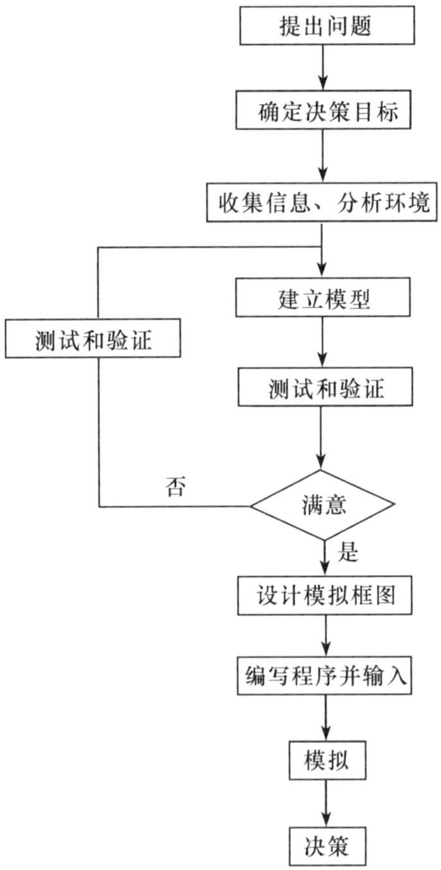

图 6-5 计算机模拟决策程序图

2. 计算机模拟决策的程序。在企业经营决策系统中，利用电子计算机模拟决策的程序如图 6-5 所示。

(1) 提出问题。企业经营决策就是要解决企业经营中的问题。作为企业的决策者必须感觉敏锐、深谋远虑，善于及时发现和提出企业经营中必须解决的问题，企业总是在不断解决问题中前进的。

(2) 确定决策目标。围绕所提出的问题，通过对系统的调查研究，从总体和长远的观点来确定企业经营决策的目标。目标要求具体、明确，并且要有衡量标准。复杂而重大的经营问题通常不止一个决策目标，如果属于多目标决策的问题，则应根据各个目标在系统中所处的地位和作用，分清主次，抓住重点目标。

(3) 收集信息、分析环境。经营决策和科学性是建立在各种信息资料完备和可靠基础上的。完备的信息是指进行决策时必不可少的信息，无关的信息只能是决策的累赘。在掌握完备准确信息的基础上，要对实现目标的系统环境进行分析，确定有关约束条件，并区分哪些因素是可以控制的，哪些因素是不可以控制的。

(4) 建立模型。模拟模型不是真实世界的简单"模仿"，它是对真实世界复杂现象的高度抽象和概括。经营决策的模型应当反映系统中各种变量相互间的关系和在一定条件下运动变化的规律。

(5) 对模型进行测试和验证。模型终究只是模型，它与真实世界之间必然存在差异，这种差异会不同程度地导致模型失真，从而使决策发生偏差。因此，建模后要利用过去的统计资料，对模型进行测试、验证和修正。如此反复多次，直到得出比较满意的模型为止。

(6) 设计模型框图。在模拟模型确定之后，就要根据决策目标和系统特点设计出模型框图。设计框图的方法有两种：一是定时模拟法，即按固定的时间长度对系统进行观察记录和统计各项参数的变化。二是事件模拟法，即按事件的逻辑关系建立系统的模拟框图，并且只在系统状态发生变化时才进行各项参数的观察、记录和统计。以上两种方法都是从记录到参数变化中去揭示各变量间关系和内在规律的。

(7) 编写程序并输入。根据模拟框图，以专用的计算机语言和通用的计算机高级语言编写程序，经调试并修改后即可输入计算机。

(8) 计算机模拟。将各种不同方案的变量，按规定的程序输入计算机。计算机按程序运算后显示出模拟结果，取得一个满意的解。

(9) 决策。由企业经营决策者分析计算机模拟的结果，并结合考虑其他非定量因素，对经营决策的问题进行最后决策。

第三节　企业经营计划

计划就是探索企业未来行动的蓝图，今天为明天作准备。企业经营计划是按照经营决策所确定的方案对企业生产经营活动及其所需各种资源从时间和空间上作出具体统筹安排的工作。企业经营计划的重要性可归结为是决策的基础、统一经营的保障、有效控制的手段。因此，企业对一切工作的管理都必须始于计划和终于计划。

一、经营计划的种类和内容

（一）经营计划的种类

从经营计划的发展趋势来看，经营计划分为三种类型：短期计划，以一年为期，亦称年度作业计划；中期计划，以二年至五年为一期的运作计划；长期计划，以五年至十年为一期的目标计划。

企业经营计划是为了实现经营的指导思想，适应外界环境变化，指出企业应采取的步骤，而建立的工作体系和工作手段。由于经济发展包括的面较广，因而企业经营计划的种类有多种多样。

1. 按经营活动的阶层分类。

（1）经营目的，企业为什么要存在、要发展。

（2）经营方针，企业用什么办法存在、发展。

（3）经营目标，企业如何获得发展、盈利。

（以上三项属于决策层编制的计划）

（4）经营计划，有企业的、部门的、专门项目的三种。

2. 按计划形态分类。

（1）综合计划。

（2）部门计划。它又分为：① 单项计划，如开发新产品，引进技术等。② 职能别计划，按职能部门编制计划。如直接职能，编制新产品开发、生产、财务、销售计划；辅助职能，编制人事、培训计划；综合职能，编制经营计划。

（二）经营计划的内容

经营计划是对企业未来经营发展过程的统筹设计。按企业的现状、面临问题的复杂程度，企业的经营计划既有用数字表示的，也有用文字表示的。将其内容分述如下：

1. 长期计划（一般称长期规划或战略目标计划）。

（1）决定企业总体战略目标的要求，体现企业发展方向和企业基本政策、策略，以及今后获取、使用分配资源的准则。

(2) 其计划内容范围，可遍及企业各方面活动。如利润、资金应用、组织、定价、员工关系、生产、营销、财务、公共关系、广告、研究开发、管理人员招聘、培训等。

(3) 属于重点及目标性质的规划，只含较粗略的大目标数字。

(4) 其计划时间长度，取决于计划内容复杂程度及性质。

2. 中期计划(一般称运作发展计划)。中期计划由长期计划衍生而来，是企业所设定未来二年至五年内，各职能部门欲努力达到的目标，是执行长期计划和指导年度计划而编制的计划。其内容如下：

(1) 其时间，通常为二年至五年。

(2) 此计划亦有其目标及策略，不过它们衍生于长期计划，是长期计划的继续和具体化。

(3) 其特点有别于长期计划。中期计划的特点有详细的计划内容，具有综合性以及协调平衡作用。

(4) 中期计划内容的依据是企业各职能部门所制定的详细计划，并对各计划加以协调。

(5) 中期计划，依据长期计划要求，要各年分别制定，以适应内外环境条件。中期计划一般应用滚动计划法编制。

3. 年度计划(即作业计划)。将长期、中期计划的目标及战略，分解成年度的经营目标，这就是年度计划。年度计划是企业的执行计划，也可指产、销等各部门的半年、每季、每月，甚至每周的计划。此计划不仅仅含有数字，最重要的是应含有工作目标、方法、进度、负责人、经费等实质内容。其内容分述如下：

(1) 年度计划时间，以一个预算年度为准，故为一年。

(2) 中期计划内容，虽相当详细，但不能适应实施的需要，而有待年度计划予以更进一步的设计，故年度计划纯属作业性计划。

(3) 年度计划包含了企业各职能计划，它包括更具体的绩效目标。如营业计划(或称业务计划、营销计划)、生产计划、采购计划、研究发展计划、人力资源计划、合作经营计划、财务计划(含筹资、投资和债券、股票的发行等)。

4. 企业经营计划的内容体系。企业生产经营活动的着眼点在于“明天”，在于规划企业长远的发展。因此，要重视编制企业中长期的综合计划和单项经营计划。综合经营计划是由各个单项计划综合平衡后组合而成的。企业综合经营计划构成的一般形式如图 6-6 所示。

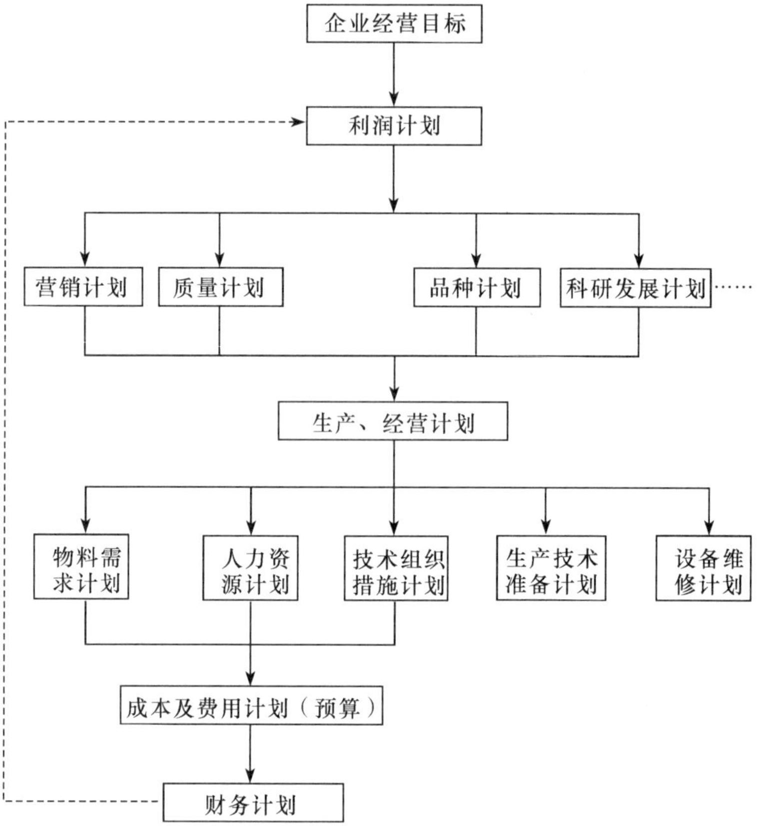

图 6-6　企业综合经营计划构成图

二、经营计划的编制与控制

长期计划在我国部分大中型企业中编制，这类计划只含较粗略的大目标数字，而无细节措施。一般企业是以中期计划为中心，编制年度计划。目前国内已实施目标管理制度的企业，大多编制中期计划和年度计划。

（一）经营计划编制的要求

1. 要认真贯彻有关国家方针政策、法律、法规。

2. 通过市场调查和预测，充分考虑企业的优势，发展有特色、有竞争能力的产品，若有条件，应尽快地进入国际市场。

3. 衔接长期、中期计划，并对计划年度提出任务。

4. 分析企业内外各种数据资料，以及它们对企业产生的影响。

（二）经营计划的编制程序

由于企业根据具体情况来确定经营计划，其编制程序也由于企业的性质、特点不同而不完全相同。

企业经营计划编制程序，可以依据需要来设定：① 总公司或总厂计划，包括营销、生产、采购、研究、人力、公关、财务计划等部分；② 分公司或分厂经营计划其内容同总公司或总厂计划一致；③ 利润成本中心分别以事业部制定计划；④ 职能部门分别制定经营计划；⑤ 按地区、产品分别制定计划。

以上各组织阶层计划，是以企业内部管理为着眼点的，如果是股份制企业，除总公司或总厂的经营计划应提呈董事会和职工代表大会讨论，其他的经营计划皆供总公司或总厂以下负实际盈亏责任者之用，不必经董事会或股东会核准。因为其投入(成本)及产出(成果)数字都已反映于总公司或总厂的经营计划及预算之内，所以董事会或股东会不必过问，以免给总经理或部门经理带来不必要的工作障碍。

(三) 经营计划的执行和控制

保证年度计划实现，要组织好计划的执行与控制。

1. 经营计划的执行。组织计划的执行，最重要的有两项工作：

(1) 把经营总目标层层落实下去，做到层层有对策计划。

(2) 经常对计划运行情况进行修订和调整，一般采用以下两种方法：

一是滚动计划法(也叫预测、计划、实际、差异循环法)。如图 6-7 所示，它把计划分为若干期，在计划执行一定时期后，根据实际情况和环境变化，对以后各期计划的内容进行适当的修订，并向前推进一个新的执行期。这种方法的特点是:远近结合、近细远粗、逐年滚动。这样，既使计划保持严肃性，又具有适应性和现实性(其程序如图 6-8 所示)，有利于保持前后期工作的衔接协调，也可以使经营计划能够适应市场的变化，增强对外部环境的适应能力。

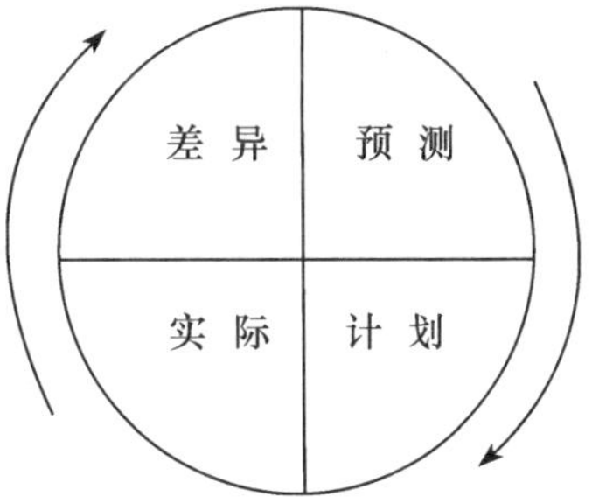

图 6-7 滚动计划法

滚动式计划法虽然在计划编制方面工作量较大，但在计算机已被广泛应用的今天，其优点十分明显。滚动式计划法的优点:第一，缩短了计划期，提高了准确性，能更好地保证计划的指导作用，提高了计划质量。第二，能使长期计划、中期计划和短期计划相互衔接协调，使各期计划基本保持一致。第三，大大增加了计划的弹性，这对环境剧烈变化的今天尤其重要，它可以及时预测环境的变化，并采取应对措施，从而提高企业的应变能力。

二是应变计划法(也叫应急计划法)。这是指当客观情况发生重大变化，原有计划失去作用时，企业为适应外部环境变化而采用备用计划的方法。一般来说，企业在编制年度经营计划时都制定备用计划，以便企业在内部调整计划时比较主动，

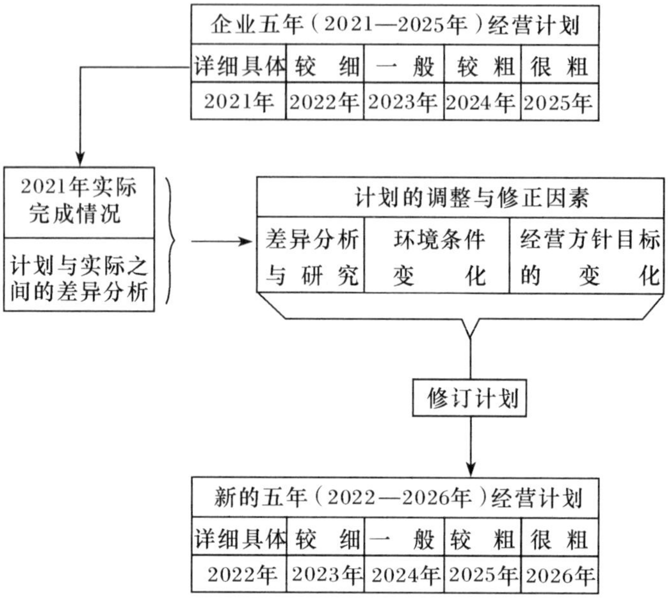

图 6-8 滚动计划法程序

从而避免慌乱，减少损失。

2. 经营计划的控制。要保证计划的实施，必须在计划执行过程中加强对其控制，也就是按预定的目标、标准来控制和检查计划的执行情况，及时发现偏差，迅速予以解决。控制包括事前控制和事后控制。

为此，首先要制定科学的标准，如定额、限额、技术标准和经营计划指标等；其次要健全企业的信息反馈系统，加强信息管理。

第七章

产品策略和定价策略

产品策略和定价策略是企业经营决策的一个重要组成部分，是企业生产经营活动的起点，也是企业生产经营循环系统的主要因素。因此，生产物美价廉、适销对路的产品，是企业的主要任务。正确制定产品策略和定价策略，是企业经营管理的一项重要内容。

第一节　产品的概念与产品的功能

一、产品的概念

产品是指向市场提供的能满足人们某种需要的物质产品和服务。当人们购买产品时，他们需要的是产品的整体，即物质产品和与之相适应的包装、配件供应、维修服务、品质保证等。因此，整体产品是物质形态和非物质形态的统一。一般来说，产品可分为核心产品、形式产品、期望产品、附加产品、潜在产品五个层次。产品的五个层次如图 7-1 所示。

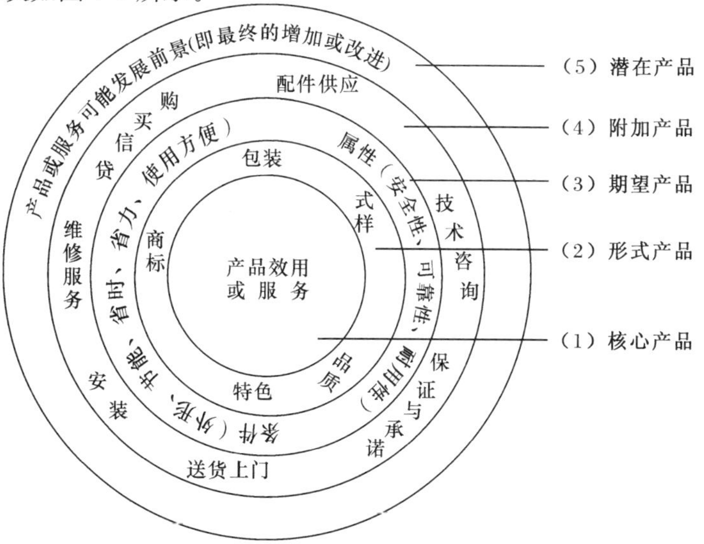

图 7-1　产品层次图

核心产品(产品实体)是指产品提供给用户的基本效用或服务。形式产品是指向市场提供的产品实体的外观和标记。期望产品是指消费者购买产品时期望的一整套的属性和条件。附加产品是指用户购买产品时所获得其他利益的总和。潜在产品预示着该产品的效用、服务、利益可能的增加和改变。以上五个层次是产品相互依存、不可分割的整体。

二、产品的功能

用户购买物质产品是为了使用产品的功能。所以,企业产品要满足用户的需要,就必须具备一定的功能,也就是产品实际存在的价值。产品的功能一般可分为四个方面:

1. 产品的基本功能。这是指产品最基本的效用。它决定着产品在市场上存在的价值,也是用户所需要的功能。

2. 产品的辅助功能。这一功能是起次要作用的功能。

3. 产品的使用功能。这是指产品实际用途或是产品在消费过程中实现的使用价值。它包括产品可靠性、安全性、维修性。

4. 产品的外观功能。这是指产品的美学功能,它是消费者决定购买的必要条件。

产品必须具备上述功能,但不同产品各种功能又有不同侧重,应根据用户需要确定。

第二节　产品组合与经营策略

一、产品组合

产品组合(产品搭配)是由各种产品线和各种产品品种所组成的。产品线(产品系列)是由使用功能相同,但型号规格不同的一组产品组成。这些产品满足类似顾客的需要,并一起投放市场,通过共同的分销渠道进行销售。

一个企业的产品组合应具有广度(宽度)、深度和关联度:

1. 产品组合的广度。这是指企业提供的不同产品线的数量。如某汽车公司有三条产品线,分别是轿车、卡车、发动机。

2. 产品组合的深度。这是指企业每条产品线内所生产的各种不同的产品品种数。如卡车生产线,生产不同吨位的卡车。

3. 产品组合的关联度。这是指企业各条产品线,在生产技术、销售渠道、最终用途等方面可能存在相互关联的程度。

企业要根据市场的机会和销售目标来研究产品组合的广度、深度和关联度，使之与市场需求相适应。通常，关于产品组合的广度和关联度的决策要比确定一条产品线应包括哪些产品品种，即产品深度的决策更为重要。

二、产品组合经营策略

由于企业所处的客观环境不断地发生变化，企业市场研究和营销部门也应不断地分析产品及产品线，了解全部产品中在目前和将来能为企业作出贡献的产品。在任何时间内，具有多品种产品的企业都应确定一种产品组合，应采用多种策略：扩大产品组合策略，即开拓产品组合的广度和加大产品组合的深度；减少产品组合策略，即从产品组合中剔除那些获利少的产品线或产品品种，集中资源经营获利多的产品线和产品品种；延伸现有产品组合策略（这种策略包括向下延伸和向上延伸。向下延伸是指企业原来生产高档产品，后来又决定增加生产中低档产品；向上延伸是指企业原来生产中低档产品，后来又决定增加生产高档产品）和高档产品、低档产品同步组合策略等。

一个生产多品种生产线的企业，必须应用平衡策略，把希望寄托在明日的产品上，未来前途是光明的；过多依赖昨日、今日产品，将使企业陷入困境。企业要经常注意产品及其环境变化，合理调整产品组合，促进销售，增加企业利润。

三、产品品牌、商标与包装标签策略

在为产品制定经营策略时，产品品牌、商标可以增加产品的价值。

（一）品牌和商标

品牌（牌子）是指产品生产者或销售商加在其商品上的名称、标记、符号、设计、图案、颜色的组合，其目的是使用户能辨认某个生产者或销售者的产品或劳务，并以此区别于其他竞争者。

品牌包括品牌名称和品牌标记。品牌名称是可以被念出声来，用文字可以表达出来的那一部分；品牌标记是可以识别，无法被念出声来的那部分，如符号、设计、颜色、图案等。

商标是商品的标志，是一个品牌或品牌的一部分，经有关部门核准的商标为注册商标，商标注册人享有商标专用权，受法律保护。

（二）品牌、商标策略的作用

1. 品牌、商标对产品独特性提供法律保护，可以防止被竞争者所仿制。
2. 品牌化给生产者和销售者提供机会，能赢得顾客。
3. 品牌化有助于销售者细分市场。
4. 品牌名称可以使生产者容易处理订单和发现问题。

5. 良好的品牌有助于建立企业形象。

(三) 家族品牌与个别品牌策略

家族品牌策略,就是企业所制造的一切产品,都使用同一品牌名称的策略。采用这种策略,如果企业推出一个新产品,消费者可能会很快地接受这项新产品,因为他们熟悉这个品牌;采用个别品牌策略时,企业每一个产品都有着不同的品牌名称,如某一个品牌失败,它不会伤害到企业所制造的其他产品的形象。企业可以同时使用家族品牌与个别品牌策略。

(四) 包装和标签策略

进入市场的商品必须要有包装和标签。包装是指产品的容器或内外部包装物及其设计装潢,是整体产品的一部分。产品包装策略主要有:类似包装策略、组合包装策略、再使用包装策略、改变包装策略、附赠包装策略等。标签是附在商品上的简易签条,也可以精心设计作为包装一部分的图案。标签也具有许多信息,便于消费者识别产品。标签分为:识别性标签、分等标签、说明性标签和促销性标签。

四、名牌策略

(一) 名牌产品及其效应

名牌是指著名的商标与驰名的品牌。名牌是企业成功的标志,是开拓新市的利剑,是畅销市场的通行证。名牌产品是在一定时期和一定范围内被市场、消费者公认的具有较高知名度和信誉度的产品。同时,只有经过国家商标局认定的驰名商标,才是名牌。名牌是商标的升华,它具有以下特征:① 质量高、工艺精、信誉好;② 符合消费趋势或能引导消费新潮流;③ 技术先进,在市场竞争中能赢得优势,有较高的市场占有率;④ 它的声誉和价值远远超出了产品的界限,扩展到整个企业形象,形成了无形资产;⑤ 有较高的经济效益。

名牌对企业来说是竞争制胜的法宝,对国家来说是增强国力的国宝。中国茅台酒,驰名中外。据说,此酒成名颇有一番经历。在一次世界顶级评酒会上,各国评酒家对装潢简陋的中国茅台酒不屑一顾。我国酒商急中生智,故意将一瓶茅台酒跌碎在地,顿时酒香四溢,举座皆惊。从此茅台酒名声大振,逐渐跻身世界名酒之列。茅台酒之所以成名,归根结底是靠酿制有术、工艺精湛、质量上乘。名牌也是一个不断淘汰的过程,它是动态的。如海尔集团董事局主席张瑞敏,在 1985 年创名牌时,是一个亏损 147 万元的小企业,但张瑞敏靠砸 76 台有缺陷的“电冰箱”,砸响了牌子,提高了海尔电冰箱的知名度。从用铁锤砸冰箱,表面上看是产品质量问题,而实质确表明了海尔人创名牌的决心。近 40 年来,海尔品牌不仅传遍了全中国,而且誉满了全世界。名牌产品所产生的巨大名牌效应的主要表现是:能促使企业由生产需求型向质量效应型发展;能提高本企业产品在市场上的知名度、美誉度和占有率;能保证企业资产的保值和增值。有了名牌产品的企业可凭借名牌吸引投资者,获得大量的投资和货款来发展企业。特别是名牌本身就是一种知识产权,是企业的无形资产。世界一流名牌的商标价值,会随着时间的变动而升降。2021 年 1 月 26 日,英国品牌价值咨询公司 Brand Finance 网站,在伦敦发布 2020 年全球 500 强品牌价值排行榜名单。其中前十大品牌价值排行榜如表 7-1 所示。

表 7-1 全球十大品牌价值排名(2021 年 1 月 26 日)

名次		品牌名称	品牌价值(亿美元)		品牌价值变化	主营行业	国家
2021 年	2020 年		2020 年	2019 年			
1	3	苹果	2 633.75	1 405.24	87.4%	电子信息	美国
2	1	亚马逊	2 541.88	2 207.91	15.1%	电子商务	美国
3	2	微软	1 912.15	1 885.12	1.4%	软件开发	美国
4	4	谷歌	1 404.35	1 170.72	20.0%	互联网	美国
5	5	三星电子	1 026.23	944.94	8.6%	电子通信	韩国
6	8	沃尔玛	931.85	775.20	20.2%	零售	美国
7	7	脸书	814.75	798.04	2.1%	互联网	美国
8	6	工商银行	727.88	807.91	−9.9%	金融	中国
9	12	威瑞森电信	688.89	636.92	8.2%	通信	美国
10	19	微信	679.02	541.46	25.4%	互联网	中国

资料来源:Brand Finace(2021 年 1 月 26 日)。

2021 年 5 月 11 日,英国品牌价值咨询公司 Brand Finance,在深圳广电集团演播大厅发布 2020 年中国品牌价值 500 强排行榜名单。其中前十大品牌价值排行榜如表 7-2 所列示。

表 7-2 中国十大品牌价值排名(2021 年 5 月 11 日)

名次	品牌名称	品牌价值(亿元)		主营行业	总部所在地
		2020 年	2019 年		
1	中国工商银行	4 887.75	5 663.19	金融	北京
2	微信	4 559.63	3 795.46	互联网	广东
3	中国建设银行	4 005.45	4 388.21	金融	北京

（续表）

名次	品牌名称	品牌价值(亿元)		主营行业	总部所在地
		2020 年	2019 年		
4	腾讯	3 789.44	3 090.61	互联网	广东
5	华为	3 719.84	4 562.20	电子通信	广东
6	国家电网	3 706.88	3 993.05	能源	北京
7	平安	3 664.99	4 839.55	保险	广东
8	淘宝	3 581.47	2 592.63	电子商务	浙江
9	中国农业银行	3 567.96	3 831.33	金融	北京
10	天猫	3 302.37	2 148.60	电子商务	浙江

资料来源：Brand Finance(2021 年 5 月 11 日)。

（二）名牌策略

名牌策略是企业产品策略的核心内容，它主要包括企业创名牌、保名牌、发展名牌三个方面。

1. 在创名牌时宜采取的策略有：树立名牌意识、提高产品质量、大力宣传品牌等。

2. 在保护名牌过程中宜采取的策略有：打击假冒名牌、利用法律保护名牌、合资时不要出卖名牌、提供良好的售后服务等。

3. 在发展名牌时宜采取的策略有：横向发展，即靠名牌来扩大企业规模的策略；纵向发展，即将名牌产品延伸到同一企业其他非名牌产品的策略。

五、服务策略

产品服务包括同产品使用和维修有关的一切工作。产品服务按其时间先后可分为售前服务、售中服务和售后服务三大类。售前服务是指在产品销售前，为用户提供各种技术咨询、新产品知识介绍、协助用户做好设备选型，根据用户要求提供各种技术资料或图纸等。售中服务是指在产品销售过程中，根据用户的要求提供各种服务，如送货上门、为用户安装调试设备、信用保证等。售后服务是指在产品销售后，根据购销合同规定为用户提供的各种服务，如为用户培训技术或操作人员，为用户维护和检修设备，以及提供零配件等。

企业除了为用户提供良好的服务，促进产品销售外，还必须正确运用服务策略。可供企业选择的服务策略有：广设固定服务网点、巡回流动技术服务等。

第三节　产品寿命周期理论及其应用

一、产品寿命周期的概念

产品寿命周期是指产品从试制成功投入市场开始，一直到被市场淘汰退出市场为止所经历的时间。产品寿命周期并无一定规律，所以难以进行预测。不过，我们可运用产品寿命周期的原理，可以审慎地解释其各阶段的销售量变化。产品寿命周期的长短，并非固定的，它要受到下列几项因素的影响：① 政治、法律和其他环境条件的发展变化；② 社会分配给产品的资源的多少；③ 技术进步，新的产品投入市场；④ 市场需求趋势变化和产品接受率(扩散率)变化。以上几项因素值得经营者随时注意。其中，市场接受率(扩散率)特别重要，应分析原因，制定对策。

二、产品寿命周期各阶段的特点和市场经营策略

产品寿命按其发生、发展的周期性规律，一般可分为四个时期：投入期、成长期、成熟期、衰退期。它的基本模式见图 7-2 所示。

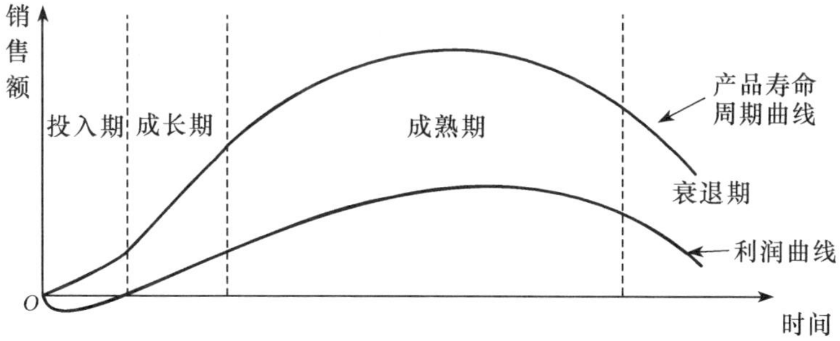

图 7-2　产品寿命周期

根据产品寿命周期各个时期的特点，可以作出相应的经营策略。

(一) 投入期

它是指产品由开发试制转入小批量生产并进入市场试销的时期。其特点是：产品刚投放市场，尚不被消费者所了解，生产批量小，废品率高，成本高，市场销售量增加缓慢，利润很少，甚至出现亏损。企业的经营策略是多做广告，加强促销，设法缩短投入周期，尽快进入成长期，减少损失，提高效益，迅速占领市场和扩大市场占有率。

（二）成长期

它是指产品通过小批试销成功后，转入成批生产，从而批量投入市场的时期。其特点是：消费者对此产品已了解并接受；产品销售额年增长率超过10%，因而利润增长很快；竞争者看到有利可图，开始仿制；竞争激烈，市场开始细分。成长期是产品的黄金时期，企业经营策略是努力提高产品质量，增加产品特色，或改变产品型号、款式，积极开拓新市场和经营渠道，使产品销售面更为广泛；广告宣传的目标转向建立产品形象，争创名牌，以赢得顾客；在大批量生产规模效益基础上，根据产品的需求弹性，适当降低售价，以吸引对价格敏感的潜在买主。

（三）成熟期

它是指产品已进入大批量生产，销售额年增长率稳定在0.1%～10%之间，市场销量增加到一定程度后速度减慢，并开始出现下降趋势的时期。其特点是：竞争加剧，致使各项促销费用急剧增加，利润水平下降。企业在这一时期采取的经营策略是，大力推销现有产品，充分展现产品的新特点，或改进产品的外观，并结合产品组合策略，调整产品的延伸部分（商标、包装、保单、服务等），提高产品的用途，增加新的功能等。

（四）衰退期

它是指产品已逐渐老化，在市场中销售量锐减，逐渐不适应市场需要，由于有新产品出现而被淘汰的时期。其特点是：产品销售量由缓慢下降变为急剧下降；利润下降甚至亏损；促销手段失灵，企业常调低价格，处理存货；竞争者相继退出市场。企业采取的经营策略是，对老产品，采取有计划的减产、转产措施，或转移产品生产场地，以减少本企业的经济损失；或者有计划地淘汰老产品，以撤代攻，以新代旧，使新老产品的交替顺利进行，保持和扩大市场的占有率。

综上所述，产品寿命周期各阶段的策略可归纳为：投入期应突出一个“快”字；成长期应突出一个“优”字；成熟期应突出一个“改”字；衰退期应突出一个“转”字。

三、延长产品寿命周期的策略

延长产品的寿命周期，是对产品总的寿命周期而言的。对于寿命周期各阶段来说，应有长有短，这对企业的经营更为有利。如投入期、成长期要短一些，以便迅速占领市场；成熟期则应尽量延长，以巩固市场，取得更多的盈利。

延长产品寿命周期的策略方法，归纳起来主要有：

1. 改进产品。改进产品的包装吸引消费者；增加产品的功能和用途等，都能使产品的寿命周期延长。

2. 开辟市场。将原有产品在细分市场的基础上，寻找新顾客；产品寿命周期在不同市场上往往会处于不同阶段，可能会出现此地积压，彼地脱销的现象；或出现在国内市场上饱和的产品却在国外市场上可能有发展余地的情形。

3. 调整营销组合。企业的营销组合在产品的寿命周期的不同阶段，都应根据实际情况及时加以调整，从而形成新的组合，延长总的产品寿命周期。在销售渠道方面应采取尽力扩大的策略，以占领产品未占有的市场。此外，加强宣传推广及售前售后服务，也可延长产品寿命周期。

4. 转移生产场地。就是把处在成熟期或衰退期的产品，转移到没有这种产品的地区、国家去生产。这也是一种延长产品寿命的策略。

四、应用产品寿命周期理论

产品寿命周期的理论，实质上就是总结各种产品进入市场以后发展变化规律的理论。掌握产品寿命周期理论，对提高企业经营管理水平有着重要的作用：掌握产品寿命周期理论，有助于产品的更新换代；能利用产品在不同市场表现不同的寿命周期阶段，制定不同策略，拓展市场或扩大销售；有利于掌握产品寿命周期各阶段的变动情况，预先研制产品的多项用途，延长产品成熟期；有利于掌握产品寿命周期的时间长度；有利于认识和把握产品寿命周期的变动等。

第四节　产品定价策略

一、产品定价策略的作用

价格是产品价值的货币表现，产品价值量的大小，主要是由生产该种产品所需的社会必要劳动时间的多少决定的。价值规律对市场的调节作用，主要是依照供求关系，通过价格围绕价值上下波动来实现的。当产品供不应求，价格就上涨，高于它的价值；供过于求，价格就下跌，低于它的价值。也就是说，价格对产品的生产和流通起着一定的调节作用，提高产品的价格，可以提高生产企业的积极性；降低产品价格可以提高消费者购买的积极性，从而促进流通。因此，企业在定价时，应以产品的价值为基础，使价格大体上符合价值。

价格是影响产品销售最直接、最重要的因素，产品价格的高低不仅影响产品在市场上的竞争能力和市场占有率，而且还直接影响企业的销售收入和利润。所以，确定恰当的价格目标，掌握有效的定价方法，选择灵活的定价策略，对每一个企业都具有举足轻重的作用。

二、产品定价的基本目标

不论定价目标是什么，有四项因素是定价时不可忽视的，即成本，需求量，竞争，国家的政策、法规。任何企业在确定定价目标时，可以考虑其中任一因素或全部因素。企业的定价目标归纳起来有以下几种。

（一）生存目标

当企业面临生产力过剩、经济不景气、竞争激烈或顾客需求偏好发生变化时，制定产品价格就应以生存为主要目标，因为企业濒临破产倒闭时，生存比利润更重要。依照生存目标制定的价格较低，一般只能弥补可变成本或部分固定成本。但是，在困难时期企业只要能坚持下去就意味着成功，它可以为企业保存现有实力，待经济环境好转时再图振兴。一些刚刚进入市场的中小企业因实力不强，渠道有限，也常采用生存目标定价策略。

（二）利润目标

企业生产经营活动的直接目的就是获取利润，因而获取利润是企业最基本的定价目标。它可分为利润最大化目标和预期利润目标两种形式。

1. 利润最大化目标。对几种不同价格，结合需求量及其产品成本进行综合比较之后，选出一种恰当的价格，即找出一个可以取得最大利润、最大现金流量和最大投资收益的价格，这就是利润最大化目标的定价策略。它适用声誉较高、市场占有优势地位的产品。

2. 预期利润目标。这是指企业为避免承受过大的经营风险，本着稳健的发展原则，以适当的预期利润作为定价目标的一种定价策略。企业在确定预期利润时，应充分参照企业的营销能力和外部市场条件的变化情况，从而使预期利润指标趋于科学化。

（三）保持或扩大市场占有率目标

市场占有率是指企业的产品销售量占市场上同类产品销售量的比重。许多企业为了提高市场占有率这一长远目标，往往“放长线，钓大鱼”，所以在定价时往往对某些产品实行低价策略。

（四）适应竞争目标

价格是市场竞争的重要手段，而企业在制定产品价格时必须考虑竞争的需要。为了适应竞争，企业必须经常注意收集目标市场中竞争对手的产品、价格资料，经过对比，确定各种适应竞争的定价目标。低价是阻止竞争企业进入市场的理想策略。

（五）保持与销售分配渠道的关系目标

生产者的大部分产品是通过销售分配渠道（代理商）进行销售的，企业必须仔细评价它所执行的价格政策对这些代理商的影响。代理商希望得到适当的边际利润，即销售产品的支出与销售收入的差额。如果代理商能获得理想的边际利润，那么，代理商就会更加积极地推销该企业的产品。

三、产品定价的原则和定价方法

（一）产品定价的原则

企业制定产品价格，应遵照有利、有法、有度三个原则。第一，产品价格水平必须对企业有利，能实现企业的经营目标。要有利于增加销售量，有利于提高市场竞争力和占有率，保证企业有利可图。第二，有法，依法定价。第三，有度，是指合理价格的界限。上限要为消费者所接受，使销售超过盈亏平衡点；下限是售价要高于单位变动成本，能带来边际贡献。

（二）主要的定价方法

一个企业采用的定价方法是多种多样的。最主要的定价方法有：成本加成定价法、盈亏临界点定价法、边际成本定价法、需求定价法、竞争导向定价法等。

1. 成本加成定价法。它是以单位产品成本为基础，加上一个适当比例的利润后而形成价格的定价方法。其计算公式如下：

$$\text{单位产品价格}=\text{单位产品成本}\times(1+\text{加成率})$$

例如，某企业生产一台小型录音机的单位成本为 100 元，利润为 30%，则该种产品单位定价如下：

$$\text{单位产品价格}=100\times(1+30\%)=130(\text{元})$$

这种方法常用于零售业，加成率因商品的不同而不同。

2. 盈亏临界点定价法。它是指企业在已知固定成本和单位变动成本的情况下，求产销一定数量的产品在什么样的价格水平下，企业不致亏损的定价方法。其计算公式如下：

$$\text{单位产品价格}=\begin{matrix}\text{单位产品}\\\text{变动成本}\end{matrix}+\left(\begin{matrix}\text{固定成}\\\text{本总额}\end{matrix}\div\begin{matrix}\text{产　品}\\\text{产销量}\end{matrix}\right)$$

例如，某企业生产甲产品的年产量为 100 台，年固定成本为 100 000 元，单位变动成本为 1 000 元。求甲产品的盈亏临界点价格。

$$\text{单位产品价格}=1\,000+100\,000\div100=2\,000(\text{元})$$

甲产品的价格至少为 2 000 元时，才能保本。

3. 边际成本定价法。它是指所定价格所得收入超过产品的变动成本的定价方法。其收入超过变动成本的部分可用来补偿固定成本。其计算公式如下：

$$\text{产品价格}=\text{单位变动成本}+\text{单位边际利润}$$

$$\text{单位边际利润}=(\text{销售收入}-\text{总变动成本})\div\text{销售数量}$$

式中：单位边际利润即是产品价格高于单位变动成本的部分。

例如，某企业生产的丙产品年销售量为1 000台，销售收入为1 200 000元，固定总成本为500 000元，单位变动成本为800元。求单位产品价格。

$$产品价格=800+(1\,200\,000-1\,000\times800)\div1\,000$$
$$=800+400=1\,200(元)$$

根据边际成本定价法确定的产品售价，其价格水平低于正常定价。在供过于求，竞争激烈的市场环境下可采用这种定价方法。

4. 需求定价法。它是根据购买者对产品需求强弱的不同，定出不同价格的一种定价方法。需求较强，价格定得高些；需求较弱，价格定得低些。需求定价可以分为以顾客、产品、空间和时间为基础四种方法。

(1) 以顾客为基础定价。企业可对同一种产品，根据顾客的需求强度不同定出不同的价格。如电力企业所发的电，对民用电收费高而对工业用户收费低，这是因为民用用电量刚性强，需求弹性小；而工业用户需求弹性大，若对工厂的用电收费高于工厂内部发电费用，工厂就会自行发电。

(2) 以产品为基础定价。这种定价对同种产品的不同式样规定不同的价格，而价格差别同成本差别没有对应关系，主要是根据购买者对不同式样的不同需求强度来决定价格的。一般而言，式样新颖、炫耀性强的消费类产品，适合于高收入高消费阶层，其价格可定得高一些。

(3) 以空间为基础定价。同一种产品在不同的空间位置或地理位置出售，如果存在不同需求强度，就可以定出不同的价格。如出口的茶叶、生丝、桐油等产品，国际市场需求强烈，那么在国际市场上的定价就应该比国内市场高。

(4) 以时间为基础定价。它是指用户的需求强度随着时间的不同而有显著差别时，就可以按季节、日期或一天中的不同时刻，定出不同价格。如夏季对电扇、冷饮、凉鞋等的需求量增大，其价格可高些；冬季则可相应降价。

5. 竞争导向定价法。它主要依据竞争者的价格来定价，或与主要竞争者价格相同，或高于或低于竞争者的价格，这主要看产品需求情况而定。其特点是，只要竞争者价格不变，即使成本或需求发生变动，价格也不动；反之亦然。其定价方法有：

(1) 随行就市定价，即按照行业的平均现行价格水平来确定本企业的产品价格。

(2) 投标定价，即由卖方申报价格，并将报价单封闭递交买方，由买方审查选定卖方。一般来说，报价较低的卖方会被选中，价格也由此来确定。

(3) 拍卖定价，它由卖方预先发表公告，展示出拍卖物品，买方预先看货，在规定时间公开拍卖，由买方公开竞争叫价，直到不再有人竞争的最高价格即为成交价格，卖方按此价格拍板成交。

四、定价策略

产品定价策略多种多样，这里介绍常用的几种。

（一）新产品定价策略

对新产品的定价，关系到产品能否及时打开销路、占领市场并取得满意的效益。其定价策略有：

1. 撇奶油定价策略。它是一种以高价投放新产品的策略，特别是用于没有竞争对手而市场又急需的新产品，可以带来高额的初期利润；以后随着竞争产品的投入市场，产品的价格便逐渐降低。

2. 渗透定价策略。它是一种建立在低价基础上的新产品定价策略。其目的是为了使新产品能立即被市场所接受，并能取得长时期的市场领先地位。

（二）心理定价策略

它是指利用顾客心理而采取的有针对性的价格策略。它包括尾数定价、整数定价、声望定价、招徕定价策略。

1. 尾数定价策略。企业在出售一些中低档商品时，为强调其价格合理，在定价时，有意留一尾数，以激发消费者对商品产生便宜感，从而可能迅速作出购买决策。

2. 整数定价策略。这是指在对商品定价时以整数结尾的定价策略。它适用于高档、贵重的名牌商品的定价。消费者购买这类商品，很重视质量、款式和独特性，并存有显示自己身份和地位的购买动机，采用整数定价能够充分显示商品的档次，满足顾客的购买需要。

3. 声望定价策略。这是指利用消费者求名、炫耀的心理，对市场上已颇具名望和声誉的商品，采用高价定价的一种策略。

4. 招徕定价策略。这是指企业有意将少数商品降低价格，以此招徕顾客购买，同时促进其他商品销售的一种策略。

（三）折扣与让价策略

折扣是指按原定价格少收一定比例的货款。让价是指在原定价格基础上适当降价。折扣和让价都是一种鼓励性的优惠，性质相同。就折扣而言主要有：

1. 现金折扣：按约定期限内付款或提前付款的顾客给予一定的折扣，以鼓励顾客提前付款，加速企业资金周转。

2. 数量折扣：按顾客购买商品数量的多少，给予不同的折扣，购买数量越大，折扣越多。

3. 交易折扣:按中间商在市场营销中所担负的功能不同,给予不同的折扣,以鼓励批发商乐于向本企业大量购买。

4. 季节性折扣:生产季节性产品的企业,为鼓励中间商早采购,对提前进货的中间商给予一定优惠,或对已过时的商品以折扣出卖。

(四) 需求曲线策略

企业在确定价格升降以前,应先确定需求曲线的性质。如某种产品的需求曲线是非弹性的,可以对弹性小的产品提价,增加收入,如降价则会减少收入。如某产品的需求曲线是弹性的,对弹性大的产品,只有降低价格才能增加收入,如果提价反而会减少收入。

需求弹性是指由于价格变化引起需求变化的灵敏程度。不同产品,其需求弹性是不同的。按弹性大小,需求曲线可分为富有弹性的需求曲线和缺乏弹性的需求曲线。富有弹性的需求曲线表示,有些产品(如牛乳)的价格变化不大,而引起的需求量变化却很大,说明需求量对价格变化的反应十分灵敏,如图 7-3 所示。缺乏弹性的需求曲线表示,有些产品(如食盐)虽然价格变化很大,但引起的需求量变化却很小,说明需求量对价格变化的反应灵敏度很小,如图 7-4 所示。需求曲线越趋近水平线,表明产品的需求弹性越大;需求曲线越趋近垂直线,表明产品的需求弹性越小。

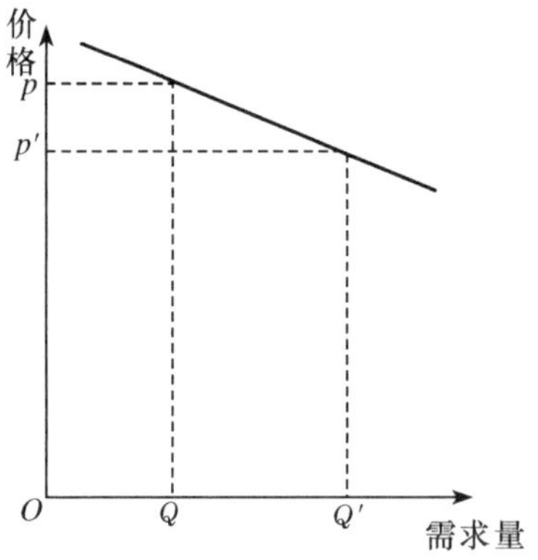

图 7-3 富有弹性的需求曲线

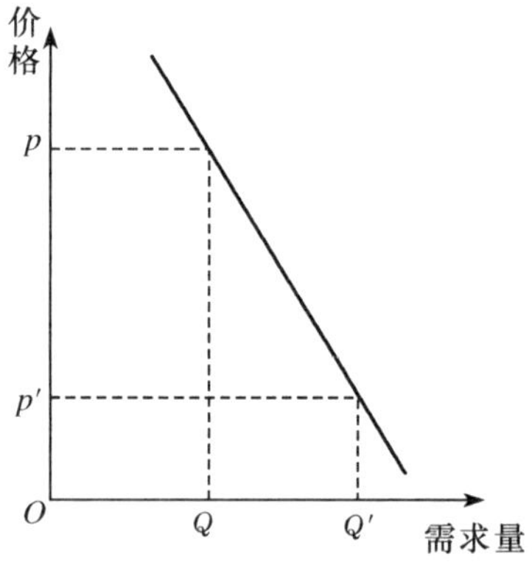

图 7-4 缺乏弹性的需求曲线

产品的需求弹性,可用一系数作定量表示,即需求弹性系数。需求弹性系数>1 的被认为弹性大;需求弹性系数<1 的被认为弹性小;需求弹性系数=1 的被认为是标准弹性;需求弹性系数=0 的被认为无弹性。其计算公式如下:

$$需求弹性系数=-\frac{原销售量-新销售量}{原价格-新价格}\times\frac{原价格}{原销售量}$$

例如,某企业的甲产品的价格,由 200 元下降到 150 元时,销售量由 2 000 台上升到 3 000 台;乙产品的价格,由 300 元下降到 100 元时,销售量由 2 000 台上升到

2 500 台。求甲、乙两种产品的需求弹性系数。

$$甲产品的需求弹性系数=-\frac{2\,000-3\,000}{200-150}\times\frac{200}{2\,000}$$

$$=-\frac{-1\,000}{50}\times 0.1=2$$

$$乙产品的需求弹性系数=-\frac{2\,000-2\,500}{300-100}\times\frac{300}{2\,000}$$

$$=-\frac{-500}{200}\times 0.15=0.375$$

从计算结果可以看出，甲产品为需求弹性大的产品；乙产品为需求弹性小的产品。

第八章

销售渠道和促销策略

第一节　销售渠道策略

一、销售渠道及其类型

（一）销售渠道的概念

销售渠道是指产品从生产企业转移到消费者或用户手中所经过的路线及经营机构。研究销售渠道的目的是为了在企业生产出产品之后，能将产品及时、安全、经济地送到消费者或用户手里，以提高生产企业的经济效益和满足顾客需求。

在商品从生产领域转移到消费领域过程中，不仅包括各种专门的商业机构和生产企业的销售机构，以及为商品流通服务的各种仓储、运输、金融、保险机构等，而且还必须把最终用户包括在内，才能组成一个完整的销售渠道系统，也才能更好地制定企业的销售渠道策略。

（二）销售渠道的形式

随着市场经济体制的不断完善，企业销售渠道越来越多，越来越灵活。主要有以下诸渠道，如图 8-1 和图 8-2 所示。

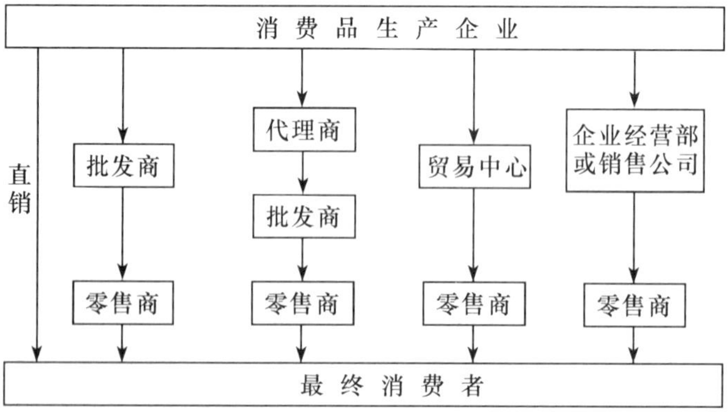

图 8-1　消费品的销售渠道

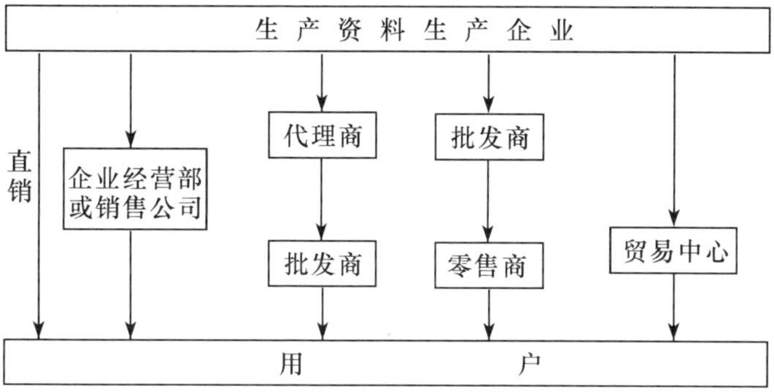

图 8-2　生产资料的销售渠道

从图 8-1、图 8-2 可以看出，产品从生产者到消费者的流通过程中有各种渠道，有的渠道环节多，路线长；有的销售渠道中间环节少，甚至没有中间环节，路线就短。而且，不同国家、不同地区、不同行业的销售渠道模式也有着很大的不同。但是，概括地说，目前的商品销售渠道不外乎三种基本形式：

1. 直接销售渠道（也称零阶渠道）。这是指由生产者直接将商品销售给顾客，没有任何中间环节的流通形式。

2. 间接销售渠道。这是指生产者把商品销售给消费者的过程中，加入了中间环节的销售渠道形式。中间环节一般是指批发商和零售商（代理商）。根据所加入的中间环节的多少，有以下几种具体形式：

（1）一阶渠道。这是指在生产者和消费者中间只加入一个中间环节的销售渠道形式，即由生产者把商品出售给一个中间商，再由中间商把商品销售给顾客。

（2）二阶渠道。这是指在生产者和消费者中间有两个中间环节的销售渠道形式。这种销售渠道形式在消费品市场中应用很广。

（3）三阶渠道。这是指在生产者和消费者之间有三个中间环节的销售渠道形式。这三个中间环节一般是指代理商、批发商和零售商（或经销商）。

3. 代销渠道。这是指生产者和消费者之间有代理商为之服务的销售渠道形式。它既不同于直接销售渠道，又不同于间接销售渠道，它与生产者之间并不是商品买卖关系，在商品流通中它不属于中间环节，而只是接受顾客（客户）的委托，办理代购、代销、代储、代运、代存等业务，以佣金或手续费方式赚取报酬，没有商品的所有权。如贸易中心，贸易货栈，贸易信托公司等的代营业务。

（三）影响选择销售渠道的因素

企业在出售产品之前，都有一个选择怎样的销售渠道的问题。影响企业选择销售渠道的因素很多，企业要选择正确的销售渠道，就必须对各因素进行充分的了解、研究和分析。影响选择销售渠道的主要因素有：

1. 商品因素。商品本身的特点，是企业在选择销售渠道时首先应考虑的因素，主要考虑商品价格高低、体积大小、分量轻重、是否易腐或易损坏、技术与服务要求、是否是新产品和季节性产品等。对单价高、体积大、分量重、易腐易损坏、售前售后技术服务要求较高、新产品和季节性强的商品，应尽量减少销售渠道或采用直接销售的销售渠道。对日用百货及生产资料中的通用的、标准化的商品宜采用间接销售渠道。对专用商品、需求量大的原材料、燃料等，销售渠道应短些。

2. 市场因素。商品和市场是不可分割的，因此，市场因素也是影响销售渠道选择的重要因素。它主要包括：① 市场范围大小。如果市场范围大，渠道则较长；反之，渠道则短些。② 顾客的集中程度。如果顾客分散，宜采用长而宽的销售渠道；反之，宜采用短而窄的销售渠道。③ 顾客购买数量的多少。如果顾客购买数量少、次数多，可采用长的销售渠道；反之，购买数量大、次数少，则可采用短的销售渠道。④ 中间商的数目。按中间商数目的不同，可分为密集分销、选择性分销、独家分销。密集分销是指生产企业同时选择较多的经销代理商销售产品，如日用品、小工具、标准件等多采用这种分销方式。选择性分销是指在同一目标市场上，选择一个以上的中间商销售本企业产品，而不是让所有愿意经销本企业产品的中间商都销售本企业产品，如消费品的选购品和特殊商品、工业品中的零配件宜采用此种分销方式。独家分销是指企业在某一目标市场，在一定时间内，只选择一个中间商销售本企业的产品，双方签订合同，规定中间商不得经销竞争者的商品，制造商则只对选定经销商供货，如工业品中的专用机械设备可采用这种分销方式。⑤ 竞争者状况。当市场竞争不激烈时，可采用同竞争者类似的分销渠道；反之，则采用与竞争者不同的分销渠道。除以上因素外，还要考虑消费者的购买习惯、市场地理分布状况、市场销售的季节性等。

3. 企业自身因素。选择销售渠道，还必须充分考虑企业自身条件，主要包括企业声誉好坏、资金实力和销售力量的强弱、提供售后服务的能力等。如果生产企业的声誉好、资金实力雄厚、销售力量和售后服务力量强，可采用直接销售渠道；反之，宜采用间接销售渠道。

4. 社会环境等因素。企业所处的社会环境及国家有关法律、法规、政策，如专卖制度、反垄断法、进出口规定和税法等，对企业销售渠道的选择有很大的影响，在选择时必须加以考虑。

（四）销售渠道策略

企业为了实现经营目标，扩大商品销路和企业影响，以获得最佳的经济效益，必须将商品以最快的速度，最适宜的价格，送到最终消费者手里。这就需要研究销售渠道策略，即如何确定销售路线的长短、宽窄，选择合适的中间商，保证商品的畅销。研究销售渠道策略可以从几个方面着手：① 销售渠道长短的选择。② 销售渠道宽窄的选择。③ 广泛的销售渠道。④ 有选择的销售渠道。⑤ 独家销售渠道。⑥ 中间商的选择。

二、进入国际市场的销售渠道策略

当企业选定了要进入的目标市场以后，进一步要解决的问题，就是用什么样的销售渠道策略进入国际市场。这不仅关系到商品的销售，而且关系到进入国际市场的商品定价、广告宣传和其他各项促销活动的安排，也关系到对市场的控制程度。企业进入国际市场策略的主要形式如图 8-3 所示。

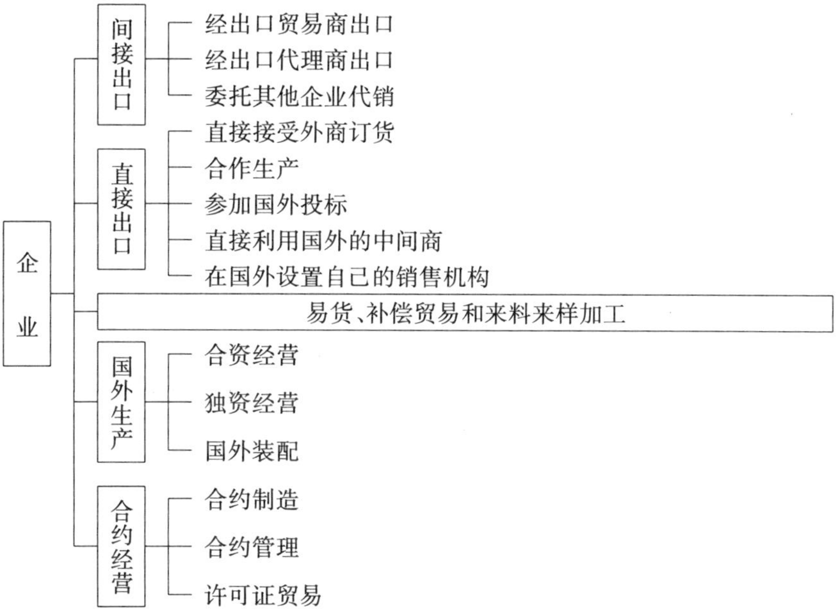

图 8-3 企业进入国际市场策略的主要形式

(一) 间接出口策略

间接出口策略，即企业通过国内的中间商或国外的伙伴，出口商品的国际市场销售渠道策略。间接出口比直接出口具有投资少、风险小的特点，但企业并没有真正从事国际市场的经营，所以也不需要有对外经营的专门知识、专门技术和专门机构，也无需考虑选择和控制国际市场的问题。间接出口具体有：经出口贸易商出口商品、经出口代理商出口商品、委托其他企业代销。

(二) 直接出口策略

直接出口就是由企业独立地完成一切对外出口的业务的策略。也就是企业真正从事国际市场的经营活动。这就需要由企业自己建立开发国际市场的业务机构，对国际市场有较多的了解和较大的控制力，并能在实践中掌握开发国际市场的技巧。

与间接出口相比,它具有风险大、投资多、费用高的特点。直接出口有:直接接受外商订货、合作生产、参加国外投标、直接利用国外中间商和在国外设置销售机构。

(三) 易货、补偿贸易、来料来样加工策略

1. 易货。这是指以货换货,即通过进口为我所需的紧缺物资来同时交换我方出口产品的一种进入国际市场的策略。

2. 补偿贸易。这是易货贸易的一种衍生,是在信贷的基础上,购进国外的机器设备、生产技术以及其他产品和劳务,并用投产后的产品或双方事先商定的其他商品来偿付的贸易方式。

3. 来料来样加工。来料来样加工是由外商自备原材料、元器件或零部件,由我方按其约定的规格、质量和技术标准,加工成成品提交对方而获取加工费的一种国际市场进入策略。

(四) 合约经营

合约经营主要有以下三种形式:

1. 合约制造。合约制造正好同接受外商订货形式相反。这是指企业同国外的制造商签订"合约制造"合同,让外商根据合同生产产品,由企业自己在国际市场上销售,以控制销售权的市场策略。这种形式主要适用于那些在国际市场上有较好的声誉和较强销售能力,但由于某些原因而不愿在国外设厂的企业。

2. 合约管理。这是指拥有较高管理技术的企业,同国外企业签订"合约管理"合同,按合同规定向国外企业派出管理人员,提供管理技术,承担经营权利,通过进出口管理这一途径,分享该国企业利润的市场策略。

3. 许可证贸易。许可证贸易是通过出售许可证方式,允许外国企业使用自己的技术、专利或商标,并从生产出来的产品中提取一部分利润作为技术、专利或商标输出的代价的一种国际市场销售渠道。这是由卖方同买方签订"许可证协议",按协议规定向买方转让技术诀窍、发明专利和商标等的使用权。这种方式对卖方来说是一种技术输出,对买方来说可以利用这种形式引进先进技术,并利用原有的品牌、商标、标签等,把产品打入国际市场。许可证贸易简便易行,没有风险;但许可证购买者可能成为出售者的竞争对手,从而使出售者失去一部分国际市场。许可证协议一般有:独占许可证、排他许可证、普通许可证和可转售许可证四种。

(五) 在国外直接投资生产

这实际上是一种以资本和技术输出带动商品输出的进入国际市场的策略。现在,一些有条件的企业都纷纷在国外设厂或子公司,从事跨国经营。这种策略有利于外汇的运用,充分发挥资金的效益;也有利于做好国际市场的调查研究工作,使出口商品适销对路,多创外汇;同时,对于有效地学习国外先进技术和管理方法,培养国际营销人员有很大的好处。

总之，企业要进入国际市场，必须根据自身的条件、商品的特点和国际市场的特点，选择合适有利的销售渠道策略。

第二节 促销策略

一、促销策略的概念

促销即促进销售，是指促进产品销售活动的总称。它通过人员和非人员的方法来宣传和介绍产品，激发消费者的购买兴趣和购买欲望，产生购买行为，从而达到销售目的。其基本含义就是企业要加强与消费者之间的信息沟通，促进顾客购买欲望的发生和消费方式的变化，使顾客对卖方产生好感，从而产生购买行为。在促销工作中，有人员推销和非人员推销两种方式，前者是指人员推销、营业推广和公共关系，后者是指广告宣传、网络营销等促销。为了达到企业促销目标，即出售商品和树立企业声誉两大要求，必须对各种促销方法进行选择、组合和应用。

促销是市场经营组合中的一个要素，其本身又包括几个要素，也就是如前所述的广告宣传、人员推销、营业推广、公共关系和网络营销的方法。如同市场营销组合一样，要达到占领目标市场的目的，促销的各要素也必须组合起来，才能产生最佳效果。换言之，企业要有计划地把人员和非人员的各种促销手段配合起来，形成一个促销的策略组合，并使之成为企业市场营销组合中的一个"次组合"，在市场经营战略中发挥其应有的作用(见图 8-4)。

为什么要将促销的诸要素加以组合呢? 因为每一要素(或方法)都有它的长处和短处以及各自的适应面。如人员推销成交效果好，但影响面小，且费用高；广告宣传、网络营销辐射的面广，费用不多，但成交效果差；营业推广成交效果好，费用有多有少，但不同的推广方法都有特定的影响面；公共关系的成交效果虽然不明显，但它有持久的作用，是一种长效应的广告。因此，必须根据商品的性质、产品所处寿命周期阶段等各方面的要求，选择促销策略，制定最佳的促销组合。具体应注意以下几点：

1. 被推销商品的性质。不同性质和种类的商品，消费者的购买目的、习惯等都不同，所采用的促销方法也应不同。一般来说，生活资料的技术性能和使用技术比较简单，可较多地采用广告宣传、网络营销，可影响广大的消费者；生产资料购买的选择性强，技术性能和使用技术都很复杂，宜采用人员推销，以便能当面向用户解释说明，解答疑问。营业推广和公共关系对生活资料和生产资料都可以用，但营业推广偏重于生活资料，公共关系偏重于生产资料，两者均属于辅助性促销方法。

2. 促销的基本策略。企业的促销策略，按照其基本特性来看，可分为"推动"和"拉引"两种。所谓"推动"策略主要是指企业依靠人员推销的力量将产品推向批

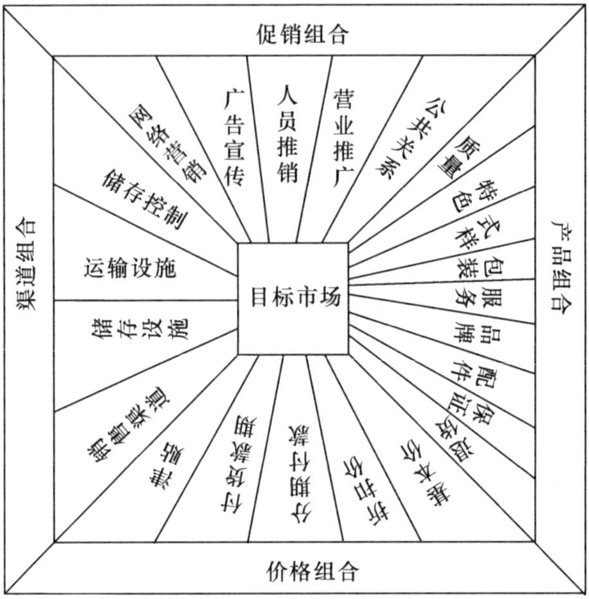

图 8-4　营销组合第一、第二层次要素图

发商,再由批发商推向零售商,最后由零售商推向消费者,如此把商品推向市场,以促进销售。“拉引”策略则与“推动”策略相反,主要是企业依靠广告宣传、网络营销等手段,吸引潜在消费者,使之产生对商品的需求和购买的欲望,于是向零售商购买,零售商见商品销路好就会向批发商要货,而批发商见商品销路好又会积极向企业要货,如此把消费者拉向企业的产品,以促进销售。

但在具体操作中,究竟何时应以“推动”策略为主,何时应以“拉引”策略为主呢?这要具体分析,如图 8-5 和图 8-6 所示。

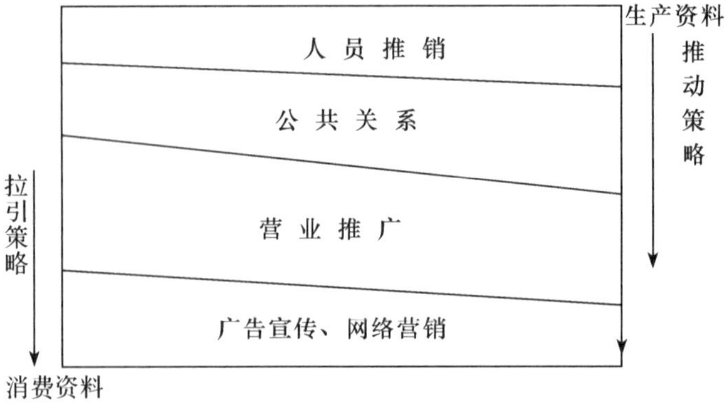

图 8-5　不同商品和策略的具体应用

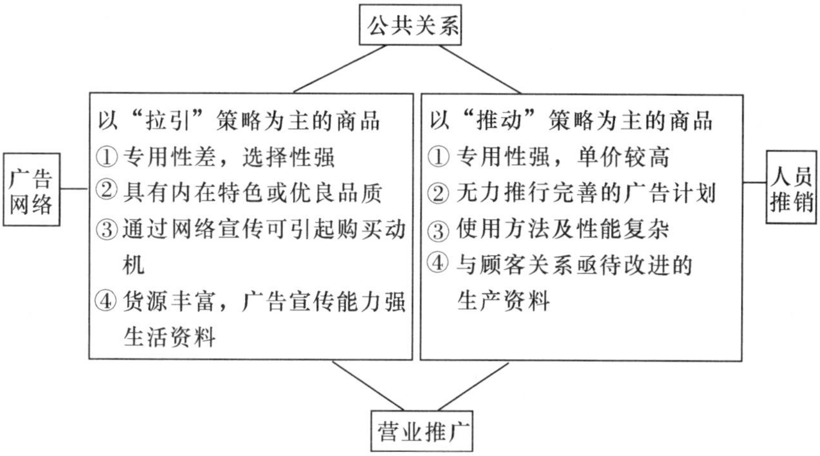

图 8-6 不同商品和策略的主要运用促销方式

3. 产品寿命周期所处的阶段。不同的产品其寿命周期不同,或相同产品处在不同的产品寿命周期阶段,其采用的促销方法亦不相同,促销重点也不相同。其促销方式选用如图 8-7 所示。

产品寿命周期	促销的重点	促销的方法
投入期	了解、认识并试用产品	充分利用广告宣传
成长期	对商品产生兴趣并发展至偏爱,扩大销售量	扩大广告宣传
成熟期	稳住消费者,保持市场占有率	进一步利用广告宣传,并辅之以营业推广
衰退期	争取老市场、开拓新市场	营业推广为主,辅之以广告、减价

图 8-7 消费资料产品寿命周期不同阶段促销的重点和方法

4. 产品的目标市场。目标市场的范围大小、类型以及顾客情况的不同,促销策略也随之不同。市场范围小,属生产资料类的,宜采用人员推销,效果也较好,属生活资料类的,广告宣传效果较好;另外顾客的文化层次高,可采用知识性、说理性强的宣传,否则,可采用直观的视听广告、宣传等。

5. 促销费用的预算。企业推销产品,必然要花费一定的费用,对此费用应预先有个测算,尽可能以较少的费用开支取得较大的销售效果。促销费用的大小与促销策略的选择有很大的关系,但并非费用越大的促销组合策略是最佳的促销手段，关键要看促销组合策略的实际经济效果。促销费用到底多少为宜，主要看顾客对商品的需求状况、企业对费用能负担的程度、竞争者的促销策略以及产品所处寿命周期阶段等多方面情况综合而定。

二、广告策略

广告是指商品生产者或服务提供者承担费用，通过一定的宣传媒介和形式，向公众直接或间接地介绍自己所推销的商品或所提供服务的信息活动。广告的主要内容包括确定广告目标、制定广告预算、决定广告信息、选择广告媒介、评价广告效果等。

广告是一种强有力的促销工具，它最主要的作用是：传递信息，沟通产销；刺激需求，促进销售；介绍知识，指导消费；树立形象，加强竞争。消费者通过广告，对比各种同类商品的质量、声誉、价格等条件，以选购合适的商品。

广告策略主要有：集中宣传策略、延续不断宣传策略、阶段性宣传策略、拉引策略。

三、人员推销策略

人员推销是指企业聘请专门人员，深入进货单位或消费者，通过访问、座谈、操作表演等直接的商品介绍方式，促使对方购买的一种销售促进方式。人员推销可采取建立自己的销售队伍、使用专业合同推销员、雇佣兼职销售点上的推销员。他们的任务是探寻市场、收集情报、传递信息、寻找顾客、销售商品、开展售前、售中、售后跟踪服务。

推销人员的工作是一种创造性的劳动，因而要讲究人员推销的策略。推销工作的策略主要有：刺激—反应策略，启发—配合策略，推动策略，需要—满足策略，技术服务结合的策略，利用专家、名人介绍的策略，联络感情的策略，售后服务策略，方便用户策略，灵活定价策略，密切与中间商关系的策略等。

四、营业推广策略

营业推广是指为了在目标市场中，刺激需求，扩大销售，而在销售过程中采取激励购买的各种暂时性措施。

营业推广的方式多种多样，而且变化快，不断有创新。主要的推广方式有：对消费者的推广、对中间商的推广、对推销人员采取鼓励形式等。

企业在进行营业推广时，必须正确运用营业推广策略。营业推广的策略亦灵活多样，主要有：盈利策略，推动策略，拉引策略，有限时间策略，有限规模策略，最佳推广策略等。

五、公共关系策略

公共关系是生产者用不同方式影响公共舆论的艺术。它包括企业面向社会广大公众的一切宣传工作，如新闻报道、产品宣传、参与举办各种公益活动、开展咨询活动、展销会等。开展公共关系是为了增进顾客和社会各界对企业的信任和支持，提高企业及其产品的社会声誉，诱发、引导和强化顾客的购买动机，促进产品销售，有利于企业的生产不断发展。同时，公共关系是市场经济发展的产物，是现代市场经营观念的具体应用，是市场经营战略中的一个重要内容。它不是一项急功近利的工作，而是一项有计划的、持久的、基础的系统工程，它的着眼点在于，社会公众对企业的关心，社会舆论对企业的支持和对潜在消费者的长远影响。

第三节　网络营销和交易谈判

一、网 络 营 销

(一) 网络营销的含义与方式

网络营销是借助电子通信技术和数字交互媒体技术、以互联网络为操作平台的一种全新的营销活动。网络营销是在虚拟的计算机空间(即电子虚拟市场)进行运作，并在网络上开展的营销活动。要开展网络营销，首先要上网。上网有两种方式：① 上网寻找别人放在网站上的信息、电子邮件信箱；② 将自己的信息放到网站上供别人来调阅。应该说，使用这两种方式中的任何一种都可以开展网络营销。

企业采用网络营销的方式和手段很多，主要包括：网上市场调查、网上消费者行为分析、网上产品和服务推介、网上渠道选择和直销、网上促销以及网络营销管理与控制等。

(二) 网络营销的特点

网络营销的特点是：

1. 跨时空。互联网具有超越时空进行信息交换的特点，使企业脱离时空限制达成交易成为可能，企业可以有更多的时间和更大的空间进行营销，可每周 7 天，每天 24 小时，随时随地提供全球性营销服务。

2. 互动性。互联网营销是一对一和交互式的，顾客可以参与到公司的活动中来。因此借助互联网络，企业更能加强与顾客沟通和联系，更能了解顾客的需求，更易引起顾客的认同。

3. 个性化。由于互联网营销是互动式的，这样就为实施个性化营销提供了基础。顾客可以通过互联网在企业的引导下对产品或服务进行个性化选择或提出具体要求,企业则可以根据顾客的个性化要求及时进行生产并提供个性化服务。

4. 整合性。互联网络上的营销是一种集产品信息、收款、售后服务于一体的全过程营销。企业借助互联网络将不同的营销活动进行统一规划和协调实施,以统一的传播资讯向消费者传达信息,避免不同传播渠道中的非一致性产生的消极影响。

5. 高效性。电脑可储存大量的信息供消费者查询,可传递的信息数量和精确度远远超过其他媒体,并能顺应市场需求,及时更新产品和调整价格,因此能及时了解并满足顾客需求。

6. 经济性。通过互联网进行信息交换,代替以前的实物交换,可以减少印刷与邮递成本,可以无店面销售,免交租金,节约成本。

二、交易谈判

交易谈判是经济谈判的主要内容之一。交易谈判按交易对象又可分为产品购销谈判、劳务谈判、技术贸易谈判、房地产交易谈判等。

(一) 产品购销谈判

它是指以达到产品买卖成功为目的的谈判活动。这是交易谈判中最具代表性的谈判。产品购销谈判的内容十分广泛,一般包括:

1. 标的。它是购销双方当事人权利和义务所指的对象。

2. 数量和质量。这是购销谈判中的重要条款。在谈判中数量要确定,规定使用何种度量方法;质量必须有详细、明确的规定,要有具体的质量指标。

3. 价格与支付。价格水平的高低直接关系到谈判双方的经营成果,它是产品购销谈判中最重要、最关键的内容,是双方都最为关注的事,采用何种支付方式也极为重要。

4. 供货日期、地点和方式。在谈判时要确定在什么时间,什么地点,以什么方式供货。

5. 验收。验收分为数量验收和质量验收。数量验收一般在交货时进行;质量验收按协议规定的标准进行。

6. 违约责任。当谈判达成一致意见之后,若一方违约应承担什么法律责任,怎样制裁违约方,都应由双方通过谈判决定。

(二) 交易谈判的其他形式

交易谈判的其他形式,如劳务谈判、技术贸易谈判、房地产谈判等,在实际操作中都要注意交易对象、交易方式、交易价格、费用支付方式、违约责任等谈判内容。当然它们也都有各自的特点,谈判者应当熟悉各种谈判所涉及的具体业务。

(三) 交易谈判的策略

在交易谈判中应用的策略一般有：

1. 单刀直入策略。单刀直入，直奔主题，容易使谈判双方彼此知道对方的要求，确定己方能承受的程度，最后本着双方满意、双方获益的原则达成协议。

2. 一对一交换策略。在交易谈判中，谈判双方对利益追求是不同的，如有的一方追求的是价格。而另一方追求的却是服务、产品的质量等。所以运用一对一交换策略可使双方满意。

3. 先下手为强策略。在交易谈判中，为了防止对方先提出条件又不肯让步，己方可以采用先下手为强策略。先下手为强就是在谈判中先发制人，首先由己方提出条件，如对交易产品的报价，使对方处于被动地位，从而使谈判朝着有利于己方的方向发展。

4. 价格陷阱策略。它是卖方利用买方对价格的不完整理解，引诱对方来谈判，并获得额外利益的方法。低价陷阱就是卖方开出低价，引诱买方前来，然后以其他名义再把价格提上去；或者卖方开出的低价本身就是一个相当高的价格，只是用了“优惠”“打折”等诱人的字眼而已。

5. 寻求共同利益策略。当我们遇到一个强硬的对方主谈人时，就要找到一种既可满足对方利益又符合我方利益的解决方法。

总之，在交易谈判中，要使谈判取得成功，主谈人是关键。主谈人要将谈判小组集体研究的谈判目标和谈判策略在谈判桌上予以实现，这就要求主谈人思维敏捷、精通业务、知识广博、善于逻辑推理，具有把握谈判主动权、驾驭谈判进程的能力，并且还要口齿伶俐，具有吸引人的魅力和说服对方的本领。

3 第三篇

生产管理与控制

第九章

生产过程组织与控制

生产过程组织与控制是企业生产管理的重要内容，它是研究企业怎样从空间上和时间上合理地组织产品（或服务）生产，使生产过程能以尽量少的劳动消耗和劳动占用，生产出尽可能多的符合市场需要的产品（或服务），从而获得最好的经济效益。

第一节　生产过程组织的要求

一、生产和生产过程

（一）生产和生产系统

生产是人们创造产品和提供服务的有组织的活动，由一个企业或多个企业合作完成。生产构成人类社会生存和发展的基础。从形成生产过程来看，凡是将投入的生产要素转换成有效产品和服务的活动便称为生产。

生产系统是指将生产要素投入、转换和产出（产品或服务）集成一体的活动。这就是说，生产是一个整体，各个环节不能相互分离地运作，然而构成生产系统的各个环节仍具备自身的特征。生产系统模型如图 9-1 所示。

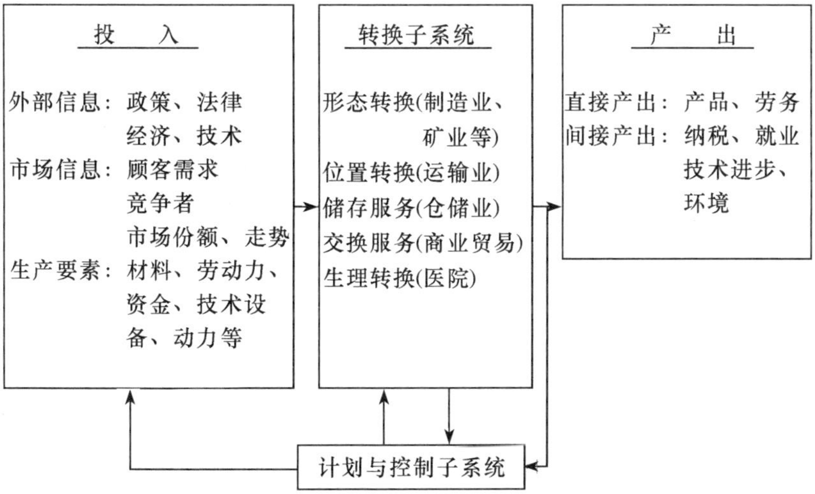

图 9-1　生产系统模型

从图 9-1 可以看出，生产系统将一组投入转换为一组预期的产出，生产转换子系统是此系统中的主体，各种投入在此系统中转换成产出，对机械制造业而言即为加工和装配过程。这些实物形态的转换子系统必须配以计划与控制子系统。对投入生产资源需求以及转换过程的作业订出计划，同时监测产出的数量、质量、成本，一旦发现偏差，管理者便采取校正行动。

转换子系统是生产系统的核心，它汇集了企业的绝大部分人力、物力和财力，使投入转换为产品和服务。所有企业至少有一个生产转换系统，只不过是转换的形式不同。以下面表 9-1 列举几个不同性质的企业为例予以说明。

表 9-1　典型的生产转换系统

企　业	主 要 投 入	转 换 系 统	产　出
汽车	原材料、外购零部件、设备、人员、动力	经加工和装配作业将投入转换成汽车(形体)	汽车
搬运公司	载货汽车、燃料、待运货物、载货汽车零部件、人员	包装和运输货物到目的地(位置)	发送后的货物
百货公司	顾客、商品柜台、存储的商品，售货员	吸引顾客，推销和出售商品(交换)	出售的商品
会计师事务所	人员、信息、计算机、建筑物和家具	吸引顾客，汇编资料，提供管理信息和计算机税额(信息)	管理信息 审计报表 计税服务
餐馆	顾客、食品、厨师	烹调食品和提供服务(生理和心理)	满意的顾客及美味食品
医院	病人、医生、护士、药物、医疗设备	诊断和治疗(生理)	康复的病人

在以上不同类型转换中，属于实物形体转换的企业可归之为制造业，而所有其他转换类型的企业则归之为服务业，由于人们习惯于把产出实物产品的制造企业和生产联系在一起，而把提供服务的服务型企业的生产转换过程称为运作。制造业与服务业的主要区别是：从产出的产品来看，制造业产品是有形的，而服务业产品是无形的、不可触知的；从投入来看，制造业投入的主体是物料，而服务业投入的主体是人力；从转换过程来看，制造业属资本密集型生产过程，而服务业属劳动密集型的生产过程。

（二）生产过程

产品的生产过程是指从原材料投入生产开始到成品制造出来为止的全部过程。产品生产过程是人们的劳动过程和自然过程的有机结合。劳动过程，就是劳动者利用劳动工具作用于劳动对象，使其按照预定的目的改变形状、结构、性质或位置的过程。自然过程是指在某些情况下，生产过程的进行还需借助于自然力的作用，使劳动对象发生物理或化学的变化，如冷却、干燥、自然时效、发酵等。

二、生产过程的组成

企业的生产过程，就其对产品出产所起的作用来看，主要可分为生产技术准备过程、基本生产过程、辅助生产过程、生产服务过程等。生产技术准备过程，是指产品投产前所做的全部生产准备工作，如产品设计、工艺准备、材料与工时定额的制定与修改、调整劳动组织和设备布置等。基本生产过程，是指企业直接从事加工、制造产品的生产过程，如汽车零件的加工、装配过程等。辅助生产过程，是指为保证基本生产正常进行所必需的各种辅助性生产活动，如动力生产、工艺装备制造、设备维修等。生产服务过程，是指为了保证基本生产和辅助生产所进行的各种生产服务活动，如原材料、半成品、工具的保管与发放、厂内运输等。此外，有的企业还有附属生产过程或副业生产过程。

在企业产品生产过程中，基本生产过程是最核心的组成部分。按产品结构和工艺特点不同，基本生产过程可以分为工艺流程式生产过程和加工装配式生产过程两类。工艺流程式生产过程，是指原材料从工厂的一端投入生产，按照固定的程序，经过连续加工而成为产品的过程。加工装配式生产过程，是指先将原材料加工成毛坯、零件，然后将各种零件进行部装、总装、试车，最后经检验合格而成为产品的过程。

企业的基本生产过程，按其工艺性质的不同又可分为若干工艺阶段，每个工艺阶段又可分为若干工序。工序是生产过程中的基本环节，是指一个或几个工人在同一个工作地（或同一台机床）上，对一个工件或同时对几个工件（多工位加工）所进行连续的作业。工序按其作用不同，分为工艺工序、检验工序和运输工序三类。工艺工序是指使劳动对象发生物理、化学或几何形状变化的作业；检验工序是指对原材料、半成品、成品的质量进行检验的作业；运输工序是指在工艺工序之间、工艺工序与检验工序之间运送劳动对象的作业。正确划分工序对于组织生产、制定劳动定额、配备工人、编制生产作业计划、进行质量管理等都有着直接的影响。

三、合理组织生产过程的要求

合理组织生产过程的目的，是使产品在生产过程中行程最短、时间最省、耗费最小、效益最高。为此，组织生产过程必须努力实现以下要求：

1. 连续性。要求产品在生产过程各阶段、各工序之间的流动，在时间上是紧密衔接而连续的，即产品在生产过程中始终处于运动状态，不发生或很少发生不必要的中断或等待的时间。

2. 比例性。要求产品在各工艺阶段、各工序之间的生产能力要保持适当的比例关系，即各个生产环节的工人数、设备数和生产面积等影响生产能力的诸因素要符合客观需要的比例。

3. 均衡性。要求企业及各个生产环节在相等的一段时间内生产相等或递增数量的产品，使各工作地负荷充分并相对稳定，不会出现前松后紧、时松时紧等不良现象。

4. 平行性。要求在生产过程的各个阶段、各道工序实行平行作业，对产品的各个零件、部件尽可能地组织平行加工制造。

5. 准时性。它是指在生产过程的各阶段、各工序都按后续阶段和工序的需要生产，即在需要的时候，按需要的数量生产所需要的产品和零部件。

6. 适应性(也称柔性)。要求生产过程适应市场复杂多变的特点，能灵活进行多品种、小批量生产。为了提高企业的适应能力，必须采用先进合理的生产组织方法，如网络计划技术、成组工艺和多品种混流生产等。

上述要求是相互联系相互制约的。生产过程的比例性是实现连续性、平行性的重要条件，是保证均衡性的前提；均衡性、连续性、平行性又相互影响，相互作用。满足这些要求，可使企业获得良好的经济效益。

第二节　企业的生产类型

一、企业的生产类型及其特点

为了科学、合理地组织企业的生产过程，有必要根据企业的特点，将其划分为不同的生产类型。根据企业生产产品品种多少、生产稳定程度、同种产品产量大小和工作地专业化程度等因素，可把企业划分为大量生产、成批生产和单件生产三种类型。它们的特点是：

1. 大量生产类型。产品品种少，同种产品产量大，生产条件稳定，经常重复出产同种产品，工作地固定完成一道或几道工序，专业化程度高。

2. 成批生产类型。产品品种较多，各种产品的数量不等，生产条件比较稳定，每个工作地要负担较多的工序，各种产品成批轮番生产，工作地专业化程度比大量生产低。成批生产按批量大小，又可分为大批生产、中批生产和小批生产。大批生产接近于大量生产，因而一般称为大量大批生产；小批生产接近于单件生产，因而一般称为单件小批生产。只有中批生产才具有典型的成批生产特点。

3. 单件生产类型。产品品种很多，每种产品只生产一件或几件之后不再重复生产，或虽重复生产但不定期，生产条件很不稳定，工作地专业化程度很低。

4. 项目生产类型。产品的体积庞大，难以搬运甚至固定不动，如船舶、飞机、桥梁和高速公路的构件等。

由于生产类型特点的不同，反映出来的经济效益也不相同。在大量生产条件下，工作地专业化程度高，可采用高效率的专用设备和工艺装备，便于组织流水线和自动线，工人操作简易，技术熟练，计划管理工作简单，具有较高的劳动生产率和较低的产品成本，经济效益最好。在单件生产条件下，工作地专业化程度低，一般采用通用设备和工艺装备，设备利用率和劳动生产率低，对工人技术水平要求高，计划管理工作复杂，产品成本高，经济效益最差。成批生产的经济效益介于大量生产和单件生产之间。例如，四吨载重汽车不同年度产量的单位成本有很大区别，年产量 100 辆，单位成本 8.1 万元；年产量 1 000 辆，单位成本 6.3 万元；年产量 3 000 辆，单位成本 4.8 万元；年产量 60 000 辆，单位成本 3 万元。

二、划分生产类型的方法

企业的生产类型，集中反映在工作地专业化程度上，因此往往把其作为划分企业生产类型的主要标志。划分生产类型的步骤是先确定工作地的生产类型，然后依次确定小组、工段、车间、企业的生产类型。

(一) 工作地生产类型的划分

工作地生产类型是划分小组、工段、车间和企业生产类型的依据。确定工作地生产类型的方法有工序数目法和工序大量系数法。

1. 工序数目法。这是指根据固定于工作地工序数目的多少来确定工作地生产类型的方法。以机械工业企业的工作地为例，可按表 9-2 的数据来划分工作地生产类型。对已投产和改建后的企业，可用此法确定生产类型。

表 9-2 工作地生产类型划分表

工作地生产类型		固定于工作地的工序数目
大量生产		1～2
成批生产	大批	2～10
	中批	10～20
	小批	20～40
单件生产		40 以上

2. 工序大量系数法。这是指根据工序大量系数值来确定工作地生产类型的方法。其计算公式如下：

$$工序大量系数=\frac{工序单件时间}{节拍}$$

$$节拍=\frac{计划期有效工作时间}{计划期零件产量}$$

工序大量系数表示在保证制品出产节拍的条件下，为完成每道工序所需设备的数量。它的倒数即为固定一个工作地上的工序数目。其计算公式如下：

$$工序数目=\frac{1}{工序大量系数}=\frac{节拍}{工序单件时间}$$

求出工序大量系数后，可根据表 9-3 来确定工作地的生产类型。

表 9-3　工作地生产类型确定表

工作地生产类型		工序大量系数值
大量生产		＞0.5 以上
成批生产	大　批	0.1～0.5
	中　批	0.05～0.1
	小　批	0.025～0.05
单件生产		＜0.025 以下

这种方法，一般适用于工厂设计和车间(生产线)设计。

(二) 小组、工段、车间、企业生产类型的划分

在确定工作地生产类型的基础上，根据大多数工作地生产类型决定小组或工段的生产类型，根据大多数小组或工段的生产类型决定车间的生产类型，根据大多数车间或主要车间的生产类型决定企业的生产类型。在实际工作中，有时也按产量指标来确定企业的生产类型。例如，我国的机床厂，一般年产同型号、规格的机床 10～100 台称为小批生产，100～500 台称为中批生产，500 台以上称为大批生产。

三、提高工作地的专业化程度

工作地专业化程度的高低决定着企业经济效益的好坏。因此，企业应采取切实有效的措施，不断提高工作地的专业化程度。提高工作地专业化程度的主要途径：

1. 积极组织专业化生产，为企业减少产品品种、扩大产量或零部件生产批量创造条件。

2. 改进产品设计，提高产品的系列化、零部件标准化和通用化水平，扩大标准件、通用件的使用范围。

3. 采用工艺规程典型化和成组工艺，即按零部件的形状、结构、工艺特点分类分组，组织同类型零部件集中生产，扩大生产批量。

4. 加强计划管理，在保证交货期与交货量的前提下，合理搭配产品品种，减少同时期内的品种数，扩大批量，提高工作地专业化程度。

第三节　生产过程的空间组织和时间组织

工业产品的生产过程，既要占用一定的空间，又要经历一定的时间。因此，合理组织生产过程，就需要将生产过程的空间组织与时间组织有机地结合起来，充分发挥它们的综合效率。

一、生产过程的空间组织

任何产品的生产过程，都需要在一定空间内，通过许多相互联系的生产单位来实现的，所以，工业企业必须根据生产需要，设置一定的空间场所，建立相应的生产单位（车间、工段、小组）和其他设施（仓库、运输路线、管道、办公室等）进行生产活动。企业内部生产单位的设备布置，通常有对象（产品）专业化设备布置、工艺专业化设备布置和成组式设备布置三种基本形式。这三种形式的设备布置如图 9-2(a)、(b)、(c)所示。

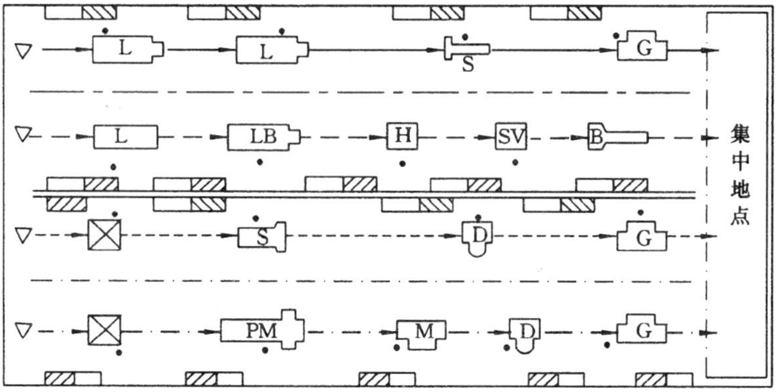

图 9-2(a)　功能式设备布置(对象或产品专业化)

(一) 对象(产品)专业化设备布置(功能式设备布置)

对象（产品）专业化是按照产品的不同来设置生产单位（车间、工段、小组）的。在对象（产品）专业化的生产单位里，集中着为制造某种产品所需要的各种设备和各工种的工人[图 9-2(a)]，能独立地完成产品生产，是封闭式的生产单位。如汽车制造厂的发动机车间、齿轮车间等。按照对象（产品）专业化组成的生产单位，其优点：产品在加工过程中，可采用先进的生产组织形式，生产周期短、运输路线短、在制品和流动资产占用量少；减少各生产单位协作往来联系，从而简化计划、调度、核

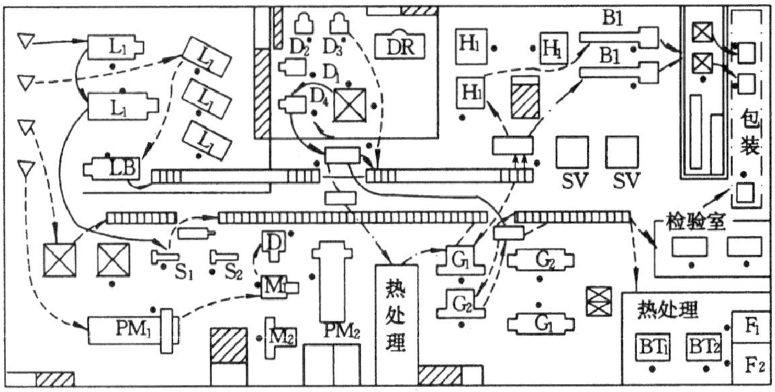

图 9-2(b) 机群式设备布置(工艺专业化)

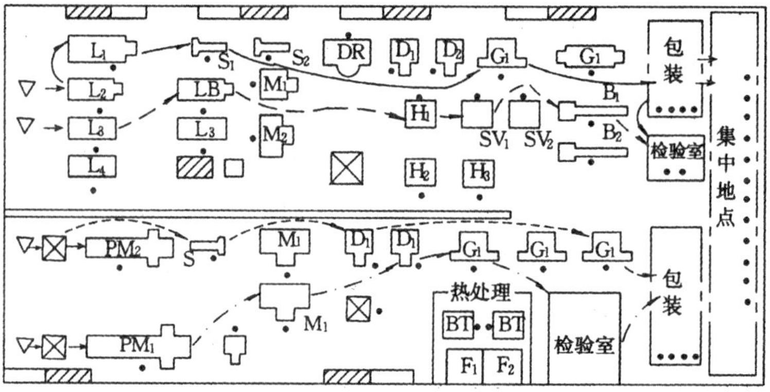

图 9-2(c) GT 式设备布置(成组式设备布置)

算等管理工作。其缺点:在产量不大时,难以充分利用生产设备和生产面积;难以对工艺进行专业化管理;对品种变换适应能力差。

(二) 工艺专业化设备布置(机群式设备布置)

工艺专业化,是按生产工艺性质的不同来设置生产单位的。在工艺专业化的生产单位里,集中着同种类型的设备和同工种的工人[图 9-2(b)],对企业生产的各种(多品种)产品进行相同工艺的加工。按工艺专业化形式组织生产单位的优点:有利于充分利用生产设备和生产面积;便于对工艺进行专业化管理和组织同工种工人的技术学习与交流;较灵活地适应品种变化的要求。其缺点:产品在加工过程中的周转环节多,运输路线长;生产周期长,占用流动资产多;各生产单位之间的协作往来频繁,计划、在制品和质量管理等工作复杂。

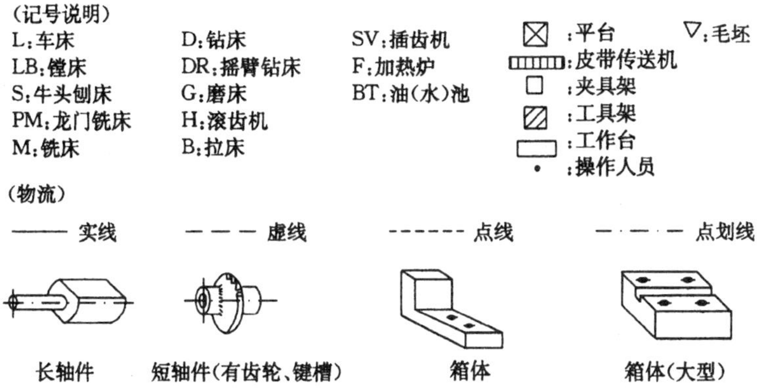

图 9-2(a)、(b)、(c)　三种设备布置(生产系统的结构)

(三) 成组式设备布置(GT 式设备布置)

成组式设备布置是处于以上两者中间状态的设备布置方式。在布置设备时，必须考虑相似零件组的加工，将设备排列成尽可能实行流水作业方式的加工单元。成组式设备布置见图 9-2(c)。它的优缺点间于上述两种专业化设备布置之间。

在实际工作中，上述三种形式，往往可以结合起来应用，有些车间按对象(产品)专业化布置设备，另一些车间按工艺专业化布置设备，再有一些车间按成组式布置设备，在一个车间内，有些工段和小组按对象(产品)专业化布置设备，另一些工段和小组按工艺专业化布置设备，再有一些工段和小组按成组式布置设备。究竟采用哪一种形式来布置设备，必须从企业的生产特点和具体条件，全面提高企业技术经济效益出发加以确定。

二、生产过程的时间组织

合理组织生产过程，不仅要求企业各生产单位、各工序之间，在空间上密切配合，而且要求劳动对象在生产过程的时间上紧密衔接，使人机料有效组合和运行，实现有节奏的连续生产，以达到提高设备利用率，缩短产品生产周期，加速流动资金周转，提高劳动生产率和降低产品成本的目的。

生产过程的时间组织，主要是研究一批零件在加工过程中，采用何种移动方式。一般来说，一批零件在工序间的移动方式有顺序移动、平行移动、平行顺序移动三种方式。

1. 顺序移动方式。这是指一批零件在上道工序全部完工以后，才送到下道工序去进行加工的移动方式。这种方式的特点在于，零件在工序之间是按次序连续地整批运送，生产周期长。这种移动方式加工周期的计算公式如下：

$$T_{顺} = n\sum_{i=1}^{m} t_i$$

式中：$T_{顺}$——一批零件顺序移动的加工周期；n——零件批量；m——零件加工工序数目；t_i——第 i 道工序的加工时间。

2. 平行移动方式。这是指一批零件中的每个零件在前一道工序完工后，立即传送到下一道工序继续加工的移动方式。这种方式的特点是：零件在各工序之间是逐件运送，并在不同工序上平行加工。这种移动方式的加工周期的计算公式如下：

$$T_{平} = \sum_{i=1}^{m} t_i + (n-1)t_{长}$$

式中：$T_{平}$——一批零件平行移动的加工周期；$t_{长}$——各道工序中最长工序的单件时间。

3. 平行顺序移动方式。它是顺序移动和平行移动两种方式的结合使用。也就是一批零件在前一道工序尚未全部加工完毕，将已加工好的一部分零件转送到下一道工序加工，并使下道工序能连续地加工完该批零件。其具体做法是，当后道工序单件加工时间比前道工序单件加工时间长，则前道工序往后道工序按件运送；当后道工序单件加工时间比前道工序单件加工时间短，后道工序的最后一个零件只能等到前道工序所有零件加工完毕后，才能开始加工，则后道工序的第一个零件加工时间，可从最后一个零件的加工时间依次向前倒推确定。这种移动方式的加工周期计算公式如下：

$$T_{平顺} = \sum_{i=1}^{m} t_i + (n-1)(\sum t_{大} - \sum t_{小})$$

或

$$T_{平顺} = n\sum_{i=1}^{m} t_i - (n-1)\sum t_{i较小}$$

式中：$T_{平顺}$——平行顺序移动方式加工周期；$t_{大}$——较大工序，是指某一道工序的单件加工时间比前道工序大，比后道工序也大；$t_{i较小}$——较小工序，是指某一道工序的单件加工时间，比前、后两道工序的单件加工时间都小；如果某道工序单件加工时间比前道工序时间长，比后道工序时间短，或者比前道工序时间短，比后道工序时间长，则略而不计。同时，应注意在找 $t_{大}$ 和 $t_{小}$ 时间之前，应在首道工序时间之前和末道工序时间之后加一个零数。$t_{i较小}$ 为从第一道工序起，前后两道工序两两相比，其中较小的工序加工时间。

现举例，将上述三种移动方式的加工周期用表加以对比。设某种零件批量 $n=3$ 件；加工工序数 $m=4$；每道工序的单件加工时间：$t_1=10$ 分钟，$t_2=5$ 分钟，

$t_3=15$ 分钟，$t_4=10$ 分钟。则该批零件的加工周期(T)如表 9-4 所示。

表 9-4 零件加工周期(T)

移动方式	工序号	工序时间(分钟)	时间(每格10分钟) 10 20 30 40 50 60 70 80 90 100 110 120 130	加工周期
顺序移动	1	10	(适用于单件生产)	120(分钟)
	2	5		
	3	15		
	4	10		
平行移动	1	10	(适用于大量大批生产)	70(分钟)
	2	5		
	3	15		
	4	10		
平顺移动	1	10	(适用于中小批生产)	80(分钟)
	2	5		
	3	15		
	4	10		

在实际工作中，运用上述计算公式求出各种移动方式的加工周期：

$$T_{顺}=n\sum_{i=1}^{m}t_i=3\times(10+5+15+10)=120(分钟)$$

$$T_{平}=\sum_{i=1}^{m}t_i+(n-1)t_{长}=(10+5+15+10)+(3-1)\times 15=70(分钟)$$

$$T_{平顺}=\sum_{i=1}^{m}t_i+(n-1)(\sum t_{大}-\sum t_{小})$$
$$=(10+5+15+10)+(3-1)\times(10+15-5)=80(分钟)$$

或
$$T_{平顺}=n\sum_{i=1}^{m}t_i-(n-1)\sum t_{i较小}$$
$$=3\times(10+5+15+10)-(3-1)\times(5+5+10)$$
$$=80(分钟)$$

从上述三种移动方式可以看出，顺序移动方式的生产周期最长，平行顺序移动方式的生产周期较短，平行移动方式的生产周期最短；在设备利用方面，当前道工序的单件时间长于后道工序的单件时间时，平行移动方式会产生机床停歇时间；在组织管理方面，顺序移动方式最简单，平行顺序移动方式最复杂。因此，在具体选择零件的移动方式时，应根据各自特点，结合生产的各种条件确定。当批量小，工序单件时间短，可采用顺序移动方式；当批量大，工序单件时间长，宜采用平行顺序移动或平行移动方式。对于工艺专业化的车间、工段、小组宜采用顺序移动方式；对象专业化的车间、工段、小组，宜采用平行或平行顺序移动方式。

三、合理安排零件的加工顺序

当在设备上加工的零件不止一种时，组织生产不仅要考虑零件在工序间的移动方式问题，更要考虑如何安排零件的加工顺序问题。下面主要介绍几种零件加工顺序的安排方法。

（一）多种零件由一台设备加工顺序的安排

当有几种零件都要在同一台设备上加工时，加工顺序的变动将直接影响生产的经济效益。例如，在一台 X52 立铣上加工 8 种零件的工时定额如表 9-5 所示。

表 9-5　加工 8 种零件的工时定额

零件编号	1	2	3	4	5	6	7	8
单件加工时间(分)	60	50	20	15	10	25	5	35

如果工作在上午 7 点钟开始，则第二号零件要到 8 点钟才能在铣床上加工，到 8 点 50 分完成。以此类推，排在后面的每个零件要等排在它们前面的零件完成后才能开始加工。某零件的加工完成时间等于排在它前面所有零件加工总时间加上该零件本身加工所需的时间。现将各个零件的完工时间列表 9-6 所示。

表 9-6　各个零件完工时间

零件编号	单件加工时间(分)	零件完成时间(分)
1	60	60
2	50	60+50=110
3	20	110+20=130
4	15	130+15=145
5	10	145+10=155
6	25	155+25=180
7	5	180+5=185
8	35	185+35=220
合计	220	1 185

从表 9-6 可知，零件总的完成时间是 1 185 分钟，平均完成时间为 148.125 分钟(1 185/8)。如果改变加工顺序，按加工时间由小到大的顺序安排，其总的完成时间如表 9-7 所示。

表 9-7 按加工时间由小到大的顺序安排，零件总的完成时间

零件编号	单件加工时间(分)	零件完成时间(分)
7	5	5
5	10	5+10=15
4	15	15+15=30
3	20	30+20=50
6	25	50+25=75
8	35	75+35=110
2	50	110+50=160
1	60	160+60=220
合计	220	665

从表 9-7 可知，零件总完成时间减少到 665 分钟，平均完成时间为 83.125 分钟(665/8)。

从上例可以看出，变换零件加工顺序，可以大大缩短零件等待加工时间，加速物流速度，提高车间生产场地利用率，相应减少在制品的保管工作量，有利于车间文明生产。

(二) 多种零件由两台不同设备加工顺序的安排

两台不同设备加工多种零件，它们的工艺顺序相同。用约翰逊—贝尔曼方法求解排序，可使总加工时间最短。现假设有五种零件均要经过先车后铣两道工序，这些零件的工时定额如表 9-8 所示。

表 9-8 零件的工时定额

零件名称 / 工序名称	A	B	C	D	E
车床加工(小时)	9	8	5	6	11
铣床加工(小时)	8	10	7	2	6

如何安排才能使零件加工顺序所需的加工时间最短。

安排加工顺序的步骤：首先，找出表中工序工时定额最小值的零件(若两个最小值相等，任取一个)，凡属前道工序的排在最前面加工，属后道工序则排在最后面加工；其次，将已作安排的零件剔除，再依次排序，直到排出全部零件的加工顺序，上例中 2 小时最短，属后道工序，则 D 零件最后加工；接着再找，5 小时最短，属前道工序，C 零件最先加工，接着再找，6 小时最短，属后道工序，E 零件排在最后加工，则须排在 D 零件之前加工；以此类推，便可找出全部零件的最优加

工顺序如下：

C→B→A→E→D

采用这种加工顺序，上述五种零件的全部加工所需时间最短，即总的加工周期为 41 小时，其加工周期可用条形图如图 9-3 所示。

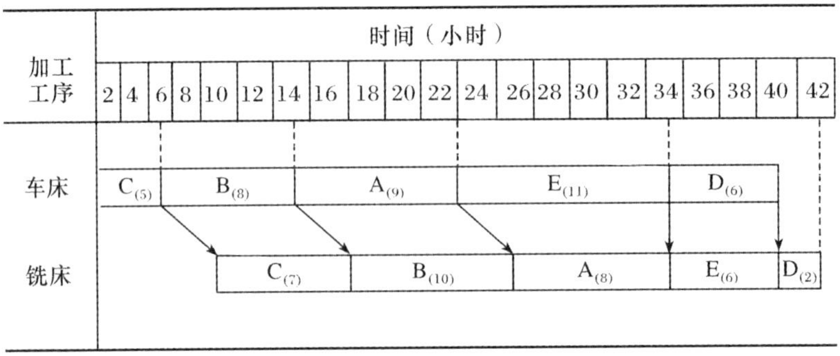

图 9-3 生产周期图示

（三）多种零件由三台不同设备加工顺序的安排

当几种零件在三台不同设备上加工，而工艺顺序相同时，可用约翰逊—贝尔曼的扩展方法来安排顺序；但要求各零件在三台设备上的加工时间必须符合下述条件之一：A 设备上的最短加工时间大于或等于 B 设备上的任一加工时间；或 C 设备上的最短加工时间大于或等于 B 设备上的任一加工时间。符合上述条件之一时，可把该设备的各零件加工时间与另外两台设备的各零件加工时间依次分别相加，合并为假想的两台设备，再按两台设备安排顺序。

例如，设有五种零件在三台不同设备上的加工时间如表 9-9(a)所示，求如何安排才能使总加工时间最短。

表 9-9(a) 五种零件在三台不同设备上的加工时间

零件名称	加工时间(小时)		
	车床(A)	铣床(B)	磨床(C)
甲	15	3	4
乙	10	4	7
丙	8	6	3
丁	7	5	8
戊	11	2	6

表 9-9(b) 各零件在两台假想设备上的加工时间

假想设备	
G=A+B	H=B+C
15+3=18	3+4=7
10+4=14	4+7=11
8+6=14	6+3=9
7+5=12	5+8=13
11+2=13	2+6=8

从表 9-9(a) 看出，车床 (A)上的最短加工时间大于铣床 (B) 上的任一加工时间，符合将三台设备变换为两台设备条件，故用G、H来代替这三台设备，并计算出各零件在两台假想设备上的加工时间，如表 9-9(b) 所示。经合并为两台假想机床 (G、H) 之后，便可排出全部零件的最优加工顺序为：丁→乙→丙→戊→甲。总的加工周期是 58 小时，为最短。绘成条形如表 9-10 所示。

表 9-10 总的加工周期绘成条形

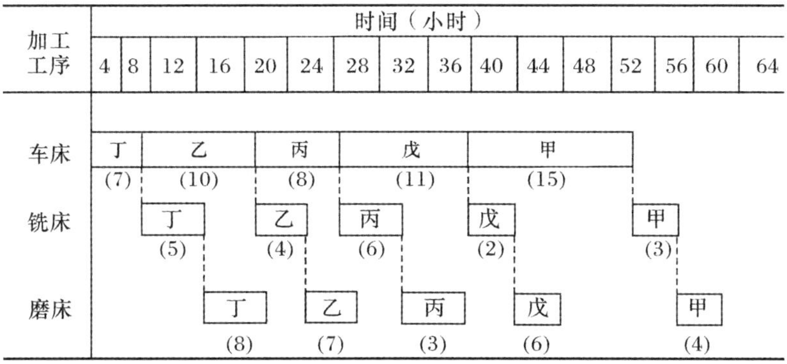

多种零件在多种机器设备加工的复杂情况下，可借助于电子计算机进行计算求解。

第四节 流水生产的组织与控制

一、流水生产及其优越性

流水生产是对象专业化组织形式的进一步发展，是一种高效率的先进生产组织形式。它是指产品(零件)在生产过程中，按照规定的路线和速度，从一台设备到另一台设备，从一个工作地到另一个工作地，像流水般地进行移动的生产组织形式。流水生产与非流水生产相比，具有多方面的优越性，即有利于提高劳动生产率和设备利用率；有利于缩短产品生产周期，减少在制品占用量，降低产品成本；有利于满足合同交货期的要求，极大地提高企业经济效益。

(一) 流水生产线的特征

流水生产线的基本特征是：① 流水生产线上每个工作地完成一道或几道工序都是固定的，因此，工作地专业化程度高；② 工作地和设备按产品加工顺序排列；③ 规定各道工序的加工时间之间成相等或倍比关系；④ 按规定的节拍或时间间隔出产产品；⑤ 生产过程具有高度的连续性。

(二) 流水生产线的分类

流水生产线可按不同的标志进行分类：① 按生产对象移动方式不同,可分为固定流水线和移动流水线；② 按生产对象的数目不同,可分为单一对象流水线和多对象流水线；③ 按生产对象轮换方式不同,可分为不变流水线和可变流水线；④ 按生产过程连续程度不同,可分为连续流水线和间断流水线；⑤ 按流水线节奏性不同,可分为强制节拍流水线和自由节拍流水线；⑥ 按流水线的机械化程度不同,可分为手工流水线、机械流水线和自动生产线。

(三) 组织流水生产线的条件

组织流水生产,需要具备一定的条件：① 要有足够大的产品产量,以保证流水线上各工作地充分负荷；② 产品结构和工艺过程相对稳定；③ 工艺过程能划分为简单的工序,而工序的分解与合并可以满足工序同步化的要求。

二、流水线的组织设计

流水线设计工作包括技术设计和组织设计。技术设计的任务是设计流水线上所需各种专用设备和工艺装备,主要由工程技术人员来承担;组织设计的任务主要由生产组织管理人员来承担。

流水线组织设计的步骤与有关计算方法如下。

(一) 确定流水线平均节拍

平均节拍是指流水线上连续出产前后两件产品之间的时间间隔。平均节拍的计算公式如下：

$$r_{平}=\frac{T_{效}}{Q}$$

式中：$r_{平}$——流水线的平均节拍(分/件)；$T_{效}$——计划期有效工作时间(分)；Q——计划期产品出产量(件),包括计划产量和预计废品量。

(二) 组织工序同步化(同期化)

工序同步化是指通过采取技术组织措施,使各道工序的加工时间与流水线的平均节拍相等或成倍比关系。这是组织连续流水生产线的必要条件。

(三) 确定设备(或工作地)数量

流水线上各道工序的加工时间,都必须接近节拍或节拍的倍数,但实际上各道工序的加工时间长短不一。为了适应节拍的要求,必须计算每道工序确切需要的设备(或工作地)数量。其计算公式如下：

$$N_{计}=\frac{t_i}{r_{平}}$$

式中：$N_{计}$——某工序需配置的设备(或工作地)数量;t_i——第 i 道工序单件时间定额。

按上式计算出来的设备(工作地)数量可能有小数,而实际取设备(工作地)数,应取接近于计算数的整数。

(四) 计算设备(或工作地)负荷率和流水线的平均负荷率

在确定各工序实际采用的设备（工作地）数后，还应分别计算各工序的负荷率与整条流水线的平均负荷率。计算公式如下：

$$n_i = \frac{N_{计}}{N_{实}} \qquad \bar{n} = \frac{\sum N_{计}}{\sum N_{实}}$$

式中：n_i——第 i 道工序的设备(工作地)负荷率；$\bar{n}$——整条流水线平均负荷率，一般要求 $\bar{n} \geqslant 75\%$；$N_{计}$——某工序计算所需设备(工作地)数；$N_{实}$——某工序实际采用设备(工作地)数。

(五) 确定流水线所需工人人数

流水线上工人人数，要根据工作地数、工作轮班数、一名工人可同时看管的设备(工作地)数和工人的缺勤率来确定。整条流水线还要安排几名多面手工人，以替换缺勤的工人，流水线所需工人数的计算公式如下：

$$S_{总} = \sum_{i=1}^{m} S_i(1+a) + C$$

式中：$S_{总}$——所需工人总数；S_i——第 i 道工序所需工人数；a——缺勤率；C——后备多面手工人。

$$S_i = \frac{N_{实}}{V_i} \times b$$

式中：V_i——第 i 道工序一个工人同时看管的设备(工作地)数；b——流水线工作轮班数。

(六) 选择流水线的运输工具

流水线上可采用的运输工具很多，如皮带、传送带、辊道、回转台、各种运输车、重力滑道、传送链等。最常用的是传送带，它可节省辅助工人，缩短运输时间，按规定节拍进行生产。传送带长度和速度的计算公式如下：

$$L = 2(\sum I_1 + \sum I_2) + I_3$$

式中：L——传送带总长度；$\sum I_1$——工作地长度之和；$\sum I_2$——工作地之间距离之和；I_3——传送带两端需要长度。

$$V_{速} = \frac{I_4}{r_{平}}$$

式中：$V_{速}$——传送带速度；I_4——相邻两件加工产品之间的中心距离。

(七) 流水线的平面布置和设备(工作地)的排列

流水线的平面布置要有利于工人操作，运输路线最短以及有效利用生产面积。流水线上设备(工作地)的排列，要符合工艺路线的顺序，符合产品总的流向，以尽可能缩短运输路线，减少运输工作量。

三、多品种混流生产的组织

它是将工艺流程、生产作业方法基本相同的若干个产品品种，在一条流水线上科学地编排投产顺序，实行有节奏、按比例地混合连续流水生产，并以品种、产量、工时、设备负荷全面均衡为前提的生产方式。多品种混流生产适用于加工工艺基本相同，生产设备不需要调整，工、夹、模具可以快速调换，而设备负荷又能负担多品种生产的流水生产和成批生产的企业。它的前提是生产条件稳定，专用设备通用，或增加少量的设备和工、夹、模具，有通用性的专用生产工序，企业生产管理良好。企业编排混流生产投产顺序的方法主要有生产比例法、生产比例倒数法、逻辑运算法等。它们的基本原理是生产平准化原理。

四、生产平准化

生产平准化是在多品种生产条件下，科学地组织和管理可变流水线上若干种产品投产顺序的一种最优化方法。它有以下几个基本特点：第一，属于多品种流水生产方式，且要减少批量，增加批次；第二，同一条流水线上多品种变换生产；第三，选择一个最优化的投产顺序。

最优化的投产顺序，要满足以下要求：第一，当各种产品产量相同时，各种产品应按规律进行相间性投产；第二，当各种产品产量不同时，应按照一定的逻辑规律制定投产顺序，组织各种产品顺序变换投产；第三，实行相间性投产或按逻辑规律规定的顺序投产，投产顺序在坐标图上的折线，均应以最小的幅度规律性地沿平准线摆动，并趋近于平准线。这种按逻辑程序规定多品种可变流水线最优投产顺序的方法，称为生产平准化。

现举例说明生产平准化的含义。

1. 生产两种产品，且产量相同。如A、B两种产品各生产10个单位。可以有三种投产顺序，如图9-4所示。

(a)	AA…A 10个单位A产品		BB…B 10个单位B产品	
(b)	AA…A 5个单位A产品	BB…B 5个单位B产品	AA…A 5个单位A产品	BB…B 5个单位B产品
(c)	AB AB AB…AB		10组相间投产	

图9-4 三种投产顺序

图 9-4 中的(a)表示先投产 10 个单位 A 产品,再投产 10 个单位 B 产品;图 9-4 中的(b)表示 A 与 B 型产品有规律地相间(穿插)投产。显然,按图 9-4 中的(c)组织流水线的生产才符合生产平准化的要求。

如果用横坐标(x 轴)表示投产 A 产品,用纵坐标(y 轴)表示投产 B 产品,则可将图 9-4 中的(a)、(b)、(c)三种投产状态分别用三种坐标图来表示。见图 9-5 的(a)、(b)、(c)所示。

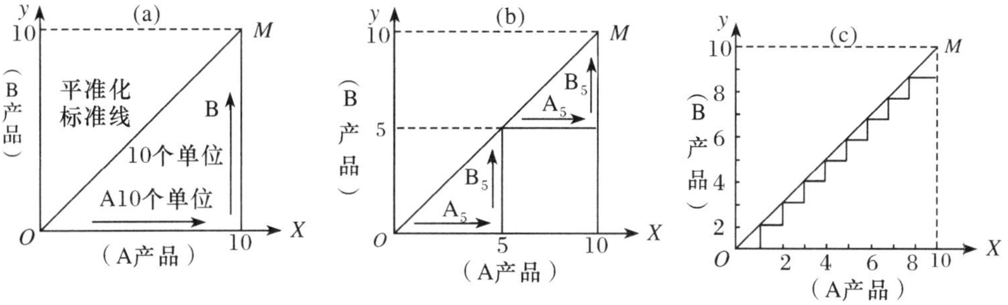

图 9-5 三种投产状态

将坐标图中原点 O 与最末产品终点 M 连成 OM,称为平准化标准线。在平准化状态,投产顺序折线规律性地以最小的幅度趋近于 OM。

2. 生产两种以上产品,且产量相同。如 A、B、C 三种产品各生产 5 个单位,则可按下列顺序实现投产的平准化:

$$\underbrace{A\to B\to C}_{\text{第一次投产}}\to\underbrace{A\to B\to C}_{\text{第二次投产}}\cdots\underbrace{A\to B\to C}_{\text{第五次投产}}$$

这表明,在产量相同的多品种生产条件下,规律性的相间投产状态就是生产平准化。

3. 多品种生产,且产量不同。如生产六个单位 A 型产品和四个单位 B 型产品,不能实行有规律性的相间投产,这时候,就应通过逻辑分析研究投产顺序。实现生产平准化首先要进行基本逻辑分析。已知条件:

流水线的总产量 G=6+4=10

A∶B=6∶4

逻辑分析规则:

第一轮次选取规则是比值大的先投产。

第二轮次选取规则是将原比值乘以 2,并从新的比值中减去已被选取的次数与总产量的乘积,从更新比例中选比值大的先投产。

第三轮次选取规则是将原比值乘以 3,并从新的比值中减去已被选取的次数与产量的乘积,从更新比例中选取比值大的先投产。

以下类推。

第一轮次:A>B,选 A,以 A_1 表示。

第二轮次:2(A∶B)=2(6∶4)=12∶8

A_2∶B_2=(12−10×1)∶8=2∶8

B_2>A_2,选 B_2,以 B_2 表示。

第三轮次:3(A∶B)=18∶12

A_3∶B_3=(18−10×1)∶(12−10×1)=8∶2

A_3>B_3,选 A_3,以 A_3 表示。

其余类推,得到一个逻辑顺序分析表,如表 9-11 所示。

表 9-11 逻辑顺序分析表

顺序(轮次)	A 产品 (6)				B 产品 (4)				选定者
	投产比值	选取次数	次数与总量的乘积	差额比值	投产比值	选取次数	次数与总量的乘积	差额比值	
1	6	0	0	⑥	4	0	0	4	A_1
2	12	1	10	2	8	0	0	⑧	B_2
3	18	1	10	⑧	12	1	10	2	A_3
4	24	2	20	4	16	1	10	⑥	B_4
5	30	2	20	10	20	2	20	0	A_5
6	36	3	30	⑥	24	2	20	4	A_6
7	42	4	40	2	28	2	20	⑧	B_7
8	48	4	40	⑧	32	3	30	2	A_8
9	54	5	50	4	36	3	30	⑥	B_9
10	60	5	50	10	40	4	40	0	A_{10}

表 9-11 中:投产比值=原比值×轮次

差额比值=投产比值−(总量×选取次数)

根据逻辑分析表中的选定者,可以确定如下的投产顺序:

$A_1 \to B_2 \to A_3 \to B_4 \to A_5 \to A_6 \to B_7 \to A_8 \to B_9 \to A_{10}$

这个顺序如按产品编号,就是:

$A_1 \to B_1 \to A_2 \to B_2 \to A_3 \to A_4 \to B_3 \to A_5 \to B_4 \to A_6$

图 9-6 中,按逻辑分析确定的投产顺序折线,以最小的幅度规律性地沿平准

线 OM 上下摆动，并趋近于平准线，是一个最优化的投产顺序，实现了生产平准化。

生产平准化可以给企业带来极大的经济效益。它最突出的优点就是为减小批量、增加批次，创造了极为有利的条件，使企业的生产能够满足社会主义市场对不同品种规格的多种需要，大幅度地减少在制品，并且也为充分利用流水线的生产能力提供了必要的条件，是流水线组织管理的一个重大发展。但实现生产平准化一般需要电子计算机的帮助，因在产品品种多、特性多的情况下，平准化逻辑运算的计算工作量较大，手工计算就难以完成。所以，应用电子计算机是实现生产平准化的一个重要条件。

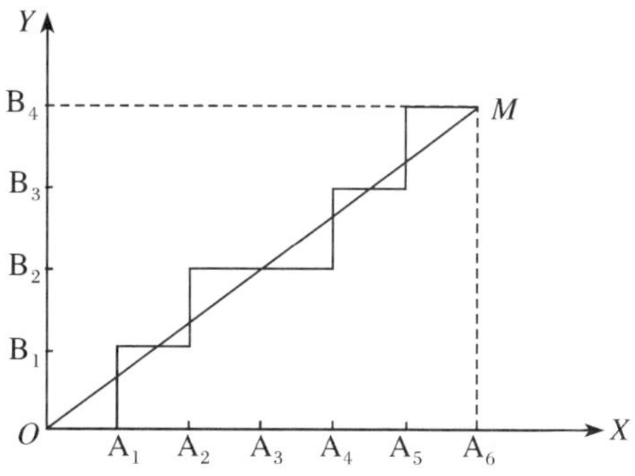

图 9-6　投产顺序折线

第五节　多品种小批量生产

一、多品种小批量生产的涵义和适用范围

(一) 多品种小批量生产的涵义

多品种小批量生产是指在规定的生产期间内，作为生产对象的产品种类(规格、形状、尺寸、型号、色彩等)较多，而每种产品生产数量较少的一种生产方式。一般来说，这种生产方式与大量生产方式相比，效率低，成本和价格高，不易实现自动化，因此，过去主要是中小企业采用这种方式。但是，随着消费者需求的多样化，现在不少大企业也不得不开始采取多品种小批量生产方式了。据日本丰田汽车公司的统计资料，公司三个月生产 364 000 辆汽车，共 4 个基本车型，32 100 种型号，平均一种型号的产量是 11 辆，最少的是 6 辆，最多的也只有 17 辆。日本机械制造企业中的 95％采用多品种小批量生产方式。又据美国审计总署近年的报告书指出，在美国制造业中，有 75％～80％的产品，每一种产品的产量不超过 50 个。我国机械制造企业属中小批量生产的占总数 95％左右。所以多品种小批量生产已成为当今社会的主要生产方式。

(二) 多品种小批量生产的适用范围

要弄清多品种小批量生产的适用范围，首先必须对产品进行分类，按产品品种规格，可分为订货生产和估需(市场预测)生产；按产品产量多少，则有单件生产、间歇(成批或分组)生产、连续生产之分。对照以上分类方法,可知多品种小批量生产多数属订货生产,但是在估需(预测)生产中,也有些是具有多品种小批量生产特征的。就其产量而言,一般属于单件生产或间歇生产方式。而近年又出现了所谓“混流(混合)生产方式”,例如,在同一汽车装配线上采用流水作业方式,连续、交替装配由不同款式、色彩、内装饰而形成的不同车种,从而进一步扩大了多品种小批量生产的适用范围,如图 9-7 所示。

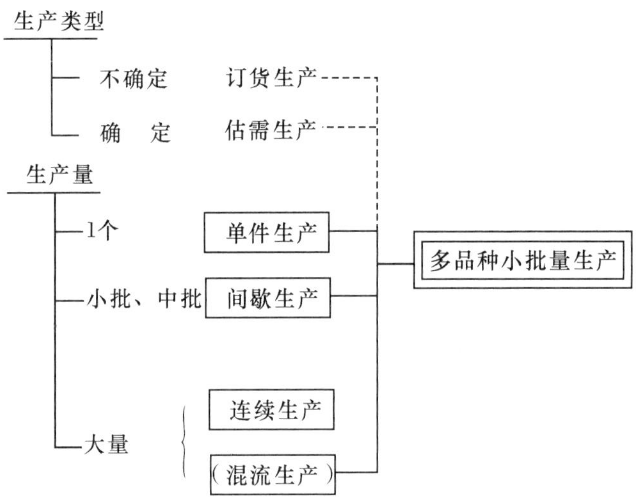

图 9-7　多品种小批量生产的适用范围

二、多品种小批量生产的特征

从产品多样化的角度来看,单件生产最为理想;从生产效率和自动化方面考虑,则连续流水生产最为有利。现将不同生产方式的特征用图 9-8 表示。

图 9-8　生产的类型及其特征

据日本统计资料表明,①和②两种大量生产方式只占 15%,③和④两种多品种小批量生产方式则占 85%。就其效率而言,多品种小批量生产方式不如大量生产方式,但它能积极主动地适应市场需求。历来以大量生产方式为主的美国,近年来也较多地采用多品种小批量生产方式了。多品种小批量生产方式,一般具有以下特征：

1. 生产品种的多样性。产品品种繁多，而批量与交货期又各不相同。

2. 生产过程的复杂性。从材料加工成产品的工艺路线是多种的，“物流（生产过程）”因工件而异，交错复杂。

3. 生产能力的适应性。由于品种不一，需求量不等，导致生产设备能力的过剩或不足，只能通过加班或多班运转来加以调节。

4. 环境条件的多变性。由于订货规格、数量、交货期等变化大，往往因此而更改设计，出现特急任务，或发生外购件（材料、零件、外加工件）交货不及时等意外情况。

5. 生产计划的困难性。因为订货规格不一，造成产品设计和生产过程多变，物流复杂，因此要实现工艺计划和进度计划的最优化亦非易事。

6. 生产管理的动态性。由于具体车间实施生产过程中情况多变，容易引起设备故障、人员缺勤、操作熟练程度不足、次品多等问题，因此，往往靠经验、凭直觉办事，难以实行规范化管理。

三、实施多品种小批量生产的必要性

尽管多品种小批量生产效率不高，很多企业仍不得不采用这种生产方式。其原因是：第一，为了适应市场需求。随着经济的发展，人们的价值观念发生了变化，消费者的嗜好趋于多样化，追求有别于他人的高级的、独特的和流行的商品，这样一来，企业的产品多样化也就成为一种必然趋势。第二，现在不少消费者对产品很快就会失掉新鲜感，新一代产品层出不穷，又很快被淘汰，如此反复循环，导致产品寿命周期缩短，又迫使企业不断开发、生产和提供更新的产品。第三，企业间竞争激烈，扩大市场占有率已成为企业的重要目标，企业不得不接二连三地推出新产品，以取得竞争主动权。

多品种小批量生产方式虽能满足消费者的多样化需求，但对社会却造成宝贵资源的浪费，不少尚可继续使用的耐用消费品过早地被淘汰，同时又破坏了地球环境，产生了“负效用”，人们对此应有足够的认识。

四、实施多品种小批量生产的对策

多品种小批量生产虽然还存在有待解决的一系列难题，但近年来，在适应这种方式的硬技术方面已有很大进展，开辟了积极运用这种方式的新途径；为进行多品种小批量生产，已尝试了多种对策措施。针对生产中的计划、实施、监控，即管理过程，进一步考虑多品种小批量生产的基本状况，可以将适应多品种小批量生产方式的对策分为四种类型，并归纳如表 9-12 所示。

表 9-12 多品种小批量生产的对策

分类	方法
概念更新方面	工业工程(IE) 成组技术(GT) 并行工程(CE) 以零部件为中心的生产方式
计划创新方面	物料需求计划(MRP) 批量生产进度计划 模块化生产
实施创新方面	柔性自动化 柔性生产
控制创新方式	准时生产制(JIT) 精益生产 联机生产管理

(一) 工业工程(IE)

关于IE(工业工程)的定义,美国IE学会所下的定义是:工业工程是将工程方法与科学管理原理应用于生产过程,对由人、物料、信息、设备和能源诸要素综合而形成的系统进行设计、改善和实施的一门学科。构成IE的学科领域十分广泛,包括方法工程、质量管理、安全工程、工厂布置、工程经济学、作业评价、生产管理、运输管理、成本管理、组织理论、事务管理、运筹学等。

(二) 成组技术

成组技术又称群组技术,它是根据结构、形状、尺寸和加工工艺等方面的相似性,将各种产品或零件归类分组,把相似的组归纳为同一批进行生产技术准备和组织生产的技术。分组后根据其相似性,可按标准化、合理化的原则进行分组设计,各组零件加工时,按组选择工装和机床,从而缩短准备时间、工序间的搬运时间和等待时间,使本来无规则的单件生产构成一定批量,从而具有近似大量生产方式的效果,这是一种提高多品种小批量生产方式生产率的有效方法。

早期的成组技术,是以工艺规程典型化,组织同类零件集中生产开始的,因而当时只能称之为成组工艺或成组加工。随着成组技术在理论上和方法上的不断完善,以及数控技术和电子计算机相结合,成组技术已超越了工艺制造范围,扩展到生产决策、产品设计、标准化管理、生产计划、生产组织等许多方面,使成组技术成为制造技术向柔性自动化和计算机集成制造系统等先进技术发展的理论基础。

（三）并行工程

并行工程(CE)也称同步工程，是相对传统的“串行工程”而言的，它要求产品的设计和制造及其相关过程的多项任务交叉进行，要求产品开发者在设计阶段就考虑到包括设计、工艺、制造、装配、检验、维护、可靠性、成本、质量等在内的有关产品生命周期的所有因素。

并行工程的作用是可以缩短产品开发至投入市场的时间；能提高产品质量，降低产品成本，确保用户满意。

（四）以零部件为中心的生产

产品尽管多种多样，但成组产品的零部件有许多是可以通用的。因此可按市场需求预测，预先将零部件生产好，形成一种积极的零部件库存，一旦有订货，只需选择适当的零部件，即可装配成多种成品。这种生产方式称为“以零部件为中心的生产(系统)”。其特征是，从接受订货到制成产品的生产周期(交货提前期)，只相当于装配所需时间。这种生产方式，早在 20 世纪 50 年代初期就已开始应用了，但在理论上加以阐明的是斯塔，1965 年，他提出了“模块化生产”的概念。

以零部件为中心的生产系统同侧重企业营销活动的“订货登记系统”是异途同归的。后者是一种由计算机主机与各经营部门终端以联机实时方式联网，处理各部门的产品订货、零件调度、物料计划、零件加工指令、装配进度计划、交货期管理等。这种方式能够迅速回答关于某一零部件的查询，准确掌握现场在制品的加工进度。

以零件为中心的生产系统，把产品的订货生产转化为零件的估需生产，发挥了大量生产的效果，缩短了生产周期。它没有大量的成品库存，却能及时向用户提供各种产品，提高服务效率。例如，某一家电制造厂，生产 150 种产品，总共有 6 000 种零件，每年总产量达 120 万台。采用这种生产方式后，产品库存减少 30 天，零件库存减少 6 天，从订货到出厂平均时间缩短两个月，服务效率提高 6%以上。

（五）批量生产进度计划

在多品种小批量生产的场合，因每种产品需求有限，所以往往以周期性生产来满足某一时期对某种产品的需要，其余时间则生产其他品种，这就是所谓“批量生产”。

在单一品种生产时，可用下列公式求出使总成本(生产成本、生产准备费用、库存费用)最低的经济批量(Q^*)和生产周期(T)：

$$\text{经济批量 } Q^* = \sqrt{\frac{2\times\text{生产准备费用}\times\text{每日需要量}}{\text{单位库存保管费用}\times\left(1-\dfrac{\text{每日需要量}}{\text{每日产量}}\right)}}$$

$$\text{生产周期 } T = Q^* \div \text{每日需用量}$$

例如，设市场每日需要甲产品 100 台，工厂每日产量 150 台，每次加工的生产准备费用为 1 万元，库存保管费用每天 10 元/台，则经济批量：

$$Q^* = \sqrt{\frac{2\times 10\,000\times 100}{10\times\left(1-\frac{100}{150}\right)}} \approx 775(\text{台})$$

$$T = 775 \div 100 \approx 8(\text{天})$$

也就是说，每 8 天生产：100×8＝800 台，这才是经济合理的批量。

在多品种生产时，按上述公式可求出各种产品的最佳批量和生产周期。

（六）模块（标准件）化生产

模块化生产方式是编制最优基本作业（模块）方案，确定流水生产过程，计算合理的生产节拍，使装配线适应多品种生产要求的一种生产方式。

现代汽车制造厂已同当年（1913—1927 年）福特的 T 型汽车生产时代大不一样。在同一条传送带上，往往要装配多种不同型号的汽车，形成多品种大量连续混流生产。这种方式与单品种生产的重要区别在于装配线上各工序间平衡困难。装配线平衡是一个老问题，但迄今为止已研究出不少解题方法。在多品种装配时，合理设计最佳投产顺序十分重要，目前主要的投产顺序有：混合品种流水线平衡法、品种更换流水线平衡法、生产比例倒数法等，它们的基本原理是生产平准化原理（见本章第四节）。

（七）柔性（适应性）自动化

柔性自动化中的柔性，有柔软性、弹性、顺应性、适应性、柔结构性、流动性的意思。原先自动化的目的是用机械代替人的体力劳动和脑力劳动，它是指在生产过程中，不用人工，将加工物从某一机械自动地输送给其他机械的自动作业和自动生产产品（或服务）的过程。现在的自动化意味着将先进信息技术、生产技术和生产过程集成一体，成为综合提高产品质量、扩大生产能力、提高生产柔性和降低成本的主要手段和途径。自动化一般有机械自动化、生产过程自动化和办公自动化。

柔性自动化首见于 1978 年，其背景是当时出现了能通过交换指令程序实现自动加工的数控（NC）机床，以后又装有自动刀库，一次调整即可进行多种加工的加工中心问世。更高级的，还有由数台乃至数十台数控机床、自动搬运装置或自动搬运车、自动仓库和机器人所构成，并由计算机控制的柔性制造单元、柔性制造系统（FMS）、计算机集成制造系统（CIM），它实现了物流和信息流的联机实时控制，是一种富有柔性的生产系统，也是无人化车间的雏形，它能充分适应市场、品种和人员的变化，但这种系统本身需要巨额投资。例如，落户上海浦东新区的美国通用汽车公司采用了柔性制造系统。

柔性制造系统是由计算机控制的以数控机床和加工中心(MC)为基础,适应多品种小批量生产的自动化制造系统。柔性制造系统有以下三种类型:

1. 柔性制造单元。它由一台或数台数控机床或加工中心构成的加工单元。该单元根据需要可以自动更换刀具和夹具,加工不同的零件。柔性制造单元适应加工形状复杂,加工工序简单,加工工时较长,批量小的零件。它有较大的设备柔性,但人员和加工柔性较低。

2. 柔性制造系统。它以数控机床和加工中心为基础,配以物料传送装置组成的生产系统。该系统由计算机实现自动控制,能在不停机的情况下,满足多品种加工。柔性制造系统适合加工形状复杂,加工工序多,批量大的零件。其加工和物料传送柔性大,但人员柔性仍然较低。

3. 柔性生产自动线。它将多台可以调整的机床(多为专用机床)联结起来,配以自动运送装置组成的生产线。此生产线可以加工批量较大的不同规格零件。柔性程度低的柔性自动生产线,在性能上接近大批量生产用的自动生产线;柔性程度高的柔性自动生产线,则接近于多品种小批量生产用的柔性制造系统。

(八) 准时(JIT)生产制

准时生产方式是起源于日本丰田汽车公司的一种生产管理方法。这种生产方式,以彻底排除浪费,增加附加价值为原则。它要求一种能"在需要的时刻,只按需要的数量,生产需要产品"的"准时制生产"。在这种生产系统中,事先确定标准作业,一旦出现异常,生产线迅即停止,查找、排除故障后再重新组织新的标准作业。因此这是一种以人为主体的"自动化"。为了直观表示作业指示的信息和现场管理,采用了"看板"(即传票卡)管理。

在准时制生产中,首先运用 IE(工业工程)的方法进行作业的标准化,设备按U形布置[见图 9-9(a)、(b)],并要求操作者具有多种技能,能操作多台设备,缩短更换工装的生产调整时间,适当选定生产节拍,将在制品库存压缩到最低限度,使混流生产均衡进行。

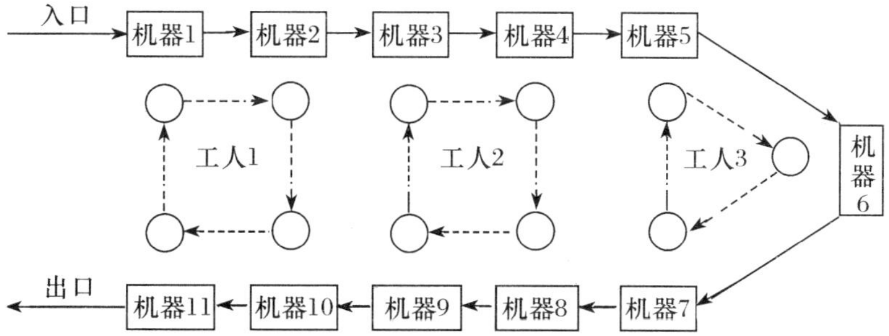

(a) 任务少时,三个工人

（b）任务多时，四个工人

——→ 物流　　○----→ 工人行走路线　　□ 设备

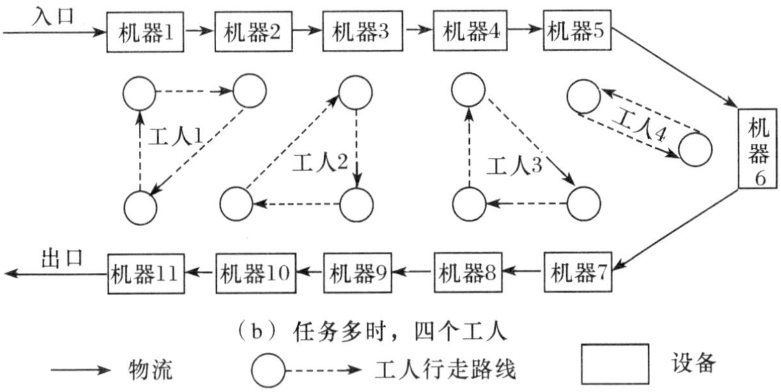

图 9-9(a)、(b)　U 形成组加工中心

为了杜绝浪费，丰田公司在以下几方面做了大量工作：① 持续不断地降低库存——零库存，"过量库存是万恶之源"；② 持续地提高产品质量——零废品，这就要求每一个工作环节的废品率为零；③ 不断地减少无效劳动——零准备与终结时间、零搬运。总之，准时生产方式的宗旨就是通过不断地消除浪费，不断地发现问题、寻找原因、解决问题，使企业永远处在变革中，不断进取。

（九）联机生产管理

联机生产管理是在具有动态性的多品种小批量生产车间中的生产现场设置计算机终端，用通信回路把这些终端同管理中心的计算机实时连接，及时、准确地汇总和处理每时每刻的生产数据，迅速作出下一步的生产决策，并将生产指令及时传递给各工作地，以实现有效的多品种小批量生产的一种动态管理，也称为"联机生产（或工序）管理"。其管理中心，是以能够自主管理的工作地为对象的。如果这种自主管理型的生产区域相互交叉重叠，就形成并列或阶层式大规模生产信息系统。

以多工序多品种生产系统的机械加工企业为对象而开发的联机生产管理系统，称"计算机辅助生产信息系统（CAPIS）"。该系统根据生产现场的实际信息，按预先选定的优先调度规则和运转条件，并结合订货信息、生产计划信息和生产技术信息，利用人机对话方式进行传真处理，以编制下一阶段的生产作业计划，确定最优生产条件。

联机生产管理系统根据每天班后汇集的现场信息，制定次日上午的生产作业计划；在午餐休息时又根据上午的生产实绩，编制下午的作业计划，从而可实现经常性的动态生产管理。

第六节 流 程 再 造

美国万克尔·哈默在广泛深入调查研究之后，于1993年他与杰姆斯·钱辟合著出版了《企业再造——工商管理革命宣言》一书。在这里，他们充分阐述了企业流程再造的理论。在流程再造"合工"理论指导下，以美国为首的工业发达国家的实业界和学术界兴起了一场轰轰烈烈的企业流程再造的革命运动。与此同时，世界各国不少大企业也纷纷实施流程再造，通过流程再造后的企业都取得了显著效果。

一、业务流程再造与原则

(一) 业务流程与业务流程再造

业务流程是指企业以输入各种资源和顾客需求为起点，到企业创造出对顾客有价值的产品或服务为终点的一系列活动。企业业务流程包括订单处理、产品开发、市场销售、售后服务、策略发展和管理流程等。业务流程再造是指将组织的作业流程，从根本上的重整思考与彻底翻新，以期在成本、质量、服务和效率等衡量绩效的重要指标上，获得戏剧性的改变。在这一定义中，"根本"是指企业员工必须就企业运营方式，提出一些带根本性的问题，迫使他们认识到目前企业运营中，有些工作或业务流程已经过时了，必须对这些流程重新再造。"彻底"是指必须创造出全新的工作方法，对现存企业中的业务流程重新构造。"戏剧性"是指业务流程再造要取得显著的绩效，其目标至少是生产周期缩短70%，成本降低40%，顾客满意度和企业收益提高40%，市场份额增长25%。据抽样调查显示，美国最早进行流程再造的企业中，有70%的企业达到了这个目标，取得了流程再造的初步成功。

(二) 业务流程再造应遵循的原则

业务流程再造应遵循的原则是：在执行业务流程时，插手的人越少越好；在为顾客服务时，业务流程越简便越好。根据这一原则，业务流程再造可采取以下策略：

1. 将几道工序合并。凭借网络和信息技术的支持，对原有的分工反其道而行之，将被分割成许多工序的流程或工作合理地"组装"回去。

2. 将完成几道工序的人员组合成小组或团队来共同工作，重新构造新流程。这种策略可减少交接手续，共享信息，因而大幅度提高效率。

3. 将连续式和平行式流程改为同步工程。实行同步工程，即将各道工序在互动情况下同时进行,各工序之间随时可以交流,从而能大幅度提高流程运行效率,缩短运行周期。

二、流程再造具有划时代的意义

流程再造把革命的矛头直接指向亚当·斯密的分工理论。针对亚当·斯密的分工理论,而逆向思维提出了"合工"理论。通过重组业务流程,做到"精兵简政",组织结构趋于扁平化,官僚体制自然也会被打破;减少了审核与监督程序,降低了管理成本;减少了组织内部冲突,增强了组织的凝聚力和员工的向心力;员工拥有了更多自主权,大大调动了员工积极性,促进员工个人向上发展。总之,通过流程再造,有力地提高了组织的效率和效益,也增强了企业对市场的应变能力和竞争能力。

三、流程再造的特征

流程再造是从根本上对原有理念和业务流程进行重新思考和重新设计,以期在衡量组织绩效的重要指标(如成本、质量、服务、效率和效益等)上,获得跳跃式改善。因此,它具有以下特征:

1. 向原有理念挑战。即对长期来企业经营中所遵循的理念(如分工思想、规模经营、标准化生产、官僚体制等)进行重新思考,需要打破原有思维定势,进行创新性思考。

2. 彻底改变。业务流程再造不是对组织机构进行肤浅的调整修补,它需要企业从头开始,彻底改造或改变,使企业各项管理活动来一个"脱胎换骨"改造。

3. 从业务流程着手。即以重整业务流程为突破口,对企业现存业务流程实施全方位、多层次、多视角进行彻底重组再造。因为原有业务流程是分工理论直接起作用的领域,也是组织低效率、低效益的根本所在。所以,要改变现状,必须从业务流程再造做起。

4. 跳跃式发展。现代信息技术与数控机床为企业流程再造提供了有力的手段和工具,有效帮助了企业打破陈旧制度,并创建了新型的流程模式。应用信息技术与数控机床对企业业务流程重组再造,这就从根本上彻底改变了原有的不合理的业务流程。

四、流程再造的对象

流程再造不只适用于困难企业,而且也适用于各类企业。流程再造并不一定要等到企业走投无路时才进行,而是在不同水平上的企业都能实施,关键要看清形势,下决心去做。例如,诺兰·诺顿公司对业务流程再造的需求与准备程度，提出了一个分析框架，如图 9-10 所示。

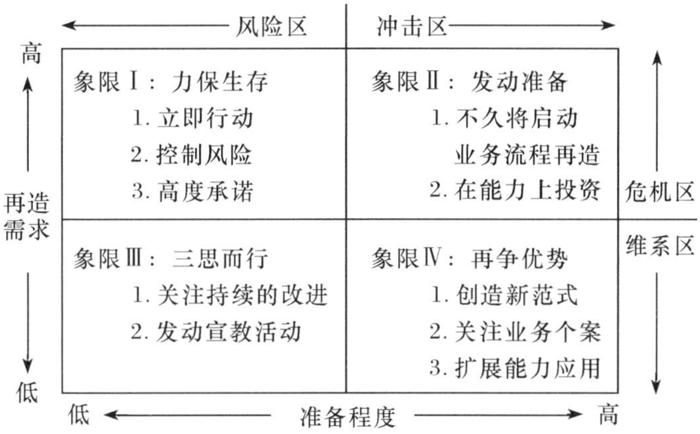

图 9-10 业务流程再造的企业需求与准备程度分析框架

将图 9-10 分成四个象限：对第Ⅰ象限的企业，能否改善经营业绩已成为生死存亡的问题，业务流程再造需求迫切，但风险也高；第Ⅱ象限的企业也迫切需要改善经营绩效，且有相当准备，业务流程再造的风险不大；第Ⅲ象限的企业运转正常，无需巨大改变，也没有业务流程再造的准备，应三思而行；第Ⅳ象限的企业也无需巨大改变，但通过业务流程重组可获得新的战略优势。总之，处于第Ⅰ、Ⅱ象限的企业要尽快进行业务流程再造；第Ⅲ、Ⅳ象限的企业要慎重考虑；处于第Ⅰ、Ⅲ象限的企业进行业务流程再造风险较大，要有足够的准备。

企业业务流程再造还必须围绕以下三个中心来进行：① 以顾客为中心。准确把握顾客需求，建立全方位满足顾客需要的具体措施，为顾客提供及时、有效、优质的服务。② 以员工为中心。因为员工是企业业务流程生存与再造的基础，在流程再造中要充分利用人力资源，通过员工完成既定任务，又通过员工不断改进工作，而改进工作的基础是学习，因而学习也应作为企业流程改进的一部分。③ 以效率和效益为中心。信息技术的广泛运用，如人工智能、通信技术、仿真与电视、计算机与网络、电子商务、多媒体、工作流程自动化等，将大大提高业务流程效率，是业务流程再造的技术基础。

五、流程再造的设计与变革

（一）以现有流程作为新流程的基础

流程再造首先遇到的问题是以现有流程作为新流程的基础，还是应重新设计一个全新的流程。一般来说，忽视现有流程有很大风险，因为现有流程中凝结着组织长期积累起来的知识和经验，忽视现有流程可能重犯走老路的错误。但对现有流程分析过细过深，易受老框框的约束，不利于新流程的设计，因此要在两者之间寻求合理的平衡点。

（二）流程再造的方法

1. 改良式流程再造法。它是通过对现有流程的充分认识和理解，在原有流程的基础上，通过局部改良，使之成为一个新的工作流程，达到期望的效果。其优点是可以继承原有流程的长处，逐步改造，风险较低，对正常生产运作的冲击较小。缺点是流程的创新程度会受到影响，通常适用于短期绩效的改进。

2. 全新流程设计法。它完全改变原有工作流程，即以零为起点，从根本上重新设计新的流程。其优点是通过流程创新，可获得绩效的成倍增长，而且可能带来全新的产品或服务。缺点是变革太大可能引起员工的不适应，对正常的生产运作带来较大的干扰，风险较高。

（三）流程再造的手段或步骤

1. 改良式流程再造的手段。改良式流程再造的目标是消除流程中非增值活动，调整核心增值活动。它的主要手段是：

（1）清除。其主要任务是清除对产品增值无效的环节。如消除过量生产、等待时间、不必要的加工运输与库存、重复工作、工作失误（次品、废品等）。对于这些与产品增值无关的环节，要通过更科学的流程设计，彻底清除。

（2）简化。在完成对与产品增值无关的环节进行清除之后，对与产品增值有关的环节也应当进行流程再设计，进行必要的简化，清除那些在环节中对产品增值影响不大的复杂细节。如简化报表、程序、流程、形式、方式、技术、沟通、问题等。

（3）合并。分工之后必然存在分工单元之间的协调，有时这种协调的工作量远远大于分工的效益。所以在新形势下，不少企业都在考虑重新分工，于是出现了职能部门合并、工作合并、团队合并、顾客合并、供应商合并、工种合并、工序合并和班组之间的重组合并，以减少对内对外带来增加成本的因素。

（4）自动化。随着计算机网络技术、现代通信技术和人工智能快速发展，机器人和机械手的出现，许多由人做起来低效率、高成本的工作，今天完全能由计算机和机器人来代替。这不仅节约了成本，而且还高效、准确。如数据的采集、传输与分析自动化、脏活、重活、难活、险活的自动化；推行无纸化办公，实现信息资源共享等。由于自动化产生的高速度，要求其他环节必须协调和适应这种高速度，同时也提高了整个流程的效率。

2. 进行全新流程再造的步骤。采用全新流程设计法设计新流程的步骤如下：

（1）从更高层次对原有流程充分认识。全新流程再造与改良流程再造对原有流程的认识不同，它不再是建立在分析或找出流程中每一环节中低效、无用的部分，而主攻方向是检查每个流程中的主要和关键环节，找出流程影响生产产品质量和服务的关键所在。

(2) 收集信息，设定高目标。这个目标一定要来自对市场和顾客的认识，将顾客的要求作为企业的目标，作为流程再造的行动指南。而且这种目标越详细、越直观，就越有利于流程再造者对目标的认识。同时，收集信息，集思广益，为流程再造设计者打开思路，特别是来自顾客的建议，对流程设计者帮助最大。

(3) 流程设计。在流程设计中要充分考虑原有流程总结的经验，根据所设立的目标，以及流程设计所必须达到的输出要求，将高目标和建议，在流程设计中加以实现，并建立相应的保证体系，以免在实施过程中又走回原有流程。

(4) 实施新流程。在流程设计完成之后，一方面是将新流程加以实施，另一方面将通过实践进一步完善这个流程，利用流程图可以帮助人们尽快认识新流程，同时帮助人们找出新流程中的不足之处，并加以改进。

六、新流程带来革命性变化

(一) 工作的变化

1. 工作内容由单纯性转变为综合性。流程再造后引起工作(作业、工序)最突出的变化是，几项工作由原先几个人做变为一个人做。即以前在分工原理指导下，一个人做一项简单的工作，现在一个人综合承担几项任务。

2. 新流程减少了控制点和检查点。新流程虽然每项活动较复杂，但流程本身更精练，整个流程的联结点比原流程多个"粘结点"减少了，相应控制点和核查点自然也减少了，质量反而提高了。由于"粘结点"的减少，工作中的冲突也减少了。

3. 新流程可以超越组织界限来完成工作。这里的组织界限是指企业或流程团队与顾客之间的界限。传统流程的工作都是以产品供应或提供服务的方式来完成的，顾客需求和反馈被隔离在流程之外，需要通过某些沟通渠道来交流，因而出现失真和延误的可能性增大。再造后的流程换了一个角度来看问题，认为顾客可以担负起某些流程的工作，同时顾客内部流程的某些工作也可以交给供应方去完成。例如，保险公司可以请修理厂代为检查汽车损坏程度；复印机维修部将常坏的部件放在用户处，用户自己更换部件后，再去收款。

(二) 组织的变化

1. 工作单位由职能部门变为流程工作小组。以前员工的工作单位是职能部门，现在以流程小组工作的人员不再同时属于其他职能部门。根据业务流程性质的不同，工作小组需要具备多方面不同的技能。

2. 组织结构由垂直型趋向扁平化。在传统组织的职能部门中起上传下达作用的中层管理人员，在流程再造后将失去存在的必要性。一方面，在新型组织中，流程小组有了相当大的自主权，过去由中层管理部门代为决策的问题，现在交由流程小组自主决定;战略管理部门下达的计划、策略、任务、目标等,通过信息系统,可直接到达任何业务流程,并将时间和空间阻碍减少到最小。随着中间管理机构的萎缩或消失,组织结构自然趋于扁平化。另一方面,通过信息系统的作用,一个流程负责人可以直接指挥的人员大幅度上升,管理幅度的增加必然减少组织层次。在扁平化的组织中,业务流程中的工作人员地位平等,凭着信息系统可与组织内任何人沟通,大大降低组织的运行成本。

(三) 人员的变化

1. 经理人员由监督者变为教练。在传统组织中,员工工作的特征是简单化,而新流程则要求员工做多方面的工作,其工作特征是复杂化。这一方面削弱了经理人员的监督职能或完全取消;另一方面对员工的能力提出了更高的要求,要求员工具备多种才能的复合型人才。相应地,经理及资深的管理人员必须充当教练角色,他们不仅要向员工传授技艺,更重要的是要辅导员工学习,向员工解释为什么这样做,而不是训练员工"如何做"。

2. 员工角色从被动执行到主动参与。在传统组织中,一般员工像"应声虫"一样执行管理者下达的命令,也像算盘珠子一样,"拨一拨","动一动",没有积极性。在新流程组织中,员工将自我管理,自我激励,并广泛参与流程的管理和经营决策,且在授权和责任范围内,具有充分的自主权。

3. 员工的价值观由"上司"变为"顾客"。在流程组织中,员工认为自己在为顾客工作,自己的薪水是顾客给的。因此,一切应从顾客的利益出发,而不是为上司(老板)工作,不再设法讨上司的欢心。同时,企业领导者也要以身作则地倡导和遵循顾客至上的价值观,从而形成新的企业文化。

4. 员工的考核标准,由时间转变为结果。在新流程组织中,考核员工的标准不再以工作时间或数量等内容为依据,而是以员工是否能给顾客创造价值的结果为依据。这就是说,员工创造的产品或服务在市场上具有价值时,员工才能获得相应的报酬。

5. 员工晋升标准,由"表现"转变为"能力"。过去那种根据员工表现(如专业水平、上司满意度)来作为是否晋升的标准,而新流程组织将转变为以实际能力为标准。这一晋升标准的转变将为企业多数员工发挥专长创造了更好的条件。

第十章

生产计划与生产控制

生产计划与生产控制是企业生产经营计划的重要组成部分，是企业年度综合计划的核心，是编制企业其他计划的依据，也是企业计划期内的行动纲领。本章着重讨论生产计划、生产作业计划、生产作业控制、精益生产和网络计划技术等。

第一节　生产计划

一、生产计划的概念和程序

（一）生产计划的概念

生产计划是企业在计划期内应完成的产品生产任务和进度的计划。它具体规定企业在计划期（年、季、月）内应当完成的产品品种、质量、产量、产值、出产期限等一系列生产指标。它不仅规定了企业内部各车间的生产任务和生产进度，还规定了企业之间的生产协作任务。生产计划的主要任务是充分挖掘企业内部资源，合理利用企业资源，不断生产出国内外市场适销的商品，以提高企业经济效益。

（二）生产计划的程序

从生产行为的具体实施来看，生产计划也可以看成是实现生产目的的工作程序。生产计划的作用是对生产活动进行计划、实施，把原材料转变为产品，并根据实际效果加以控制。生产计划的程序可用图 10-1 所示。

阶段Ⅰ，战略性生产计划。这是企业生产管理中最高层次研究的问题，用于处理生产系统与包围它的动态环境（社会、市场、竞争企业等）的相关关系的计划问题。它包括确定生产目标、产品规划、生产资源的供给与分配等，其决策结果对阶段Ⅱ有重大影响。

阶段Ⅱ，运行（战术性）生产管理。这是根据战略生产计划，对企业内部生产活动的管理。它由以下五个步骤所构成：

步骤Ⅱ-1，综合生产计划：一般称为“生产计划”或“大日程计划”，它决定在规定期间（年、季、月）内应生产的产品品种、产量、质量和产值等指标。

步骤Ⅱ-2，生产过程计划：根据综合生产计划所规定的内容，进一步展开，决定

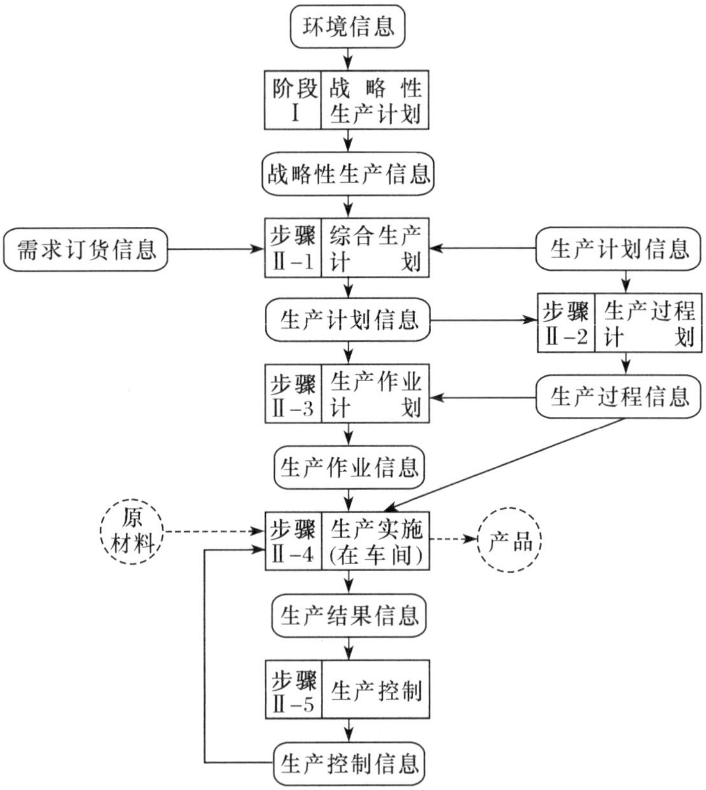

图 10-1 生产计划(信息流)的程序

生产转换过程(由原材料向产品转换的生产过程)的具体步骤,一般称为“工艺计划”或“工艺路线计划”。

步骤Ⅱ-3,生产作业计划:一般也称为生产日历计划。为完成“综合生产计划”所规定的期限、品种、产量、质量和产值的生产,实施“生产过程计划”对物质形态转换的决策,必须提出具体的时间(日程)进度表,规定何时、用何设备、由谁进行何种操作。

步骤Ⅱ-4,生产实施:根据步骤Ⅱ-1～Ⅱ-3 的计划方案,在生产现场进行具体的生产加工活动。

步骤Ⅱ-5,生产控制:它的功能是监视生产实施状态,当发现实际与计划有差距时,应采取措施加以修正。

综上所述,战略生产计划是生产的决策阶段。战术性生产计划中的Ⅱ-1～Ⅱ-3为计划阶段,Ⅱ-4 为运行阶段,Ⅱ-5 为控制阶段。这五个步骤构成了一个生产管理循环。

二、生产指标的确定

（一）生产计划的主要指标

企业生产计划的中心内容是确定生产指标。生产计划的主要指标包括：产品品种、产品质量、产品产量、产值指标等。这些指标的经济内容各不相同，它们从不同角度反映企业计划期内的生产成果、生产技术水平和经营管理水平。

1. 产品品种指标。这是指企业在计划期内应当出产的产品品种和数量。品种的表现形式随企业产品而不同，如汽车制造企业有不同型号的汽车，钢铁企业有不同牌号的钢材，棉纺企业有不同支数的棉纱等。品种指标既反映着企业在品种方面满足市场需要的程度，又反映着企业技术水平和管理水平的高低。

2. 产品质量指标。这是指企业在计划期内各种产品应当达到的质量标准和水平。质量标准有国际标准、国家标准、行业标准、企业标准与合同规定的技术要求。质量指标可分为两大类：一类是反映产品本身质量的指标，如产品的使用寿命、技术性能、等级率（优等品率、一等品率）等；另一类是反映生产过程工作质量的指标，如合格品率、废品率、返修率等。

3. 产品产量指标。这是指企业在计划期内，出产各种产品的实物数量之和。产品产量既包括企业生产可供销售的成品、半成品以及工业性劳务数量，也包括供本企业基本建设、大修理和非生产部门使用的需要量。产量指标一方面反映企业在一定时期内向市场提供具有使用价值的实物数量和企业生产发展水平；另一方面又是企业进行产销平衡、物资平衡、计算和分析实物劳动生产率、原材料消耗、成本和利润的基础，也是安排生产作业计划、组织日常生产活动的依据。

4. 产值指标。产值指标是产量指标的货币表现。产值指标通常分为商品产值、总产值和净产值，它们的计算公式分别表示如下：

商品产值＝自备原材料生产成品的价值＋外售半成品价值＋用订货者来料生产产品加工价值＋对外承做的工业性劳务价值

总产值＝商品产值＋（期末在制品、半成品、自制工具、模型价值－期初在制品、半成品、自制工具、模型价值）＋订货来料价值

净产值＝总产值－各种物资消耗的价值

在产值指标中，商品产值和净产值，一般用现行价格计算，总产值一般采用不变价格计算，这样，可消除各个时期价格变动的影响，以保证不同时期总产值资料的可比性。

（二）生产计划指标的确定

确定生产计划指标，就是规定企业在计划期内生产什么样的产品，完成多少产量和产值、利润等。确定生产计划指标，就要认真进行调查研究，采用定量分析方

法和组织好各方面的平衡。

1. 搞好调查研究。摸清企业内部和外部情况，了解和掌握市场需要与生产可能，力求做到以销定产、按需生产。企业内部情况是指企业内部各种生产条件，主要包括企业的生产能力、各工种各等级工人人数、劳动条件、各种物资储备和在制品数量等。企业外部情况是指国家计划任务、市场需要和物资供应条件，主要通过订货会议、展销会等形式了解市场对该产品的需求情况；通过市场调查了解用户对该产品使用中的意见和要求，同时要摸清原材料、燃料、动力、外购件、配套件等协作供应的保证程度。

2. 采用定量分析方法，寻求最佳方案。拟订生产计划指标，需要采用定量计算与定性分析相结合，才能求得一个较好的方案。确定品种指标，可运用线性规划选择最优方案；确定产量指标，可运用盈亏平衡点法；确定质量指标，可运用“质量与成本、价格”的函数曲线来选择质量与费用的“最佳点”。这里仅对如何运用线性规划合理搭配品种指标作简要介绍。

线性规划法是在环境条件已定，在满足规定约束条件下，寻求目标函数的最大值（或最小值），以求取最优方案的方法。这种方法的步骤是：首先确定一个目标函数，如利润、产值、产量等；其次建立为实现该目标函数所需满足的各种约束条件，如设备、原材料、能源、劳动力的使用限制等；最后对上述联立方程求解，以取得最优方案。

例如，某企业计划生产甲、乙两种自销产品，甲产品每台利润 70 元，乙产品每台利润 120 元。它们的钢材、铜材、设备资源和消耗定额如表 10-1 所示。

表 10-1　钢材、铜材、设备资源和消耗定额

产品 消耗定额 资源	单位	甲产品	乙产品	资源限额
钢　材	千克	9	4	3 600
铜　材	千克	4	5	2 000
专用设备能力	台时	3	10	3 000

求：在现有条件下，甲、乙两种产品怎样搭配生产，才能使企业获利最大？

对这类问题，可用线性规划法求最优解。

设 x_1 为甲产品产量，x_2 为乙产品产量，最大利润用 $\mathrm{Max}z$ 表示，这样，根据已知条件可建立下列联立方程组：

目标函数　　$\mathrm{Max}z=70x_1+120x_2$

约束条件 $\begin{cases} 9x_1 + 4x_2 \leqslant 3\,600 \\ 4x_1 + 5x_2 \leqslant 2\,000 \\ 3x_1 + 10x_2 \leqslant 3\,000 \\ x_1, \quad x_2 \geqslant 0 \end{cases}$

(1) 运用图解法求解：将各不等式变为等式方程，并将各方程所代表的直线画在直角坐标上，如图 10-2 所示。

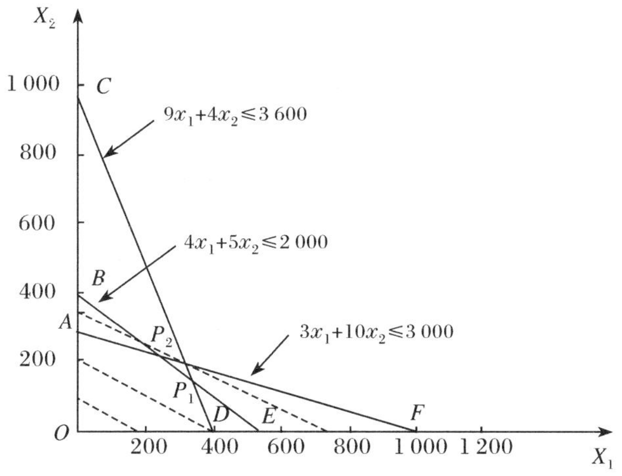

图 10-2 运用图解法求解

图中 AP_2P_1DO 凸多边形，就是线性规划的可行解域。根据目标函数 $\text{Max}z=70x_1+120x_2$，移项 $x_2=-\frac{7}{12}x_1+\frac{Z}{12}$，令 $Z=0$，可得斜率 $m=-\frac{7}{12}$的直线（用虚线表示），将此直线向右上方平移，直至距离 O 点最远的 P_2 点，该点 P_2 就是所求线性规划问题的最优解点。再通过解上述联立方程式，求得 P_2 点的坐标值为：

$x_1=200$，$x_2=240$。将其代入目标函数方程，可得：

$\text{Max}z=70\times200+120\times240=42\,800$（元）为最优解。

(2) 当运用线性规划求解两个以上变量时，运用单纯形法更为简捷。它的基本原理是先确定一个基本可行解或极值点（基变量），再通过数学迭代过程逐步达到最优解。

这里仍以图解法求解的问题为例，即：

约束条件 $\begin{cases} 9x_1 + 4x_2 \leqslant 3\,600 \\ 4x_1 + 5x_2 \leqslant 2\,000 \\ 3x_1 + 10x_2 \leqslant 3\,000 \\ x_1, \quad x_2 \geqslant 0 \end{cases}$

目标函数 $\text{Max}z=70x_1+120x_2$

其步骤是：

① 将约束条件和目标函数变为标准式：

$$\begin{cases}9x_1+4x_2+x_3=3\,600\\4x_1+5x_2+x_4=2\,000\\3x_1+10x_2+x_5=3\,000\\x_1,\quad x_2\geqslant 0\end{cases}$$

x_3,x_4,x_5 为松弛变量

使得 $$\text{Min}z=-(70x_1+120x_2)$$

② 建立初始单纯形表，进行迭代，求最优解。单纯形表如表 10-2 所示。

表 10-2 单纯形表

步骤	基变量	x_1	x_2	x_3	x_4	x_5	常数项(解)
初始单纯形表	x_3	9	4	1	0	0	3 600
	x_4	4	5	0	1	0	2 000
	x_5	3	⑩	0	0	1	3 000←
	Z	−70	−120↑	0	0	0	0
第一次迭代	x_3	7.8	0	1	0	−0.4	2 400
	x_4	2.5	0	0	1	−0.5	500←
	(x_2)	0.3	1	0	0	0.1	300
	Z	−34↑	0	0	0	12	36 000
第二次迭代	x_3	0	0	1	−3.12	1.16	840
	(x_1)	1	0	0	0.4	−0.2	200
	(x_2)	0	1	0	−0.12	0.16	240
	Z	0	0	0	13.6	5.2	42 800

③ 解单纯形表。先找出关键列(↑)，本例求最大利润，关键列应找目标函数中系数绝对值最大的那一列。从初始表中看出，x_2 是关键列，x_2 应调入到基变量栏的变量。再找出关键行(←)，关键行上的变量就是调出的变量。关键行由常数项列与关键列数值的最小比值决定。关键行与关键列相交的元素，称为关键元素，将其变为 1，与之相应列的其他元素变为零。本例经过第二次迭代，目标函数行的数值均为零或正值，表明最优解已经找到，即：$x_1=200,x_2=240$。

$$目标函数\ \text{Max}z=42\,800(元)$$

3. 做好各方面的平衡。企业通过定量分析后，必须对不同方案进行试算平衡，寻求措施，解决矛盾，从而达到生产任务与生产能力、劳动力、物料供应、生产技术准备、生产协作、利润、成本、资金等各方面的综合平衡。

企业通过调查研究、定量分析和综合平衡，确定的生产指标更能体现先进性和现实性。这些指标就成为编制正式生产计划的客观依据。

三、生产能力的核定

（一）生产能力的概念和种类

生产能力是指一定时期内（通常指 1 年），企业直接参与生产过程中的固定资产（机器设备、厂房、生产性建筑物），在一定的技术组织条件下，可能生产一定种类和一定质量产品的最大数量，或者能够加工处理一定原材料的最大能力。

企业生产能力，一般分为设计能力、查定能力和计划能力三种。设计能力是指企业设计任务书和技术文件中所规定的生产能力。它是确定企业生产规模、编制战略规划、安排基本建设计划的依据。查定能力是指老企业没有设计能力，或原有设计能力已被突破的情况下，经过重新调查核定的生产能力。它是企业进行技术改造时核定生产能力的依据。计划能力是指企业在计划年度内实际能够达到的生产能力。它是编制企业年度计划，确定生产指标的依据。

企业生产能力是由生产中固定资产数量、固定资产工作时间总数和固定资产的生产效率三个基本因素决定的。生产中固定资产数量，包括计划期内所拥有的全部能够用于生产的机器设备和生产面积。固定资产工作时间总数，是按现行工作制度计算的机器设备的全部有效工作时间和生产面积全部利用时间。固定资产生产效率，是指单位机器设备的产量定额或单位产品的台时定额，以及单位产品占用生产面积大小和时间长短的定额。

（二）生产能力的核定

企业生产能力的核定，一般是先计算各设备组的生产能力，再核算小组、工段、车间的生产能力，最后确定全厂的生产能力。

设备组生产能力的核定涉及产品品种是单一品种或多品种的问题。

1. 单一品种条件下设备组生产能力的核定方法。其计算公式如下：

$$\text{设备组生产能力}=\text{设备数量}\times\text{单位设备有效工作时间}\times\text{单位台时产量定额}$$

或

$$\text{设备组生产能力}=\frac{\text{该设备组数量}\times\text{单位设备有效台时数}}{\text{单位产品台时定额}\times\text{定额压缩系数}}$$

在生产能力取决于生产面积时，生产能力按下式计算：

$$\text{生产面积生产能力}=\frac{\text{生产面积数量}\times\text{生产面积利用时间}}{\text{单位产品占用生产面积}\times\text{占用时间}}$$

在核定流水生产线生产能力时，可用下式计算：

$$\text{流水线生产能力}=\frac{\text{流水生产线有效工作时间}}{\text{节拍}}$$

2. 多品种条件下生产能力的核定方法。当设备组生产几种产品时，可用代表产品法和比例系数法计算。

(1) 按代表产品法计算生产能力。代表产品是指从多品种中选择一种产量大，在结构和工艺上具有代表性，能反映企业专业方向的主要产品。运用代表产品法核定生产能力举例如下：

某企业生产甲、乙、丙、丁四种产品，它们的计划年产量分别为 50、100、125 和 25 台；在铣床上加工的单位产品台时定额分别为 20、30、40 和 80 台时；铣床组共有 4 台铣床，两班制工作共 15.5 小时，设备停修率为 5%，以丙产品为代表产品，则铣床组生产能力为：

$$\begin{aligned}\text{铣床组生产能力}&=\frac{\text{铣床组全年有效工作时间}}{\text{代表产品台时定额}}\\&=\frac{(365-111)\times15.5\times(1-5\%)\times4}{40}\\&=\frac{14\,960}{40}\approx374(\text{台})\end{aligned}$$

计算铣床组生产能力之后，为了与生产任务进行平衡，还需要将各种产品的计划产量折合为代表产品产量，将其总和与铣床生产能力比较。

具体产品产量折合为代表产品产量，其换算表如表 10-3 所示。

表 10-3　具体产品产量折合为代表产品产量

产品名称	计划产量	单位产品台时定额	换算系数	折合为代表产品产量	备　注
	①	②	③=$\frac{②}{\text{代表产品②}}$	④=①×③	
甲	50	20	0.5	25	
乙	100	30	0.75	75	
丙	125	40	1	125	代表产品
丁	25	80	2	50	
合计				275	

$$\text{换算系数}=\frac{\text{某种产品台时定额}}{\text{代表产品台时定额}}$$

将折合为代表产品的计划产量除以设备组生产能力,即可求得设备负荷系数。

$$\text{铣床组的设备负荷系数}=\frac{\text{计划产量}}{\text{设备组生产能力}}=\frac{275}{374}=0.735$$

设备负荷系数小于1,即铣床组的能力大于计划产量,则需采取措施,充分利用生产能力。

(2) 按比例系数法计算生产能力。在多品种条件下,也可按比例系数来计算生产能力。现举例如下:

某企业计划生产A、B、C、D四种产品,它们的计划产量分别为:100、80、160、60台;在车床上的计划台时定额分别为:200、270、100、40台时;已知车床组有车床15台,每台车床全年有效工作时间为4 800小时。求车床组生产各种计划产品的生产能力。

在按比例系数法计算设备组生产能力时,其步骤如下:

第一步,计算各产品计划产量对车床所需台时总数,见表10-4第③栏。

第二步,计算设备组有效台时数,15×4 800=72 000(台时)。

第三步,计算比例系数,见表10-4第④栏。

第四步,再将比例系数分摊到各种产品中去,见表10-4第⑤栏。

表10-4 按比例系统法计算设备组生产能力

产品名称	计划产量(台)	该产品车床计划台时定额(台时)	对车床所需要的台时总数(台时)	比例系数	车床组出产各种产品的生产能力
	①	②	③=①×②	$④=\frac{\text{车床组有效台时数}}{\sum③}$	⑤=①×④
A	100	200	20 000	$\frac{15\times4\,800}{60\,000}=1.2$	100×1.2=120
B	80	270	21 600		80×1.2= 96
C	160	100	16 000		160×1.2=192
D	60	40	2 400		60×1.2= 72
合计	400		$\sum$ 60 000		480

四、全年生产任务的合理安排

合理安排全年生产任务,就是把全年生产任务分配到各季、各月和各个车间,并且安排各个品种、规格、产品出产先后次序,这就需要制定产品出产进度计划。在不同生产类型企业中,产品出产进度是各不相同的。

1. 人量大批生产企业产品出产进度的安排,主要是确定全年任务的每季、每月的平均日产量。日产量安排的方式有:平均分配、分期(季)递增、小幅度(月)连续增长、抛物线递增分配等四种。

2. 多品种成批生产企业产品出产进度的安排，不仅要解决产量的分配，而且要考虑产品品种的搭配。品种搭配是安排产品出产进度的关键。对于经常生产而批量较大的主要产品，尽可能采取细水长流方式；对于批量较小的产品，在保证完成品种指标与履行合同的前提下，尽可能组织同类型产品集中生产，以减少同时生产的品种数；对于新老产品、精密产品与一般产品尽可能搭配生产，以保证关键设备和工种均衡负荷；在制定计划时对每年年末留有余地，为下年度生产技术准备工作创造条件。成批生产的进度安排，生产计划部门往往可以同时拟订出几个不同的搭配方案，然后加以对比分析，从中选出最优方案。

3. 单件小批生产企业产品出产进度的安排，一般按订货合同组织生产。有明确的生产任务的先安排，尚未明确生产任务的按概略计算单位（吨、台等）作初步安排，各季各月的任务作粗略分配，待接到订货合同时再加以具体化。在品种上也应合理搭配，使设备、生产能力和劳动力保持均衡负荷。

第二节　生产作业计划

一、生产作业计划及其特点

生产作业计划是企业生产计划的具体执行计划，是生产计划的延续和补充，是组织企业日常生产活动的依据。它对于保证企业实现均衡生产，按期、按量、按质地完成生产计划，及时提供适销对路产品，满足市场需要，提高企业的生产效率和经济效益都起着非常重要的作用。

生产作业计划与生产计划相比具有以下特点：

1. 计划期较短。生产计划一般只规定年度分季、季度分月的生产任务，而生产作业计划具体规定月、旬、周、日、轮班、小时的计划。

2. 计划的内容更具体。生产作业计划把生产任务分解落实到各车间、工段、班组、机台和个人。

3. 计划单位更小。生产作业计划的计划单位是产品的部件、零件直至工序。

二、编制生产作业计划所需资料

企业编制生产作业计划所需资料很多，主要有：年、季度生产计划；有关合同协议和协作任务；设备运行状况和检修计划的安排；原材料、外购件供货、动力资源限额分配以及消耗定额情况；产品图纸、工艺文件和工艺装备情况；各车间上月生产作业计划完成情况和生产进度、核算资料；现有生产能力及负荷情况；人员分配与上期出勤情况;技术组织措施投入生产情况以及各种期量标准等。

三、编制生产作业计划的期量标准

期量标准又称作业计划标准。期量标准就是对生产作业计划中的生产期限和生产数量,经过科学分析和计算而规定的一套标准数据。合理地制定期量标准,对于正确规定产品的投入和出产时间,实现生产过程各个环节紧密衔接,充分利用企业资源,缩短生产周期,提高企业经济效益具有重大意义。

由于企业的生产类型和生产组织形式不同,因而采用的期量标准也就不同;大量流水生产的期量标准有节拍、流水线工作指示图表、在制品定额等;成批生产的期量标准有批量、生产间隔期、生产周期、生产提前期、在制品定额、交货期等;单件生产的期量标准有生产周期、生产提前期等。这里着重介绍批量和生产间隔期、生产周期、生产提前期和在制品定额的制定。

(一) 批量和生产间隔期

批量是指一次投入(或出产)相同产品(或零件)的数量;生产间隔期是指前后相邻两批同种产品(或零件)投入(或出产)的时间间隔。批量与生产间隔期之间的关系可用下列公式表示:

$$\text{批量}=\text{生产间隔期}\times\text{平均日产量}$$

$$\text{生产间隔期}=\frac{\text{批量}}{\text{平均日产量}}$$

在年度生产任务已定的条件下,加大批量,生产间隔期就会相应延长;减少批量,生产间隔期就会相应缩短。确定批量的方法有经济批量法、最小批量法和以期定量法。

1. 经济批量法。这是指设备调整费用与库存保管费用之和为最小时的批量,可用数学方法求得。在生产任务确定的情况下,批量越大,设备调整次数就越少,分摊到每个产品(零件)的调整费用也就越少,但库存保管费用相应增加;批量越小,设备调整次数就越多,分摊到每个产品上的调整费用就越大,但库存保管费用相应减少。其计算公式如下:

$$Q=\sqrt{\frac{2NA}{C}}$$

式中:Q——批量;N——年产量;A——每次设备调整费用;C——每件产品(零件)的年平均保管费用。

2. 最小批量法。它是以保证设备充分利用为主要目标的一种批量计算方法。这种方法着眼于设备充分利用和提高劳动生产率这两个因素综合考虑,通过计算求出最小批量。其计算公式如下：

$$最小批量=\frac{设备调整时间(制品的准备结束时间)}{单件工艺工序时间定额\times设备调整允许损失系数}$$

设备调整允许损失系数，一般规定在0.02～0.12之间，系数可按大、中、小批生产类型的不同，并考虑零件价值对流动资产的影响进行选择。

3. 以期定量法。它是先确定生产间隔期，然后再确定批量的一种方法。采用这种方法，当产量变动时，只需调整批量，不必调整生产间隔期。企业常采用的生产间隔期有季、月、旬、日等，这样，既能考虑经济效益，又简化了生产管理。

（二）生产周期和生产提前期

生产周期是指产品(零件)从原材料投入生产起，到成品制成出产为止所经历的全部时间。如机械产品的生产周期，包括毛坯准备、机械加工和装配等各个工艺阶段的生产周期，以及各工艺阶段间的保险期。

生产提前期是指产品(零件)在各工艺阶段投入(出产)的时间，比最后出产成品时间所提前的天数。它是在成批生产条件下，编制生产作业计划不可缺少的期量标准。计算投入提前期和出产提前期的计算公式如下：

车间投入提前期＝本车间出产提前期＋本车间生产周期
车间出产提前期＝后车间投入提前期＋保险期
装配车间投入提前期＝装配车间生产周期

各车间的生产周期、生产提前期和保险期的关系如图10-3所示。

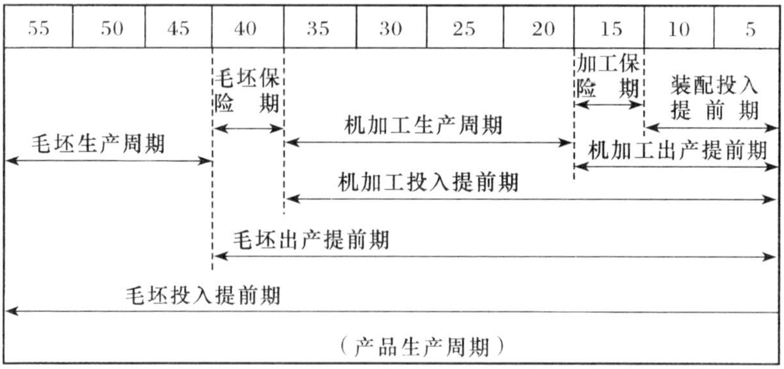

图10-3 生产周期、生产提前期和保险期的关系

（三）在制品定额

在制品是指处于生产过程中尚未完工的所有加工对象的总称。所谓在制品定额，是指在一定生产技术组织条件下，各生产环节上为保证生产正常进行所需占用

的最低限度的在制品数量。正确地制定在制品定额，对于保证企业均衡地出产产品有着重要作用。生产过程各环节过多地占用在制品，就会过多地占用流动资产，增加在制品运输等各种费用支出，对降低产品成本，提高企业效益不利。所以，应科学合理地制定在制品定额。不同类型的企业制定在制品定额的方法也不一样。

1. 大量流水生产线内部在制品定额的制定。流水线内部的在制品按其性质和作用可分为：工艺在制品、运输在制品、保险在制品和流动在制品四种形态。工艺在制品是指各个工作地上正在加工和检验的在制品；运输在制品是指流水线上各道工序之间正在运送过程中的在制品，在间断流水线中不包括运输在制品，因有流动在制品存在，可以解决运输在制品占用量的需要；保险在制品的设置，是为了保证在个别工序发生偶然事故时，生产线仍能正常运转而建立的；流动在制品又称周转在制品，指间断流水线上由于上下道工序生产效率不等而形成的周转在制品占用量。总之，流水线内部的四项在制品占用量需根据工作地具体加工情况而制定，或根据经验统计资料来确定。在间断流水线上不包括运输在制品占用量，而在连续流水线上则不包括流动在制品占用量。

2. 成批生产条件下在制品定额的制定。

(1) 在定期成批轮番生产条件下，车间内部在制品定额的制定，可根据以下公式计算：

$$\text{车间内部在制品定额}=\frac{\text{一批零件在该车间的生产周期}}{\text{该种零件在该车间的生产间隔期}}\times\text{批量}$$

(2) 车间之间库存半成品定额的制定。车间之间的在制品也称为半成品。半成品定额是为了保证前后车间生产衔接而形成的，其中还包括保险储备量，一般是根据过去的统计资料来确定的。

四、编制生产作业计划的方法

生产作业计划的编制，一般是先将企业生产任务分配到各车间，编制各车间生产作业计划，然后由车间再分配到工段、班组直至每个职工，编制车间内部生产作业计划。

(一) 企业分配车间生产任务的方法

企业分配车间生产任务的方法，主要取决于车间生产组织形式和生产类型。如果是对象专业化的车间，可将生产任务直接分配给各车间。如果是工艺专业化的车间，应根据生产类型不同，采用以下几种方法。

1. 在制品定额法。它运用在制品定额，结合在制品实际结存量的变化，按产品反工艺顺序，从产品出产的最后一个车间开始，逐个往前推算各车间的投入、出产任务。它适用于大量大批生产企业。其计算公式如下：

某车间出产量＝后续车间投入量＋该车间半成品外销量＋（车间之间库存半成品定额－车间之间期初库存半成品预计结存量）

某车间投入量＝该车间出产量＋该车间计划允许废品量＋（该车间在制品定额－期初该车间在制品预计结存量）

最后车间出产量和车间半成品外销量，是根据市场需要确定的。车间计划允许废品量按预先规定的废品率计算，最后车间出产量等于计划期任务量。

例如，某企业用在制品定额法确定各车间投入量和出产量如表10-5所示。

表10-5　用在制品定额法确定各车间投入量和出产量

产品名称		高尔夫1.8(AT)自动挡轿车	
产品产量(辆)		1 000	
零件名称		避震弹簧	轴
零件编号		A—001	B—010
单位产品用量(件)		4	1
装配车间	(1) 出产量	4 000	1 000
	(2) 车间在制品定额	500	100
	(3) 期初预计在制品结存量	350	60
	(4) 投入量＝(1)＋(2)－(3)	4 150	1 040
零件库	(5) 半成品外销量	200	—
	(6) 半成品定额	600	80
	(7) 期初半成品预计结存量	710	100
机加工车间	(8) 出产量＝(4)＋(5)＋(6)－(7)	4 240	1 020
	(9) 废品及损耗	140	10
	(10) 车间在制品定额	450	180
	(11) 期初预计在制品结存量	340	60
	(12) 投入量＝(8)＋(9)＋(10)－(11)	4 490	1 150
毛坯库	(13) 半成品外销量	610	50
	(14) 半成品定额	1 000	200
	(15) 期初半成品预计结存量	1 000	300
毛坯车间	(16) 出产量＝(12)＋(13)＋(14)－(15)	5 100	1 100
	(17) 废品及损耗	—	80
	(18) 车间在制品定额	250	40
	(19) 期初预计在制品结存量	150	30
	(20) 投入量＝(16)＋(17)＋(18)－(19)	5 200	1 190

2. 累计编号法。它是根据预先制定的提前期标准，规定各车间出产和投入应达到累计号数的方法。累计号数可以从年初或从开始生产这种产品起，按生产的

先后顺序累计确定。它适用于成批轮番生产企业。其计算公式如下：

$$\text{某车间出产累计号数}=\text{最后车间成品出产累计号数}+\text{该车间出产提前期}\times\text{最后车间平均日产量}$$

$$\text{某车间投入累计号数}=\text{最后车间成品出产累计号数}+\text{该车间投入提前期}\times\text{最后车间平均日产量}$$

各车间在计划期应完成的当月出产量和投入量可按下式计算：

$$\text{计划期某车间出产（或投入）量}=\text{计划期末该车间出产（或投入）累计号数}-\text{计划期初该车间已出产（或投入）累计号数}$$

按上式计算各车间出产（或投入）量以后，还应按零件的批量进行修正，使车间的投入或出产任务与批量成整倍数关系。

3. 生产周期法。它是根据预先制定每类产品中，代表产品的生产周期标准和合同交货期限要求，用反工艺顺序依次确定产品在各车间投入和出产时间的方法。它适用于单件小批生产企业。应用这种方法确定各车间生产任务的步骤是：首先根据各项订货合同规定的交货日期，事先编好的生产周期标准，制定各种产品的生产周期图表；其次根据各种产品的生产周期图表，编制企业各种产品投入和出产综合进度计划表，以协调各种产品的生产进度和平衡车间的生产能力。在安排车间任务时，只要在综合进度计划中摘录属于该车间当月应当投入和出产的任务，再加上上月结转的任务和临时承担的任务，即得出当月各车间的生产任务。

4. 订货点法。它适用于规定标准件、通用件车间的生产任务。这种方法，通常要为每种标准件、通用件规定合理的批量，一次集中生产一批，等到它的库存储备量减少到“订货点”时，再提出制造下一批的任务。订货点是提出订货时的库存量，其计算公式如下：

$$\text{订货点}=\text{平均每日需用量}\times\text{订货周期}+\text{保险储备量}$$

5. MRP 法。它是运用 MRP 系统和电子计算机编制企业和车间生产作业计划的方法。这种方法将在第十三章进行具体阐述。

（二）车间内部分配生产任务的方法

各车间在接到企业下达的生产作业计划任务之后，就要进一步按旬、日、轮班落实到工段、班组、工作地和个人。车间内部生产作业计划的编制，一般是先把车间任务分配到工段（小组），然后再由工段（小组）分配到工作地和生产工人。其分配方法与企业分配车间任务的方法基本相同。

（三）生产任务的合理分配

在编制生产作业计划分配生产任务时，会碰到这样的问题：有若干项任务，要分配给若干个小组或个人去完成，由于每个小组或个人完成各项任务的效率不同，应如何分配才能发挥每个小组或个人的优势,使完成这些任务的总效率最高。

例如,某种产品有四个部件分配给四个小组分别去完成。规定每个小组承担一个部件,不同小组完成这一部件的作业时间不同(见表10-6),求怎样分配任务使所花时间最少。

表10-6 作业时间表

(单位:天)

部件 / 小组	A	B	C	D
甲	10	8	12	6
乙	16	12	14	24
丙	32	26	20	22
丁	34	24	16	20

用匈牙利法求解此类问题的步骤如下:

第一步,列出矩阵A。按表10-5作业时间表计算。

$$A\begin{bmatrix}10 & 8 & 12 & 6\\16 & 12 & 14 & 24\\32 & 26 & 20 & 22\\34 & 24 & 16 & 20\end{bmatrix}\begin{matrix}\text{行最小值}\\6\\12\\20\\16\end{matrix}$$

第二步,将矩阵行约简。在矩阵的每行中选出最小(值)元素,然后将该行的各元素减去此数,得新矩阵B。

$$B\begin{bmatrix}4 & 2 & 6 & 0\\4 & 0 & 2 & 12\\12 & 6 & 0 & 2\\18 & 8 & 0 & 4\end{bmatrix}$$

$$\text{列最小值}\quad 4\quad 0\quad 0\quad 0$$

第三步,将矩阵列约简。在行约简后的矩阵中没有"0"的列再约简,即从该列中选出最小元素,并将其他元素减去此数,得新矩阵C。

$$C\begin{bmatrix}0 & 2 & 6 & 0\\0 & 0 & 2 & 12\\8 & 6 & 0 & 2\\14 & 8 & 0 & 4\end{bmatrix}$$

第四步,检验是否取得最优分配方案D。检验方法是作过零覆盖线,即对有"0"的行或列划一条覆盖线,能覆盖所有零元素的最少覆盖线称为维数,当维数等于矩阵的阶数时,就可得出最优分配方案,若维数少于阶数,还要进行调整,本例为四阶矩阵,而维数为三,故得再调整。

$$D\begin{bmatrix}0\cdots 2\cdots 6\cdots 0\\0\cdots 0\cdots 2\cdots 12\\8 \quad 6 \quad 0 \quad 2\\14 \quad 8 \quad 0 \quad 4\end{bmatrix}$$

第五步,调整。找出所有没有被覆盖元素中的最小元素,这里是"2",将不在覆盖线上的元素都减去"2",而在两条覆盖线交叉点上的元素加上"2",其余元素不变,得新矩阵E。

$$E\begin{bmatrix}0 & 2 & 8 & 0\\0 & 0 & 4 & 12\\6 & 4 & 0 & 0\\12 & 6 & 0 & 2\end{bmatrix}$$

第六步，再作覆盖线 F，并检查是否取得最优方案。现在最小覆盖线的条数为四，与矩阵阶数相等，可知已取得最优分配方案。

$$F\begin{bmatrix} 0 \cdots 2 \cdots 8 \cdots & 0 \\ 0 \cdots 0 \cdots 4 \cdots & 12 \\ 6 \cdots 4 \cdots 0 \cdots & 0 \\ 12 \cdots 6 \cdots 0 \cdots & 2 \end{bmatrix}$$

第七步，确定最优分配方案 G。方法是按列(或行)，对只有一个零元素的列(或行)先分配(在该零旁边记△号)，分配后，划去与该零元素同行(或列)的其他零元素(在该零旁边记×号)。分配结果为：

$$G\begin{bmatrix} 0^{\triangle} & 2 & 8 & 0^{\times} \\ 0^{\times} & 0^{\triangle} & 4 & 12 \\ 6 & 4 & 0^{\times} & 0^{\triangle} \\ 12 & 6 & 0^{\triangle} & 2 \end{bmatrix}$$

最优分配方案：甲(A)、乙(B)、丙(D)、丁(C)

总消耗工时＝10＋12＋22＋16＝60(天)

第三节 生产作业控制

生产作业控制是指在生产作业计划执行过程中，对有关产品(零部件)的数量和生产进度进行的控制。生产作业控制是生产控制的核心，是实现生产作业计划的保证。其步骤是：第一，确定生产作业控制标准；第二，将执行结果与标准进行比较；第三，采取措施纠正偏差。

一、生产进度控制

生产进度控制是指对原材料投入生产到成品入库为止的全过程所进行的控制。生产进度控制是生产作业控制的关键。它包括投入进度控制、出产进度控制和工序进度控制等内容。

1. 投入进度控制。它是指对产品(零部件)的投入日期、数量和品种是否符合生产作业计划要求的控制，包括对原材料、毛坯、零部件投入提前期以及设备、劳动力、技术组织措施项目投入使用日期的控制。搞好投入进度控制，可以避免造成计划外生产和产品积压现象，保持在制品正常流转，保证产品(零部件)投入的均衡性和成套性。

2. 出产进度控制。它是指对产品（零部件）的出产日期、数量、品种、出产提前期、均衡性和成套性的控制。搞好出产进度控制，是保证按时、按量、均衡、成套完成计划任务的有效手段。

3. 工序进度控制。它是指对产品(零部件)在生产过程中经过的每道加工工序的进度的控制。工序进度控制主要用于单件生产、成批生产中，对那些加工周期长、工序多的产品(零部件)除控制投入和出产进度外，还要对工序进度进行控制。

工序控制的方法有:按工票和加工路线单进行控制。

二、在制品占用量的控制

在制品占用量控制是对生产过程各个环节的在制品实物和账目进行控制。搞好在制品占用量控制,不仅对实现生产作业计划有重要作用,而且对减少在制品积压、节约流动资产、提高企业效益也有重要作用。在制品占用量控制,主要包括:控制车间内各工序之间在制品的流转和跨车间协作工序在制品的流转,加强检查站对在制品流转的控制。此外,还可以采用看板管理法控制在制品占用量。采用"看板方式"生产与一般方式生产的一个显著区别是,它不是采用前道工序向后道工序送货,而是实行后道工序在需要的时候向前道工序领取需要的零部件,前道工序只生产被后道工序取走的那部分零部件,严格控制零部件的生产和储备。

看板作为取货指令、运输指令、生产指令,在控制生产和微调计划有着重要作用。看板是随物流的运动而发挥控制作用的。工序看板的具体运行过程如图 10-4 所示。

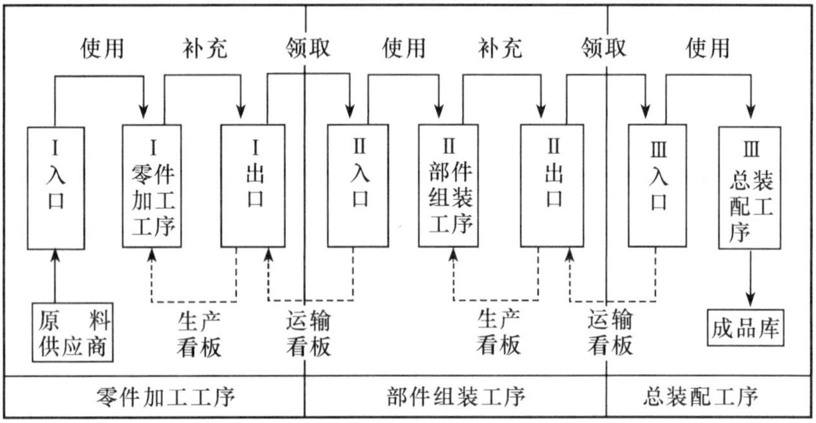

图中:"→"表示零部件运行过程;"┈→"表示看板运行过程。

图 10-4 工序看板运行过程

从图 10-4 可以看出,每道工序都有一个入口和一个出口,入口处放置待加工的零部件,用标准容器装好,上面挂着运输看板;出口处放置已加工好的零部件,也用标准容器装好,上面挂着生产看板。当生产指令给总装配工序时开始生产,待入口处的零部件用完时,将空容器中的运输看板取下,拿到上道工序出口处,将装零部件的容器里的生产看板取下,放入生产看板盒内,把运输看板挂上送回下道工序,上道工序的工人见生产看板盒内的生产看板(数量)便开始生产,当用完入口处的零部件时，就用运输看板到它的上道工序取货，如此由最后工序起，反顺序地逐个拉动各道工序的生产，以达到准时生产的目的。

工序看板运行应严格遵守以下规则：后工序向前工序领取零部件，必须带有看板；前工序只生产后工序领走的数量，超过看板规定数量的零部件不生产；不合格品不能挂看板，不能交给后道工序；从前工序取走的零部件，应及时取下看板；不见看板不取货，不见看板不生产，不见看板不运输。看板作为取货指令、运送指令、生产指令，对生产进度起着严格的控制作用。

三、生产控制的类型

生产控制一般分为推进式控制和拉动式控制两种类型：

1. 推进式控制。它是基于计算机信息的发展和美国制造业大批量生产基础上提出的以 MRPⅡ技术为核心的生产控制模式。其长处在多品种小批量生产的加工装配式企业中得到了有效的发挥。它在计算机、通信技术控制下，制定和调节产品的需求预测、主生产计划、物料需求计划、能力需求计划、物料采购计划、生产成本等环节。其信息流往返于各工序、车间，而生产严格按照反工艺顺序确定物料需要量、需要时间（物料清单所表示的提前期），从前道工序推进到后道工序或下游车间。这种推进式控制的信息流（生产指令）与生产物流完全分离。信息流控制的目标是保证按生产作业计划的要求，按时完成物品加工任务。其形式如图 10-5 所示。

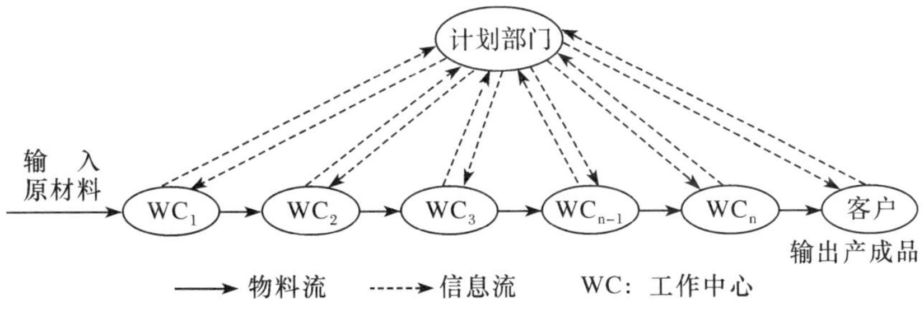

图 10-5　推进式控制下信息与物料流向图

这种推进式的生产控制是以零件为中心，强调严格执行计划，维持一定量的在制品库存的控制。为了防止计划量与实际量的差异所带来的库存短缺现象，在编制物料需求计划时，往往采用较大的安全库存和留有余地的固定提前期，而实际生产时间又往往低于提前期，于是不可避免地会产生在制品库存。一方面，这些安全储备量可以用于调节生产和需求之间、不同工序之间的平衡；另一方面，过高的存储也会降低物料在制造系统中的流动速度，使生产周期延长。

2. 拉动式控制。它是日本制造业提出的以JIT(准时生产)技术为核心的生产控制模式(物流始终处于不停滞、不堆积、不超越、按节拍地贯穿于从原材料、毛坯的投入到成品的全过程)。它强调生产同步管理:第一,必要的时间将必要数量的物料送到必要的地点。最理想状态是整个企业按同一节拍,根据后道工序的需要投入和产出,不制造后工序不需要的过量制品(零件、部件、组件、产品),工序在制品向"零"挑战。第二,必要的生产工具、工位器具的位置摆放要挂牌明示,以保持现场无杂物。第三,从最终市场出发,每道工序、每个车间都按照当时的需要由看板向前道工序、上游车间下达生产指令,前道工序、上游车间只生产后道工序、下游车间需要的零部件数量。这种生产拉动式控制的信息流与物流完全结合在一起,但信息流(生产指令)与物流方向相反。信息流控制的目标是保证按后道工序要求准时完成物料加工任务。其形式如图10-6所示。

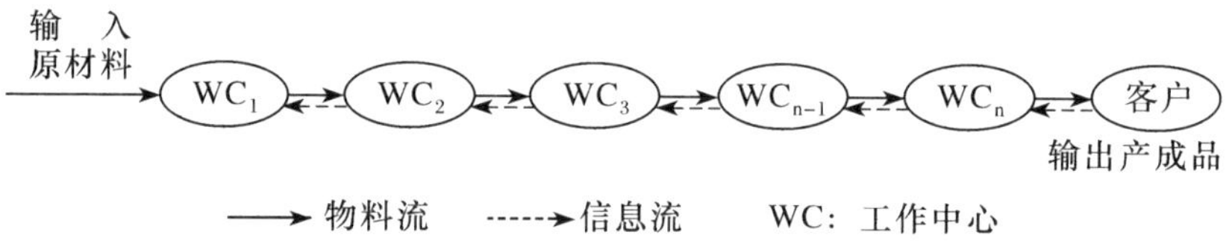

图10-6 拉动式控制下信息与物料流向图

这种拉动式的生产控制是以零件为中心,要求前一道工序加工完的零件立即进入后一道工序,强调生产平衡而没有在制品库存,从而保证生产与市场需求同步。在生产控制上,以零件为基数运用计算机编制物料生产计划,并运用看板系统执行与控制,以实施计划为中心,工作的重点在制造现场。在对待库存状态上,一方面强调供应对生产的保证;另一方面强调对"零"库存的要求,以不断暴露生产中基本环节的矛盾并加以改进,不断降低库存以消灭库存产生的"浪费"为终极目标。

四、生产协调工作(生产调度工作)

生产协调工作是对执行生产作业计划过程中可能出现的偏差及时了解、掌握、预防和处理,保证整个生产活动协调进行的一项工作。生产协调工作的主要内容包括:控制生产进度和在制品流转;督促做好生产技术准备和生产服务工作;检查生产过程中的物料供应和设备运行状况;合理调配劳动力;调整企业内运输;组织企业和车间生产协调会议,监督有关部门贯彻执行协调决议;做好生产完成情况的检查、记录和统计分析工作。

协调会议是企业生产协调工作的基本方法,它一般分企业、车间两级进行。企业协调会,由生产协调负责人召集,生产副经理主持,有关科室和车间负责人参加。车间协调会，由车间协调组长召集，车间主任主持，各职能组长和班组长参加。协调会议的重点是处理和解决问题，而不是调查研究。为了保证信息及时、正确的传递，迅速高效协调生产过程各方面的活动，还应把正确的协调工作方法与先进的协调技术相结合，充分发挥协调工作对生产作业计划的控制作用。

第四节 精益生产

20世纪初，泰罗在美国建立了“工厂制度”(即泰罗制)以来，大规模的生产流水线一直是工业生产的主要特征。然而进入80年代后，随着全球制造业竞争的加剧，在西方制造业中出现了一种“精益生产方式”，对传统的“大规模生产方式”提出了挑战。本节仅对精益生产方式的发展、特点、应用等问题作简要阐述。

一、精益生产及其发展

精益生产是美国麻省理工学院数位从事“国际汽车计划”的专家对日本“丰田生产方式”的美称。“精”，即少而精，不投入多余的生产要素，只是在适当的时间生产必要数量的市场急需产品(或下道工序急需产品)；“益”，即所有经营活动都要有益有效，具有经济性。精益生产是针对传统的“大规模生产”而言。它打破了传统的生产流水线和金字塔式的分层管理模式，把参与一种产品的开发、生产、销售以及售后服务的所有步骤的员工融合在一些合作小组之中，负责某种产品的开发、生产和销售，从而消除机构臃肿、效率低下、内部相互排斥，对市场反应迟钝以及严重束缚人的创造力等弊端。

大规模生产方式是以标准化、大批量生产来降低生产成本，提高生产率和产品质量的。这种生产方式在市场相对稳定时期能够有效地组织生产，但是在市场瞬息万变的今天，批量生产的规模越大，企业对市场的适应能力就越低。“精益生产方式”以小组合作生产的办法来代替生产流水线，把传统的大批量小批次的生产变成小批量大批次的生产，使企业生产能够根据市场需要进行快速调整，并且易于组织多品种小批量生产，在市场竞争中表现出极大的灵活性。

精益生产与大规模生产方式相比，有效地缩短了生产和市场的距离，同时使企业真正地“瘦”了下来。企业把各职能部门的人员分配到生产第一线的各个工作小组，大大精简了庞大的行政管理机构，节省了大笔的行政开支。

二、精益生产方式的主要特征

精益生产方式是由丰田英二和大野耐一在日本丰田汽车公司首创的。精益生产方式是指运用多种现代管理方法和手段，以社会需求为依据，以充分发挥人的作用为根本，有效配置和合理使用企业资源，最大限度地为企业谋求经济效益的一种新型生产方式。这种方式综合了大量生产与单件生产方式的优点，又避免和克服了这两种方式各自的缺点。具体来说，主要有以下特征：

1. 在生产过程中，实行拉动式“准时生产”，所有零件按小时间隔准时直送总装配线，杜绝一切超前、超量制造。拉动式“准时生产”主要表现在：① 以市场需求拉动企业生产，市场需要什么就生产什么，需要多少就生产多少；② 以后道工序拉动前道工序生产，以总装配拉动部件装配，以部件装配拉动零件加工，以零件加工拉动毛坯生产，大幅度压缩在制品储备，消除无效劳动；③ 以前方生产拉动辅助后方准时服务于生产现场，建立以生产现场为中心，以生产工人为主体，以车间主任为首的“三为体制”；④ 以主机企业拉动协作配套企业生产，协作配套产品尽可能采用直达送货方式；⑤ 采用快换工装模具新技术，把单一品种生产线改造成为多品种混流生产线，把小批次大批量轮番生产改变为多批次小批量生产，最大限度降低在制品储备，提高产品适应市场的能力。

2. 在劳动力使用上，充分调动人的积极性，强调一专多能，不断提高工作技能，推行多机床操作和多工序管理，并把工人组成作业小组，并赋予相应的责任和权力。作业小组不仅要完成生产任务，而且要保证产品质量、控制物料消耗、更换调整工装模具、搞好设备润滑保养和简单修理，还要从事现场的改进改善工作等。

3. 在生产组织结构和协作关系上，精益生产一反大量生产方式追求纵向一体化的做法，把 70%左右的汽车零部件的设计和制造委托给协作企业进行，主机企业只完成占汽车整车零部件 30%的设计与制造任务。协作企业在经济上虽然都是独立的，但主机企业通过签订长期合作协议拥有协作企业股份，并且向协作企业输送高级管理人员，以组织互助协作会等办法，把主机企业与协作企业之间存在的单纯买卖关系变成利益共同体的血缘关系。

4. 在产品开发上，精益生产方式采用“主查”(项目负责人)制和同时工程(或同步工程)的方法，从确定产品开发项目开始就成立有产品设计、工艺、质量、成本、销售等各种专业人员组成的开发小组，并由能力强的组长来领导。这样就能大大提高产品开发的工作质量，缩短开发周期，满足社会对产品多样化的需要。

5. 在销售方面，以销售部门作为生产过程的起点，按订货合同组织多品种小批量生产。

6. 在质量管理上的基本观点是，质量是制造出来的，而不是检查出来的，认为一切生产线外的检查、把关及返修都不创造附加价值，反倒增加了成本，是一种无效劳动和浪费。

7. 消除一切影响工作的“松弛点”，以最佳的工作环境、条件和最佳工作态度，从事最佳的工作，从而追求零故障、零缺陷、零库存、零浪费。

三、精益生产的主要内容

现以丰田汽车公司典型的第一层次外协配套企业——日本小系制作所的精益生产体系为例，对其主要内容作如下阐述。

(一) 计划的编制与控制

小系(即小系制作所)的用户主要是丰田汽车公司，所以小系的生产计划与丰田的生产计划同步编制，每年 10 月份编制次年的年度生产计划。年度生产计划与财务会计年度相吻合，以每年 4 月至次年的 3 月末为一个财务会计年度。季度计划采用滚动计划法编制。作业计划每月编制，生产指令更改每天进行，通过增加或减少“看板”来实现。

1. 年、季度计划。年度计划根据企业经营方针和市场预测来确定，主要是规划准备生产的产品品种和数量，但不把它具体化。

季度计划根据年度计划及市场需求，采用滚动计划法进行编制，即在第 N－1 月制定第 N 月、第 N＋1 月以及第 N＋2 月的生产计划。这样制定出来的第 N 月生产计划为确定了的计划，第 N＋1 月以及第 N＋2 月的计划也只作为“内定”计划，随着时间的推移，当第 N＋1 月变为第 N 月时，再进行确定。

2. 月度计划。月度计划根据季度计划和月需求预测，确定月度生产的产品品种及每种产品的产量。N 月的生产计划在 N－1 月的中旬开始时确定，到 N－1 月的中旬结束时再根据订货进行微量调整。在 N－1 月的下旬，进行所需零部件数量的计算，并决定各种产品每天的生产量。由于产品的零部件数量庞大，往往使用计算机来进行计算。为实现均衡生产，月计划确定后，可以将产量平均分配至每个工作日，形成每日平均产出量，见表 10-7(每月以 20 个工作日计)。

表 10-7 月度计划 单位：件

产品	月需求	日平均产出量
	(1)	(2) [(1)÷20]
A	1 200	60
B	400	20
C	1 600	80
D	400	20
E	600	30
F	600	30
合计	4 800	240

3. 日程计划。月度计划完成后，才开始制定真正作为日生产指令的投产顺序计划。顺序计划每天制定，但只下达给装配线以及主要协作企业家，其他绝大多数的工序都通过看板来进行品种和产量的日生产管理。

为了在日计划中均匀分布各种产品的生产，达到品种平均，在生产中常采用混流生产模式(混合流水线)，即在一定时间内同时生产几种产品。只有当产品相似，变换品种时基本上不需要重新调整设备与工艺装备，才可能实行混流生产。混流模式有较好的柔性，当顾客期望根据订单要求迅速交货的情况下，短期响应能力是市场竞争的关键因素，这时采用混流模式会取得更好的效果。

例如，根据表 10-7 中的月生产计划，制定日投产顺序计划时，可按每日生产量要求先生产 60 件 A 产品，接着生产 20 件 B 产品，再生产 80 件 C 产品……方式安排生产。也可以更进一步以较短时间间隔平均分配各产品品种的生产，如按 48 分钟为单位均匀分配作业，见表 10-8。这个分配过程重复多次，直到完成日平均产量为止。这就是混流的生产模式，这样的日程计划具有较高的柔性，当市场需求有变化时容易调整。

表 10-8　生产作业表

产　品	生　产　量
A	6
B	2
C	8
D	2
E	3
F	3
合　计	每 48 分钟 24 件

假设月初时确定的计划(如表 10-7 所示)到月中时，一个顾客要改变他的订单，减少订购 400 件 C 产品，增加 400 件 B 产品，原来下半月的计划如表 10-9 所示。

表 10-9　原订下半月的计划

产　品	本月需求(件)	日平均产出量(件)
A	600	60
B	200	20
C	800	80
D	200	20
E	300	30
F	300	30
合　计	2 400	240

改变以后下半月的需求如表 10-10 所示。可以根据修改后的下半月计划安排生产，如果采用 48 分钟均匀分配作业，结果如表 10-11 所示。

表 10-10 修改后下半月的计划

产 品	下半月需求(件)	日平均产出(件)
A	600	60
B	600	60
C	400	40
D	200	20
E	300	30
F	300	30
合 计	2 400	240

表 10-11 修改后的日作业表

产 品	生 产 量
A	6
B	6
C	4
D	2
E	3
F	3
合 计	每 48 分钟 24 件

由此可见，只要将表 10-8 的作业改为表 10-11 的作业安排，就可以适应上述市场需求之变化。如果企业不是采用混流均衡生产模式，而是采用首先生产 A 产品，接着生产 B 产品、C 产品……月产量的生产方式，在生产过程中如果市场突然发生变化时，就很难进行调整。因此，生产现场连续小批量生产，能够防止过量和供过于求，这是精益生产计划的基本点。

4. 计划的实施与控制。在计划实施中，小系主要采用三条措施来保证生产的衔接：① 将生产装配线全部改成 U 形岛式装配线，每条线 5～6 台设备，由 1～2 个工人操作，如遇产品变更只需在岛式装配线内调换模具即可。模具更换也有“看板”指示，多数模具装配在可移动的工位器具上，由班长送到工位，1～2 分钟便可完成换模。② 加强与用户联系，派专人密切注视总装企业的市场、产品变化。销售人员一旦获取丰田的新产品动向，不等丰田的订货单下达，就已填写好“制品指示书”。其内容包括:简图、工艺继承性、主要技术参数、样品、批量、交货要求(时间、认可条件、方式)。经公司主管批准后,编制新、老产品对比表(包括零部件、元器材配套件),与丰田同步做好生产、技术准备工作。③ 保持少量的储备量,总装车间是 0.5 天,部件车间是 0.5～1 天,外协企业是 2～3 天,以保证丰田汽车总装厂库存为零。

确保精益生产的生产组织控制的具体手段是看板。看板是一种生产、转移的指令,上面注明:看板编号、产品编号、件数、装箱型号、外协企业或上道工序编号、送达地的编号、交货时间、转送方式,由总装企业向各零、部件制造外协企业,下道工序向上道工序逐一下达。这与大批量生产方式的生产指令下达顺序正好相反。看板生产严格遵循六条规则:① 不良品不流到下道工序;② 后道工序向前道工序倒抽看板;③ 抽多少看板生产多少产品;④ 均衡生产;⑤ 生产组织合理化,减少浪费;⑥ 各工序(工艺、装备)要稳定。为了确保总装企业“准时生产”和“零库存”,小系每天向丰田送货 8 次。每个车间设有计算机终端,车间完成一个看板,只要将其内容输入计算机终端,信息就传递到生产管理中心,便于生产管理人员分类管理看板,使他们的工作变得十分简便。

(二) 成本控制

小系的管理人员,不论从事营销、生产、产品开发、质量、财务,还是人事部门,甚至协作单位的负责人,他们对成本的意识都很强烈。小系不用大批量生产产品定价的成本加成法,而代之以“利润＝售价－成本”。降低成本必须提高生产要素的利用率,即场地利用率、时间利用率、人力利用率和资金利用率。在资金利用率方面,小系的富士川工场的销售与资本比率一般高达 40∶1左右。

此外,小系还严格控制生产上的浪费,认为不能片面强调设备利用率以致造成多余生产。小系主要针对生产(表现为库存)、等工(以秒计)、多余劳动、不必要搬运、由不合理工艺造成的加工不合理、库存及不良品返修等七个方面可能出现的浪费现象采取相应的措施,以降低生产成本。

(三) 外协企业管理

与小系协作的外协企业分几个层次,小系只对第一层次的外协企业的生产、质量、产品开发加以指导,通过相互参股,形成一个命运共同体。外协企业也可对总装企业参股。如小系的协作企业静冈藤枝模具株式会社是为小系协作制作注塑模具的,资本2 000 万日元,小系参股 40%;而静冈藤枝也买进小系的股票。第一层次的协作企业下面一般有一组第二层次的协作企业——它们是从事专项制造的独立公司。这些公司又与其协作的第三层次甚至第四层次的协作企业,一起构成金字塔形的协作体系。由于建立了这种休戚与共的关系,小系在选择外协企业时较慎重,一旦选定,便对外协企业采取扶持态度,决不轻易淘汰。在质量问题上,外协企业对它加工的零部件质量负责,总装企业不再进企业检验。如小系的用户——丰田公司如发现车灯、零部件有质量问题，即由小系通知其外协企业到丰田公司全数检验，将不合格件全部挑出，并对造成的废品损失负责。当然小系也帮其外协企业一起分析质量原因，并督促其改进。在日本企业里，一旦发生产量调整，总装企业会立即提前通知其协作企业，并帮协作企业一道寻找其他业务予以补偿，而决不会为保证自己的雇员不被解雇而去拉回扩散给外协企业的业务。在某种程度上，协作企业雇员已被看作是总装企业雇员，是不可缺少的。在产品开发方面，不同于大批量生产方式，由总装企业详细设计每一个汽车零部件，精益生产的总装企业只设计总体和汽车主要部件，而将外协的零部件设计任务交由外协企业去完成。这样便集中了总装企业的主要精力，也精简了总装企业设计人员。

（四）全员参加的工艺与质量活动

日本企业内的动作分析，即操作规范全由作业指导书详细规定。作业指导书对每一道工序、工步或每一个动作作出详细规定，并附有示意图。作业指导书（或称工艺过程卡）由生产班组工人集体讨论，车间技术员参加，班长决定后报系长、课长批准。一经批准便严格执行，若不按指导书作业操作，完不成规定的节拍，班长会再次示范给你看。两次不行，车间作业改进小组（由生产管理部日程课长、车间技术员、工人代表等组成）便到该条作业线进行分析，随带摄像机、秒表，以不断改进操作，最大限度地提高工效。至于工时定额则由车间技术员制定，以秒计算，由改进小组修改，每六个月修订一次。

日本企业成功地运用QC（质量管理）手段而产生的良好现场效果，给人深刻的印象。日本企业主张质量、职能下放，执行全员质量把关，并强调操作与检验同步，每完成一个工序，检验一次，而且用专用的智能检测装置检验，如车灯安装完，即放在一个专用夹具上，由光控传感器检验，哪怕少了一个螺钉，检测装置即报警并指示哪个部位缺少一个螺钉。

（五）目视管理

日本企业现场管理的另一个特点是目视管理。当你进入车间，你好像进入了一个超级市场，所有的生产线、工位器具、产成品流转箱排列整齐，工人很少，到处挂满了目视板，如车间主要通道里有作业状态目视板，上面标示：生产调整、生产中、机械故障、班长呼出等作业状态，一目了然，便于处理。这不仅是给管理人员看的，而且也让所有作业人员明白车间生产状况。生产线上方挂有：班长名、“制品名目视板”，这样，既能增强班长责任感，又便于管理；工人工位上方挂有“我的质量管理点”“质量目视板”和“定额完成情况目视板”。质量目视板上面注有本工序质量控制重点、要求、方法、手段，并附示意图，随时提醒工人按工艺操作；定额完成情况目视板上注有目标、现状、成绩等内容，起到了激励工人的作用。生产线上“工人技能训练目视板”用不同颜色和形状的标志详细标明线内工人一专多能技能训练情况:“△”表示该项技能在训练中;红圈代表“多能”项目;白圈代表“一专”项目。这既起到了提高工人学习业务的积极性,又便于在产品、生产线调整时及时调动系内人员。此外,每条生产线还标有“TPM”(全员设备管理)“目视板”“安全五训”;餐厅、办公楼前醒目地标有“社训”(即年度社长方针)等。

(六)人员激励机制

小系推行精益生产最重要的基础是人员素质的提高,而提高人员素质的主要手段是:注重企业文化建设,提高公司聚心力;舍得花大本钱,从人员培训入手和健全以终身雇佣制、年功序列工资为核心的人才激励机制这三条。

目前,精益生产方式在我国的三资企业和跨国企业中已得到广泛采用,最为典型的是上海通用汽车有限公司、上海大众汽车有限公司等。

第五节 网络计划技术及其优化

一、网络计划技术及其基本原理

网络计划技术是指对许多相互联系与相互制约的活动(作业或工序)所需资源与时间及其顺序作出安排的一种网络状计划方法。它的基本原理是:利用网络图表示一项计划任务的进度安排和各项活动之间的相互关系;在此基础上进行网络分析,计算网络时间,确定关键路线;利用时差,不断改进网络计划,求得工期、资源和成本的优化方案。网络计划技术主要适用于单件小批生产、新产品试制、设备维修、建筑工程等。其优点是能缩短工期、降低成本、提高效益。

二、网络图的构成要素

网络图是由活动、事项和路线三部分组成。

1. 活动(作业、工序)。这是指一项作业或一道工序。活动通常是用一条箭线“→”表示,箭杆上方标明活动名称,下方标明该项活动所需时间,箭尾表示该项活动的开始,箭头表示该项活动的结束,从箭尾到箭头则表示该项活动的作业时间。

2. 事项(结点、网点、时点)。这是指一项活动的开始或结束那一瞬间,它不消耗资源和时间,一般用圆圈表示。在网络图中有始点事项、中间事项和终点事项之分。如图 10-7 所示。

① —A→ ② —B→ ③ —C→ ④

图 10-7 网络图中的事项

事项②,即表示 A 项活动的结束,又表示 B 项活动的开始。对中间事项②来说,A 为其紧前工序,B 为其紧后工序。

3. 路线。这是指从网络始点事项开始,顺着箭线方向连续不断地到达网络终点事项为止的一条通道。在一个网络图中均有多条路线,其中作业时间之和最长的那一条路线称为关键路线,可用粗实线或双线表示。

三、绘制网络图的规则

绘制网络图一般应遵循以下规则: ① 有向性,各项活动顺序排列,从左到右,不能反向; ② 无回路,箭线不能从一个事项出发,又回到原来的事项上; ③ 箭线首尾都必须有结点,不允许从一条箭线中间引出另一条箭线; ④ 二点一线,指两个结点之间只允许画一条箭线,若出现几项活动平行或交叉作业时,应用虚箭线"┄→"表示; ⑤ 事项编号,从小到大,从左到右,不能重复; ⑥ 源汇合一,每个网络图中,只能有一个始点事项和一个终点事项。如果出现几道工序同时开始或结束,可用虚箭线同网络始点事项或终点事项连接起来。

四、网络时间的计算

(一) 作业时间

这是指完成某一项工作或一道工序所需要的时间。作业时间有确定时间和不确定时间之分。不确定时间可用下式计算:

$$作业时间=\frac{最乐观完工时间+4\times最可能完工时间+最悲观完工时间}{6}$$

(二) 结点时间的计算

结点本身不占用时间。它只表示某项活动应在某一时刻开始或结束。因此,结点时间有最早开始时间和最迟结束时间。

1. 结点最早开始时间。是指从始点事项到该结点的最长路程的时间。用 T_e 表示,其数值记入"□"内,并标在网络图上。网络始点事项的最早开始时间为零,终点事项因无后续作业,它的最早开始时间也是它的结束时间。网络中间事项的最早开始时间的计算可归纳为:前进法、加法、挑最大(有两个以上 T_e 时间)法。

2. 结点最迟结束时间。是指以本结点为结束的各项活动最迟必须完成的时间。用 T_L 表示,其数值记入"△"内,并标在网络图上。网络终点事项的最迟结束时间等于它的最早开始时间。其他事项的最迟结束时间的计算可归纳为:后退法、减法、挑最小(有两个以上 T_L 时间)法。

(三) 工序时间的计算

工序时间包括:工序最早开始时间、工序最早结束时间、工序最迟开始时间、工序最迟结束时间。有了结点的时间参数，工序时间参数的计算就很简单了。工序时间的计算步骤如下：

1. 工序最早开始时间等于代表该工序的箭尾所触结点的最早开始时间。
2. 工序最早结束时间等于该工序最早开始时间加上该工序的作业时间之和。
3. 工序最迟结束时间等于该工序箭头结点最迟结束时间。
4. 工序最迟开始时间等于该工序最迟结束时间减该工序的作业时间之差。

计算工序最早开始与最早结束时间，应从网络始点事项开始，自左向右，前进加法取大值。计算工序最迟开始与最迟结束时间，应从网络终点事项开始，自右向左，后退减法取小值。

(四) 时差

这是指某道工序的最迟开始时间与最早开始时间的差数。时差表明某道工序可利用的机动时间的多少，时差的计算公式如下：

$$\text{某项活动(工序)的时差}=\text{该项活动最迟结束时间}-\text{该项活动最早开始时间}-\text{该项活动的作业时间}$$

五、绘制网络图

已知某项工程的作业程序及作业时间如表 10-12 所示，绘制网络图，并根据关键路线确定工程周期，进行工序时差计算。

表 10-12　某项工程的作业程序及作业时间

工序(作业)名称	紧前工序	工序(作业)时间(天)
A	—	4
B	—	5
C	A	5
D	B	8
E	B	5
F	C、D	7
G	C、D	5
H	E、F	4
I	G	5

第一步，根据工程顺序绘制网络图(见图 10-8)。

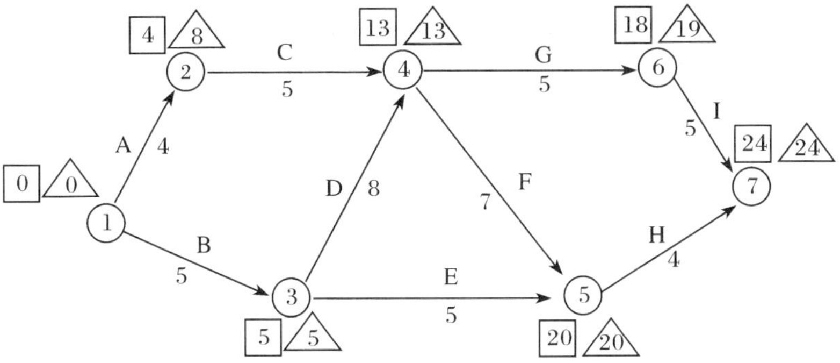

图 10-8 网络图

第二步，计算事项的最早开始和最迟结束时间，标在图上。

第三步，计算工序时差(见表 10-13)。

表 10-13 工序时差计算

单位：天

工序(作业)	工序时间	开始时间		结束时间		时 差
		最早	最迟	最早	最迟	
A	4	0	4	4	8	4
B	5	0	0	5	5	0
C	5	4	8	9	13	4
D	8	5	5	13	13	0
E	5	5	15	10	20	10
F	7	13	13	20	20	0
G	5	13	14	18	19	1
H	4	20	20	24	24	0
I	5	18	19	23	24	1

六、网络计划优化

网络计划优化，主要是利用时差，不断改良网络计划的初始方案，使之编出一个工期短、资源耗费少、成本低的计划方案。网络计划优化，根据具体目标不同，通常有时间优化、时间—资源优化、时间—成本优化。

(一) 时间优化

其含义是在人力、材料、设备、资金等资源基本有保证的条件下，寻求最短的生产周期。具体方法可通过以下几个方面来实现：① 利用时差，从非关键工序抽调人力、物力集中用于关键工序，以缩短工期；② 调整工序之间衔接关系，将关键工序进一步分解,采取平行作业或交叉作业,以缩短关键工序作业时间; ③ 采取各种技术组织措施,压缩关键工序时间,如采用新技术、新工艺等。

(二) 时间—资源优化

其含义是在资源有限的条件下,寻求以最短时间均衡地使用较少的资源来完成生产任务。资源不同,要求不同,具体方法也不相同。现以人力资源的平衡为例。

假设某工程项目的网络计划如图 10-9 所示。

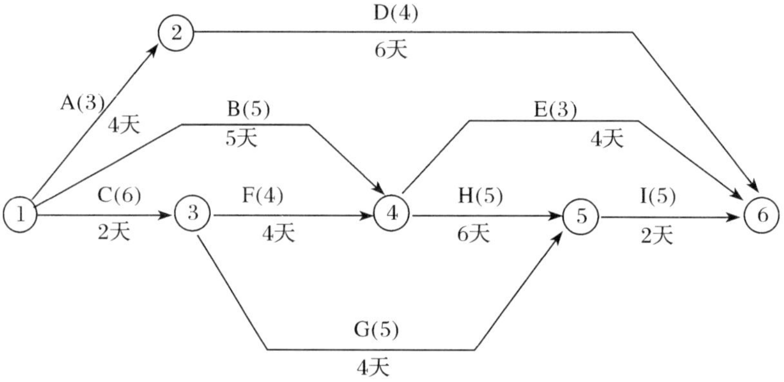

图 10-9 工程项目网络计划

上图中,箭线上方代号是活动名称,括号内数字为每天所需工人数;箭线下方数字为活动所需时间。约束条件是每天可调用工人不超过 12 人,且要求按期完工。

进行资源平衡,首先应根据各项活动最早开工时间画出施工日程图(见图 10-10)。在图 10-10 中,活动安排栏内,粗实线表示关键工序进度,细实线表示非关键工序的进度,虚线为工序的时差。

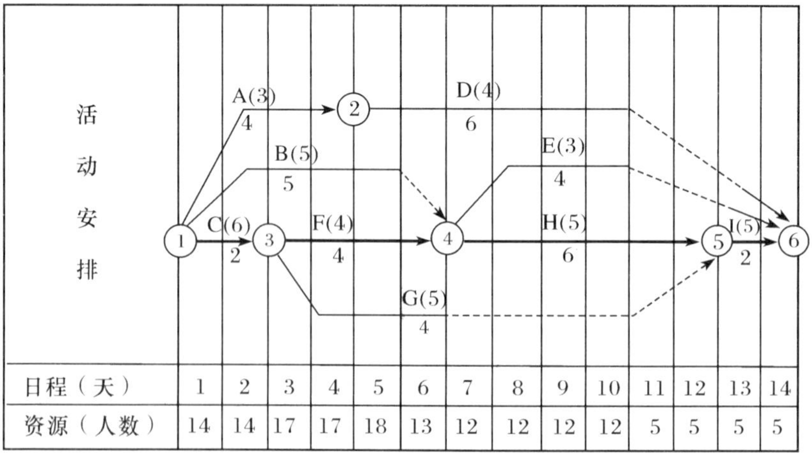

日程(天)	1	2	3	4	5	6	7	8	9	10	11	12	13	14
资源(人数)	14	14	17	17	18	13	12	12	12	12	5	5	5	5

图 10-10 施工日程图

从图 10-10 施工日程图可以看出,每天对工人的需要量是不均匀的,最多达 18 人,最少仅 5 人。为了使人数均匀,充分发挥其作用,且保证每天不超过 12 人,故必须进行网络计划的调整。如何进行调整呢?我们从图 10-10 中明显看出,有些活动尚有足够的机动时间,故可利用机动时间,调整活动的开工时间,以达到资源均衡的目的。利用施工日程图表,可方便地进行调整。调整后的施工图如图 10-11 所示。

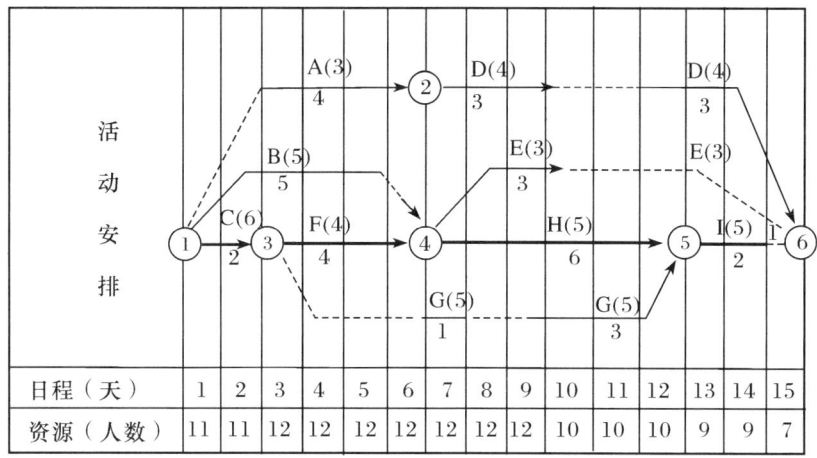

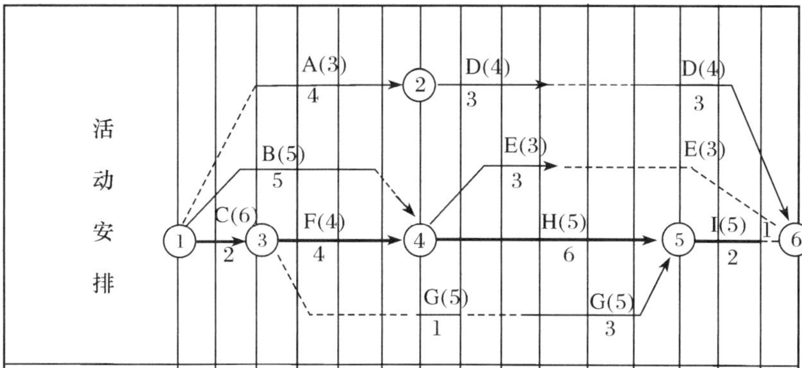

日程(天)	1	2	3	4	5	6	7	8	9	10	11	12	13	14	15
资源(人数)	11	11	12	12	12	12	12	12	12	10	10	10	9	9	7

图 10-11 网络计划的调整

由图 10-11 中可见,施工工人使用上已达到基本平衡的要求,即每天调用人员都不超过 12 人,从第九天后,人员使用逐渐减少,因而可逐渐外调。整个工期比原方案只延长一天,因此本方案是既较优又可行的。

施工日程图表实际上是网络图与横道图相结合。利用这种图表,既可反映工程的日历进度,又可反映资源需求情况。

资源平衡,一般应遵循以下原则:① 保证关键工序对资源的需要;② 充分利用各工序的时差,调整活动的开工时间,达到资源平衡目的;③ 为了达到资源合理使用,在必要时,可适当延长非关键工序的作业时间,以减少每日需要的资源量。

(三)时间—成本优化

它是寻求在完成生产任务时,总成本支出最少而工期最短方案的。产品总成本由直接费用和间接费用两部分组成,直接费用与生产过程中各工序的延续时间有关,即每道工序的直接费用是随着工序时间的缩短而增加的。而间接费用的发生与生产过程中各工序没有直接关系,间接费用的计算可按工序的作业时间分摊到每个工序。因此,在网络计划技术中,应着重分析直接费用与生产过程中各工序时间的关系。直接费用的计算,可通过工序直接费用率来计算缩短时间的费用增加额和各工序所需要的直接费用。工序直接费用率,计算公式如下:

$$工序直接费用率=\frac{极限费用-正常费用}{正常时间-极限时间}$$

上式中：正常时间是指网络图上完成某工序所需时间；正常费用是指在正常时间内完成该工序所需的直接费用；极限时间是指完成该项工序所需的最短时间；极限费用是指在极限时间内完成该工序所需的直接费用。

例如，某项计划共有10项作业，其作业时间、费用及直接费用率如表10-14所示，该项计划的直接费用在正常作业时间内为410千元，间接费用为每天15千元，现求直接费用与间接费用之和最低时的工期。

表10-14 作业时间、费用及直接费用率

作业（工序）名称	作业编号	时间（天）		费用（千元）		直接费用率（千元/天）
		正常	极限	正常	极限	$(5)=\frac{(4)-(3)}{(1)-(2)}$
		(1)	(2)	(3)	(4)	
A	①—②	6	4	40	50	5
B	②—③	8	5	60	78	6
C	②—④	3	2	30	40	10
D	②—⑤	4	2	30	46	8
E	③—⑥	2	1	20	35	15
F	④—⑦	11	8	75	96	7
G	⑤—⑥	9	5	70	114	11
H	⑤—⑦	6	3	30	60	10
I	⑥—⑧	3	2	40	52	12
J	⑦—⑧	1	1	15	15	—

时间—成本优化的步骤如下：

第一，绘制网络图。根据上述资料，绘制网络图10-12，并计算网络时间值，确定关键路线。

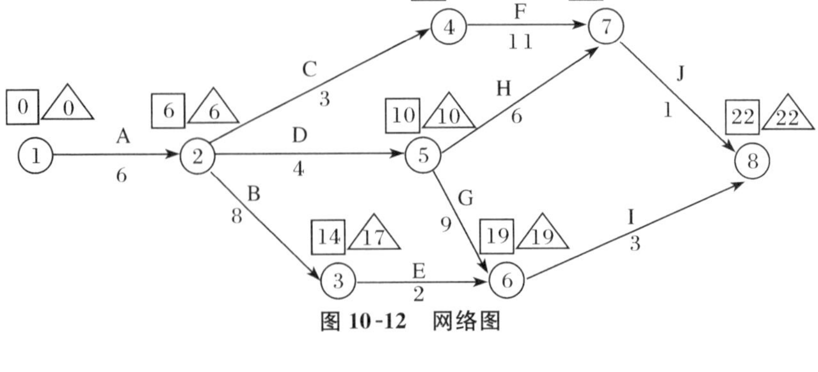

图10-12 网络图

第二，用图上分析法，逐步压缩关键路线上的关键作业的延续时间，并使直接费用增加额为最小（即选择费用率较小的作业进行优化）。每缩短一个作业的延续时间，应重新绘制一张网络图，计算出缩短后的总工期和直接费用增加额，并找出其关键路线。按此方法逐次缩短工期，直到出现一条关键路线上各作业时间达到最短为止。其具体步骤和计算方法如表 10-15 所示。

表 10-15　用网络图分析法的具体步骤和计算方法

步　骤	费用率最小的作业	缩短时间(天)	增加费用（千元）	直接费用（千元）	总工期(天)	绘制网络图
第一步	①—②	2	10	410＋10＝420	22－2＝20	（略）
第二步	②—⑤	1	8	420＋8＝428	20－1＝19	（略）
第三步	④—⑦ ⑤—⑥	3 3	21＋33＝54	428＋54＝482	19－3＝16	（略）
第四步	②—④ ②—⑤ ②—③	1 1 2	10＋8＝18 18＋12＝30	482＋18＝500 500＋12＝512	16－1＝15	（略）

第三，到这时关键路线上的作业已缩短到最短时间了，计算可结束。将计算结果列表见表 10-16。

表 10-16　计算结果列表

方　案	工期(天)	直接费用(千元)	间接费用(千元)	总费用(千元)
Ⅰ(正常)	22	410	330	740
Ⅱ	20	420	300	720
Ⅲ	19	428	285	713
Ⅳ	16	482	240	722
Ⅴ	15	512	225	737

从以上计算结果，便可选定方案Ⅲ为最优工期(19 天)，最低费用为 713 千元，缩短工期 3 天，节约费用 27 000 元(740 000－713 000)。

时间—成本优化的全过程，也可以在一张时间—成本优化表中进行。但在时间—成本优化时应遵循以下原则：① 在压缩工期时，应选择关键路线上直接费用率最小的作业，以达到增加最少直接费用来缩短工期的目的；② 在确定压缩某项作业时，既要满足作业极限时间所允许的赶工限制，又要考虑网络图中次长路线工期同关键路线工期的差额限制，并取两者中较小者；③ 当网络图不断优化,出现几条关键路线时,继续压缩工期就必须同时在这几条关键路线上进行,否则,只压缩其中一条关键路线的时间,不会达到缩短工程总工期的目的。

例如,某项工程共有六项作业,其作业时间及成本见表 10-17。若间接费用为 55 千元/月,试进行时间—成本优化。

表 10-17　时间与成本表

作业(工序)名称	时　间　(月)		费　用　(千元)		直接费用率(千元/月)
	正　常	极　限	正　常	极　限	$(5)=\frac{(4)-(3)}{(1)-(2)}$
	(1)	(2)	(3)	(4)	
A	20	17	600	720	40
B	25	25	200	200	—
C	10	8	300	440	70
D	12	6	400	700	50
E	5	2	300	420	40
F	10	5	300	600	60

根据表 10-17 中数据资料,绘制网络图(见图 10-13)。

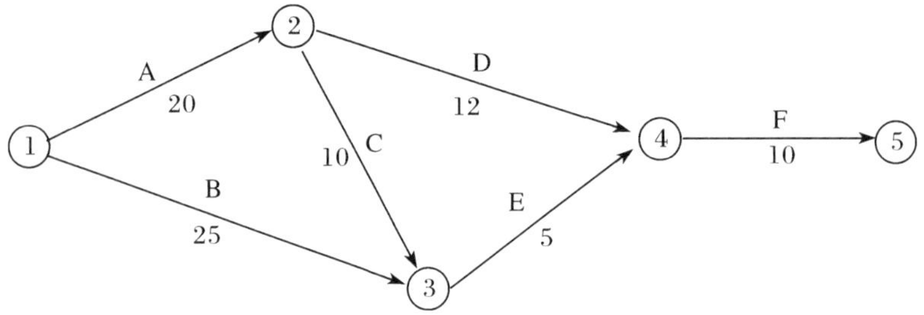

图 10-13　网络图

将已知条件填入表 10-18 中,然后逐步优化,其优化步骤及结果如表中各优化方案。

从以上计算结果表明,最少工程总费用为 4 485 千元,对应的最佳工期为 39 个月;最短工期为 32 个月,其对应工程总费用为 4 640 千元。

(四) 物料配送路线的优化(配送路线可往返)

例如,某一配送中心 V_0 将货物运送给 $V_1 \sim V_9$ 各家用户,然后返回,要求确定最优配送路线。图 10-14 表示配送中心和用户的位置分布及距离。

表 10-18 时间成本优化方案

路线 \ 直接费用率 \ 作业		A	B	C	D	E	F	原工期	优化方案				
		40	—	70	50	40	60		(1)	(2)	(3)	(4)	(5)
A—D—F		20			12		10	42	42△	39△	37△	34△	32△
A—C—E—F		20		10		5	10	45△	42△	39△	37△	34△	32△
B—E—F			25			5	10	40	37	37	35	32	32△
赶工限制时间（可缩短工期）		20－17＝3	25－25＝0	10－8＝2	12－6＝6	5－2＝3	10－5＝5	C_0＝600＋200＋300＋400＋300＋300＋55×45＝4 575（千元）					
优化方案	(1)	3	—	2	6	0	5	C_1＝4 575＋40×3－55×3＝4 530（千元）					
	(2)	0	—	2	6	0	5	C_2＝4 530＋40×3－55×3＝4 485（千元）					
	(3)	0	—	2	6	0	3	C_3＝4 485＋60×2－55×2＝4 495（千元）					
	(4)	0	—	2	6	0	0	C_4＝4 495＋60×3－55×3＝4 510（千元）					
	(5)	0	—	0	4	0	0	C_5＝4 510＋70×2＋50×2－55×2＝4 640（千元）					

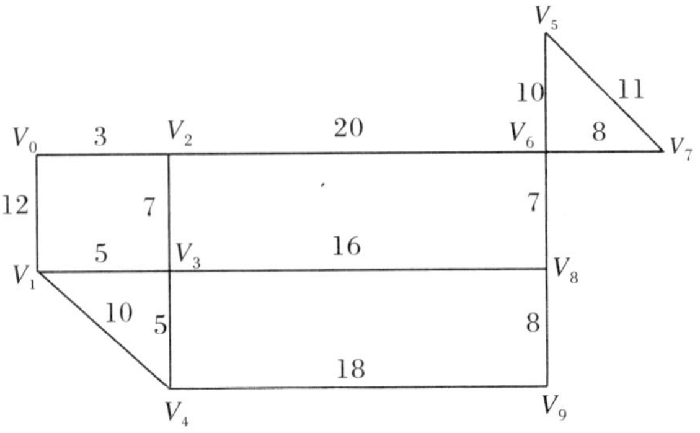

图 10-14　配送中心和用户的位置分布及距离

优化过程分成为以下步骤：

步骤一：用破圈法和避圈法生成最小树（指树枝最小值），如图 10-15 粗线所示。

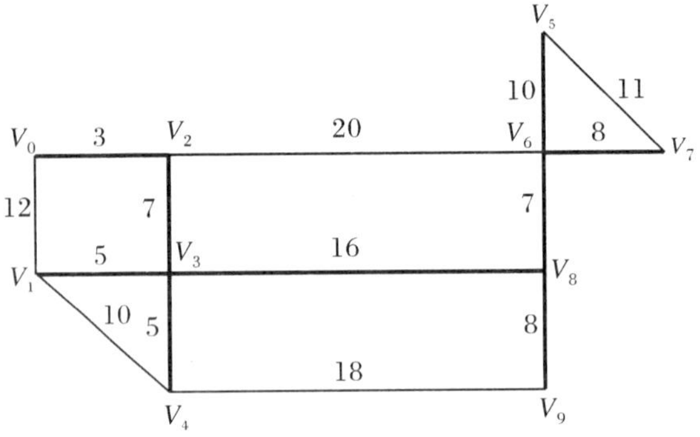

图 10-15　用破圈法和避圈法生成最小树

步骤二：应用中国邮递员算法优化最小树，优化时可利用原图中的所有边。图 10-15 的最小树中奇点有 V_0、V_1、V_4、V_5、V_6、V_7、V_8、V_9，必须通过增加原图中未进入最小树的边 V_1V_4 和重复边 V_0V_2、V_2V_3、V_3V_8、V_5V_6、V_6V_7、V_6V_8、V_8V_9 使之成为偶点，得图 10-16。图 10-16 中配货中心 V_0 运送货物至各用户，然后返回的线路为 V_0—V_2—V_3—V_1—V_4—V_3—V_8—V_9—V_8—V_6—V_7—V_6—V_5—V_6—V_8—V_3—V_2—V_0，线路长为 138。

步骤三：进一步优化运送路线。检查图中所有的圈，若发现加重复边的长度之和大于不加重复边的长度之和，重复边必须进行调整，此时可以用到图中所有边。如图 10-16 的圈 V_3V_8、V_9V_4 中，重复边的长度之和为 16+8=24，已大于不加重复边的长度之和 5+18=23，故调整为：去掉重复边 V_3V_8、V_8V_9，增加重复边 V_3V_4 和原图中的边 V_4V_9。图 10-17 中优化调整后配送线路为 V_0—V_2—V_3—V_1—V_4—V_9—V_8—V_6—V_7—V_5—V_6—V_8—V_3—V_4—V_3—V_2—V_0，线路长为 130。

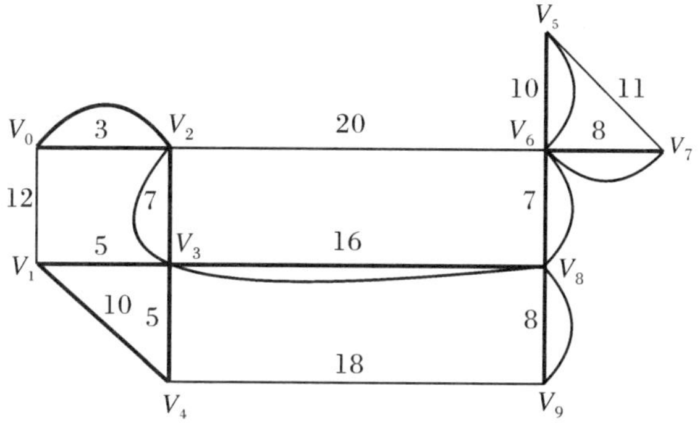

图 10-16 应用中国邮递员算法优化最小树

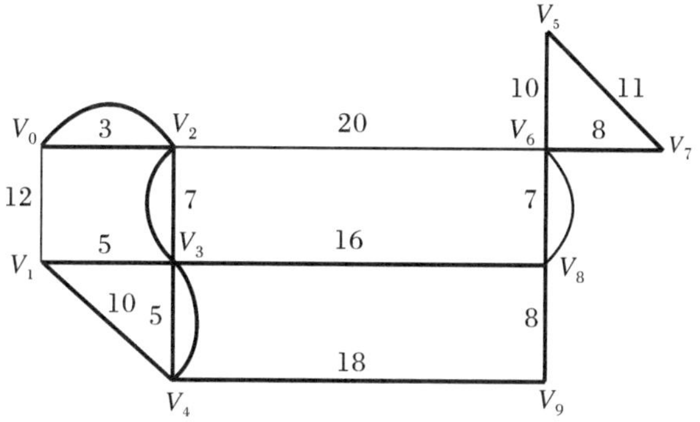

图 10-17 优化调整后配送线路

步骤四:检查线路中的重复边是否多余。发现图中 V_3V_4 已与其他线路联通,可将重复边连同原边从上述线路中删去,见图 10-18,得如下最优配送线路 V_0—V_2—V_3—V_1—V_4—V_9—V_8—V_6—V_7—V_5—V_6—V_8—V_3—V_2—V_0,线路长为 120。

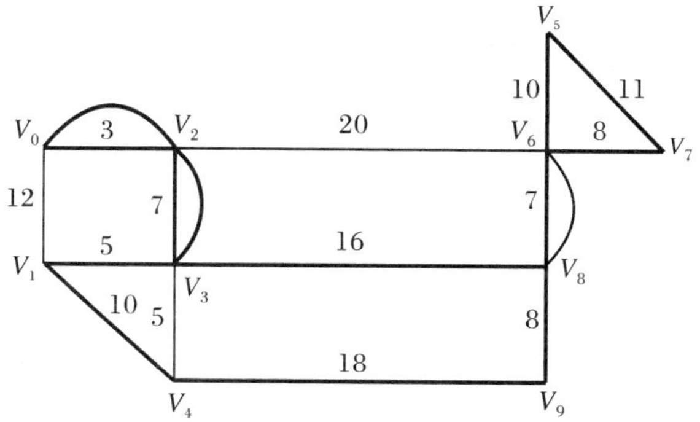

图 10-18 最优配送线路

由图和优化结果,最优配送线路为 120。

第十一章 企业人力资源管理

企业人力资源管理是指通过不断获取对企业有用的人力，用科学管理的方法对与一定物力相结合的人力进行培训、组织和配置，使人力、物力经常保持最佳比例，同时对人力进行激励、协调和控制，充分调动他们的积极性的管理活动。企业人力资源管理的根本目的是最大限度地挖掘企业员工的潜在能力，以实现企业中人与职位(岗位)的最佳匹配，从而更有效地服务于企业经营战略总目标。

可见，企业人力资源管理是以具体的人和职位(岗位)为对象，服务于企业经营战略总目标而进行人力资源的组织、开发、激励、创新、运用及评估等一系列有效的活动。企业人力资源管理的内容十分广泛，这里仅对人力资源、劳动组织、定额制定、人员配置、员工招聘、选拔和培训、员工薪酬和福利等方面进行研究。

第一节 人力资源概述

一、人力资源的涵义

人力资源是指包含在人体内的一种生产能力，它是表现在劳动者身上的、以劳动者的数量和质量表示的资源，它对经济起着生产性、建设性和创造性的作用，是企业经营活动中最活跃、最积极的生产要素。

人力资源又有量和质的规定性。人力资源的量主要是指劳动力和人才资源的数量。就一个企业来说，其人力资源的数量是指分布于企业各部门、各岗位、从事不同性质工作的各类员工数量之和。人力资源的质主要是指劳动力和人才资源的质量。人力资源的质量主要是通过人的思想道德素质、科技文化素质和身体健康素质等三方面的内容来反映的。一般来说，思想道德素质主要是指劳动者和人才的事业心、责任感、工作态度和敬业精神等；科技文化素质主要是指劳动者和人才的科技知识、文化技能、专业技术和智力水平等；身体健康素质则主要指劳动者和人才的身体健康状况和卫生保健水平等。在人力资源的质量中，科技文化素质是其核心内容。

二、人力资源的特征

相对于企业其他资源来说，人力资源因负载于人体这种有思想、有感情、有价值、有判断力的社会生物有机体，必然具有以下特点。

(一) 能动性

人具有主观能动性，能够积极主动地、有目的地、有意识地认识世界和改造世界。在改造世界的过程中，人能通过意识对事物及其发展进行科学分析、判断和预测。由于人的这种意识在社会生产过程中处于主体地位，使人力资源具有能动作用，所以说人是生产力中最积极最活跃的因素。

(二) 时效性

人力资源的形成、开发、配置和使用都会受到时间的限制。作为人力资源，能够从事劳动的自然时间可分为青年期、壮年期、老年期不同阶段，而且各时期的劳动能力也有所不同；劳动者和人才所掌握的知识经过成长期、成熟期后也会逐步老化。因此，人力资源开发必须遵循其内在规律性，使人力资源的形成、配置和使用处于一种动态平衡的状态。

(三) 智力性

人类通过创造发明了工具、机器，把物质资料改造成为生产的手段，使自身器官得到延伸，从而使自身能力得以无限扩大。同时，人的智能具有继承性，使人力资源所具有的劳动能力随时间的推移，得以积累、延续和进一步增强。

(四) 资本性

人力资源同其他资源一样，也具有资本的特性。具体来说，它是前期投资的结果，它能在企业生产经营活动中为投资者带来收益，这符合资本的一般特性。这就是说，不仅高层次人力资源是人力资本，构成人力资源的资本性，而且对一般人力资源来讲，对其教育培训投资也具有资本性。此外，人力资源所具备的知识技能，也像物质资本一样，在使用与闲置过程中也会出现有形磨损和无形磨损。

(五) 个体差异性

不同的人力资源个体，在个人的知识技能素质、劳动参与程度和选择方向、工作动力、行为特征等方面都有一定的差异。人的个体差异性会导致社会人力资源需求岗位对其选择产生一定的差异。

(六) 动力性

人力资源的动力性体现在能力发挥和自我强化两个方面。能力发挥，即人对自身能力或能量的自觉运用，这是人类能动性的重要体现，它对于“人力”这一资源的潜力发挥和由此产生的工作绩效，具有决定性的影响。自我强化，即人们通过自身具有目的性的积极行为，接受教育培训，努力学习，锻炼身体，积累经验,使自身获得更高的工作能力。

(七)自我选择性

自我选择性是人力资源动力性的延伸。由于作为劳动者的人在社会生产中居于主体地位,使人力资源具有能动的选择性和决定权,如个人想不想或要求不要求就业、到什么岗位上去就业、就业时间多长、工作强度多大等。人的自我选择性,也是用人单位选择人力资源、政府从宏观上配置资源所必须考虑的因素。一般来说,经济社会水平低的国家和地区,人的自我选择性较弱;反之,人的自我选择性就较强。

三、人力资源计划

人力资源计划是企业管理工作的重要内容。由于人力资源供求所处形势的不同,这就决定了企业所采取的人力资源计划的类型也不相同。一般来说,人力资源计划的类型可分为:员工过剩型人力资源计划、员工短缺型人力资源计划和供求平衡型人力资源计划三种。企业人力资源计划可用图 11-1 表示。

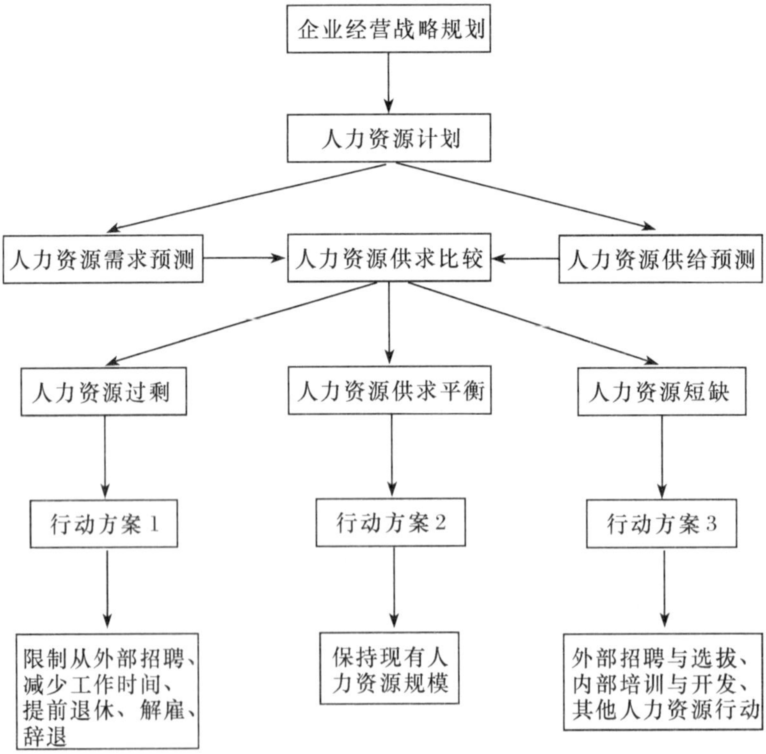

图 11-1 人力资源计划模型

第二节　劳动组织

一、劳动组织工作的作用

劳动组织工作是企业根据生产发展的需要，正确处理劳动者、劳动工具和劳动对象之间的关系，采用先进的组织形式，不断调整和完善生产过程中的分工与协作关系，以便充分利用劳动时间和机器设备的工时。科学合理地组织劳动，是保证企业生产过程正常进行的前提，是现代社会化大生产的客观要求，是节约人力、挖掘企业内部潜力的重要措施，是提高企业工作效率和经济效益的重要保证。企业劳动组织工作的主要内容包括：分工与员工配置、作业组的组织、轮班组织和多机床管理组织等。

二、员工分工与员工配置

（一）员工分工与协作

员工分工是根据企业一定的生产技术条件，将整个生产工作内容划分成许多组成部分，由不同工种员工去分别完成的一项工作。分工的主要目的是为了更好地配置员工，明确责任，充分利用工时，降低成本，保证工作效率不断提高。

有分工就有协作。在分工的基础上，还要加强劳动过程中的协作与配合，才能使企业内各职能部门和各车间、工段、班组、作业组、轮班之间的工作顺利进行。分工可以提高生产率；协作不仅可以提高劳动生产率，而且还可以创造出一种集体的劳动生产力。协作以分工为前提，分工又以协作为条件，分工与协作是对立统一的辩证关系。

（二）员工配置

合理配置员工应根据生产发展的需要，为企业各种不同工作配置相应工种、技术等级的员工，使其人事相宜，达到高效率、满负荷的目的。

正确的分工是配置员工的前提，合理配置员工是保证分工得以顺利实现的重要条件。所以分工与员工配置有着密切的联系。

三、作业组的组织

作业组又称工作组，它是在分工基础上，把完成某项工作而相互协作的有关员工组织在一起的工作集体。作业组是企业劳动组织的基本形式，它的规模通常比生产班组小，在一个班组里，往往有几个作业组。但在某种情况下，作业组也就是生产班组。

企业在以下情况，需要组织作业组：① 某项工作必须由几个员工共同完成，而单靠单个员工是不能完成的，如装配作业组、修理作业组等；② 看管联动机和大型、复杂的机器设备，需要若干名员工共同操作，如锻压作业组、炉前作业组等；③ 员工的劳动成果彼此间有密切联系，需要加强协作配合，如流水线上的作业组；④ 员工没有固定工作地或没有固定工作任务，为了便于调动和分配员工的工作需要组织作业组，如电工作业组、电焊作业组、运输作业组等。

四、工作轮班组织

作业组是员工之间分工与协作在空间上的联系，而工作轮班是指在工作日内组织的不同班次，是分工与协作在时间上的联系。在现代企业中，不同企业由于生产工艺特点不同，工作轮班组织也不相同，有的实行单班制，有的实行多班制。

（一）单班制

它是指每天只组织一个班的员工进行生产的工作轮班组织。单班制的组织工作比较简单，其任务是组织好不同工种之间的相互配合，充分利用班内有效工作时间。

（二）多班制

它是指每天组织两班或两班以上的员工轮流进行生产的工作轮班组织。多班制具体可分为：两班制、三班制、四班交叉作业制、四班三运转、四六制。实行两班制是每天组织早、中班进行生产。三班制是每天分别组织早、中、夜三班生产。四班交叉作业制是每天分别组织四个班生产，每班工作仍然是八小时，但上下班之间有两小时交叉，在交叉时间内，两个班的员工共同进行生产。“四班三运转”，即每天实行三班员工作业，每班员工仍然工作八小时，其中半小时就餐，实际工作时间七点五小时，另外还有一个班的员工不参加运转而休息，故称为“四班三运转”。这种倒班两天倒一次班，每班员工工作六天后可连续休息两天，因此不规定休息日。“四六制”每天参加运转有四班员工，每班员工工作六小时，作业时间不停车，每周倒一次班，厂休日照常。

三八制、四六制、四班三运转的倒班形式的作业时间如表 11-1 所示。

从上述几种轮班组织可以看出，以四班三运转为最理想。但作为一个企业究竟采用什么形式的轮班组织，主要取决于企业生产工艺的特点、经济性、连续性等要求。

表 11-1　倒班形式的作业时间

三八制	班次	上班时间	第一周	第二周	第三周	第四周	每班日工作 7.5 小时 轮班周期一周
	早	6:00～14:00	甲	乙	丙	甲	轮休时间： 中倒早:56 小时 夜倒中:56 小时 早倒夜:80 小时
	中	14:00～22:00	乙	丙	甲	乙	
	夜	22:00～ 6:00	丙	甲	乙	丙	

（续表）

四六制	班 次	上班时间	第一周	第二周	第三周	第四周	第五周	每班日工作 6 小时 轮班周期一周
	早	7:00～13:00	甲	乙	丙	丁	甲	轮休时间： 早倒深夜:84 小时 中倒早:60 小时 中夜倒中:60 小时 深夜倒中夜:60 小时
	中	13:00～19:00	乙	丙	丁	甲	乙	
	中夜	19:00～ 1:00	丙	丁	甲	乙	丙	
	深夜	1:00～ 7:00	丁	甲	乙	丙	丁	
四班三运转	班 次	上班时间	二天	二天	二天	二天	二天	每班日工作 7.5 小时 轮班周期 2 天
	早	6:00～14:00	甲	丁	丙	乙	甲	轮休时间： 早倒中:72 小时 中倒夜:72 小时 夜倒早:72 小时
	中	14:00～22:00	乙	甲	丁	丙	乙	
	夜	22:00～ 6:00	丙	乙	甲	丁	丙	
	休		丁	丙	乙	甲	丁	

五、工作地的组织

工作地是员工运用劳动工具，对劳动对象进行加工的场所。合理组织工作地，就是在一个工作地上，把劳动者、劳动工具、劳动对象科学地组织起来，正确处理它们之间的关系，使人、机、物有一个合理的布局和安排，以充分利用设备和生产面积，减轻员工劳动强度，节约作业时间，提高工作效率和企业经济效益。

工作地组织的内容主要包括：合理装备和布置工作地、保持工作地有良好的劳动环境、组织好工作地的供应和服务工作。

六、多机床管理的组织

（一）多机床管理的基本原理

多机床管理，是指一个员工或一组员工同时看管几台设备的一种先进作业组织形式。组织多机床管理的根本目的是充分利用工作时间，节约人力，提高生产率。

组织多机床管理的基本原理是：员工利用这台机床的机动时间（即自动走刀时间），去完成其他各台机床的手动或机手并动操作。因此，员工看管的任何一台机器的机动时间，必须大于或等于员工看管其他机器的手动、机手并动、员工来往机器间的走路时间之和。机器设备的机动时间越长，员工操作的手动时间越短，员工看管的设备数就越多；反之，则越少。

(二) 多机床管理的组织形式

由于各种机器设备的机动和手动时间的组成不同，因而多机床管理的组织形式也不相同。一般来说，可归纳为以下四种：

1. 员工看管同一种机床，加工同一种零件，每台机床加工零件所需的机动时间和手动时间相等(如图 11-2 所示)。在这种情况下，一个员工看管机床台数，可按下列公式计算：

$$看管机床台数 \leqslant \frac{机床的机动时间}{工人手动时间} + 1$$

机床	工序时间	机动时间	手动时间
A	17	12	5
B	17	12	5
C	17	12	5
工作负荷			

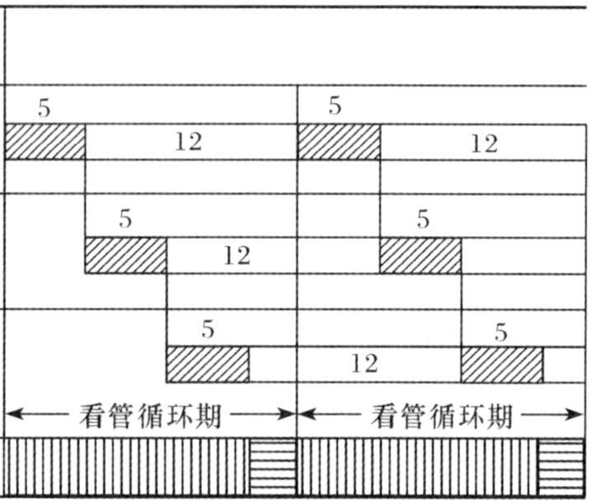

图 11-2　各机床管理的组织形式之一

2. 员工看管的是同一种机床，加工不是同一种零件，每台机床加工零件所需工序时间相等，但机动时间和手动时间不相等(如图 11-3 所示)。

机床	工序时间	机动时间	手动时间
A	9	6	3
B	9	7	2
C	9	8	1
工作负荷			

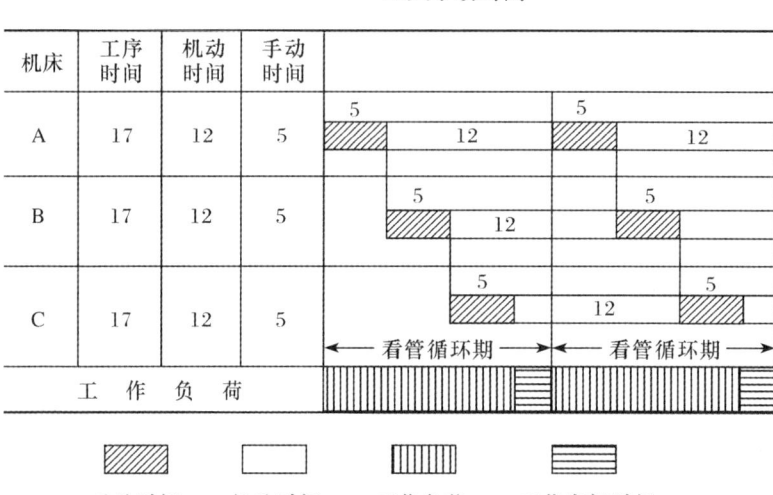

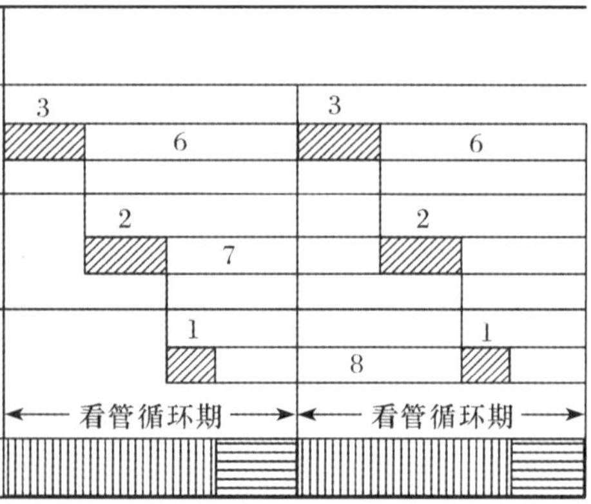

图 11-3　各机床管理的组织形式之二

从图 11-3 可以看出员工负荷不充分。员工在看管循环期内操作的负荷程度，可用下列公式表示：

$$员工负荷系数=\frac{员工在各台机床上手动时间总和}{看管循环期时间}$$

3. 员工看管不同机床，加工不同种零件，而零件的工序时间成倍数关系（如图 11-4 所示）。

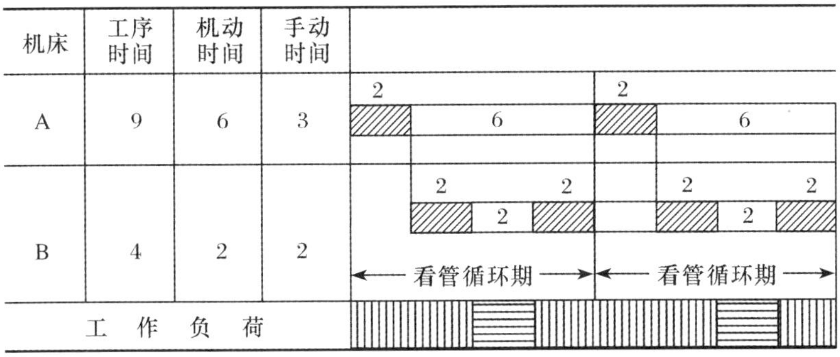

图 11-4 各机床管理的组织形式之三

4. 员工看管不同机床，加工不同种零件，而零件的工序时间不成倍数关系（如图 11-5 所示）。

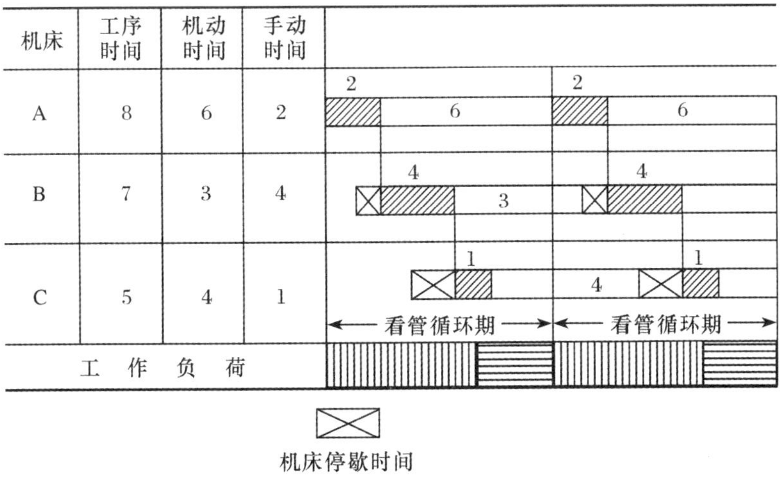

图 11-5 各机床管理的组织形式之四

从图 11-5 可以看出，机器设备有停歇时间，说明机器设备利用不充分。设备负荷系数可用下列公式计算：

$$设备负荷系数=\frac{各台机器设备机动时间与手动时间总和}{看管循环期时间\times机器设备台数}$$

组织多机床管理的目的，是为了充分利用员工的作业时间，不断提高劳动生产率。因此，企业应采取各种措施，尽可能使机床的机动时间和手动时间集中，并缩短机床的手动时间，以扩大看管机床数量。只有这样，才能在充分利用设备的前提下，使员工看管更多的机床，同时要避免员工过于紧张和疲劳。

第三节 定额的制定

一、定额的形式与作用

这里的定额专指劳动定额，即在一定生产技术组织条件下，为生产一定量产品所必须消耗的时间，或在一定时间内生产合格品的数量。定额主要有两种基本表现形式：工时定额和产量定额。工时定额（又称时间定额）是指生产单位产品所必须消耗的时间；产量定额是指在单位时间内必须完成的产品数量。工时定额和产量定额互成倒数关系。此外，还有看管定额形式，看管定额是指一个或一组员工，同时所能看管机器设备的数目，或机器设备上的操作岗位数目。

不同形式的定额，适用于不同的生产条件。一般来说，机械制造企业通常采用工时定额；采掘、化工、冶金、电子元件企业通常采用产量定额；纺织企业通常采用看管定额。在一个企业内，由于各工种和各项工作性质的不同，也可以采用多种形式。

定额是企业编制计划，科学组织生产的依据；是开展竞赛，推广先进经验，不断提高劳动生产率的重要手段；是完善经济责任制，衡量员工贡献大小，贯彻“各尽所能、按劳分配”原则的主要依据；是企业进行经济核算，控制生产进度，计算产品成本的基础资料。总之，定额是社会化大生产的客观要求，是企业管理的一项极为重要的基础工作。

二、工时消耗的分类和时间定额的构成

（一）工时消耗的分类

工时消耗是指员工在一个轮班内全部作业时间的消耗。研究工时消耗的目的，在于确定哪些工时消耗是必要的，哪些工时消耗是不必要的，以便采取措施降低产品工时消耗，减少和消除生产过程中的工时损失，不断提高定额水平。

从定额角度看，员工在生产过程中的工时消耗，可分为定额时间和非定额时间两大类。

1. 定额时间。它是指员工为完成某项生产任务(或工作)所必需消耗的时间。它由作业时间、布置工作地时间、休息与生理需要时间、准备与结束时间四部分组成。

(1) 作业时间。这是指员工直接用于完成生产任务、实现工艺过程所消耗的时间。它是定额时间中最主要组成部分。作业时间按其作用可分为基本时间和辅助时间。前者是指直接完成基本工艺过程所消耗的时间，后者是指为实现基本工艺过程而进行的各种辅助操作消耗的时间。辅助时间还可分为与基本时间交叉进行的和不与基本时间交叉进行的时间。与基本时间交叉进行的辅助时间应在工时定额中扣除，以避免重复计算。作业时间按其性质还可分为机动时间、机手并动时间和手动时间。

(2) 布置工作地时间。这是指员工用于照管工作地，使工作地经常保持正常工作状态所消耗的时间。按其性质又可分为技术性布置工作地时间和组织性布置工作地时间。

(3) 休息与生理需要时间。这是指员工在工作班内为了恢复体力和满足生理需要(喝水、上厕所等)而规定的时间。

(4) 准备与结束时间。这是指员工为生产一批产品或完成一项生产任务，在事前进行准备和事后结束工作所消耗的时间。

2. 非定额时间。它是指那些不是为了完成某项生产任务所必需的时间消耗。非定额时间包括非生产工作时间、管理工作不善造成的损失时间、员工责任造成的损失时间。

非定额时间是由各种原因引起的工时损失，因此在制定工时定额时，这部分时间不应计入定额内，否则就不能充分发挥促进企业改进工作，巩固劳动纪律，不断提高劳动效率和企业经济效益的作用。

(二) 时间定额的构成

时间定额构成与生产类型密切相关，即不同生产类型的时间定额构成是不同的。在大量大批生产条件下，由于工作地经常固定加工同种产品，分摊到单位产品中的准备与结束时间数量很小，可略而不计。因此，时间定额中只包括作业时间、布置工作地时间、休息与生理需要时间。其计算公式如下：

$$\text{单件时间定额} = \text{作业时间} + \text{布置工作地时间} + \text{休息与生理需要时间}$$

或

$$\text{单件时间定额} = \text{作业时间} \times \left(1 + \text{布置工作地时间占作业时间的百分比} + \text{休息与生理需要时间占作业时间的百分比}\right)$$

在成批生产条件下，由于工作地轮番生产几种产品，而每生产一种产品就需要进行一次准备与结束工作，可把准备与结束时间，按批量分摊到单位产品的时间定额中去。这种定额叫做“单件计算时间定额”。其计算公式如下：

$$\text{单件计算时间定额}=\text{单件时间定额}+\frac{\text{准备与结束时间}}{\text{批量}}$$

在单件生产条件下，单件时间定额应包括全部定额时间。其计算公式如下：

$$\text{单件时间定额}=\text{作业时间}+\text{布置工作地时间}+\text{休息与生理需要时间}+\text{准备与结束时间}$$

时间定额表明单位产品消耗多少时间，而产量定额则是表明单位时间(小时、轮班)内应当完成的产品产量。

三、动 作 研 究

从工时消耗的分析可以看出，时间消耗与员工在生产过程中的劳动动作是息息相关的。劳动动作合理，消耗的时间就少，多余的或不正确的动作消耗的时间就多。因此，为了制定先进合理的定额，就需要进一步分析作业的劳动动作，研究动作所消耗的时间。

(一) 动作研究的意义

动作是员工进行操作时身体各部位的移动。运用科学的方法，对员工的操作动作进行系统的观察、记录与分析，取消无助于生产活动的多余的或重复的动作，缩短员工的操作时间，取消笨拙的动作，以减轻员工的疲劳程度，确定最佳动作顺序或组合，使操作者以最佳的动作状态和速度进行工作这就是动作研究。动作研究的目的，是以最少的体力消耗来取得最大的劳动成果。动作分析，是为了创造一种比较精确的工作衡量方法，用来制定定额，计算标准作业时间。实践证明，通过动作研究与分析，能给企业带来巨大的经济效益。

(二) 动作研究的方法

为了进行动作研究，首先必须了解工序的结构。工序结构，从加工过程的工艺角度可分为工步和走刀，从劳动过程的角度可分为操作和动作。

工步是工序中一个相对独立的加工步骤，其特点是加工表面、所用工具和切削用量不变。如果其中任何一个因素发生变化，就是另一个新工步。走刀是工步中的一次加工，即切削一层金属，一个工步可以是一次走刀，也可以是多次走刀。在每个工步和走刀中，又包含若干操作。操作是指工人为了一定目的，使用某种方法所完成的若干动作。它是为达到一定目的所进行的独立而完整的活动。例如，粗车零件外圆工序，可以包括以下操作：将零件安装在卡盘上；校正零件；开车、进刀(两手并用)；车削零件；退刀、关车；卸下零件。其按操作的作用可分为：基本操作(车削)和辅助操作(装卸零件、进刀、退刀)。其按操作进行的方式可分为：手动操作(安装零件、测量尺寸),是由员工的手工动作完成的;机手并动操作(手动进刀、电钻钻孔),由机械动力和人力配合完成;机动操作(机床上自动走刀),是由机器完成的操作。对手动操作,还可分为若干动作。动作是员工接触工具(零件)或使工具(零件)发生位移的有目的的举动。例如"将零件安装在卡盘上"这一辅助操作,由以下几个动作构成:伸手拿起零件、移动零件并装在卡盘上、拿取锁紧转柄、上紧零件、取下转柄放回原处。

分解工序的目的在于分析研究其结构,消除不必要的操作或动作。应合理安排操作或动作,使它们在时间上尽可能平行进行,以缩短时间消耗,提高劳动生产率和企业效益。

动作研究的方法通常有两种:

(1) 目视动作分析法。它是由测试人员用肉眼对操作员工左右手的动作进行观察,按动作先后顺序如实记录下来,然后进行分析研究,提出改进动作的意见。

(2) 影片动作分析法。它是将操作者的动作用电影摄影机或录像机拍摄下来,用慢速放映,分析双手动作,提出改进动作意见。

以上两种方法应根据自己的条件而定。

四、定额的制定

(一) 制定定额的要求

制定定额要符合"快、准、全"的要求。这就是说,时间上要快,即能迅速及时制定出定额,以满足生产和管理上的需要;质量上要准,即制定的定额要达到和满足先进合理的要求;范围上要全,即凡是需要和可能制定定额的工种和项目,都要制定定额。快准全三者之中,准是关键。如果制定的定额水平不先进合理,即使制定得很快很全,也不能发挥定额应有的作用。

先进合理的定额水平是指在正常生产技术组织条件下,大多数员工可以达到,部分员工可以超过,少数员工可以接近的水平。只有这样的定额水平,才能对广大员工具有普遍的促进作用。定额水平定得过高或过低,都是不利的。如果定额水平过高,员工虽经一定时期的努力,仍然没有实现的可能,就会挫伤员工的积极性;相反,定额水平过低,员工不费多大力气就能轻而易举达到,也起不到促进生产发展的积极作用。因此,定额管理的各个环节,实质上都是围绕定额水平开展活动的。

正确确定定额水平,还必须搞好定额水平的平衡。定额水平平衡的主要内容包括:正确处理不同产品定额之间、不同工种定额之间、不同车间和班组之间定额水平的平衡工作。进行定额水平平衡的方法主要有两种:一是经验估计法,这种方法简单,但受各种条件限制,难以准确和平衡;二是分析计算法,通常运用"概率论"

的数学方法来确定和平衡定额的水平。

（二）定额制定的方法

企业必须选择适合本企业生产特点和技术条件的定额制定方法，才能迅速、准确、全面地制定出先进合理的定额。企业制定定额的方法通常有：

1. 经验估工法。它是由定额员、技术人员和作业者，根据自己的实践经验，依据产品设计图纸、工艺规程和产品实物进行分析，并考虑所使用的设备、工具、原材料及其他条件直接估算制定定额的方法。其优点是：简便易行，工作量小，有一定群众基础，便于定额及时制定和修改。但缺点是：易受估工人员主观因素影响，技术依据不足，容易出现定额偏高偏低现象，因而定额的准确性较差。这种方法比较适合用于品种多、变化快、批量小的产品，也适用于新产品试制和临时性任务的安排。

2. 统计分析法。它是在整理和分析过去生产同类型产品或相同的零件、工序的实作工时统计资料的基础上，结合考虑今后生产技术组织条件变化来制定定额的方法。

统计分析法的一般步骤是：首先对定额完成情况的统计资料进行整理分析，然后算出定额的平均数，求出平均先进数值，以这个数值为基础，考虑技术组织条件可能改变程度，然后确定定额。

这种方法的优点是：简单易行，计算方便，工作量小，既有较大量统计资料为依据，又考虑了当前和生产条件的变化，所以比经验估工法更接近实际。缺点是：如果统计资料失准，便会影响制定定额的正确性。为了保证定额质量，必须健全原始记录，加强统计资料分析工作，消除不合理因素，使制定的定额符合生产需要。统计分析法适用于生产条件正常，产品比较稳定，批量较大，原始记录和统计工作比较健全的企业。

3. 技术测定法。它是根据对生产技术组织条件的分析研究，在挖掘生产潜力的基础上，通过实地观察测定，分析计算制定定额的方法。技术测定法一般按照工时定额各个组成部分，分别确定它们的定额时间。

技术测定法的优点是：比较科学，有一定技术依据，准确性高。缺点是：要为每一道工序制定工时定额，工作量大。

以上各种制定定额的方法，各有长处、短处、适用范围，企业应从实际出发，根据需要与可能确定究竟采用哪一种方法。在实际工作中，这几种方法往往是结合起来运用的。

五、定额的贯彻执行和修改

定额制定以后，必须认真贯彻执行，这样才能发挥定额在生产管理工作中的积极作用。为此，企业必须加强定额管理工作，及时将定额下达给班组和个人，保证实现定额所需技术组织措施，加强定额执行情况的统计、检查和分析工作。在分析研究中要不断总结先进经验和先进操作方法，并找出影响定额贯彻执行的各种因素，进一步掌握工时消耗变动的规律，掌握各种产品、各个车间、各个工种定额水平之间的平衡情况，从而为修改定额提供依据。

定额是依据一定的技术组织条件下制定的。先进合理的定额是和当时的生产水平相适应的。因此，它的先进性是相对的、暂时的。随着生产的发展和组织技术条件的改变，应适时进行定额的修改。但是，定额也要有相对的稳定性，修改过于频繁，既不利于生产管理，也容易挫伤员工的积极性。因此，在实际工作中定额的修改一般有两种情况：一是定期全面修改，即新产品一般一年修订一次，老产品两年修订一次；二是不定期临时性局部调整和修改定额。

第四节　人员配置

一、人员配置的作用与要求

人员配置是根据企业已定的产品方向，生产规模，在一定时期内和一定技术组织条件下，规定企业必须配置各类人员的数量标准。

人员配置是企业管理的一项重要的基础工作，它的主要作用是企业配置各类人员，编制员工需要量计划，确定工薪的依据；是衡量和监督人力使用是节约或浪费的尺度；是组织竞赛、开展技术创新、挖掘企业潜力，提高劳动效率的有效措施；是改善劳动组织、巩固劳动纪律，明确岗位责任制，实行企业内部经济责任制的前提。总之，人员配置必须以实现企业生产经营目标为中心，以精简、高效、节约为目标，精打细算，在保证生产和工作需要的前提下，科学合理地使用人力，不断提高劳动生产率和企业经济效益。

企业人员配置应满足以下具体要求：① 定员水平要先进合理；② 合理确定基本工人与辅助工人的比例，管理人员与员工总数的比例，女工占员工总数的比例等。总之，企业人员配置必须满足高效率、满负荷和充分利用工时的要求。

二、人员配置范围

企业的全部员工，按其工作性质和所处工作岗位的不同可分为：工人、实习生、工程技术人员、管理人员、服务人员和其他人员。

三、人员配置的职务分析、设计与岗位分析

(一) 职务分析

职务是对相同类型、性质和要求的工作任务的总称。职务分析是对每种职务的

工作性质、承担的职责、权力及隶属关系、工作条件、所需知识和技能等进行分析研究的过程。职务分析主要包括职务描述和职务规范两方面的内容。职务描述是对该职务工作的内容作一般说明:职务名称;所属部门;工作目标及职责范围;工作方法和程序;工作条件和环境等。职务规范是指从事某项工作的人所必须具备的能力、知识、技能、兴趣、体格和行为特点等,一般包括:个人资历、知识、受教育程度和技术等级;身体机能,即判断能力、记忆力、注意力、灵敏度、适应性等;性别、年龄、健康状况;个性特点,即性格、气质;工作态度等。同时,还规定该职务最低和最高的职务级别及其相应的工资水平、晋级加薪的条件等。

(二)职务设计

职务设计是根据企业组织目标及员工个人需要,规定某个职务的任务、责任、权利以及在企业组织中与其他职务关系的过程。职务设计的主要目的是在人员、技术等客观条件变化的情况下,通过对原有工作进行不同程度的改造来实现人与工作之间更合理有效的匹配。因此,职务设计主要包括:对工作内容、要求和方法的设计;对工作中的相互关系的设计;对工作实绩标准设计和对工作结果反馈设计等。

(三)岗位分析

岗位是人力资源管理的基本单位,它是指以一定职务、工作任务和责任为要素,需要具有一定条件(知识、技能、手段等)的员工来实施的工作岗位。一般而言岗位与职务是有区别的,对企业来说,每个员工担负的工作任务整体就称作岗位,有多少个成员,岗位就应当有多少。职务则是对员工在各自岗位上分担的工作类型、性质、责任类别、要求的划分。例如,会计是一个职务,但一个企业可以有几个会计岗位;质量检验也是一个职务,一个企业可以有若干个质量检验员工作岗位。

岗位以“事”为中心,将工作任务、责任分派给每个员工,因此岗位可能由员工长期或短期专任、兼任,也可能出现空缺。在工作岗位出现空缺时,由企业的专业人员对空缺岗位及其相关因素进行分析。在实践中,岗位分析的目的主要是为了解答以下问题:为什么要设置这个岗位?该岗位的工作任务将在什么时间完成?该岗位的工作场所在哪里?员工应如何完成该岗位的工作任务?显然,这里的岗位分析所提供的重要信息,将直接被用于下一步的岗位描述和岗位规范。岗位描述是指在岗位分析的基础上,由企业的专业人员对各方面情况进行详细的描述和说明。岗位规范一般是指以岗位描述所提供的信息为基础,具体规定空缺岗位上合适人选所应具备的各方面的特征、条件或资格要求等。

当然,在企业里,岗位分析不仅是员工招聘和选拔的前提和准备,而且也是企业人力资源管理的前提和基础。这就是说,来自岗位分析在数据、资料对人力资源管理各方面的工作都有着重要影响。岗位分析的具体内容如图 11-6 所示。

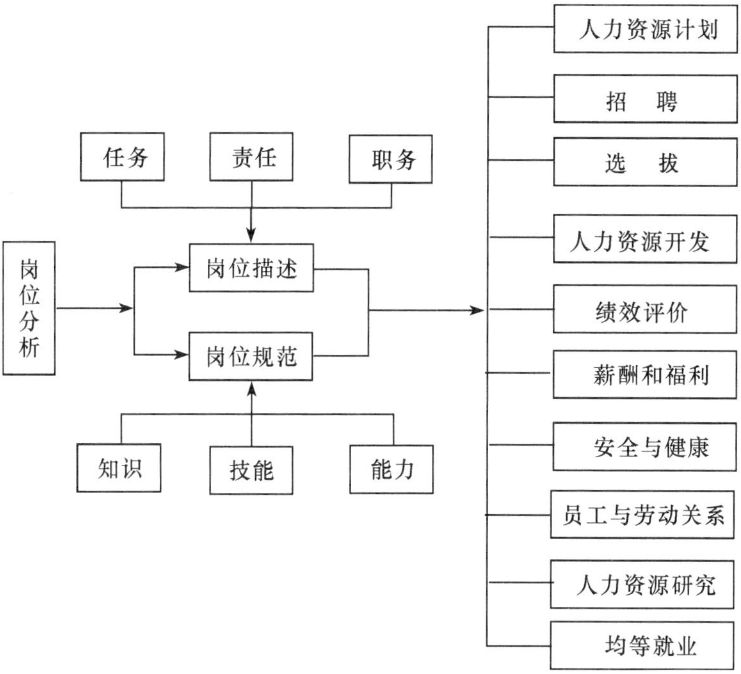

图 11-6　岗位分析图

四、员工配置的方法

企业计划期内的总工作量和个人的工作效率是计算定员人数的基本依据。由于各类员工的工作性质和特点不同，计算定员的具体方法也就不同。一般来说，员工配置有以下几种方法：

1. 按工作效率定员。它是根据生产任务（工作量）、员工的工作效率和出勤率来计算定员人数的。计算公式如下：

$$定员人数=\frac{每一轮班应当完成的工作量}{员工的工作效率\times 出勤率}$$

凡是有定额的工种，都可以运用这种方法，特别是以手工操作为主的工种，更适宜采用这种方法。

2. 按设备定员。它是根据机器设备的数量，看管定额和设备开动班次来计算定员人数的。计算公式如下：

$$定员人数=\frac{为完成生产任务所需设备台数\times每台设备开动班次}{看管定额\times出勤率}$$

这种方法，主要适用于以机械操作为主的工种。

3. 按岗位定员。它是根据工作岗位来计算定员人数的。这种方法首先要确定需要员工操作的岗位数，然后按各个岗位的工作量、工作效率、开动班次、出勤率等因素来计算定员人数。计算公式如下：

$$定员人数=\frac{每个岗位工作量\times操作岗位数}{员工工作效率\times出勤率}\times工作班次$$

或

$$定员人数=(\sum每个岗位需要人数+替班员工人数)\times工作班次$$

这种方法，通常适用于看管大型联动设备或装置的工种。同时还适用于门卫人员的定员。

4. 按比例定员。它是按员工总数和某一类人员占员工总数的比例，计算某种人员定员数的。计算公式如下：

$$定员人数=\frac{服务对象人数}{定员标准比例}$$

这种方法，通常适用于计算服务人员的定员人数。但某些生产人员也可按这种方法来确定。

5. 按组织机构、职责范围、业务分工定员。工程技术人员、管理人员通常运用这种方法定员。

上述几种员工配置方法，企业应从实际出发，综合考虑本企业的生产特点、专业方向、发展远景、管理水平和技术水平等因素，灵活运用或结合使用。

五、员工需要量计划

定员是企业编制员工需要量计划的重要依据，而员工需要量计划又要根据企业计划年度的生产任务和技术组织条件的变化，及时对定员进行调整和修改。

员工需要量计划的主要内容，就是在保证劳动生产率不断提高的前提下，根据企业生产任务、定员标准和劳动定额，确定计划年度对各类人员的需要量。

员工需要量计划的主要指标有期末人数和平均人数。期末人数是指计划期最后一天企业的在册人数，它可以表明员工人数的增减变化；平均人数是企业计划年度平均拥有的员工人数，它反映企业完成生产计划需经常保持的员工人数，是计算生产率和平均工资的依据。现以员工需要量为例，其计算公式如下：

$$员工需要量=\frac{完成生产任务所需总工时}{平均每个员工全年有效工作时间}$$

式中：

$$\begin{array}{c}\text{完成生产任务}\\\text{所需总工时}\end{array}=\frac{\text{总产量}\times\text{单位产品工时定额}}{\text{计划超额系数}}+\begin{array}{c}\text{补偿废品所}\\\text{消耗的工时}\end{array}$$

$$\begin{array}{c}\text{平均每个员工全}\\\text{年有效工作时间}\end{array}=\left(\begin{array}{c}\text{年日历}\\\text{日　数}\end{array}-\begin{array}{c}\text{例假节}\\\text{日天数}\end{array}-\begin{array}{c}\text{平均每人}\\\text{缺勤天数}\end{array}\right)$$

$$\times\begin{array}{c}\text{平均工作}\\\text{日长度}\end{array}\times\begin{array}{c}\text{工时利}\\\text{用　率}\end{array}$$

员工需要量计算出来以后，要与定员标准、企业现有员工人数进行比较，从数量、工种、熟练程度等多方面进行平衡，从而了解人力的余缺。对超过定员标准的富余人员，要广开门路，采取多渠道、多种形式妥善安排和处理。对现有人员少于定员人数的，企业应发动群众，挖掘节约人力潜力，尽可能在增产不增人的条件下，保证生产任务的完成。确实需要增人的，企业应按照专业技能全面考核，择优录取的办法自行招收。

第五节　人力资源管理部门的作用和职能

一、人力资源管理部门的性质

（一）人力资源管理部门的重要性

近年来不少成功的企业家认识到他们的员工比它们的机器设备更为重要，企业人力资源管理部门做好员工的招聘、选拔和培训工作，发掘真才、储备人才和搞好后继有人的培养，以及制定科学合理的薪酬制度与有关保健、安全和福利等制度，对于企业管理起着积极的作用。

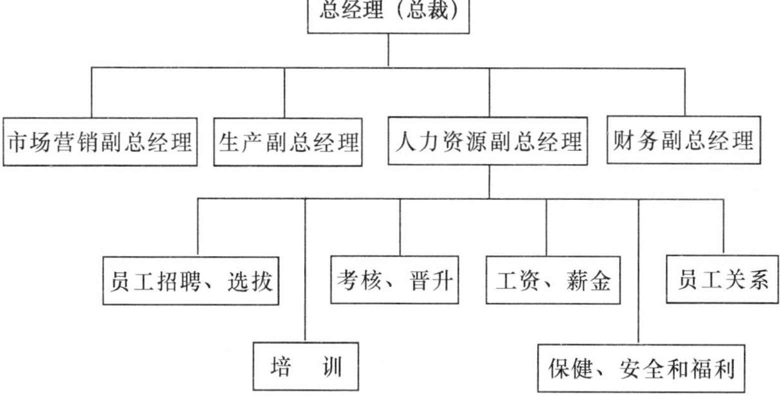

图 11-7　人力资源管理部门组织图

(二) 人力资源管理部门的组织

人力资源管理部门变得如此重要，说明它是决定企业生存和发展的关键部门，它与企业的其他基本生产经营职能部门，如市场营销、生产、财务等部门比较具有同等地位。一般企业的人力资源管理部门组织如图 11-7 所示。

(三) 人力资源管理部门的职能

人力资源部门的工作是为其他职能部门提供人力资源服务的。如人事部门为职能部门招聘、选拔人才，甚至与求职者谈话，但人事部门并不作录用与否的最后决策。这种决策最后要由录用人员部门的负责人来做。

人力资源部门的另一个职能是培养、训练企业的员工，以及对员工的绩效考评和加薪、提升等，向管理部门提出合理的建议。

人力资源部门在做好工资和薪金管理外，还要进行员工工作岗位分析、编写工作岗位说明书，以及了解同行业可比性工作岗位所付的报酬等等。

人力资源部门对企业员工保健、安全、福利和退休工作也同样有提出建议和进行督促的权利。

二、员工招聘和选拔

人力资源部门最重要的工作之一是为企业补充所需要的人力。有的员工将要退休，有些员工要辞职，因此这些空缺岗位需要补充人。此外，如果企业需要扩大生产经营规模，就需要有更多的员工来从事新岗位的工作。这就要招聘新员工，然后在应聘的人员中进行选拔，以录用所需要的合格员工。

(一) 招聘和选拔员工的原则

招聘是指招聘者通过各种方式吸引应聘者去应聘企业的空缺岗位的工作；选拔是指企业从应聘人员中选择录用企业所需要人员的工作。企业在招聘、选拔应聘者的过程中，必须遵循以下原则：因事设岗，因岗择人；任人唯贤，择优录用；量才录用，用其所长；公开公平，竞争上岗。

(二) 招聘和选拔员工的程序

招聘和选拔员工应遵循的程序如图 11-8 所示。

(三) 招聘员工的途径

招聘员工的途径不外乎两个方面：内部招聘和外部招聘。人们习惯上认为招聘是对外的，实际上，企业中绝大多数工作岗位是由企业现有员工来补充的，企业内部是最大的招聘来源。例如，在 20 世纪 50 年代，美国有 50%的管理岗位是由企业内部人员补充的，并且这一比例逐年上升，目前已达到 90%以上。

内部招聘和外部招聘各有利弊，可参见表 11-2 所示。

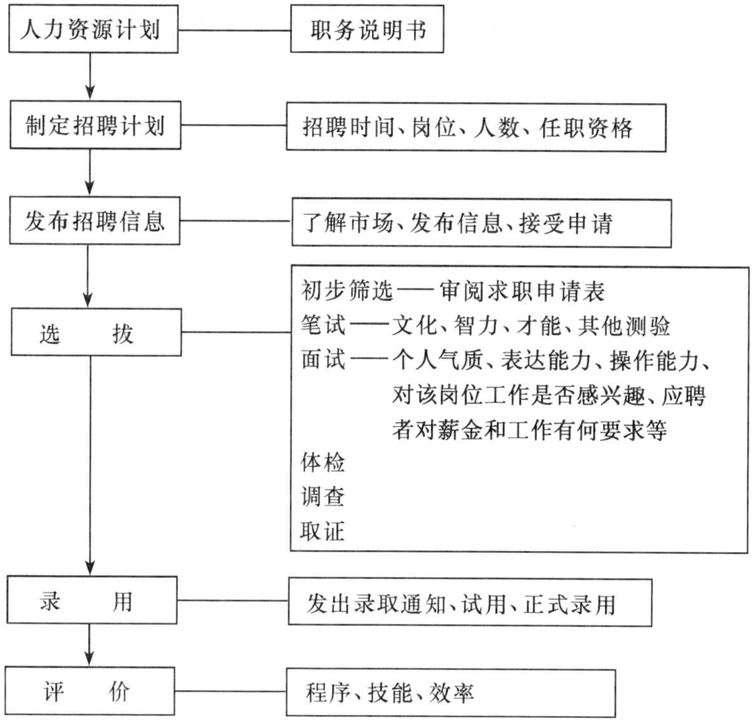

图 11-8　招聘选拔录用程序图

表 11-2　内部招聘和外部招聘比较

	内　部　招　聘	外　部　招　聘
优点	了解全面，准确性高；激励员工进取，提高员工对企业信赖度和忠诚度；应聘者熟悉环境，可更快适应工作；培训员工投资得到回报；可节约招聘费用	人员来源广，选择余地大，有利于招聘到一流人才；新员工能带来新思想、新方法；可避免人情关系，减少近亲繁殖，平息或缓和内部竞争者之间的矛盾；利用现成人才，可减少和节约培训费用
缺点	来源局限企业内部，选择面小；容易造成近亲繁殖，难以把德才兼备的人才选拔上来；可能因操作不公或员工的比较心理造成员工之间、员工与领导之间的矛盾	新员工了解企业情况少，进入角色慢；企业对应聘者了解有限，可能导致所招人员不尽如人意；内部员工得不到机会，可能挫伤他们的积极性
方法	公开招聘、内部提拔、横向调动、岗位轮换、员工推荐等	公开招聘、熟人介绍、中介机构介绍、高等院校、职业技术学校推荐等

员工招聘最好内外结合，这有助于提高企业的竞争力。当然，企业无论是从内部招聘还是外部招聘，或者内外结合招聘，都要根据企业人力资源计划招聘的岗位、时机及候选人等方面情况进行综合考虑。

三、员 工 培 训

员工经过选拔录用后，就需要对他们进行培训，并促使他们不断适应新环境。因为对现代企业员工来说，几年前所学到的专业技术和知识有很多在科学技术及经济发展变化中老化和落后了。所以，培训始终是企业的一项挑战性工作。

当然，培训的方式可以多种多样，主要取决于员工本人和他的工作情况，以及企业今后发展的需要。在决定谁需要培训什么内容，达到什么能力水平，人力资源部门往往需要和各部门负责人研究制定培训计划。这种培训既可以采取在职培训也可以采取脱产培训。

（一）在职培训的方法

企业一般采用的培训方法是在工作中培训。常用的三种方法是：

1. 指导。在工作中指导受培训人如何接受新知识和新的专业技能。负责指导的人的任务是教给受训人如何接受新知识、新技能，并激励受训人热爱企业、领导和同事。

2. 工作轮换。工作轮换使受训人能获得不同的工作经验和能力，使员工直接得到他将来要做的工作的有关知识和技能。

3. 特殊委派。企业为了发掘人才，临时为某些员工分派特殊的任务，以便为他们今后提升做好各种训练准备。

（二）脱产培训的方法

脱产培训就是员工暂时离开现任的岗位，去接受培训。这种培训由人力资源部门来做。企业可以依靠社会的专业培训组织，如培训中心、高等院校对员工进行培训。

目前，采用脱产培训的方法有：

1. 新员工上岗培训。这是在与实际工作条件完全一样的工作环境下，指导受训者的培训方法。

2. 讲课、案例和讨论会。有些培训可以通过讲课对管理人员进行诸如信息沟通、激励和领导艺术等方面的培训；还可以利用会议、案例分析和讨论来补充讲课内容的不足。

3. 角色扮演。角色扮演的方法常用来培养受训者的敏感度、分析能力和组织能力。

第六节 绩效考评、薪酬和工资福利

一、绩效考评

绩效即指业绩和效率。工作绩效是指企业员工在一定时间内对企业目标的贡献水平。绩效考评是指人力资源管理者,依据过去制定的各项绩效标准,对员工的工作行为加以测量的过程。其目的是对人力资源的使用情况加以检查,以达到充分利用现有人力资源的目的。

(一) 绩效考评的重要作用

绩效考评对于加强企业管理、提高企业效益具有十分重要的作用。绩效考评的重要作用主要表现在:

1. 它是人员任用的依据。绩效考评是对人员的政治素质、思想素质、心理素质、知识技能素质、业务水平等进行评价,这是“知人”的主要手段,而“知人”又是用人的前提和依据。

2. 它是人员调配和职务升降的依据。调配人员之前,必须了解人员的使用情况及人事配合程度;人员职务晋升或降级也必须以科学绩效考评为保证。

3. 它是人员培训的依据。人员培训是人力资源开发的基本手段,但培训要有针对性,是针对各类人员的不足开展培训,而不是进行补充学习和训练。同时考评也是判断培训效果的重要手段。

4. 它是确定劳动报酬的依据。没有考评,劳动报酬就没有依据。没有考评结果为依据的报酬,不是真正的劳动报酬。

5. 它是对员工进行激励的手段。要做到奖罚分明,就必须科学严格地进行考评,以考评结果为依据,决定奖、罚的对象以及奖、罚的等级。考评本身也是一种激励,它可以鼓励先进,鞭策后进。

6. 它是平等竞争的前提。企业有了合理的绩效考评标准,能使员工在公平、公正的环境下开展竞争,提高各自绩效,从而提高企业的竞争力。

(二) 绩效考评的方法

企业绩效考评的方法很多,这里简要介绍常用的几种方法:

1. 排序法。它是用来考评员工某一单因素绩效特征或综合绩效特征的一种简便而又常用的考评方法。排序法又可以分为简单排序法和交替排序法两种。简单排序法要求管理者将本部门的所有员工从绩效最高者到绩效最低者进行排序。其优点是操作简单,节约时间和成本;缺点是没有具体评价标准,往往是主观估计的。交替排序法是根据某些工作绩效评价要素,将员工从绩效最好的到绩效最差的进行排序。具体操作方法是:将需要进行评价的所有下属员工名字(假设 1～20 人)列出来,在被评价的某一绩效要素上,将工作绩效评价最高的员工姓名列在第 1 位,将评价最差的员工姓名列第 20 位;然后将次优的员工姓名列在第 2 位,将次差的员工姓名列在第 19 位;将这一交替排序继续进行下去,直到所有员工都排列出来。这种方法的优点容易操作,一般由员工直接上级实行,其结果一目了然。缺点是这种方法在员工之间进行比较,迫使员工相互竞争,容易对员工造成心理压力。

2. 分类法。这种方法简单易行,并且被企业广泛使用。它是把工作按照一系列事先确定的等级进行分类,各类等级对职责、技能、知识、能力和其他相关因素有不同的要求。与排序法相比,分类法不同之处是需要预先制定一套可供参考的等级标准。

3. 配对比较法。运用此法的过程是按照所有的绩效评价要素,将每个员工与其他所有员工进行两两比较,在每次比较谁表现更好,然后计算评价的累积次数,以累积次数作为评价的结果。这种方法虽然工作量较大,但可靠性较高。

例如,这里需对 5 位员工(A、B、C、D、E)进行工作绩效评价。在运用配对比较法时,应按每一绩效评价要素(工作数量、工作质量)列出如表 11-3 的表格,标明所有需要被评价的员工姓名。然后将所有员工进行两两比较,将比较结果列在表上,若 A 与 B 相比,A 更好些,则在 A 列记"+"号,B 列则记"−"号。所有员工都比较完后,计算每个员工的"+"号的个数,依此对员工作出评价,谁的"+"号个数多,他的名次就排在前面。最后,计算每一位员工得到好的评价"+"累积次数。

表 11-3 对"工作数量"和"工作质量"进行评价

比较"工作数量"						比较"工作质量"					
对比对象	被考评员工姓名					对比对象	被考评员工姓名				
	A	B	C	D	E		A	B	C	D	E
A		−	+	−	+	A		−	+	+	+
B	+		+	+	+	B	+		+	+	+
C	−	−		−	+	C	−	−		+	+
D	+	−	+		+	D	−	−	−		−
E	−	−	−	−		E	−	−	+	+	

在表 11-3 中，员工 E 从工作数量来看是最优的，而员工 D 的工作质量是最好的。

4. 等差表法。这种方法在实际操作中主要考虑两个因素：一是评价项目，即从哪些方面对员工的绩效进行考核；二是评定分等，即对每个评价项目分成几个等级。在确定了这两者之后，由考评者按照评定表的要求对被评定者打分。如表 11-4 所示。

表 11-4 等差表考评举例

姓名：	职务(岗位)：					
评价项目	评级记位(每位间隔 5 分)					得 分
工作质量	5 太粗糙	10 不精确	15 基本精确	20 很精确	25 最精确	
工作数量	5 完成任务极差	10 完成任务较差	15 完成任务	20 超额完成任务	25 超额完成一倍	
工作知识	5 缺乏	10 不足	15 一般	20 较好	25 很好	
工作协调	5 差	10 较差	15 一般	20 较好	25 很好	

(三) 绩效考评的反馈

绩效考评的结果必须及时反馈给相关人员，特别是被考评对象，才能达到考评的目的。及时反馈才能达成共识，减少误解，提高员工绩效，为员工的发展提供更好的建议，促进员工个人和企业共同进步。因此，在考评结束后应对员工进行面谈，其基本内容是：① 讨论员工的业绩。② 帮助员工确定目标。③ 提出员工实现这些目标所应采取措施的建议。面谈时要根据客观的、能反映员工工作情况的资料来进行；要注意沟通技巧，鼓励员工多说话，说实话，不要指责员工。

二、薪　酬

薪酬是员工因付出个人劳动而从企业中获得的各种形式报酬的总称。薪酬是企业吸引员工、留住员工、激励员工的基本手段。通过适当的薪酬水平、科学合理地薪酬发放制度和薪酬结构，可以充分调动员工的工作积极性和创造性，激发员工的工作热情，从而为企业的发展和进步贡献力量。因此，从这一角度来说，薪酬实际上是激励理论在实践中的应用。

从激励理论的角度考虑，一个企业薪酬的支付应尽量体现公平、公正、合理的原则，否则，再高的薪酬水平也不一定给员工带来满意感。员工对于薪酬的公平感主要体现在三个方面：① 外部公平。这是指员工以自己的薪酬水平与企业外部类似工作岗位的薪酬水平进行比较后的相对公平的感受程度。② 内部公平。这是指员工对于企业内部依据自己的工作业绩所给付薪酬的公平感受程度。③ 员工公平。这是指员工对于自己的薪酬水平与企业内其他类似工作岗位员工薪酬水平相比较后的相对公平感受程度。一般来说，企业管理者应经常对同行业、同工种的薪酬进行调查，在条件允许的情况下，适当提高员工的薪酬水平；应依据绩效考评结果决定员工的薪酬分配。

三、工资与福利

（一）工资制度

目前我国企业实行的工资制度主要有：

1. 岗位技能工资制。它是按照员工在生产中的不同工种、岗位，分别规定不同的工资标准，凡能达到该岗位技能要求，并能独立操作完成者，可领取此岗位的工资。当岗位发生变化时，工资等级和工资水平也就相应发生变化。

2. 职务等级工资制。它是按照工程技术人员、管理人员在生产技术和经营管理中所担任的职务，按其职务的重要性、责任大小、技术复杂程度等，分别规定各职务的工资标准。在每一职务内又划分为若干等级，分别规定每一等级的工资数额，按月支付。

3. 结构工资制。它是按照工资的不同职能，把工资分解成若干个部分，相应规定不同的工资额，用以支付员工各种不同报酬的工资标准。结构工资制的内容，一般包括基本工资、劳动技能（职务）工资、绩效工资、奖金、岗位津贴和补贴等。

4. 绩效工资制。它的特点是根据员工的实际工作业绩来决定其工资等级和工资水平。按照这种工资制度，员工干好与干差、干多与干少，所获得的工资是完全不一样的。因此，这种工资制度的激励作用十分明显，当前我国不少企业实行这种工资制度。

（二）工资形式

工资形式是指企业核算和支付员工报酬的形式。我国企业工资的主要形式有计时工资、计件工资、奖金和津贴等，前两种是工资的基本形式，后两种是工资的辅助形式。

1. 计时工资。它是根据员工工资等级相应的工资标准和工作时间来计算和支付报酬的一种形式。计时工资的优点是：计算简单，有利于提高产品质量，有利于工人身体健康；缺点是：工作成果之优劣、完成数量之多寡与工资无关，不易调动员工的生产经营积极性。

2. 计件工资。它是按照员工生产合格品的数量(或作业量)和预先规定的计件单价计算报酬的一种工资形式。其计算公式如下：

个人计件工资＝员工生产的合格品数量×计件单价

集体(或工作组)计件工资＝集体(或工作组)生产合格品数量×计件单价

计件工资的优点是使员工的工作量与收入直接挂钩,能充分体现按劳分配的原则和要求,有利于提高劳动生产率和企业效益;缺点是可能会发生片面追求产量,忽视质量、节约、安全和设备维护的情况。

3. 奖金。奖金是员工超额劳动的报酬,是工资的辅助形式。奖金的发放一定要体现按劳分配,不能平均发放。奖金的形式有综合奖、超额奖、单项奖、协作奖、合理化建议奖、特殊贡献奖等。

4. 津贴和补贴。津贴和补贴也是工资的辅助形式,它是补偿员工额外(如夜班、加班加点等)和特殊(如高温、高空、井下、有害气体作业等)的劳动消耗,弥补实际工资降低(如野外津贴、流动施工津贴等)而实行的工资辅助形式。

(三) 员工福利费

福利费是指企业为员工提供的除工资、奖金以外的一切物质待遇。它是间接的劳动报酬,但不属于按劳分配范畴。福利费主要包括:养老保险费、医疗保险费、失业保险费、工伤保险费和生育保险费等;社会保险费;住房公积金;工会经费和员工教育经费;非货币性福利;因解除与员工的劳动关系给予的补偿;其他与获得员工提供的服务的相关支出,如交通费补贴、免费或低价工作午餐、人寿保险(丧葬费、抚恤金等)。

第十二章

物流管理与库存控制

物流管理是指对物料在企业内外流动的全过程中进行计划、采购、验收、保管、发放、送达、生产、节约使用、综合利用、销售和售后服务等一系列组织管理工作的总称。企业的生产过程，同时也是物料的消耗过程。合理而有计划地组织物料的采购、供应、保管、使用，是保证企业生产顺利进行的前提。企业物料的耗用，一般要占产品成本的70%～80%，有的企业高达90%；物料储备所占用的费用，一般要占企业流动资产总额的50%～60%。因此，加强企业物流管理与库存控制工作，努力管好、用好物料，最大限度地节约物料，对于加速现代化建设，提高企业经济效益和社会效益有着重要的作用。

第一节　物流管理的任务和物料分类

一、企业物流

物流是指为了符合顾客的需要，所发生的从生产地至销售地的物质、服务、信息的流动过程，以及为使保管能有效、低成本地进行而从事的计划、实施和控制的行为。企业物流是指由原材料等资源的输入到转变为成品而输出的过程中，进行形态的(物理的)、性质的(生物、化学的)变化运动过程。这样的物料运动过程，也称为企业物料的流转过程。以机械制造企业为例，企业物流过程就是由原材料采购、入库、投产，经过粗加工、精加工制成零件，再经过部件装配、总装形成产品，然后经过调试、检验、油封包装、进入市场销售的物品运动全过程。

企业物流包括企业内部的物流和由企业组织的外部物流活动。按物流运动过程，可分为供应物流、生产搬运物流和销售物流。供应物流是指为生产企业、流通企业或消费者提供原材料、零部件、燃料或商品时，物料在提供者与需求者之间的实体流动。供应物流的目标不仅要保证供应，而且还要以最少消耗、最低成本和最大保证程度来组织物料的供应活动。生产搬运物流是指从生产企业的物料购进入库起，到本企业成品库的成品发送为止，这一全过程的物流活动。这种物流活动是与整个生产工艺流程同步的，原材料、半成品等按照工艺流程在各加工点(工序)之间不停顿地移动、流转形成了生产搬运物流。生产搬运物流的均衡稳定，可以保证在制品顺畅流转，缩短生产周期，压缩库存，降低生产成本。销售物流是指生产企业、流通企业售出产品或商品，并组织送达用户和市场经销网点的外部物流活动过程。它是将产品或商品所有权转让给用户的物流活动。它的特点是通过包装、配货、送货等一系列物流活动实现销售，因而要求企业认真研究送货方式、包装水平、运输路线等，并采用各种诸如少批量、多批次、定时、定量配送等特殊的物流方式达到减少费用的目的。企业物流运动过程如图 12-1 所示。

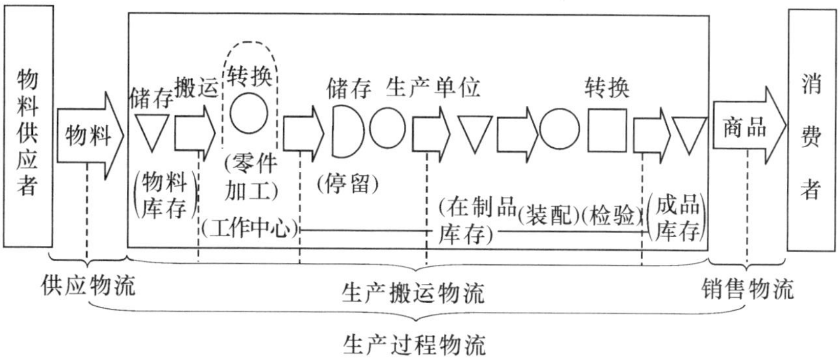

图 12-1 企业物流示意图

二、物流管理的任务

物流管理的任务，总的来说，就是在社会主义市场经济指导下，认真贯彻党和国家的政策、法规，在物料工作中做到供应好、周转快、消耗低、费用省、效益高，为发展生产，全面完成企业计划任务服务。物流管理的基本任务包括：

1. 按质、按量、按时、成套齐备地供应企业所需各种物料，保证企业生产经营活动顺利进行。

2. 在保证产品质量前提下，尽量选用资源充足、价格低廉、无污染、路程较近、交通方便的货源，以节约采购、运输、保管费用。

3. 制定先进合理的物料消耗定额，实行集中下料和限额发料方法，搞好物料综合利用和修旧利废，努力降低物料单耗。

4. 加速物料周转，最小限度地占用流动资产。

5. 积极采用新材料、新工艺，促进企业技术进步。

6. 严格遵守国家有关物料工作的方针、政策、法律和法规，健全物料管理的制度和手续。

三、物料的分类

企业所需物料量大、面广、品种多、规格杂、变化大，因此，有必要按照不同的标志对企业物料进行科学的分类。

物料的分类，一般可按以下标志来进行：

1. 按物料在生产中的作用分类，可分为：主要原材料、辅助材料、燃料、动力、工具、包装物。这种分类方法便于制定各种消耗定额，计算物料需要量和产品成本。

2. 按物料的自然属性分类，可分为：金属材料、非金属材料、机电产品。这种分类方法便于企业编制材料目录，以及根据物料的物理、化学性能进行不同的采购、运输和保管。

3. 按物料使用范围分类，可分为：生产产品用料、基本建设用料、经营维修用料、科研试制用料、技术措施用料、工艺装备和非标准设备用料。这种分类方法便于企业进行物料核算和平衡，以及资金的预算和控制。

第二节　物料消耗定额

一、物料消耗定额的作用

物料消耗定额是指在一定生产技术条件下，制造单位产品或完成单位生产任务所必须消耗的物料数量标准。物料消耗定额可分为单项定额和综合定额两种。在机械制造企业中，单项定额一般是指制造单位零件的物料消耗定额，这是加工前下料及核算各生产环节用料数量的依据，也可作为车间发放物料的标准。综合定额是指制造单位产品所消耗的全部物料的定额，如制造一台机床需要多少吨钢材、生铁、铜材等，它是用来核算企业物料需要量，计算产品成本和考核企业物料消耗是否合理的依据。

先进合理的物料消耗定额，是确定物料需要量、编制物料供应计划的基础；是物料供应部门核算生产用料、组织限额发料的依据；是合理使用和节约使用物料、核算产品成本的重要手段；是促进企业技术水平、生产组织水平、工人生产技能提高的重要条件；是考核职工工作质量、进行评比奖励的主要依据。

二、物料消耗定额的构成

正确制定物料消耗定额，必须分析物料消耗的构成。物料消耗的构成，是指从取得物料直到制成成品为止的整个过程中，物料被消耗在哪些方面。以主要原材料为例，物料消耗的构成，一般包括：

1. 构成产品(零件)净重的消耗。它是构成产品(零件)的实体重量，是物料的有效消耗部分。

2. 工艺性消耗。它是指在下料或加工过程中，由于改变物理性能(形状、尺寸等)和化学成分所产生的物料消耗。如下料过程中的料头、边角余料；铸造中的烧损；锻造中的氧化铁；加工中的切屑等。这部分消耗是由工艺技术水平决定的，要降低工艺性消耗，必须采用新工艺，把工艺性消耗降到最低限度。

3. 非工艺性消耗。它是指由于生产中产生的废品，运输保管不善，材料供应不合要求，以及其他非工艺技术原因所产生的消耗。非工艺性损耗，并非产品制造所必需，应力求避免和减少。

物料消耗定额，又分为工艺消耗定额和物料供应定额两种。工艺消耗定额仅包括产品净重和工艺性消耗两部分，它是向车间、班组发料和考核的依据。物料供应定额，是在工艺消耗定额的基础上，按一定比例加上各种非工艺性消耗，它是企业计算物料申请量和采购量的依据。

工艺消耗定额和物料供应定额可用下列公式表示：

$$\begin{matrix}\text{单位产品(零件)}\\\text{工艺消耗定额}\end{matrix}=\begin{matrix}\text{单位产品}\\\text{(零件)净重}\end{matrix}+\begin{matrix}\text{各种工艺性}\\\text{消耗的重量}\end{matrix}$$

$$\begin{matrix}\text{单位产品物}\\\text{料供应定额}\end{matrix}=\begin{matrix}\text{工艺消}\\\text{耗定额}\end{matrix}\times\left(1+\begin{matrix}\text{材料供}\\\text{应系数}\end{matrix}\right)$$

$$\text{材料供应系数}=\frac{\text{单位产品非工艺性消耗}}{\text{工艺消耗定额}}$$

三、物料消耗定额的制定

制定物料消耗定额的一般方法基本上有经验估计法、统计分析法和技术测定法三种。在实际工作中，可以把这几种方法结合起来加以灵活运用。

(一) 主要原材料消耗定额的制定

1. 机械加工企业中主要原材料消耗定额的制定，通常是根据设计图纸和有关技术文件规定的产品的尺寸、规格、重量等进行计算的。但在具体计算时，按照工艺过程的要求不同，对锻件、型材、板材等的计算方法也不相同。

(1) 锻造零件消耗定额。一般分两步计算：第一步，计算锻造前的重量，即毛坯重量加上锻造切割损失和烧损重量；第二步，在锻造前重量的基础上，再加上坯料锯口、夹头、残料等重量，从而求出锻件材料消耗定额。其计算公式如下：

$$\begin{matrix}\text{锻件材料}\\\text{消耗定额}\end{matrix}=\begin{matrix}\text{锻件毛}\\\text{坯重量}\end{matrix}+\begin{matrix}\text{锻造切割}\\\text{损耗重量}\end{matrix}+\begin{matrix}\text{烧损}\\\text{重量}\end{matrix}+\begin{matrix}\text{锯口}\\\text{重量}\end{matrix}+\begin{matrix}\text{夹头}\\\text{重量}\end{matrix}+\begin{matrix}\text{残料}\\\text{重量}\end{matrix}$$

(2) 型材、棒材零件消耗定额。以棒材为例，它的构成可用下列公式计算：

$$\begin{matrix}\text{零件棒材}\\\text{消耗定额}\end{matrix}=\begin{matrix}\text{零件毛坯}\\\text{重量}\end{matrix}+\begin{matrix}\text{锯口}\\\text{重量}\end{matrix}+\begin{matrix}\text{夹头}\\\text{重量}\end{matrix}+\begin{matrix}\text{分摊到的}\\\text{残料重量}\end{matrix}$$

当一根棒材用来制造同种零件时，它的消耗定额可用下列公式计算：

$$零件棒材消耗定额=\frac{一根棒材重量}{一根棒材可锯出的毛坯数}$$

式中：一根棒材重量=棒材单位长度重量×棒材长度

$$\begin{array}{c}一根棒材可\\锯出的毛坯数\end{array}=\frac{棒材长度-料头长度-夹头长度}{单位毛坯长度+锯口宽度}$$

当一根棒材用来制造几种不同零件时，可采用下料部门材料利用率来计算定额，其计算公式如下：

$$零件棒材消耗定额=\frac{零件毛坯重量}{下料部门材料利用率}$$

$$下料部门材料利用率=\frac{零件毛坯总重量}{制造零件所用棒材总重量}\times 100\%$$

(3) 板材零件消耗定额。它是按工艺规定下料，首先在板材上划出所需零件名称和毛坯尺寸草图，据此计算从这块板材上裁出零件毛坯总重量；然后除以板材下料利用率，最后求得板材消耗定额。其计算公式如下：

$$板材下料利用率=\frac{零件毛坯总重量}{板材重量}\times 100\%$$

$$零件板材消耗定额=\frac{每个零件毛坯重量}{板材下料利用率}$$

2. 化工、冶金、铸造等企业中，主要原材料消耗定额的制定，应根据工艺流程的特点和预定的配料比，用一系列技术经济指标(成品率、损耗率等)来计算。如铸件的炉料消耗定额，可用下列公式计算：

$$\begin{array}{c}每吨铸件所需的某\\种炉料消耗定额\end{array}=\frac{1}{合格铸件成品率}\times 配料比$$

式中:合格铸件成品率，是指合格铸件总重量与金属炉料重量之比；配料比是指投入熔炉中的各种金属材料的比例。

(二) 辅助材料消耗定额的制定

企业所需的辅助材料，由于品种繁多，使用情况复杂，其消耗定额可根据它们的实际情况采用不同的方法制定。一般来说，凡是与主要原材料消耗成正比例的辅助材料，可按主要原材料单位消耗量的比例进行计算，如炼一吨生铁需要多少熔剂等；与产品产量成正比例的辅助材料的消耗定额，可按单位产品需要量来计算，如包装用材料和保护用涂料等；与设备开动时间或工作日有关的辅助材料消耗定额，可根据设备开动时间或工作日数来计算，如设备开动一小时需要多少润滑油等；与使用期限有关的辅助材料消耗定额，一般按规定使用期限确定，如劳保用品和清扫工具等；对于难以计算的辅助材料消耗定额，一般可根据统计资料和实际耗用确定。

（三）燃料消耗定额的制定

燃料消耗定额的制定，可用单位消耗量标准计算。如动力用燃料消耗定额，是以发一度电、生产一立方米压缩空气、生产一吨蒸汽所需燃料为标准来制定的；工艺用燃料消耗定额，是以加工一吨产品、生产一吨合格铸件所需燃料为标准来制定的；取暖用燃料消耗定额，一般是按每个锅炉或单位受热面积来制定的。但是，由于燃料品种不同，其物理形态和发热量也不一样，在计算定额时，应以标准燃料（1千克标准煤发热量为 7 000 大卡）为基础，根据标准燃料消耗定额换算成实际使用燃料消耗定额。

（四）动力消耗定额的制定

动力消耗定额的制定，一般是按用途分别制定的。如用于发动机的电力消耗定额，先按实际开动马力计算电力消耗量，再按每种产品消耗机械小时数，最后计算出单位产品的消耗定额。而电炉炼钢，一般可直接按单位产品来确定消耗定额。

（五）工具消耗定额的制定

工具消耗定额，一般是用制造一定数量产品的某种工具使用时间除以某种工具的耐用期限来确定的。

以上仅是企业制定物料消耗定额的一般方法，在实际工作中，不同企业应根据具体情况加以灵活运用。

四、降低物料消耗的途径

（一）改进产品设计，减少构成产品或零件净重的物料消耗

企业要节约物料，首先要在产品设计中认真贯彻节约原则，产品的结构、式样、大小、长短、光洁度、精密度、所用材料的规格、质量以及对各种材料的技术要求，都是由产品设计决定的。产品设计上的合理节约会带来生产过程中长期的节约；产品设计上的浪费，会造成生产过程中的长期浪费。因此，在保证和提高产品质量的前提下，改进产品设计，减少单位产品的物料消耗，是实现节约物料的重要措施。

（二）采用先进工艺，减少工艺性物料消耗

工艺性损耗是物料消耗的一个重要构成部分，采用先进工艺，尽可能减少工艺性损耗，就可以更好地降低物料消耗。比如在机械制造企业中，采用模锻代替自由锻造；采用粉末冶金、精密铸造、精密锻造等新工艺代替费料、费工的旧工艺，不仅能大量节约金属材料，节约加工工具和机床设备，而且，还能提高产品质量和劳动生产率。

(三) 采用新材料和代用料

在保证产品质量的条件下,研究采用新材料和代用料,是减少物料消耗,降低产品成本的重要措施。因此,企业要千方百计地研究和采用新材料,尽量用资源多的材料代替资源稀缺的材料,一般金属材料代替贵金属材料,塑料制品代替金属材料,边角余料代替整料等。

(四) 实行集中下料,推广套材下料方法

如果采用分散下料,由于各单位生产的局限性,往往只从本单位需要出发,很少考虑材料利用率。实行集中下料,能从全厂需要着眼,开展"巧裁缝"活动,先下大件、再下小件,就可以最大限度地减少边角余料,提高材料的利用率。

(五) 加强物料的运输保管工作,尽量减少物料在流通过程中的损耗

物料在储运过程中,会发生一定的损耗,特别是那些容易散失、锈蚀变质的物料更是如此。对于这类物料,要特别注意加强运输保管工作,建立和健全管理制度。

(六) 回收利用废旧物料

在企业生产过程中,不可避免地会产生一部分废料。如下料过程中产生的锯屑、料头、边角余料,切削加工过程中产生的切屑等,设备装置、仪表、工具及其他低值易耗品等,由于使用磨损也会丧失原有使用价值,或者虽尚有一定的使用价值,但已不适应原来生产技术要求而被报废。旧物料及时地进行回收、修理利用,以充分发挥物料的效用,也是节约物料和解决企业生产需用物料缺口的有效办法。

第三节 物料储备定额

企业的物料储备定额,是指在一定生产技术组织条件下,为保证生产活动正常进行所必需的、经济合理的物料储备数量标准。企业的物料储备既不能过多,也不能过少,必须制定一个经济合理的物料储备定额。工业企业的物料储备定额,主要有经常储备定额和保险储备定额两种。在有些企业里,由于某种物料供应受自然条件和季节性影响,还需要有季节性储备定额。

一、经常储备定额

经常储备定额是指企业在前后两批物料进入企业的供应间隔期内,保证生产正常进行所必需的储备数量。这种储备是动态的,当一批物料进入企业时,达到最高储备量(即经常储备量加上保险储备量),随着生产的耗用,储备量逐渐减少,直到下批物料进入企业前,降到最低储备量(即保险储备量)。这样,不断补充,不断

消耗，由高到低，由低到高，周而复始，不断循环。

经常储备定额的确定方法，主要有以期定量法和经济订购批量法两种。

（一）以期定量法

以期定量法是一种先确定物料的供货间隔天数，然后再确定物料经常储备量的一种方法。其计算公式如下：

$$\text{经常储备定额}=\text{供货间隔天数}\times\text{平均每日需用量}$$

供货间隔天数，是指前后两批到货的间隔时间。其确定方法有加权平均法和订货限额法。

1. 加权平均法。它是根据历史统计资料，考虑到每次交货期有一定差异影响的一种平均计算方法。可用下式计算平均供货间隔天数。

$$\text{平均供货间隔天数}=\frac{\sum(\text{每次入库数量}\times\text{每次进货间隔天数})}{\sum\text{每次入库数量}}$$

2. 订货限额法。这种方法适用于供需双方根据互利原则签订长期合同，明确规定每次订货（发货）限额条件时采用。其计算公式如下：

$$\text{供货间隔天数}=\frac{\text{订货限额}}{\text{平均每天需用量}}$$

（二）经济订购批量法

经济订购批量是指采购费用和保管费用两者之和即总费用最小的批量。其计算公式如下：

$$\text{经济订购批量}=\sqrt{\frac{2\times\text{每次订购费用}\times\text{物料年需用量}}{\text{单位物料年保管费用}}}$$

经济订购批量法将在物料库存一节中详细介绍。

二、保险储备定额

保险储备定额是指为了预防物料在供应过程中，因运输误期、拖期，质量、品种、规格不合标准以及计划超产等不正常情况下，能保证生产连续进行所必需储备的物料数量。其计算公式如下：

$$\text{保险储备定额}=\text{平均每日需用量}\times\text{保险储备天数}$$

保险储备天数，一般根据以往统计资料中平均误期天数或按实际情况来决定。

$$\text{平均误期天数}=\text{保险储备天数}=\frac{\sum(\text{每次误期时入库数量}\times\text{每次误期天数})}{\sum\text{每次误期时的入库数量}}$$

例如，某企业要计算 2021 年某种物料供应间隔天数，现将 2020 年 1～3 季度该种物料实际入库的原始统计资料加以分析整理，制成某种物料供应间隔天数表（见表12-1）。2021年的日均需用量为2.44吨，验收天数和使用前准备天数分别为3天和2天。试求该种物料的平均供应间隔天数、平均误期天数（即保险储备天数）、经常储备量、保险储备量、最高和最低储备量、平均储备量分别是多少？

表 12-1 供应间隔天数

材料入库日期（月、日）	1月3日	2月5日	3月20日	4月30日	5月28日	7月15日	8月20日	9月21日	合计
材料入库数量（吨）	84.67	90.12	88.43	86.75	89.22	85.86	84.62	87.00	696.67
供应间隔天数（天）	33	43	41	28	48	36	32	38①	

① 表示这个供应间隔天数是预计的。

解：

$$\text{平均供应间隔天数}=\frac{\sum(\text{材料入库数量}\times\text{供应间隔天数})}{\sum\text{材料入库数量}}$$

$$\begin{aligned}&=(84.67\times33+90.12\times43+88.43\times41+86.75\times28\\&\quad+89.22\times48+85.86\times36+84.62\times32+87\times38)\\&\quad\div(84.67+90.12+88.43+86.75+89.22+85.86\\&\quad+84.62+87)\\&=26\,111.26\div696.67=37.4\approx38(\text{天})\end{aligned}$$

平均供应间隔天数为38天，表12-1中有三次到货是误期的（2月5日为43天，3月20日为41天，5月28日为48天），于是：

$$\text{平均误期天数}=\text{保险储备天数}=\frac{90.12\times(43-38)+88.43\times(41-38)+89.22\times(48-38)}{90.12+88.43+89.22}=6(\text{天})$$

$$\text{经常储备量}=\left(\text{平均供应间隔天数}+\text{验收天数}+\text{使用前准备天数}\right)\times\text{计划期日均需用量}=(38+3+2)\times2.44=104.92(\text{吨})$$

保险储备量=6×2.44=14.64（吨）

最低储备量=保险储备量=14.64（吨）

$$\text{最高储备量}=\text{经常储备量}+\text{保险储备量}=104.92+14.64=119.56(\text{吨})$$

$$\text{平均储备量}=\text{经常储备量}\div2+\text{保险储备量}=104.92\div2+14.64=67.1(\text{吨})$$

三、季节储备定额

季节储备定额是指企业为了克服某些物料供应的季节性因素影响，保证生产正常进行而建立的物料储备量。其计算公式如下：

$$\text{季节性储备定额}=\text{季节性储备天数}\times\text{平均日需用量}$$

季节性储备天数，一般是根据生产需要和供应中断天数决定的。凡是已建立季节性储备的物料，不再考虑经常储备和保险储备定额。

第四节　物料供应计划

物料供应计划是企业年度综合计划的有机组成部分，是企业组织订货或采购的重要依据。企业物料供应计划工作的内容，主要包括计划编制、执行和控制工作。这里仅对计划编制过程中，如何确定物料需用量、期初期末库存量、物料采购量作简要阐述。

一、物料需用量的确定

物料需用量是指企业在计划期内为保证生产正常进行所必需消耗的物料数量。它是按照每类物料的具体品种、规格、用途分别计算的。其计算公式如下：

$$\text{某种物料需用量}=\left[\text{计划期产量}\times\left(1+\text{不可避免的废品率}\right)\right]\times\text{单位产品消耗定额}-\text{计划回用废品数量}$$

式中：计划期产量包括商品产量和期末期初在制品差额；不可避免的废品率，一般根据统计资料并考虑其他因素确定；回用废品数量是指能回用于同一产品或不同产品，在该种物料需用量中减掉的回用数量。

二、期初期末库存量的确定

企业在计划期内，期初库存量与期末库存量往往是不相等的。这就是说，即使在物料需用量不变的情况下，物料的采购量也会发生相应的增减。当期初库存量大于期末库存量时，物料的采购量就可减少；反之，就要增加。

（一）期初库存量

它一般根据库存的实际盘点数，并考虑编制计划时到计划期初的到货量和耗用量来计算。其计算公式如下：

$$\text{计划期初库存量}=\text{编制计划时实际库存量}+\text{计划期初前到货量}-\text{计划期初前耗用量}$$

（二）期末库存量

它一般指物料储备定额（即经常储备量加保险储备量）。在实际工作中，通常采用50%～75%的经常储备量加保险储备量作为期末库存量。对于品种较多的小宗物料，可按物料"小类"或"组"计算平均经常储备量加保险储备量来确定。

三、物料采购量的确定

物料供应计划中，对于市场采购的物料，企业应编制物料采购量计划。物料采购量可用下列公式表示：

$$\text{某种物料采购量}=\text{该种物料需用量}+\text{计划期末库存量}-\text{计划期初库存量}-\text{企业内部可利用资源}$$

式中：企业内部可利用资源，是指企业改制、代用或调剂使用的物料。

企业在确定各种物料需用量和物料采购量之后，就可按物料的具体品种、规格编制物料平衡表。其格式如表12-2所示。

表12-2　20××年物料平衡表

材料名称	计量单位	上年实际消耗量	年初已有资源				需用量	年末储备	企业内部可利用资源	采购量	备注
			合计	年初库存	合同结转	在途与待验					
		①	②	③	④	⑤	⑥	⑦	⑧	⑨=⑥+⑦－②－⑧	
甲 乙 ……											
合计											

物料平衡表编好后，即可按物料类别加以汇总，编出物料供应计划。

第五节　物料库存控制

一个企业为了使生产能连续进行，不但要经常采购物料，而且还必须保留一定数量库存物料作周转之用。从生产角度考虑，周转库存量越多越好；从费用角度考虑，周转库存量越少越好。周转库存越多就会占用越多的流动资产，从而提高产品成本。要解决这一矛盾，应将周转库存控制在一个合适的数量上，这就是库存控制研究的中心内容。

一、物料库存控制的模式

物料的库存控制，是对物料库存量动态变化的掌握和调整，是实现物料计划和控制流动资产的重要环节。库存控制必须从系统的观点出发，建立系统的库存控制模型，并从定性与定量两方面进行综合分析研究，以求得经济效益最佳的库存方案。

物料库存控制的一般模式如图 12-2 所示。

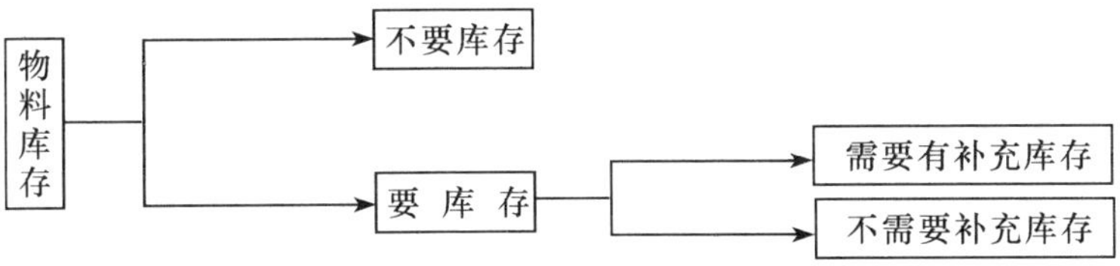

图 12-2 库存控制的一般模式

（一）要库存与不要库存

一个企业需要的物料，哪些要库存，哪些不要库存，这是物料库存控制中首先需要解决的问题。它要求每个企业必须作周密调查，分析企业所需物料有无可靠来源，流通部门是否能按企业生产需要保证供应，有无可靠的运输条件等。如果某种物料都具备了这些条件，企业可以考虑不要库存；否则，都要有库存。当然，企业要不要库存，还要进一步从经济效益角度来分析。在一般情况下，要从订购费用与保管费用两方面进行比较，当保管费用大于订购费用时，企业可以考虑不要库存；反之，则应考虑保持一定数量的库存，可采用经济批量法确定。

（二）需要有补充库存和不需要补充库存

企业已决定某种物料需要有库存时，就应考虑采取何种订货方式，是组织一次性采购订货，还是分批采购订货。需要有补充库存的物料是指生产或供应都不会发生中断，上次采购一批，下次可继续采购订货，有可靠供应来源的物料。不需要补充库存的物料是指生产或供应具有很强的时间性和季节性，如果失去采购订货时机，供应就会发生中断的物料。这类物料应组织一次性订货，以保证生产需要，否则，物料库存量不足，将影响生产，甚至造成停工停产的严重损失。

二、库存控制的方法

物料库存控制的方法主要有：定期库存控制法、定量库存控制法、ABC 分类控制法和经济批量控制法等。

(一) 定期库存控制法

定期库存控制法，是以固定盘点和订购(货)周期为基础的一种库存量控制方法。它按规定时间检查库存量并随即提出订购，补充至库存储备定额。物料订购时间是预先固定的，每次订购批量是可变的。其计算公式如下：

$$\text{订购量}=\frac{\text{平均每日}}{\text{需用量}}\times\left(\frac{\text{订购}}{\text{周期}}+\frac{\text{订购间}}{\text{隔期}}\right)+\frac{\text{保险储}}{\text{备量}}-\frac{\text{现有库}}{\text{存量}}-\frac{\text{已订购}}{\text{未交量}}$$

式中：订购周期，指提出订货到该批物料入库为止所需时间；订购间隔期，指相邻两次订购日之间的时间间隔；现有库存量，指提出订购时盘点的库存量；已订购未交量，指已订购，能在下次订购前到货的数量。

(二) 定量库存控制法

定量库存控制法(又称订货点法)，是以固定订购点和订购批量为基础的一种库存控制方法。这就是说，当实际库存量降至订购点时提出订购，每次订购数量相同，而订购时间不固定，由物料需用量的变化决定。其计算公式如下：

$$\text{订购点}=\text{平均每日需用量}\times\text{备用天数}+\text{保险储备量}$$

备用天数是指库存下降到订购(货)点以下开始，经过订货、送货、收货、检验、入库为止的全部时间。

定量库存控制法还有一种简单形式，称为双堆法或分存控制法。实行这种方法，是先将库存物料分成两堆，先用第一堆，当第一堆用完时，立即组织采购订货，在第二批物料进厂前，继续使用第二堆物料，这样，使用第二堆物料时就是订购点。

(三) 经济批量控制法

经济批量控制法，是侧重从企业本身经济效益来综合分析物料订购和库存保管费用的一种科学方法。经济批量模型，一般分为三种。

1. 不允许缺货的经济批量。它是研究物料订购费用和保管费用、订购次数和订购数量之间关系的。企业在一定时间内对所需物料的订购次数少，用于订购费用就少，而每次订购批量就大，支出的保管费用就多。相反，订购次数多，订购费用也多，而每次订购批量小，从而保管费用也少。这里主要是研究在保证企业生产需要的条件下，使订购费用和保管费用之和最小的订购批量，即经济批量。

例如，某企业某种物料的年需用量为 4 500 千克，每次订购费用为 20 元，该种物料单价为 8 元，年保管费用率为年平均存储值的 25%。用公式法和列表法(见表 12-3)计算如下：

$$\text{经济批量}=\sqrt{\frac{2\times\text{每次订购费用}\times\text{年需用量}}{\text{物料单价}\times\text{年保管费用率}}}$$

将上例数据代入公式，即得：

$$经济批量=\sqrt{\frac{2\times 20\times 4\,500}{8\times 0.25}}=300(千克)$$

从公式法和列表法计算结果看，上例物料的经济批量为 300 千克。

表 12-3 某企业某种物料经济批量列表法

年需用量	订购批量	年订购次数	库存平均值	年保管费用	年订购费用	年度总费用
(1)	(2)	$(3)=\frac{(1)}{(2)}$	$(4)=\frac{(2)}{2}\times 8$	(5)=(4)×0.25	(6)=(3)×20	(7)=(5)+(6)
4 500	100	45	400	100	900	1 000
4 500	250	18	1 000	250	360	610
4 500	300	15	1 200	300	300	600
4 500	450	10	1 800	450	200	650
4 500	500	9	2 000	500	180	680
⋮	⋮	⋮	⋮	⋮	⋮	⋮

2. 不允许缺货，一次订购分批进货的经济批量。企业在经营过程中，往往有不少物料是一次订货分批进货的。这样就形成一边进货入库，一边耗用出库的状态。入库速度大于出库速度，一批订货全部进库后，库存只出不进，经常储备降到零时，下一批订货又陆续分批入库。其计算公式如下：

$$经济批量=\sqrt{\frac{2\times 每次订购费用\times 年需用量}{物料单价\times 年保管费用率\times\left(1-\frac{每日耗用量}{每日进货量}\right)}}$$

例如，某企业年需某种物料 2 000 吨，采用一次订货陆续入库方式。根据运输能力，每天可入库 20 吨，每天耗用量为 10 吨，每次订购费为 200 元。该物料每吨单价为 200 元，年保管费率为 20%，确定分批进货的经济批量。

将上例数据代入公式，即得：

$$经济批量=\sqrt{\frac{2\times 200\times 2\,000}{200\times 20\%\times\left(1-\frac{10}{20}\right)}}=200(吨)$$

3. 允许缺货的经济批量。如果生产不均衡，供货又没有绝对保证，发生缺货不可避免;加大保险(安全)储备的代价又大于因缺货造成的损失,就应确定允许缺货的经济订购批量。这种批量是指订购费用、保管费用、缺货损失费用三者之和总费用最小的批量。允许缺货的库存模型如图 12-3 所示。

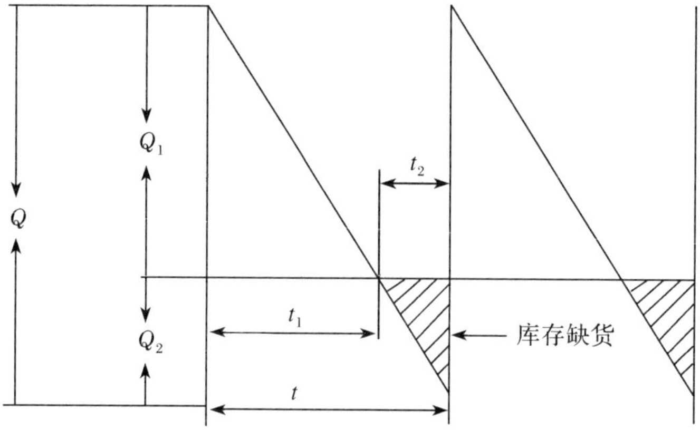

图 12-3　允许缺货的库存模型

由图 12-3 可知,Q 为经济批量,按期入库量 Q_1,只能保证 t_1 时间内消耗,t_2 时间缺货,平均库存为 $1/2\times Q_1$。允许缺货的经济批量和按期入库量的计算公式如下:

$$\text{经济批量}(Q)=\sqrt{\frac{2\times\text{每次订购费用}\times\text{单位时间物料需用量}}{\text{单位物料单位时间保管费用}}}\times\sqrt{\frac{\text{单位物料单位时间保管费用}+\text{单位物料单位时间缺货损失费用}}{\text{单位物料单位时间缺货损失费用}}}$$

$$\text{按期入库量}(Q_1)=\sqrt{\frac{2\times\text{每次订购费用}\times\text{单位时间物料需用量}}{\text{单位物料单位时间保管费用}}}\times\sqrt{\frac{\text{单位物料单位时间缺货损失费用}}{\text{单位物料单位时间保管费用}+\text{单位物料单位时间缺货损失费用}}}$$

例如,某企业一年需要某种物料 6 400 吨,采购费用每次 100 元,每吨物料一年保管费用为 128 元,每缺货一吨会造成损失 160 元,怎样确定经济采购批量和按期入库量?

$$\text{经济批量}(Q)=\sqrt{\frac{2\times100\times6\,400}{128}}\times\sqrt{\frac{128+160}{160}}$$

$$=100\times1.34=134(\text{吨})$$

$$按期入库量(Q_1)=\sqrt{\frac{2\times 100\times 6\,400}{128}}\times\sqrt{\frac{160}{128+160}}$$

$$=100\times 0.75=75(吨)$$

4. 有数量折扣的经济批量。在实际应用经济批量(*EOQ*)时，除了考虑缺货成本外，一般还必须考虑其他一些因素对总成本的影响，最常见的是，由于批量不同而带来的采购价格和运输价格上的差异。

(1) 考虑采购数量折扣的经济批量。供应商为了吸引顾客一次购买更多的商品，往往规定对于购买数量达到或超过某一数量标准时，给予顾客价格上的优惠，这个事先规定的数量标准称为折扣点。在数量折扣的条件下，购买方就要进行计算，以确定是否需要增加订货量去获得折扣。若接受折扣所产生的总成本小于经济订货批量所产生的总成本，则应接受折扣；反之，则按不考虑数量折扣计算的经济订货批量进行订货。

例如，某企业年需用某种物品 1 200 件，单价为 10 元，年保管费率为 20%，每次订货成本为 300 元。供应商给出的数量折扣条件是，若该物品订货量小于 650 件，单位价格仍为 10 元，订货量大于或等于 650 件时，每单位物品价格为 9 元(即打 9 折)。若其他条件不变，最佳采购批量是多少？

根据供应商给出的条件，具体分析如下：

① 按享受折扣价格时的批量(650 件)采购时的总成本：

$$库存总成本=采购成本+订货成本+保管成本$$

$$=1\,200\times 9+\frac{1\,200\times 300}{650}+\frac{650\times 9\times 20\%}{2}$$

$$=11\,939(元)$$

② 按折扣单价计算的经济订购批量：

$$EOQ_{折扣}=\sqrt{\frac{2\times 1\,200\times 300}{9\times 20\%}}=633(件)$$

③ 按折扣前计算的经济批量和库存总成本：

$$EOQ^{※}=\sqrt{\frac{2\times 1\,200\times 300}{10\times 20\%}}=600(件)$$

$$库存总成本=1\,200\times 10+\frac{1\,200\times 300}{600}+\frac{600\times 10\times 20\%}{2}$$

$$=13\,800(元)$$

④ 分析判断：由于按折扣单价(9 元/件)计算的经济批量，小于可以享受批量折扣的 650 件，说明此经济批量不能享受折扣单价。具体来说，633 件的批量不可能享受 9 元的优惠价。又由于 650 件的采购总成本(库存总成本)要低于按单价 10

元采购时的经济批量 600 件的总成本(13 800 元),因此,应当以 650 件作为最佳批量采购。若按折扣单价计算的经济批量(670 件)大于可以享受批量折扣 650 件,则应按经济批量(670 件)采购。

(2) 考虑运输数量折扣的经济批量。只有当运输费用由买方支付的情况下,才会对库存总成本产生较大影响。当增大批量可以得到运价上的折扣时,就要考虑是否加大购买批量。最简单的方法是将有无运价折扣的两种情况进行总成本的对比,选择总成本低的方案。

例如,在上例中,若订货批量小于 800 件时,运输费率 1 元/件;当订货批量大于 800 件时,运输费率为 0.75 元/件。若其他条件不变,最佳订货批量为多少?

根据以上条件,分析计算如下:

① 按经济批量计算的库存总成本:

$$
\begin{aligned}
\text{库存总成本} &= \text{存储成本} + \text{订货成本} + \text{运输成本} \\
&= \frac{600 \times 10 \times 20\%}{2} + \frac{1\,200 \times 300}{600} + 1 \times 1\,200 \\
&= 2\,400(\text{元})
\end{aligned}
$$

② 按折扣运价批量计算的库存总成本:

$$
\begin{aligned}
\text{库存总成本} &= \frac{800 \times 10 \times 20\%}{2} + \frac{1\,200 \times 300}{800} + 0.75 \times 1\,200 \\
&= 2\,150(\text{元})
\end{aligned}
$$

③ 分析判断:由上述计算结果可见,按照 800 件批量采购,可以节省库存费用 250 元(2 400-2 150),因此,应该把批量扩大到 800 件。

(四) ABC 分类控制法

企业生产所需物料品种多、规格杂、耗用量大,其价值大小和重要程度各不相同,如果将所有物料同等对待,全面控制,势必难以管好物料。ABC 分类控制法,就是把企业需用品种繁多的物料,按其重要程度、消耗数量、价值大小、资金占用等情况,分成 ABC 三大类,对 A 类物料实行重点管理,对 B 类物料实行一般管理,对 C 类物料实行次要管理。现以 ABC 分类库存物料比重以表 12-4 表示。

表 12-4 库存物料 ABC 分类标准

类别	物料品种占企业全部物料品种比重	资金占企业资金总额比重
A	10%~20%	70%~85%
B	20%~30%	10%~20%
C	50%~70%	5%~10%

上述三类物料在库存控制和管理中的重要程度不同。A 类物料最重要,应严

格控制，一般宜采用定期库存控制法，尽量缩短订货间隔期，努力降低库存水平；B类物料较重要，可适当控制，一般宜采用定量库存控制法，即当库存量降到订购点时订购；C类物料重要程度一般，可适当放宽控制，一般半年或一年订购一次。这样，就能简化物料管理工作，做到既能保证生产需要，又占用最少的费用，从而使企业获得良好的经济效益。

例如，某库存产品共有10个类别，它们的需求预测数量和单价情况如表12-5所示。试将其进行ABC分类，以便更好地控制。

表12-5 需求预测数量和单价情况

物料代码	年需求量(件)	单价(元)	年总费用(元)	费用大小序号
x-30	50 000	0.08	4 000	5
x-23	200 000	0.12	24 000	2
K-9	6 000	0.10	600	9
G-11	120 000	0.06	7 200	3
H-40	7 000	0.12	840	8
N-15	280 000	0.09	25 200	1
Z-83	15 000	0.07	1 050	7
U-6	70 000	0.08	5 600	4
V-90	15 000	0.09	1 350	6
W-2	2 000	0.11	220	10

首先，根据已知存货数据，计算出各类物料的总费用，然后，按照大小排序。结果见表12-5。

其次，按照费用大小顺序将库存物料重新排列，计算出累计总费用和累计百分比。结果见表12-6。

最后，根据分类标准，划分和确定各种物料的A、B、C类别(结果见表12-6)。然后，列出ABC分类汇总表(表12-7)或画出ABC分析图(图12-4)。

表12-6 各种物料的A、B、C类别

物料代码	年总费用(元)	年总费用累计(元)	累计百分比	分类
N-15	25 200	25 200	36	A
x-23	24 000	49 200	70	A
G-11	7 200	56 400	81	B
U-6	5 600	62 000	88	B
x-30	4 000	66 000	94	B

（续表）

物料代码	年总费用(元)	年总费用累计(元)	累计百分比	分类
V-90	1 350	67 350	96	C
Z-83	1 050	68 400	98	C
H-40	840	69 240	99	C
K-9	600	69 840	99	C
W-2	220	70 060	100	C

表 12-7　ABC 分类汇总表

类别	物料代码	品种类百分比	每类费用(元)	费用百分比
A	N-15,x-23	20%	49 200	70%
B	G-11,U-6,x-30	30%	16 800	24%
C	V-90,Z-83,H-40,K-9,W-2	50%	4 060	6%

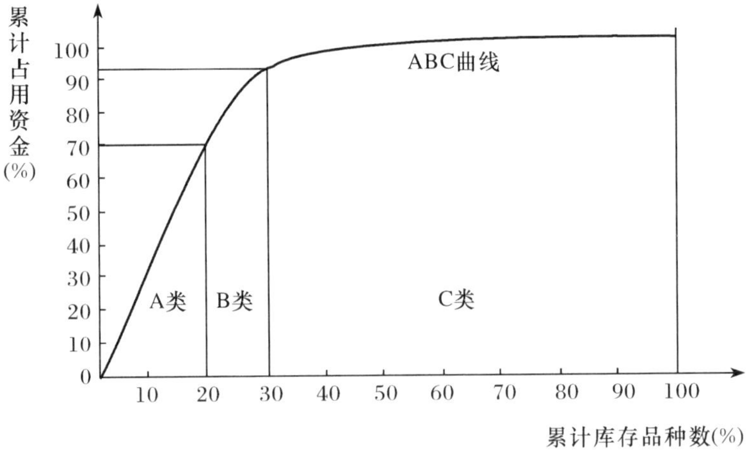

图 12-4　ABC 分析图(ABC 曲线)

ABC 分类控制法操作简单，能对库存管理做到重点与一般相结合，有利于降低库存，节约保管费用，减少资金占用，加速资金周转。

三、库存管理中的“零库存”问题

（一）“零库存”的意义

企业生产和销售过程中的库存，通常是为避免某种差错的出现而设立的，因而库存也常常会掩盖许多不应该发生的差错，如供应商未按标准生产、未按时生产、或生产数量规格不对；设计图或说明书不准确；机械设备故障等造成供货延期。一个好的库存策略不应该是为应付某种差错，而是为了准时供货，所以企业库存管理的目标是“零库存”。“零库存”是一种特殊的库存概念，它是指以仓库储存形式的某种或多种物料的储存为零，即不保持库存。实现零库存可以免去仓库存货而产生的一系列问题和费用，也简化了库存控制的工作量，如无需库存盘点、实物动态掌握，其意义是显而易见的。

（二）“零库存”的形式

“零库存”是通过在生产和流通领域按照准时制(JIT)组织物料供应来实现的，但它并不限定于某种特定形式，因为许多现代生产库存管理制度都能降低库存总体水平，有的也实现了某些环节、某些部门的零库存。零库存的具体形式很多，主要有：

1. 委托保管方式。它是指供应商接受用户的委托，由受托方(供应商)代存代管理所有权属于用户的物料，使用户不再保有库存一种“零库存”形式。这种方式是靠库存转移实现零库存的。

2. 协作分包方式。它是制造企业的一种产业结构形式(主机厂与协作配套厂，或总厂与分厂)，它可以以若干分厂的柔性生产准时供应，使总厂的供应库存为零；同时总厂集中销售库存，使批发商的销售库存为零。

3. 轮动方式(也称同步方式)。它是在对系统进行周密设计的前提下，使各个环节速率完全协调，从而根本取消工位之间暂时停滞的一种零库存形式。这种形式是在传送带式生产基础上，进行大规模延伸，使生产与物料供应同步进行而形成的。

4. 准时供应系统。它不是采用类似传送带的轮动系统，而是依靠有效的衔接和计划达到工位之间、供应与生产之间的协调，从而实现零库存的一种形式。

5. 看板方式。它是准时生产方式的一种简单方式，在企业的各工序之间、企业之间、生产企业与供应者之间，借助看板，逆生产流程方向，由下一环节向上一环节提出指定供应，从而协调关系，做到准时同步，从而有可能使供应库存实现零库存。

6. “水龙头方式”。用户可以随时提出购入要求，采取需要多少就购入多少的方式，供货者以自己的库存和有效的供应系统承担准时供应的责任，从而使用户实现零库存。这种形式已发展成为准时供应制度。

7. 配送方式。通过多种方式配送，保证供应，从而使用户实现零库存。

对“零库存”的理解不能绝对化。零库存是一种新理念，是一个目标，目的是要努力使整个物流过程中的库存最小化。当然要做到完全意义上的“零库存”是非常困难的，而且在许多情况下也是不必要的，企业只要建立一个准时制的库存系统就可以了。准时制(JIT)库存，是指维持系统完整运行所需的最小库存。有了准时制库存，所需商品就能按时按量到位，分秒不差。

第十三章

物料需求计划、制造资源计划和企业资源计划

物料需求计划(MRP)、制造资源计划(MRPⅡ)和企业资源计划(ERP)是现代企业通过计算机来确定生产过程的物料需求和制定生产作业计划,将客户需求与企业内部生产经营活动以及供应商的资源整合在一起的一种新型管理方法。这种方法是我国企业参与市场竞争,提高企业竞争能力和不断提高企业经济效益的重要手段。本章将主要介绍 MRP、MRPⅡ和 ERP 的基本原理、构成要素和逻辑运算等问题。

第一节　物料需求计划(MRP)

一、物料需求计划的产生和发展

(一)物料需求计划的产生

MRP 是物料需求计划(Materials Requirement Planning)的简称。它是一种应用计算机来计算物料需求和制定生产作业计划的一种科学方法。这种方法是由美国著名的生产管理和计算机应用专家欧·威特和乔·伯劳士在 20 世纪 60 年代对 20 多家企业进行研究后提出来的,并被美国生产管理专家奥里奇编写成"MRP",这是一本权威性专著。由于运用 MRP,不需高深的理论和复杂的数学方法,因而得到美国生产与库存管理协会的大力推广,并迅速被美国 IBM 公司等企业应用。与此同时,也很快传播到日本、西欧和其他一些国家。进入 21 世纪,美国已有 2/3 的制造企业采用了 MRP 系统。由于计算机具有强大的计算功能和信息储存能力,使人们对生产经营管理的能力大大加强,即由原来对产品的管理进入到以零部件为对象的管理,实现了对企业制造资源的准确计算,避免了库存管理中的盲目性,做到了准时生产,并取得了显著的经济效益。据对成功实施 MRP 的美国企业调查显示:库存量减少 30%~50%;库存周转率提高 50%;准时交货率提高 55%;装配车间劳动生产率提高 20%~40%;采购资金节约 5%;生产周期缩短 10%~15%;加班赶工时间减少 25%;全员劳动生产率提高 10%~15%。这样,企业花在 MRP 上的费用,一般只需二三年就可全部收回。20 世纪末,我国不少企业开始积极推广应用 MRP 系统,以利于进一步提高我国

企业的经济效益。

(二) 物料需求计划的发展

物料需求计划(MRP)的发展大体经历了初期 MRP、闭环 MRP 和 MRPⅡ三个阶段,这里仅对前两个阶段进行阐述。

二、MRP 概 述

(一) MRP 的基本原理

企业内部的物料需求一般可分为独立需求和相关需求两种类型。独立需求是指不能从该层次需求派生出下一层次的需求,它的需求量和需求时间由企业外部需求来决定,如客户订购的产品和售后维修的备品配件等;相关需求是指该层次需求能派生出下一层次的需求,即由独立需求所产生对物料的需求,如半成品、零部件、原材料等的需求。而 MRP 适用于相关需求的计划与控制。其出发点是根据对成品的需求,计算出对构成成品的原材料、零部件的相关需求,进而安排出零部件的生产进度和采购日期。初期 MRP 系统逻辑流程如图 13-1 所示。

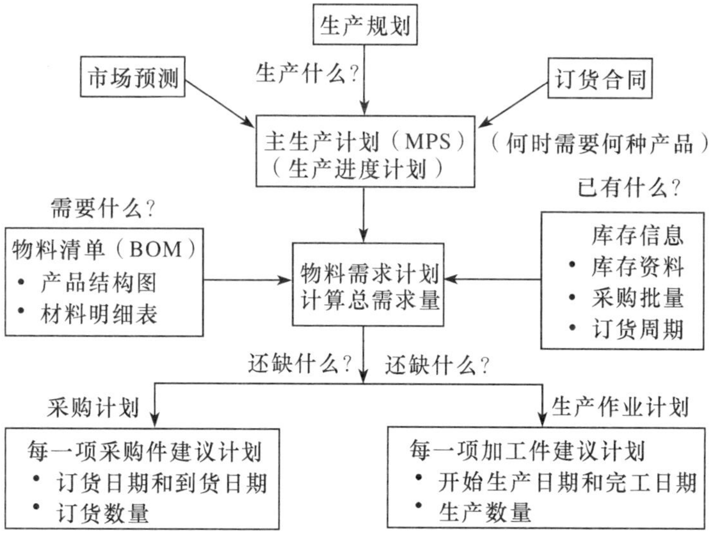

图 13-1 初期 MRP 系统逻辑流程图

从图 13-1 可见,产品结构将主生产计划(MPS)中对产品的需求进行分解,得出零部件、原材料的总需求量计划,再对总需求量、库存信息、计划期内各零部件的采购或在制品情况等数据进行计算,得出各零部件和原材料的净需求量,以及零部件、原材料的生产和采购计划。

(二) MRP 的构成

MRP 系统是由主生产计划、产品结构信息(物料清单)、库存状态信息和外部零件信息四部分构成。

1. 主生产计划(MPS)。它是确定企业生产最终产品的计划,是 MRP 的主要输入信息,MRP 将根据主生产计划具体确定企业各生产单位在不同时间段(月、旬、周)的具体生产任务,也即确定生产什么和什么时间生产。在主生产计划中列出各种产品在计划期(年、季、月)内不同时间段(月、旬、周、日)的需求量,这些产品有的是最终产成品,有的是作为配件出售的零部件。产品的需求量应以用户直接订货量和市场预测需要量来确定。主生产计划的计划期中的时间段应是 MRP 的运行周期,一般以周为单位,如果市场变动更快,也可用 3 天或更短的时间段为单位。

表 13-1 是某企业的主生产计划的一部分,它表示产品 A 的计划产量为:第 5 周 40 台,第 9 周 200 台;产品 B 为:第 6 周 80 台,第 8 周 100 台,第 10 周 140 台;配件 D 则在第 2～10 周每周出产 10 件;配件 C 只在第 8 周出产 200 件。

表 13-1 主 生 产 计 划

周　次	1	2	3	4	5	6	7	8	9	10
产品 A(台)					40				200	
产品 B(台)						80		100		140
配件 D(件)		10	10	10	10	10	10	10	10	10
配件 C(件)								200		

2. 产品结构信息。产品结构信息,又称物料清单,如图 13-2 所示。

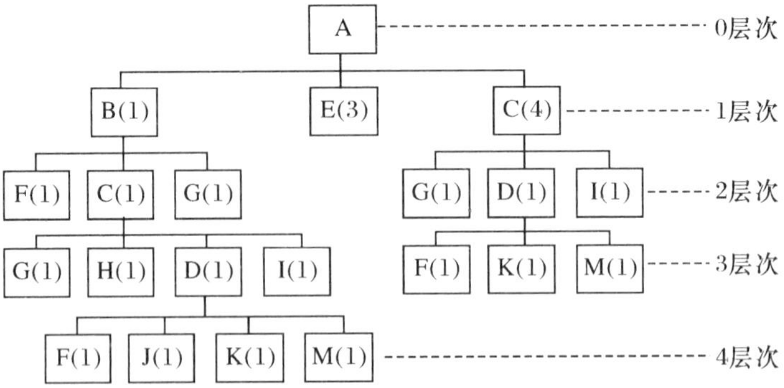

图 13-2 产品 A 的结构

图 13-2 中以字母表示零部件组件,括号中数字表示零件数量。从图中可以看出,最高层次 0 层次的 A 是企业的最终产品,它由部件 B(每组装一台 A 需 1 件 B)、部件 C(每

组装1台A需4件C)及部件E(每台A需3件E)组成。而第一层次的B部件又是由部件C(1件)、零件F(1件)、零件G(1件)组成,以此类推,这些部件、组件和零件中,有的是企业自己生产的,有些则是外购的。如果是外购件(如图中E),则不必进一步分解。

当产品信息输入计算机后,计算机根据输入的产品结构信息(物料清单),自动赋予各部件、零件一个低层代码,低层代码的引入,是为了简化MRP的计算。当一个零件或部件在多种产品结构的不同层次中出现,或在一个产品的多个层次上出现时,该零件就具有不同的层次码。如图中部件C处于1层次也处于2层次,其层次代码是1和2。在产品结构展开时,是按层次码逐级展开,相同零部件处于不同层次就会重复展开,增加计算工作量。因此,当一个零部件有一个以上层次代码时,应以它的最低层次代码(其层次代码数字中较大者)为层次代码。图13-2中各零部件的低层次代码表如表13-2所示。

表13-2　产品A的各零部件代码

件　号	低层代码	件　号	低层代码
A	0	G	3
B	1	H	3
E	1	I	3
C	2	J	4
D	3	K	4
F	4	M	4

一个零件的需求量为其上层(父项)对其需求量之和,图13-2按低层代码在第二层分解时,每台A需部件C 4件,部件B需部件C 1件,因此,生产一台A需5件C。部件C的需求量可以在第二层次展开时一次求出,从而简化运算过程。

3. 库存状态信息。它是保存企业所有产品、零部件、在制品、原材料等存在状态的数据库。它主要包括如下内容:

(1) 现有库存量:指企业仓库中实际存放的物料可用库存量。

(2) 预计入库量(在途量):指根据正在执行中的采购订单或生产订单在未来某个时间段物料将要入库或将要完成的数量。在这些物料入库的该时段内,应把它们视为可用库存量。

(3) 安全库存量:指为防止需求或供应方面的不可预测的波动(出现不合格品、交货延期、设备故障等),在仓库中保持最低库存量。

(4) 提前期:指执行某项任务从开始到完成所消耗的时间。对采购件而言,是从向供应商发出某种物料的订单,到该物料到货入库为止所消耗的时间。对制造或装配件而言，是指下达生产指令到制造或装配完毕所消耗的时间。

(5) 订购(生产)批量：指在某个时间段内向供应商订购或要求生产部门生产某种物料的数量。在 MRP 系统中，最常用的批量策略有缺一补一法(适用于价格昂贵物料)和固定批量法。由于受生产条件、运输或包装限制，不论需求量多少，都必须将批量确定为一个标准批量。

(6) 废品系数、零件废品系数、材料利用率系数等信息。

4. 外部零件信息。它是指需从外部订货采购的备品、备件以及用于设备维修等的零部件的信息。这类零件企业自身并不生产。在 MRP 系统中必须输入此类信息，使企业整个生产过程得以正常运行。

(三) MRP 的逻辑运算步骤

MRP 系统的逻辑运算步骤如图 13-3 所示。

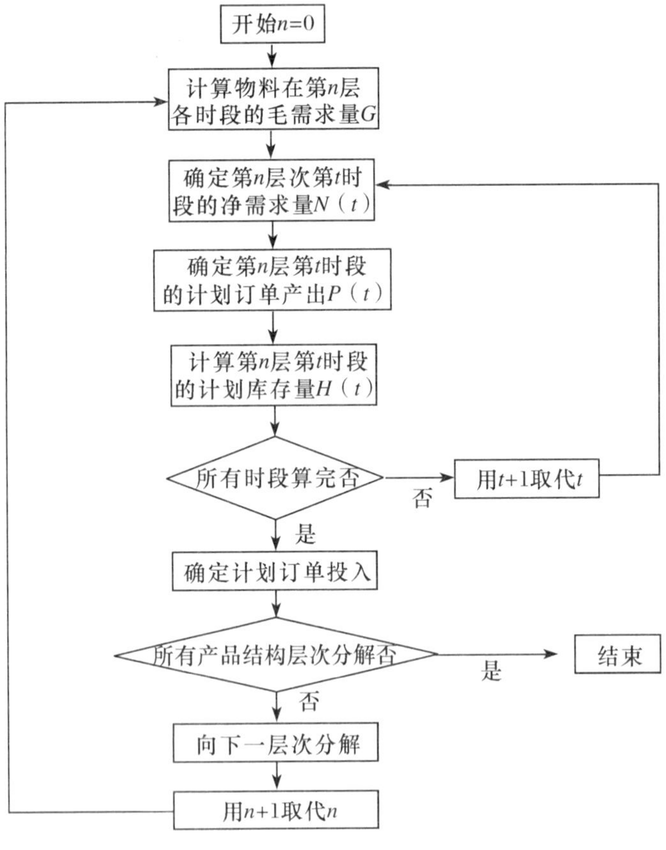

图 13-3 MRP 运算逻辑图

下面结合实例说明 MRP 的逻辑运算步骤。图 13-4 是 A、B 产品的结构图。

表 13-3 和表 13-4 分别是各产品的市场需求量和库存量、生产(订购)批量、生产(订购)周期的有关信息。表 13-5 则为 MRP 的运算结果。

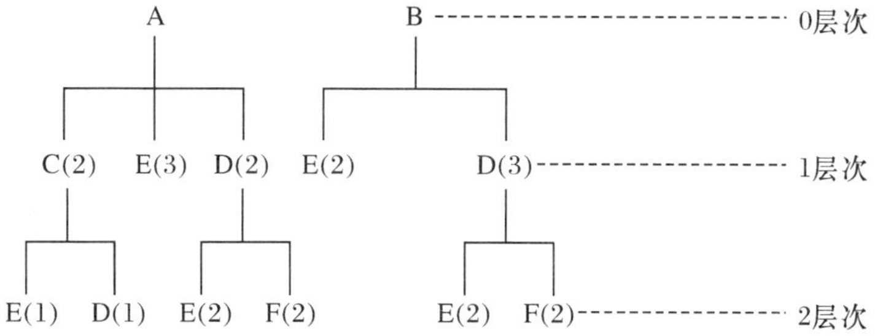

图 13-4　A、B 产品结构层次图

表 13-3　各产品市场需要量

产品 \ 时间(周)	3	4	5	6	7	8	9	10	11	12
A							300	450		500
B							200		300	
E	50	50	50	50	50	50	50	50	50	50
F			200					300		

表 13-4　各产品库存量、生产(订购)批量和周期

项目 \ 产品	A	B	C	D	E	F
现有库存量(件)	20	30	15	10	30	50
安全库存量(件)		10			10	20
生产(订购)批量(件)					500	200
预计入库量(件)	90(3)	30(4)	95(4)	195(2)		200(2)
生产(订购)周期(周)	2	3	1	2	2	3

注：90(3)表示第 3 周有 90 件入库。

表 13-5 中的有关数据按以下公式计算获得：

$$\text{净需求量}=\text{本期毛需求量}-\text{本期预计入库量}-\text{上期库存量}+\text{安全库存量}$$

$$\text{计划库存量}=\text{本期计划订单产出量}-\text{本期净需求量}+\text{安全库存量}$$

表 13-5　MRP 计算表

产品	项目 \ 时间(周)	1	2	3	4	5	6	7	8	9	10	11	12
A	毛需求量									300	450		500
	预计入库量			90									
	计划库存量(现有库存 20)	20	20	110	110	110	110	110	110	0	0	0	0
	净需求量									190	450		500
	计划订单产出量									190	450		500
	计划订单投入量							190	450		500		
B(安全库存量 10)	毛需求量									200		300	
	预计入库量				30								
	计划库存量(现有库存 30)	30	30	30	60	60	60	60	60	10	10	10	10
	净需求量									150		300	
	计划订单产出量									150		300	
	计划订单投入量						150		300				
C	毛需求量							380	900		1 000		
	预计入库量				95								
	计划库存量(现有库存 15)	15	15	15	110	110	110	0	0	0	0	0	0
	净需求量							270	900		1 000		
	计划订单产出量							270	900		1 000		
	计划订单投入量						270	900		1 000			

D	毛需求量						720	1 280	1 800	1 000	1 000		
	预计入库量		195										
	计划库存量(现有库存 10)	10	205	205	205	205	0	0	0	0	0	0	0
	净需求量						515	1 280	1 800	1 000	1 000		
	计划订单产出量						515	1 280	1 800	1 000	1 000		
	计划订单投入量				515	1 280	1 800	1 000	1 000				
E(安全库存量 10)	毛需求量			50	1 080	2 610	4 220	3 520	4 000	1 050	1 550	50	50
	预计入库量												
	计划库存量(现有库存 30)	30	30	480	400	290	70	50	50	500	450		
	净需求量			30	610	2 220	3 940	3 460	3 960	1 010	1 060		
	计划订单产出量			500	1 000	2 500	4 000	3 500	4 000	1 500	1 500		
	计划订单入库量	500	1 000	2 500	4 000	3 500	4 000	1 500	1 500				
F(安全库存量 20)	毛需求量				1 030	2 760	3 600	2 000	2 000		300		
	预计入库量		200										
	计划库存量(现有库存 50)	50	250	250	20	60	60	60	60	60	160	160	160
	净需求量				800	2 760	3 560	1 960	1 960		260		
	计划订单产出量				800	2 800	3 600	2 000	2 000		400		
	计划订单投入量	800	2 800	3 600	2 000	2 000		400					

现将表 13-5 的计算分析如下：

A 产品是独立需求产品，它在第 9、10、12 周各需 300、450、500 件，原有库存 20 件，预计到第 3 周入库 90 件，故第 8 周有库存 110 件，第 9 周净需求量为：300－110＝190(件)，计划订单产出量为 190 件；第 10 周由于前周无库存，故其净需求量、计划订单产出量均为毛需求量 450 件；第 12 周据此类推。由于生产(订购)周期 $L_A=2$ 周，所以应分别于第 7、8、10 周生产或订货。

B 产品也是独立需求产品，它在第 9、11 周分别需要 200、300 件，第 8 周库存量为 60 件，由于其中有安全库存 10 件，故第 9 周净需求量为：200－60＋10＝150(件)；其余计算类推。

C 产品是非独立需求产品，每件 A 产品需 2 件 C，故 C 的需求量按 A 产品的计划订单投入量乘以 2 即得，其余计算类推。

D 产品也是非独立需求产品，每件 A 产品需 2 件 D，每件 B 需 3 件 D，每件 C 需 1 件 D，故 D 每期的总需求量应分别以 A、B、C 在各周的计划订单投入量计算，如第 6 周，B 计划订单投入量 150 件，C 计划订单投入量 270 件，故 D 需 150×3(B)＋270×1(C)＝720(件)；又如第 8 周，A 计划订单投入量 450 件，B 计划订单投入量 300 件，C 没有，故 D 的需求量为 450×2(A)＋300×3(B)＝1 800(件)，其余计算类推。

E 产品的计算最为复杂，它从第 3 周起，每周直接需求量为 50 件，同时其为 A、B、C、D 产品的零配件，A 需 3 件 E，B 需 2 件 E，C 需 1 件 E，D 需 2 件 E。如其在第 6 周毛需求量为：50＋150×2(B)＋270×1(C)＋1 800×2(D)＝4 220(件)。又如，第 8 周毛需求量为：50＋450×3(A)＋300×2(B)＋1 000×2(D)＝4 000(件)。其余计算类推。由于 E 的批量为 500 件，故第 3 周净需求量为 30 件，这时计划订单产出量为 500 件，故其计划库存量为 480 件(500－30＋10)，同时，第 5 周净需求量 2 220 件，计划订单产出量为 2 500 件[(2 220÷500)×500＝5×500]。其余计算类推。

F 产品是独立需求和非独立需求共存的产品，它在第 5、10 周市场分别需求 200、300 件；同时它也是 D 的零件，每件 D 需 2 件 F，故其第 5 周毛需求量为 200＋1 280×2(D)＝2 760(件)，第 7 周为 1 000×2(D)＝2 000(件)，第 10 周为 300 件，由于其批量为 200 件，故其计划订单投入量均为 200 的倍数，如第 6 周净需求量为 3 560 件，但计划订单产出量为 3 600 件[(3 560÷200)×200]，计划库存量为 3 600－3 560＋20(安全库存)＝60(件)，其余计算类推。

(四) MRP 的逻辑运算规则

MRP 的计算是根据逆工艺路线原则，按照主生产计划制定的产品产量及期限要求，利用产品结构零部件和在制品库存情况、各生产阶段(或订购)的提前期、安全库存等信息，逆工序地推算出各零部件的生产数量与期限。它采用电子计算机辅助计算，故有如下优点：① 依据产品计划，可以自动连锁地计算出制造这些产品所需的全部零件、部件及其他物料的数量。② 可进行动态模拟。MRP 不仅可以计算出零部件的需要量，而且可以同时计算出它的生产期限要求，它不仅可以算出下一周期的计划要求，而且可推算出以后多个周期的要求。③ 运算迅速，便于调整和修改计划。

三、闭环 MRP

初期 MRP 能根据有关数据计算出相关物料需求的准确时间和数量，对制造企业的物料管理有着重要的作用。但是初期 MRP 还不够完善，它缺乏对完成计划所需各种资源进行计划与保证的功能，也缺乏对计划实施情况的反馈信息及调整计划的功能。因此，初期 MRP 主要用于采购，涉及的只是企业与市场的界面，没有深入到企业生产管理的核心中去。在初期 MRP 的基础上，闭环 MRP 系统引进了资源计划与保证功能，有利于安排生产，执行监控与反馈等功能，这就形成闭环 MRP 系统。闭环 MRP 系统逻辑流程如图 13-5 所示。

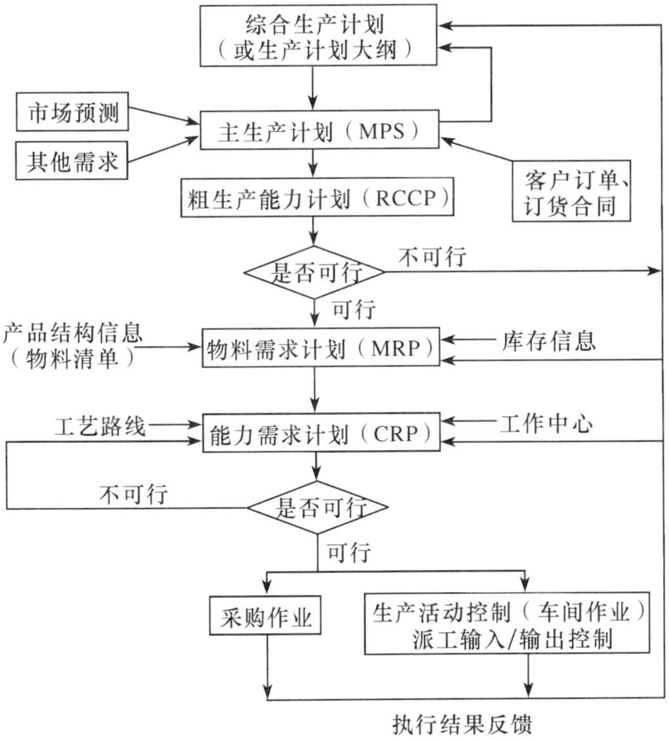

图 13-5　闭环 MRP 系统逻辑流程图

在图 13-5 中，首先，它是从综合生产计划（或生产计划大纲）开始的，是对综合生产计划的分解和细化。综合生产计划是对企业未来较长一段时间（年、季、月）内拥有的资源和需求之间的平衡所作的概括性设想，是根据企业所拥有的生产能力和需求预测对企业未来较长一段时间（月、旬、周）内的产出内容、产出量、劳动力水平、库存状况等问题所作的决策性描述。其次，制定 MPS 方案，它是一个反复试行的过程。当一个方案制定出来以后，需要与粗生产能力计划、能力需求计划等进行平衡，若生产能力不能满足生产计划的需求，应根据能力调整计划，同时收集生产（采购）活动的执行结果及外界环境变化的反馈信息作为制定下一周期计划（或调整计划）的依据。由于增加了上述功能，使之形成了“计划—执行—反馈”的生产管理循环，因此，对企业生产过程可以进行有效的计划与控制。

第二节　制造资源计划（MRPⅡ）

一、从物料需求计划到制造资源计划

MRPⅡ是在 MRP 基础上发展起来的一种生产组织方式。在闭环 MRP 中，把需求和可能结合起来，它不仅考虑物料需求计划，还考虑企业各环节的生产能力需求、车间作业计划、采购等诸因素，使企业的整个生产过程形成“闭环”。同时，在计划的实施过程中，在外界环境发生变化时，MRP 系统会将其作为信息反馈到系统的输入端，对企业的计划进行修改，并对企业的生产过程进行控制。MRP 既然能够确切地计算出物料的需求量和物料的需求时间，是否可以进一步计算出生产过程中所耗费的各种物料的价值，以实现对生产成本的核算和控制呢？即闭环 MRP 在处理物料需求计划信息的同时，能否同步处理财务信息？要达到这一要求，可在闭环 MRP 的基础上，将企业的宏观决策输入系统，把企业经营过程中所产生的物流与资金流结合在一起。这样的闭环 MRP 就成为一个完整的企业生产经营信息系统，这样将企业生产经营中的物流信息与资金流集成在一起的生产经营信息系统就是制造资源计划（MRPⅡ）。

MRPⅡ集中反映了制造企业生产经营过程中的客观规律和需求，其功能全面覆盖了市场预测、生产计划、物料需求、能力需求、库存控制、车间管理，直到产品销售的整个生产经营过程以及相关的所有财务活动，从而为制造企业提供了有效的计划与控制工具和完整的知识体系。

二、MRPⅡ的逻辑流程与特点

（一）MRPⅡ的逻辑流程

MRPⅡ的逻辑流程如图 13-6 所示。

在 MRPⅡ逻辑流程图中，包括决策层、计划层、执行控制层等企业经营计划及

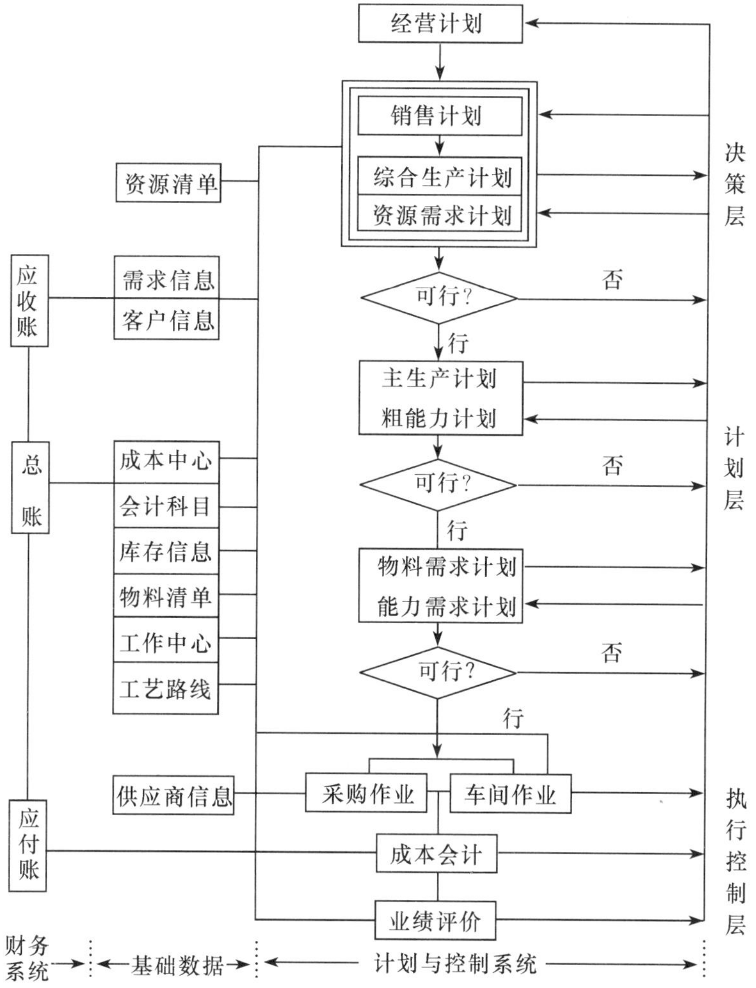

图 13-6 MRPⅡ逻辑流程图

生产中物料需求及生产能力需求的基础数据和主要财务信息。其中连线表明MRPⅡ中信息流向和相互之间的信息集成关系。经营计划是MRP的起点，它根据市场需求和企业现有条件确定企业在生产中的产量、品种、利润等指标，从而决定企业产品销售计划，各种物料、资金、人工等的需求计划，在此基础上制定出企业的具体生产计划，确定生产何种产品及生产产量和投产时间。在制定生产计划的同时还须对生产能力进行平衡，以保证生产计划能够实际完成；然后制定产品生产计划，规定每种产品的生产数量和生产时间。流程图中最后一环节是"业绩评价"，它对MRPⅡ系统成效进行评定，以求进一步提高和改善业绩。

（二）MRPⅡ的特点

MRPⅡ具有如下几个特点：

1. 计划的一贯性和可行性。MRPⅡ是一种计划主导型的生产管理模式，计划层从宏观到微观，从大到小，但始终围绕着企业的经营战略目标而展开。MRPⅡ有一个指导原则——一个计划，企业中各职能部门集中制定生产计划，车间只是执行生产计划。在计划执行前要进行生产能力平衡，以求计划具有连贯性、有效性和在具体生产中的可执行性。

2. 数据共享。MRPⅡ是一种全企业的信息管理系统，该系统中包含企业全部生产经营活动的信息，并反映到各部门，在全企业范围实现信息共享。因此，应该力求系统信息能准确、及时地反映出各部门各环节的实际情况。

3. 动态应变性。MRPⅡ是一种闭环系统，它要求企业的管理人员根据不断变化的环境作出正确的反应，因此，这个系统中必须及时反映环境因素的变化，为管理者决策提供充分的依据。

4. 模拟预见性。MRPⅡ具有模拟预见性功能，能预见“如果如何将会如何”，并在可预见的时间期限内，预期将有可能发生的问题。该模型可以对这些可能发生的问题进行模拟分析，预先采取防范措施，减少可能造成的损失。

5. 物流、资金流的统一。在MRPⅡ系统中，包含了直接生产经营活动产生的财务信息，并能将直接生产经营中的物流信息转化为资金信息。根据资金流信息可以及时准确地得到成本信息，这样，就可对成本进行控制。

综上所述，制造资源计划（MRPⅡ）与闭环MRP相比，闭环MRP系统只是一个反映企业生产能力、生产时间和生产产量的系统。MRPⅡ在闭环MRP的基础上，增加了销售管理子系统和财务管理子系统。因此，制造资源计划能使企业生产经营、财务管理水平迈上一个新的台阶。

第三节　企业资源计划(ERP)

一、从MRPⅡ至ERP

企业资源计划是在MRPⅡ的基础上，通过前馈的物流和反馈的信息流、资金流，把客户需求和企业内部的生产经营活动以及供应商的资源整合在一起，是一种完全按客户需求进行经营管理的全新的管理方法。

ERP对MRPⅡ来讲，不仅是功能的扩展，而且是社会生产和商品流通模式的变革；当ERP结合互联网应用时，将会产生更广泛、更深刻的信息技术应用革命，对企业的经营管理模式和世界经济发展将起到不可估量的作用。

二、企业资源计划与制造资源计划的区别

(一) ERP 极大扩展了管理信息集成的范围

ERP 的管理信息集成范围，除了 MRPⅡ系统的范围(制造、供销、财务)外，还集成了企业其他管理功能，如质量、设备维修、仓库、作业、运输、市场信息、国际互联网、企业内部网、电子通信、金融投资、法规与标准、过程控制接口、数据采集接口等管理功能，成为一种覆盖整个企业的管理信息系统。

(二) ERP 着眼于供应链管理

MRPⅡ主要考虑的是一个企业的制造资源，是一个资源协调系统。MRPⅡ不能适应 Internet 环境，更不能满足供应链管理的要求。ERP 强调对供应链的整体管理，将供应商、制造商、协作厂商、用户，甚至竞争对手都纳入管理的资源之中，使业务流程更加紧密地集成在一起，进而提高对用户的响应速度。

(三) ERP 支持混合方式的制造环境

在 MRPⅡ系统中，一直未涉及流程式制造的问题。ERP 系统将其功能扩展到流程式制造。这里所说的“混合方式的制造环境”，包括以下三种情况：

1. 生产方式的混合。它是指离散(加工装配式)型制造和流程式制造的混合。由于企业的兼并、重组与联合，企业多种经营的发展，高科技在产品中包含的技术含量越来越高，使得无论是纯粹的离散型制造环境，还是纯粹的流程式制造环境，在一个企业中都越来越少，通常是两者不同程度地混合。

2. 经营方式的混合。它是指国内经营与国际经营的混合。由于经济全球化，市场国际化，使得企业向外向型经营发展。这些外向型经营包括原料进口、产品出口、合资合作经营、对外投资、跨国经营等各种混合经营方式。

3. 生产、分销和服务等业务的混合。它是指多种经营的集团企业的科、工、贸一体化的混合。为了支持混合方式的制造环境，ERP 系统不仅要适应离散型制造环境，而且还要适应流程式制造环境；不仅要适应国内经营，而且还要适应跨国经营；还要适应科、工、贸一体化集团企业环境等。

三、企业资源计划的功能组成

(一) 企业资源计划(ERP)的主要功能模块

ERP 是将企业所有资源进行集成管理，简单地说，它是将企业的物流、资金流、信息流进行一体化管理的信息系统。在企业中，一般管理的功能模块主要包括：

1. 生产控制管理模块。它是 ERP 系统的核心，能将企业整个生产过程有机地结合在一起，使企业能有效地降低库存，提高效率；同时将各个分散的生产流程

自动连接,使生产流程前后连贯地进行而不脱节,保证生产交货时间。生产控制管理模块主要包括:主生产计划、物料需求计划、能力需求计划、车间控制、产品数据管理(零件代码、物料清单、工序、工作中心)等。

2. 物料管理模块。它主要包括采购管理模块、库存控制模块和分销管理模块。① 采购管理模块。确定合理的订货量、优秀的供应商和保持最佳的安全储备。要求其能随时提供订购、验收的信息,跟踪和催促对外购或委托加工的物料,保证货物及时到达。② 库存控制模块。用来控制存储物料的数量,以保证有稳定的物料支持正常生产,同时又能最小限度地占用资本金。它是一种相关的、动态的及真实的库存控制系统。它能结合满足相关部门的需求,随时间变化而动态地调整库存,精确地反映库存现状。③ 分销管理模块。它包括产品销售的计划、地区、客户各种信息管理和统计,并对销售数量、金额、利润、绩效、客户服务作出全面分析。

3. 财务管理模块。在 ERP 中财务管理模块与一般的财务软件不同,作为 ERP 系统中的一部分,财务管理模块和 ERP 系统的其他模块有相应的接口,能够相互集成。例如,它可以将生产活动、采购活动输入的信息自动计入财务模块生成总账、会计报表,取消了输入凭证的繁琐过程,几乎完全替代以往传统的手工操作。一般的 ERP 软件的财务部分,分为会计核算与财务管理两大块。会计核算模块由总账、应收账、应付账、现金管理、固定资产、多币制、工资核算、成本等模块组成。财务管理模块的功能主要是分析会计核算的数据,从而进行相应的财务预测、管理、分析和决策等。

(二) ERP 的扩展功能模块

ERP 软件提供最重要的扩展功能模块是供应链管理(SCM)、客户关系管理(CRM)以及电子商务(EB)。

1. 供应链管理(SCM)。供应链管理是将从供应商、制造商、分销商、零售商、顾客中间的物流、信息流、资金流、程序流、服务和组织加以整合化、实时化、扁平化的系统。供应链管理系统可细分为供应链规划与执行系统、运送管理系统、仓储管理系统。

2. 客户关系管理(CRM)。它是用来管理与客户有关的活动,并从企业现存数据中挖掘所有关键的信息,自动管理现有顾客和潜在顾客数据的系统。CRM 通过分析、整合企业的销售、营销及服务信息,从而使企业为客户提供系统化的物流服务,以实现企业既定营销目标,因此可大大改善企业与客户之间的关系,带来更多的销售机会。

3. 电子商务(EB)。它是指具有共享企业信息、维护企业间关系,以及产生企业交易行为等三大功能的远程通信网络系统。目前,ERP 软件供应商提供的电子商务应用方案主要有三种:一是提供可外挂于 ERP 系统下的供应链管理功能模块，协助企业依照整合、实时的供应链信息，去实现自动订货的模块，以协助企业推动企业间的电子商务；二是提供可外挂于ERP系统下的客户关系管理功能模块，协助企业建立经营网络商店的模块，以协助企业推动其与个人间的电子商务；三是提供中介软件，协助企业整合前后端信息，使其达到内外信息全面整合。

四、ERP系统应用成功的标志

（一）系统运行集成化

ERP系统是对企业物流、资金流、信息流进行一体化管理的软件系统，其核心是实现对供应链的管理。ERP软件的应用将跨越多个部门甚至多家企业。为了达到设定的预期目标，最基本的要求是ERP系统能够运行起来，实现集成化应用，建立企业完善的数据体系和信息共享机制。

（二）业务流程合理化

ERP系统应用成功的前提是必须对企业实施业务流程重组，使业务流程趋于合理化，这样，才能实现ERP应用目标，使企业竞争力得到大幅度提升，市场响应速度大大加快；客户满意度显著改善等。

（三）绩效监控动态化

在ERP系统完全投入实际运行后，企业应根据管理需要，利用ERP系统提供的信息资源，设计出一套能动态监控管理绩效变化的报表体系，以期及时反馈和纠正管理中存在的问题。

（四）管理改善持续化

随着ERP系统的应用和企业业务流程的合理化，企业管理水平将会明显提高。为了衡量企业管理水平的改善程度，必须不断完善企业管理的评价指标体系，从而达到提高企业管理水平的目的。

第四篇

4

科技开发管理

第十四章

技术创新管理

技术创新必须以知识创新为基础,知识创新是技术创新的源泉。同时,技术创新也就是知识创新的延伸、发展和深化。技术创新过程是知识创新的转化过程,也就是知识与经济一体化的过程。技术创新的目标是要使我国走出一条科技含量高、经济效益好、资源消耗低、环境污染少、人力资源优势得到充分发挥、人与自然和谐发展的新型工业化道路。技术创新就其本质来说,是指把科学技术潜在的生产力转化为直接的生产力。它既具有产品创新和工艺创新应用的内涵,又具有技术研究深层次开拓的外延含义。技术创新的内容十分广泛,这里仅对技术创新、技术引进、技术改造作简要阐述。

第一节　技术创新概述

一、技术创新的概念

创新是人类知识、智慧的结晶,是一个民族进步的灵魂,是一个国家兴旺发达的不竭动力,也是一个企业永葆蓬勃生机的源泉。创新这一名词是由美籍奥地利经济学家熊彼特于 1912 年,在他的《经济发展理论》一书中首次提出的。熊彼特认为,创新就是生产函数或供应函数的变化,或者说是把生产要素和生产条件的"新组合"引入生产体系。按照这一观点,创新包括技术创新(即产品创新、工艺创新)与组织管理创新,因为这两者均可导致生产函数或供应函数的变化。具体来说,熊彼特的创新概念大致是:一项创新可看成是一项发明的应用,认为发明是最初事件,而创新则是最终的事件。从科学管理的角度去研究技术创新,一般倾向于采用美国国会图书馆研究部对技术创新所下的定义:技术创新是一个从新产品或新工艺设想的产生到市场应用的完整过程。我国对技术创新所下的定义:技术创新是指企业应用创新的知识和新技术、新工艺,采用新的生产方式和经营管理模式,提高产品质量,开发新的产品,提供新的服务,占据市场并实现市场价值(注:摘自 1999 年《中共中央、国务院关于加强技术创新,发展高科技,实现产业化的决定》)。技术创新包括新产品、新工艺设想的产生、研究、开发、商业化生产到扩散等一系列的活动。

综上所述,技术创新有广义与狭义之分,从广义来说,技术创新是指科学技术上的新发现、新发明转化为社会生产力的全过程活动，如图 14-1 所示。从狭义来说，技术创新是对企业中首次应用或出现的新技术所开展的一系列活动，如新产品的开发、新工艺的应用、新市场的开拓等。人们在现实经济活动中也经常看到一些企业由于技术创新的成功，使企业迅速超过竞争对手，从而拥有大量资本和垄断的技术，享有更多的市场份额和利润。可以说，技术创新是企业成长、发展和壮大的巨大力量。

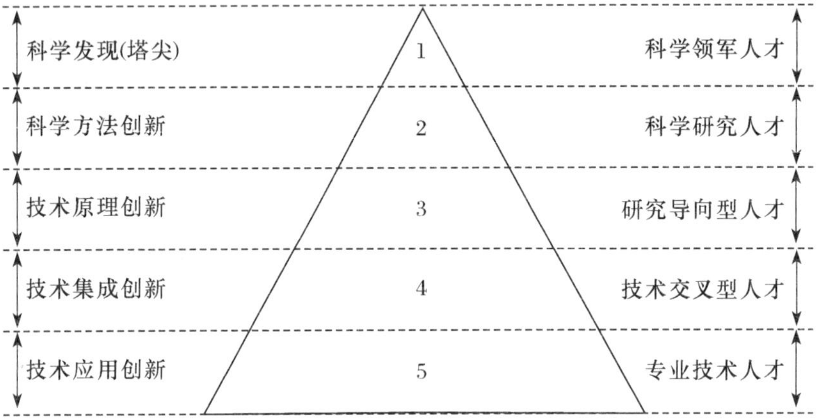

图 14 1　广义科技创新金字塔

二、技术创新的内容

在现代企业里，技术创新的内容非常广泛，一般包括以下几方面。

(一) 产品创新

产品创新是指第一次出现、从未上市的、在技术上有重大变革的产品；或对现有产品进行重大技术改革，而在性能、结构、质量方面有所创新的产品。产品创新是企业技术创新的“龙头”。具体来说，产品创新，既要提高产品的使用价值，又要尽可能降低活劳动和物化劳动的消耗；既要简化产品的结构，又要保证质量；既要简化产品的品种规格，又要提高产品标准化、通用化、系列化水平。开发新产品，必须要有战略眼光，努力做到生产第一代，研制第二代，构思第三代，寻找第四代。

(二) 工艺创新

工艺是指在生产过程中以一定的劳动资料，作用于一定的劳动对象的技术组合的加工方法。工艺创新是指产品在生产技术上的变革，它包括工艺过程创新、生产方式(流水生产、成组技术、柔性制造)创新等。具体来说，就是采用先进的加工方法代替旧的加工方法；创造新的加工、操作方法。如应用计算机来控制生产加工过程，其主体硬件是机器自动化附件、数控机床、机器人、自动质量控制和检测系统、自动识别系统等。将这些单个自动化机器集成在一起，就形成加工自动线、自动装配线、柔性制造系统和自动存储和检索系统。对生产工艺的创新,可以迅速提高劳动生产率,缩短产品生产周期,节约与合理使用原材料,提高产品质量和企业经济效益。

(三) 设备和工具的创新

设备和工具是企业进行生产活动的必要手段,是现代化大生产的物质基础。对现有设备和工具进行创新,主要包括:① 改造原有的机械设备,根据生产的不同要求,对设备进行结构改装或增加附件,采用多头传动和一机多用的方法,扩大设备使用范围。如计算机不仅发挥其快速计算功能,而且用于计算机辅助设计和制造、计算机集成制造系统。② 开发简易设备,创新生产工具。③ 将手工操作改为半机械化、机械化、自动化操作,不断提高机械化、自动化水平。④ 开发气动、电动、液动、组合、自动、半自动夹具和先进刀具等。

(四) 能源和原材料的创新

开发能源是技术创新的重要内容,每个企业都必须千方百计地采取各种有效措施,节约能源,提高能源利用率,以发展新能源为主导,积极实施热加工设备的更新改造,加强余热利用等措施。原材料创新是指以最新科学理论为基础,研究、试验、发展中的具有较优性能的原材料。如发展稀土材料、非晶态合金、贮氢材料、纳米材料、风能、太阳能和氢能源等。对原材料要综合利用、节约代用,同时要大力推动循环经济的发展。

(五) 改善生产环境及劳动保护

随着科学技术的飞速发展,解决环境污染、职业病以及公害等问题将越来越迫切。因此,不断研究变害为利,变废为宝,治理环境污染,改善劳动条件,保证安全生产等课题,都是技术创新的重要内容。

三、技术创新的特点

(一) 技术创新的不连续性

任何一种新产品的开发和加工技术的变革,常常会经历渐变到突变的过程,即一种技术或产品更新的时候,脱离原来的技术基础而发生突变。如机械表发展为电子表,机械秤发展为电子秤,螺旋桨飞机发展为喷汽式飞机,算盘发展为电子计算机,真空管发展为晶体管,普通机床发展为数控机床等等。研究这些演变过程,可以发现,它们都有一个鲜明的共同点,就是新产品所依据的技术与原来的技术根本不同;所依据的科学技术原理也与原来的完全不同,所以产品在开发研制的时候就发生了突变,这就是技术创新的不连续性。

(二) 技术创新的杂交性

现代高新技术本身具有强大的渗透力和结合力,几种技术交叉、嫁接、融合的情况日渐增多。实践证明,杂交能够出良种,化合才能变新质,这就是当代技术创新的杂交性。

现在已经很难看到所谓的“纯机械产品”，机、电、液、光、声、磁综合应用于机械产品的例子日益增多。由于多种技术的杂交范围的不断扩大，技术转移速度明显加快，其结果既防止了原有技术近亲繁殖带来的退化，又使杂交后得到新一代复合技术再次杂交、移植、融合，从而急剧扩大了原有技术的应用范围。企业利用技术杂交性这一方法，对开发产品的品种，拓宽经营范围，大幅度提高经济效益是十分有效的。据统计资料介绍，目前世界上已存在400多万项科技成果，每年申报的专利有20万～30万项之多。企业只要善于运用技术杂交、综合创新的方法，一定能开发和生产出竞争能力较强的产品来。

（三）技术创新的继承性

从技术创新的发展来看，任何技术创新都是建立在过去技术创新成果基础上的。这种创新的继承性，创造了一代又一代不断完善的新产品。如第一代电子管计算机发展到第二代晶体管计算机，第三代小规模集成电路计算机、第四代大规模集成电路计算机，都继承了前一代的技术原理，而计算机的性能、结构、速度和规模都一代胜过一代。因此，新一代创新要善于继承前人的技术成果，并在新的起点上要不断有所发现、发明和创新。

（四）技术创新的软化性

现代产品的技术密集程度越来越高，软件的作用也日趋突出，软件的比重增加，劳动投入量迅速增长，因而使产品价值更多地取决于软件的功能和软件技术的质量。如产品的造型艺术，色彩调制，控制机能，维修服务等。就是机械产品也要求有“迷人”的色彩，跟上时代潮流。人机工程、宜人学、仿声学、可靠性理论、灰色元理论、系统论、信息论、控制论等已引入现代机械产品设计之中。它的中心思想是，让软件在更大程度上去发挥硬件功能，让产品逐步实现智能化。

（五）技术创新的风险性

技术创新的风险性，是指技术创新具有许多不确定性。这是因为技术创新具有许多试验性问题，其中每一环节都包含不确定因素，如技术上的不确定性，即技术上的不成熟；新技术不断涌现和快速变化；预测不准确及技术引进的冲击；资金不能及时到位；创新过程中缺乏管理经验；外部的环境变化等都会给企业技术创新活动带来风险。据美国的一份调查报告反映，新产品的成功率一般都不太高，即使在美国这样技术经济强盛的国家，也只有30%左右。国外学者曾对91项技术创新进行社会调查，成功项目只占总数的1/3，失败的却占2/3。由此可见，技术创新也具有风险性。

四、技术创新的源泉

技术创新的源泉，一般可分为技术推动型创新和需求拉动型创新。技术推动型创新是指创新主体拥有新的科学技术或新发明，并应用其设计、试制、生产产品、工艺和服务等投入市场的创新。这种技术推动型创新，在工业发展史上并不少见。如激光被发现时，许多人并不知道它有多大价值，经过若干年以后，人们才发现激光的使用价值，因而导致了一个产业的兴起。类似的例子还有尼龙、人造纤维、半导体、纳米技术、太阳能电池、太阳能玻璃、光伏发电等划时代的技术创新都属于这种创新。需求拉动型技术创新是指市场存在需求，促使创新主体进行科学研究，并应用其成果从事的技术创新。在20世纪50～60年代，人们还奉行技术推动型创新。但在实践过程中，发现在有些领域里，却是产业需求在先，发明创新在后，这就产生了需求拉动型创新。在工业发展史上，确实有许多符合需求拉动型产业出现，如通讯、化工、汽车、计算机、数码相机、电视机、机器人、平板电脑、智能手机等产业中的技术创新就是如此。企业愿意采用这种创新，是因为这种创新时间短、收效快，缩短了技术创新的周期，节约了大批科研费用。在消费者占主导地位的产业里，绝大部分是需求拉动型创新。1974年美国学者阿特巴克(Utterback)在一份创新研究论文中指出："60%～80%的重要创新是市场需求拉动的"。但这种创新不能用较多的资源投入基础科学研究，缺乏理论指导和支撑，使得创新进一步发展受到限制。

传统观念认为，只有制造业才能创新，这种观点是不全面的。美国麻省理工学院管理学专家冯·希伯尔(Von Hippel)指出，只有制造业才能创新，是一个流传甚广却是错误的观念。问题的核心是谁能从创新中获得效益，谁就去创新，不管他们是制造业、供应商和用户。冯·希伯尔通过大量的调查研究，发现在一些产业里，用户是主要的创新源，详见表14-1所示。

表14-1　创新源数据汇总

创新类型	创新开发者(%)			
	用户	制造商	供应商	其他
科学仪器	77	23	0	0
半导体和印刷电路板工艺	67	21	0	12
拉制成形工艺	90	10	0	0
牵引式铲车	6	94	0	0
工程塑料	10	90	0	0
塑料添加剂	8	92	0	0
工业气利用	42	17	33	8
热塑料利用	43	14	36	7
线路终端设备	11	33	56	0

从表14-1中可以看出，在不同的产业之间创新是有很大变化的。在科学仪器产业里，有3/4的创新出自用户之手，在半导体与印刷电路中，用户仍旧是重要的创新源。但在化工、塑料制品等产业中，制造商是重要的创新源。在线路终端设备行业里，供应商是最重要的创新源。冯·希伯尔这种从创新主体划分创新源的思想方法，深化了人们对创新过程的理解与认识，企业要汲取用户对产品的创新和改进意见，并在此基础上不断进行技术创新。

五、技术创新的目的和基本思路

（一）技术创新的目的

创新作为企业有目的的配置资源活动，其目的要服从企业的总体要求。技术创新对实现企业目的有如下作用：① 它有利于企业当前经济效益的增长。如各种消耗的降低、盈利水平的明显提高。② 它有利于企业市场地位的提高。如技术创新可推出全新产品，使企业由此独占市场，获得超额利润。全新产品可以建立全新市场，也可以扩大原有市场份额，从而使企业市场地位获得改善，增强市场竞争力。③ 有利于企业创新能力的提高。如产品创新和工业创新中的经验积累有利于提高企业的技术创新能力。

（二）技术创新的基本思路

技术创新的基本思路是：以市场为导向，以企业为主体，以产品为龙头，以新技术开发应用为手段，以提高企业经济效益、增强市场竞争能力和培育新的经济增长点为目的，重视市场机会与技术机会的结合，通过新技术的开发应用带动企业或整个行业生产要素的优化配置，以有限的增量资产，带动存量资产的优化配置。

六、技术创新的技法

创新技法又称创造技法，它是进行工作研究和技术创新的一种思路和方法。迄今为止，世界上已有360多种创新技法，但在工作中实际运用的仅十几种，现仅对常用的头脑风暴法、类比创新法、检查表法、逆向思考法、信息交合法作简要阐述。

（一）头脑风暴法

它是1940年美国创造工程专家A·F·奥斯本发明的一种创新方法。这种方法的运用是通过一种别开生面的小组畅谈会，在较短的时间内充分发挥群体的创造力，从而获得较多的创新设想。当一个与会者提出一个新的设想时，这种设想会激发组内其他成员的联想能力，当人们卷入“头脑风暴”的洪流之后，一个提出的构想就像放一串鞭炮一样，点燃一个，就会引爆一串。这种方法的具体规则是：① 参加会议人数不超过10人，时间限制在20分钟至1小时；② 绝不允许批评别人提出的设想,任何人不作判断性结论; ③ 提倡自由思考,提出的改进设想越多越好,并把各种设想记录下来; ④ 集中注意力,针对目标,不私下交谈,不干扰别人思维活动; ⑤ 参加会议的人员不分上下级,平等相待; ⑥ 不允许以集体意见来阻碍个人的创造性设想。

这种方法,讨论1小时能产生数十个乃至几百个创造性设想,它的应用非常普遍。

(二) 类比创新法

类比就是在两个事物之间进行比较,这个事物可以是同类的,也可以是不同类的,甚至差别很大,通过比较,找出两个事物的类似之处。然后再据此推出它们在其他方面的类似之处,因此,类比创新法是一种富有创造性的发明方法,它有利于发挥人的想象力,从异中求同,从同中求异,产生新的知识,得到创新性成果。例如,瑞士科学家皮卡尔原是大气流层专家,后又研制成深潜器,虽然高空和海底是完全不同的两个世界,但皮卡尔运用空气与海水都是流体这一共同原理而获得成功。类比方法很多,有拟人类比法、直接类比法、象征类比法、因果类比法、对称类比法、综合类比法等。

1. 拟人类比法。在进行创新性活动中,人们常常将创造对象加以“拟人化”。如挖土机可以模仿人体手臂动作来进行设计。它的主臂如同人的上下臂,可以上下左右弯曲;挖土机的斗如同人的手掌,可以插入土中,将土挖起。在机械设计中,采用这种“拟人化”的设计,常常会使人收到意想不到的效果。

2. 直接类比法。从自然界或者已有的成果中寻找与创造对象相似的东西,如设计汽艇的控制系统,可直接将汽车上的操纵机构、车灯、喇叭、制动机构等加以改进,运用到汽艇上去,这比凭空设想容易获得成功。

3. 象征类比法。所谓象征,是一种用具体事物来表示某种抽象概念或思想感情的表现手法,或者赋予创造对象一定的象征性,使它们具有独特的风格。

4. 因果类比法。两个事物的各个属性之间,可能存在同一种因果关系。因此,我们可以根据一个事物的因果关系,推导出另一个事物的因果关系。如在合成树脂中,加入发泡剂,创造成泡沫塑料。同样,在水泥中加入发泡剂,创造了一种气泡混凝土。

5. 对称类比法。许多事物都具有对称性,可以通过对称关系的类比,发明创造出新的东西。如英国物理学家狄拉克,从电子运动方程中,得出正负对称两个解,从类比中提出正电子见解,而后被证实。

6. 综合类比法。事物属性之间关系虽然很复杂,但是有时可以综合它们的相似特征进行类比。例如,设计一种新型飞机,先做成一个模型在风洞中进行模拟飞行试验,这个风洞综合了飞行中的许多特征。

（三）检核表法

这种方法几乎适用于任何类型与场合的创造活动，因此又被称为“创造技法之母”。它是用一张一览表对需要解决的问题逐项进行核对，从各个角度诱发多种创造性设想，以促进创造、发明、革新或解决工作中的问题。长期以来的实践证明，这是一种能够大量开发创造性设想的方法。

当今世界上已有多种各具特色的检核表，但其中最有影响的是美国奥斯本于1964年设计的一种检核表。由于应用范围广，容易学会，所以深受人们的欢迎。

奥斯本最初制定的检核提纲多达75条，后精简为9个方面，其主要内容有：① 现有发明有无其他用途；② 现有发明能否引入其他的创造性设想；③ 现有发明能否改变形状、颜色、音响、味道、制造方法；④ 现有发明能否扩大范围、延长使用寿命；⑤ 现有发明能否缩小体积、减轻重量；⑥ 现有发明有无代用品；⑦ 现有发明是否可以和别的发明组合在一起；⑧ 现有发明可否更换一下型号或更换一下顺序；⑨ 现有发明可否颠倒过来。

检核表法的“魔力”之所以如此巨大，在于它是一种多渠道的思考方法，包括了以下一些创造技法：迁移法、引入法、改变法、添加法、替代法、缩减法、扩大法、组合法和颠倒法。它启发人们缜密地、多渠道地思考问题和解决问题，并广泛运用于创造、发明、革新和企业管理。它的要害是一个“变”字，而不把视线凝固在某一点或某一方向上。

（四）逆向思考法

这种方法是顺向思维的对立面。如果说顺向性思维是一种常规性、传统性思维的话，那么逆向思维则是一种反常规、反传统的思维。顺向思维的常规性、传统性，往往导致人们形成定势思维，是一种从众心理的反映，因而往往成为人们一种思维“框框”，阻碍着人们创造力的发挥。这时，如果转换一下思路，用逆向法来考虑，就可能突破这些“框框”，取得出乎意料的成功。

逆向思考法由于是逆常规、逆传统，因而它具有与一般思考不同的特点：

1. 突破性。运用这种方法取得的成果往往是冲破传统观念和常规的产物，常带有质变或部分质变的性质，因而往往能取得突破性的成就。美国莱特兄弟1903年发明飞机就是一个典型的例子。

2. 新奇性。由于思维的逆向性，因而产品改变的幅度较大，必然是新奇、新颖的。如电风扇一般都用于夏天，其功能是使人“凉快”，有家电扇厂却来个颠倒，使它同时也能发热风，使人在冬天也能“取暖”，这无疑是个创新。

3. 实效性。上海淮海路地铁车站的建设，按传统“由下而上”的工艺，要两年半才能完成，现在颠倒一下，把工艺改为由上而下的顺序进行，大大提高了工效，竟提前19个月完成了任务，提高工效达63%，成效十分显著。

4. 普遍性。逆向思考法应用范围极广，几乎适用于一切领域。

（五）信息交合法

它是通过若干类信息在一定方向上的扩展与交合，来激发创造性思维，提出创新性设想的。信息是思维的原料，大脑是信息的加工厂，通过不同信息的撞击、重组、叠加、综合、扩散、转换，可以诱发创新性设想。美国宇航局局长卸任时，记者问他：你从事多年宇航事业，把人送到了月球上去，成绩很大，你体会最深的是什么？他讲了一句话："不要让同一个专业的人坐在一张桌子上吃饭。"为什么他这样说呢？因为同一个专业的人，他们掌握的信息相似，在饭桌上交谈时不会有什么启发。不同的专业才有不同的信息，不同信息相撞才会迸发创造的火花，才能相互启发，产生新的思想和新的解决办法。

控制论的创始人维纳指出："要有效地生活，必须掌握足够的信息。"企业内、社会上天天产生着大量的信息，企业收集、运用这些信息，及时采取对策和措施，无疑对企业的发展和经济效益的提高有着极其重要的作用。要正确运用信息交合法，必须注意抓好以下三个环节：

1. 收集信息。由于信息与领导的决策有着极为密切的关系，不少企业已设立专门机构来收集信息。网络化已成为当今企业收集信息的发展趋势。如日本三菱公司，在世界设置了 115 个海外办事处，约 900 名日本人和 2 000 多名当地职员从事收集信息工作。另一家三井物产公司的情报网络更超过了三菱，它的全球通信网络专线长达 40 万公里，能绕地球 10 圈，仅东京总公司一天就能处理 300 万份以上的情报，被人们认为是"超过了美国中央情报局"。

收集信息的重点在收集"新"的信息，新的信息才能反映科技、经济活动中的最新动态、最新成果，这些往往对企业有着直接的利害关系。

2. 简选信息。这里包含着以下几项内容：① 核对信息；② 整理信息；③ 积累信息。

3. 运用信息。收集、整理信息的目的都是为了运用信息。运用信息，一要讲快，快才能抓住机遇；二要交合，即这个信息与那个信息进行交合，这个领域的信息与那个领域的信息交合，把信息和所要解决的问题联系起来思考，以创造性地解决问题。信息交合可通过本体交合、功能拓展、杂交、立体动态四个方法进行交合。现以杯子为例：① 本体交合原则——在搪瓷杯内壁涂上一片银，则银对液体能消毒，并能知液体（如酒）是否有毒物掺入。② 功能拓展原则——任何商品的功能都可以拓宽。如杯子除了喝水外，能否在内壁上标上刻度做量具呢？③ 杂交原则——可生产出一整套茶杯的新系列。如可以在杯子上嵌上温度计；在杯体上绘历史年代表或地图；还可制成小学生用的"九九表歌"杯、英文字母杯等。④ 立体动态原则——可在杯盖顶嵌个指北针，再在盖上画出方位，在杯体上画出世界地图等。

总之，信息交合法就像一个“魔方”，通过各种信息的引入和各个层次的交换会引出许多系列的新信息组合，为创新对象提供了千万种可能性。

第二节　技术引进管理

一、技术引进的作用

技术引进是指在国际间的技术转移活动中，买进技术的一方，通过各种途径从国外获得先进设备和制造技术，其中也包括先进的管理方法和手段。当今世界，技术（专利、商标等）往往被作为商品来进行交易，从而使技术引进和技术贸易密切地结合起来。

新中国成立 70 多年来，我们不断从国外引进了一些先进技术和装备，对提高我国的科学技术水平，促进国民经济发展起了重要作用。随着我国进入世界贸易组织，国际交往增多，利用外资、引进先进技术，促进技术进步、增强企业自主创新能力，已成为企业管理的重要内容。技术引进的重要作用主要表现在如下几个方面：

1. 引进技术可以大大节省技术创新时间。一项重大的技术或科研成果，从酝酿、研究、试制到生产，一般要用 2～3 年左右的时间，而引进技术，只需半年到一年或更短的时间就可以投入生产。同时，可以少走弯路赢得时间。

2. 引进技术可以节省大量的科研试制费用。第二次世界大战以后，日本在近 30 年间引进 2.8 万项国外先进技术，支出 77 亿美元，只占国外这些项目从发明到使用所花费的直接、间接费用总和的 1/30。日本在第二次世界大战后，工业生产产值增长中有 72%来自引进技术，其经济效益是引进费用的十多倍。有关资料显示，韩国和日本对技术引进与吸收消化再创新的费用之比是 1∶10 和 1∶12。而我国在改革开放之前，技术引进了不少弯路，陷入了“引进一代、落后一代、再引进”的怪圈。改革开放以后，将技术引进和人才引进相结合，充分发挥人才在经济领域的作用，实现技术现代化、智能化、网络化等，努力做到技术“弯道超车”。从而使我国经济得到飞速发展，进入全球第二大经济体行列。这都与全国人民不断创新精神和进入全球“财富”500 强的 133 家（2020 年）企业的巨大贡献分不开的。如华为股份有限公司，通过人才引进，充分发挥人才优势，手机产品从 3G 到 4G 再到 5G；这都是华为依靠人才的不断创新精神，才使产品不断创新。华为真正做到淘汰一代（4G）、生产一代（5G）、研制一代化（6G）、设想一代（7G）的滚动式生产模式。因此，我国企业在技术、人才引进的同时，必须大力提高企业创新能力，以增强国内外市场竞争能力。

3. 引进技术对于改善产业结构，填补技术空白有着重要意义。目前，社会生产的分工日趋国际化，科学技术的发展也逐步具有世界性。世界上没有哪一个国家能够拥有发展本国经济所需要的全部资源，能够掌握世界所有的先进技术。每个国家都有自己的优势和不利条件，通过技术引进，可以做到取长补短。

4. 引进技术可以掌握国外先进的科学技术。引进技术，不仅可以提高生产效率，减少消耗，降低成本，增加积累，全面提高经济效益，而且还可以提高本国科技人员、管理人员的技术、管理水平，从而掌握先进的科学技术和管理方法。

二、技术引进的原则

技术引进涉及政治、经济、技术、生产、贸易、外交、法律等各个方面，因此，做好技术引进工作，必须坚持下列原则。

1. 实事求是，适合国情。应当认识到，我国的工农业生产还不发达，科学技术水平较低，资金有限，这是我国的基本国情。因此在技术引进工作中，必须从我国的实际出发，坚持统筹安排，循序渐进的原则。也就是说，要把技术引进工作建立在有偿还能力的基础上，量力而行；引进的技术要同我国的资源情况、技术水平和管理水平相适应，即引进“适用技术”；引进还要分别轻重缓急，有计划、有重点、有选择地进行。

2. 国与国之间平等，经济上互利共赢。所谓国与国之间平等，是指引进技术必须不损害该国主权，不妨碍该国经济独立；所谓经济上互利，是指合作双方在经济上得到双盈。

3. 讲求经济效益，择优引进技术。技术引进，要以提高经济效益为目的。因此，凡是我国自己能制造的设备，就不要引进；关键设备，自己可以配套的，就不要成套引进，只引进精度高的关键设备、自动控制仪器、仪表及检测仪器等。在引进的技术和设备时，要与我国产品的系列化、标准化相结合，逐步形成我国自己的产品系列，不能同时从各国引进同样的东西，搞成“万国牌”，但应注意技术的连续性、先进性，配套成龙，不能“一刀切”。

4. 确保消化，力求创新。坚持引进先进技术和消化吸收创新相结合，是我国赶超世界先进水平必由之路。要大力发展高新技术产业，积极推进国民经济和社会信息化、智能化，加快用高新技术和先进适用技术改造提升传统产业。对外国的先进技术，应该采取“一学、二用、三改、四创”的方针。要引进先进技术为我所用，就要切实认真地消化、吸收，并力求创新。在引进关键设备时，一定要引进制造技术，并在消化、吃透的基础上，做到既不损害引进技术的专利权，又能搞好仿制翻版，增强自主创新能力；同时，要建立技术情报、技术力量、经费渠道到组织实施等一整套能够协调行动的体制和网络系统。

三、技术引进的方式

引进技术的方式大体可分为以下两大类。

(一) 引进先进设备

这包括:整个项目包建;进口成套设备;进口单机(关键设备)等。这一类常被形象地称为"硬件"。这类引进的优点是,上马时间短,形成能力快,能迅速填补空白或克服薄弱环节。但这只是解决了生产手段,还未解决该项设备的制造技术问题。所以它不利于迅速提高本国设计和制造能力,而且要花费较多的外汇。

(二) 引进先进技术

这是指引进先进的生产工艺技术、设备制造技术和经营管理技术。相对于第一类而言,这一类引进被称为引进"软件"。其具体形式很多,如购买设计流程、配方、设备制造图纸和工艺技术资料;聘请专家;培训人员;技术咨询;技术服务,或为引进技术而进口关键设备、样机和仪器等。

在国际上,把引进技术称为"许可证贸易",就是指技术的输出方将技术的使用权许可证出售给输入方的一种交易方式。"许可证贸易"有三个内容:

1. 购买专利使用权。专利是发明人自己的发明、创造,在一定时间里独自享有其利益。这种权利要在本国或外国的专利机构申请,经登记批准后,在一定的年限内,受批准国法律保护。购买专利就是买使用专利的权利,不一定取得什么图纸资料。这是国际保护售价专利权的《巴黎公约》和《马德里协议》成员国之间及国内企业之间处理工业产权问题的方式,不参加这个公约和协议的国家不受此约束。

2. 购买产品制造权。产品制造权一般是指未申请专利的专门知识。它可以使引进方知道怎样去"设计、制造某产品或经营管理相应的工业企业的专门知识"。由于制造技术属于秘密,别人不易学到。因此,它在国际上的售价比技术专利高,其贸易额超过了专利权的买卖数额。同时,也有一些制造技术是申请专利的。

3. 购买商标使用权。商标使用权是指在按外国技术生产的产品上,可以钉上外国企业家的名牌并付一笔费用,即可利用该企业的销售网、技术服务网和零配件供应网。它能促使引进方产品质量的提高和在国际市场上打开销路。

四、技术引进的反求工程

反求工程又称反向工程。它以产品为对象,进行多方面的综合研究,并大量收集有关产品的信息,通过对国内外同类型产品的图纸、工艺、制造等技术资料的系统分析,然后对产品拆装解体,对重要零部件进行破坏性试验和测试化验,在充分掌握技术数据后,反向探索该产品的技术原理、结构方式、设计构思、工艺设计、制造方案及原材料特性等，从而形成自己的由原理到设计，由工艺到制造的产品设计技术和制造技术，加速引进技术国产化。

反求工程的作用主要是：① 有利于采取正确的技术引进决策。应用反求工程，对引进技术和产品进行分析研究，判断它是否适用？是否合乎国情？以便采取正确的引进决策，满足经济社会发展的需要。② 使引进技术和产品具有广泛的代表性，适应多方面的要求，有利于产品创新，避免设计中的错误，掌握制造生产中的技术诀窍，使仿制的产品达到或超过引进产品的技术性能、质量要求，进而达到出口外销的目的。③ 通过反求工程，对技术引进的消化、吸收，获得第一手的国外先进科学技术资料，在此基础上向其他产品移植，这样既使先进技术得到推广和应用，又有利于企业产品改进和创新。尤其是在基础研究和应用研究相对薄弱的企业中，可节约科研经费，缩短科研时间。

第三节 技术改造管理

一、技术改造的作用

技术改造是指在坚持技术进步的要求下，不断地对产品性能、生产工艺、技术装备、生产性建筑、公用设施、劳动条件和环境保护等采用新的技术进行革新改造，以保持其技术进步，使企业产品在技术性能、质量和成本方面保持先进水平。因此，技术改造对于企业取得良好的经济效益，实现以内涵为主的扩大再生产具有十分重要的作用。

1. 技术改造投资少，见效快，经济效益高。技术改造与新建同等生产规模企业相比，其优越性十分显著。据统计，通过技术改造来扩大再生产，投资一般可节省 2/3，设备、材料可节省 60%，建成时间可缩短一半以上。

2. 技术改造有利于企业长期稳定发展。技术改造有利于采用高新技术和先进适用的技术成果，改进产品质量，促进产品升级换代，提高劳动生产率。通过技术改造，采用高新技术和先进适用的技术成果，就能改进企业中落后的生产环节，增强设备的机械化、自动化、智能化程度，提高劳动生产率；就能推广使用各种新材料、新工艺、新技术，改进产品质量，增加产品品种，促进产品升级换代。因此，技术改造是实现企业生产长期稳定发展的重要措施。

3. 技术改造是发展国际贸易的客观要求。我国沿海和内地一些城市，目前正在实施国际贸易发展战略。我国将有越来越多的企业及其产品进入国际市场，这与企业技术改造和技术进步有着十分密切的关系。如果我们不改进生产条件，提高生产效率，降低产品成本，就没有竞争优势，就不能占领国际市场。因此，发展国际贸易，说到底，还是一个技术改造和技术进步的问题。

二、技术改造的内容

企业技术改造的内容十分广泛，它主要有以下几方面：

1. 改进产品设计，促进产品更新换代。在工业生产中，往往是产品决定工艺，工艺决定技术装备。因此，企业技术改造，首先应从社会需要出发，改进产品设计，提高产品的性能和质量。改进的主攻方向，应是合理简化产品结构，减轻重量，缩小体积，提高性能和质量，使产品能适应多种用途，向高、精、尖方向发展；合理使用材料，节约能源和贵重材料，提高生产效率，降低产品成本，以达到逐步改进和淘汰那些消耗高、性能差、寿命短的产品，实现产品更新换代，增强市场竞争能力。

2. 改进工艺过程，推广先进的操作方法。工艺过程是直接消耗物化劳动和活劳动的过程。当产品设计出来之后，生产工艺的先进与落后，对于产品质量、性能、消耗、成本等起着决定性的作用。因此，改进生产工艺，要在保证产品质量和安全生产条件下，引进和推广新工艺，尽可能简化工艺过程和工艺流程，不断推广先进的操作方法，使生产过程连续化和高速化。例如，在机械加工工艺中，要迅速推广轧、拉、挤、压等少切削和无切削工艺，代替金属切削加工工艺，以达到耗工少、用料省、效益高、安全性好的目的。

3. 改进和创制新的工具设备。改进原有工具设备，创制新的工具设备，逐步实现生产过程的自动化、智能化，以提高产品产量和质量，提高生产效率，延长工具设备的使用寿命，改善劳动条件，减轻劳动强度。

4. 减少能源和原材料消耗，开展综合利用。要大力节约原材料，寻找代用品，把贵重材料的消耗降低到最低程度。还要综合利用废料、废液、废气，从中提炼回收各种金属材料或副产品。

5. 大力发展循环经济。从资源开采、生产消耗、废弃物利用和社会消费等环节，加快推进资源综合利用和循环利用。积极开发新能源和可再生能源。完善资源开发利用补偿机制和生态环境恢复补偿机制。

6. 促进企业技术改造和重组。要立足于现有企业基础，重视盘活用好存量资产，防止盲目投资铺新摊子。要从财税、金融和土地利用等方面，加大对重点企业技术改造的支持。同时，要支持和引导社会资金用于现有企业重组和技术改造。

三、技术改造的组织管理工作

技术改造工作直接影响到企业的经济效益，因此，必须加强科学的组织管理。我国企业在这方面积累了不少经验，主要有以下几个方面：

1. 广泛调查，全面规划。在进行技术改造之前，要掌握国内外同行业在产品、生产工艺、设备等各个方面的科学技术发展趋势，以及各种科研成果应用于生产的情况和效果；又要深入细致地掌握本企业已有产品的生产技术水平，存在哪些薄弱环节，在广泛调查的基础上，制定全面规划。

2. 突出重点，择优而上。一般来说，企业技术改造的重点，应当是影响企业生产发展水平和企业经济效益的主要矛盾方面。解决了这些矛盾，就能改变企业落后的生产面貌，培育新的经济增长点，增加生产后劲，从而使企业获得更大的经济效益。

3. 讲求全面的经济效益。技术改造要以提高全面经济效益为目标。因此，对重大的技术改造项目还要进行多方案的技术经济论证，作出科学判断。只有确定方案和可行性，才能投资实施。这样可以减少技术改造工作中的盲目性，保证可靠性和经济性，避免造成损失。

第十五章

新产品开发管理

研究与开发新产品，改进老产品，是关系到企业生存与发展的大问题。因此，企业必须高度重视新产品的开发工作，以质优价廉的新产品满足用户需要，从而增强企业的市场竞争能力，不断提高企业的经济效益。

第一节　新产品开发概述

一、新产品的概念、分类与特征

（一）新产品的概念

新产品是指对现有产品在原理、用途、性能、结构、材质等某一方面或几个方面具有新的改进的产品。新产品是一个相对的概念，在不同的时间、地点、条件下又具有不同的含义。为了加强对新产品的管理，我国对新产品的条件、范围作了相应的规定：产品在结构、性能、材质、技术特征等某一方面或几个方面比老产品有显著改进和提高，或有独创的；具有先进性、实用性，能提高经济效益，有推广价值的；在一个省、市、自治区范围内第一次试制成功的；经过有关部门鉴定确认的产品。当然，在产品的结构、性能没有改变，只是在花色、外观、表面装饰、包装装潢等方面改进提高的，不能算作新产品。

（二）新产品的分类

根据新产品的技术性能特征、产品创新的地域范围和服务对象的不同，可将新产品分为以下两类：

1. 按产品的新颖程度分类。

(1) 改进新产品。它是指在原有产品基础上进行改进，产品在结构、功能、品质、花色、款式及包装上具有新的特点和新的突破，改进后的新产品，其结构更加合理，功能更加齐全，品质更加优质，能更多地满足消费者不断变化的需求。

(2) 换代新产品。它是指采用的基本原理不变，只是部分采用新技术、新材料、新结构而制成具有新功能和特征的产品，如黑白电视机革新成彩色电视机。

(3) 全新产品。它是指采用新原理、新技术、新材料,制成具有新结构、新功能的产品。它与老产品相比,具有明显的技术经济优势,但研制需具备一定条件,需花较多的人力、财力、物力和时间。全新产品是科学技术上的新发明在生产中的应用。

2. 按开发决策方式分类。

(1) 企业自主开发的新产品。这是指企业通过市场调查,预测用户需求趋势,并据此来决定开发和销售的新产品。

(2) 用户订货开发的新产品。这是指企业根据用户(包括国家)提出的具体产品方案而进行开发的产品。此时企业无须自己进行新产品开发决策。

(三) 新产品的特征

1. 先进性。由于采用了新原理、新技术、新材料,使产品具有新的结构、新的性能、新的质量、新的技术特征,所以,新产品与老产品相比,达到了更加先进的水平。

2. 创新性。由于新产品在一定程度上运用了新的科学技术知识,体现了新的科学技术成果,所以,在不同程度上获得较好的成果,因而具有独创性。

3. 经济性。新产品具有较好的经济效益,对生产企业来说,能带来较高的经济利益;对社会来说也能带来社会效益,如用户使用该新产品,可以节约使用费用等。

4. 风险性。新产品的开发与创新,也会给企业带来一定的风险。这种风险具体表现在以下三个方面:

(1) 技术风险。有时在新产品开发过程中所采用的新技术成果不一定是很成熟的,这种新技术成果往往通过这个新产品开发才能体现出它的优越性,因此在开发时具有一定风险。

(2) 市场风险。这主要表现在用户对新产品的认识、接受程度上。如果用户对新产品的性能、用途不了解,则新产品不一定能得到用户的青睐,很难打开销路。

(3) 盈利风险。由于新产品在市场开发时存在一定风险性,也就是说,有时新产品会遇到打不开市场销售局面,因此就会直接影响企业的盈利。产品创新投资大,如果没有一定数量的销售额,盈利就很难实现,所以新产品在经济上具有一定的风险。

二、新产品开发的方向

新产品开发的方向,是指企业在一定时间内的产品发展趋势和发展方向,是科学技术的进步和社会对产品要求的综合反映。

1. 产品的高效化与智能化。这是指开发高性能、高效率、功能多、用途广的智能产品。

2. 产品的小型化与微型化。这是指在功能保持一定的情况下，开发体积小、重量轻的产品。

3. 产品的多样化与标准化。这是指在开发新产品时，既要注意开发多品种、多型号的产品，又要使产品符合标准化和系列化的要求。

4. 产品的节约化与无污染。这是指在开发新产品时，既要做到节约能源、原材料，又要消除或减少产品对环境的污染，有利于保护生态环境和人民的身心健康。

三、新产品开发的方式

企业开发新产品的主要方式有：独立研制、技术引进、独立研制与技术引进相结合三种方式。

1. 独立研制。这是指针对企业产品现状和存在的问题，根据市场需要，开展有关新技术、新材料方面的研究，研制出独具特色的产品。这种研制方式是结合本国国情，运用自己独创性研究，较强的科研力量，并以基础研究和应用研究为前提。

2. 技术引进。这是指企业在开发某种新产品时，有计划、有重点地引进国外新技术、新产品。这样可节约研制费用，尽快地将产品制造出来以填补国内空白。但企业采用这种方式时，要结合本国和本企业的能力与特点，注意经济实效，做好消化、吸收工作，把引进与创新结合起来。

3. 独立研制与技术引进相结合的方式。这是指企业在对引进技术消化和吸收的基础上，将引进技术与本企业的科研活动相结合，推动本企业的科研活动，在引进技术的基础上不断创新，开发新产品，努力赶超国际先进水平。

第二节　新产品开发的原则、程序和产品设计方法

一、新产品开发的原则

1. 以满足市场需求为其出发点。企业新产品开发的目的是为企业提供适销对路的产品，以使企业扩大市场占有率，提高经济效益。在市场经济条件下，任何企业的生产经营活动都必须以满足市场需要为出发点，否则企业的生产经营活动将无法取得成功。

2. 要符合国家技术经济政策的要求。开发新产品一方面要严格遵守国家在不同时期颁布的有关政策、法规和要求；另一方面，开发那些开拓国际市场的新产品，还要符合有关国家的政策法规与习俗。

3. 坚持技术上的先进性。开发新产品要走出一条科技含量高、经济效益好、

资源消耗低、环境污染少、人力资源优势得到充分发挥的路子，从而取得较好的社会经济效益。

4. 坚持经济上的合理性。这是指以最少的综合费用来实现新产品开发的技术目标。这里的综合费用包括两方面内容：① 新产品开发与制造费用；② 商品销售费用及产品在使用寿命周期内的维护保养使用费。

5. 提高“三化”水平。这是指提高产品的通用化、标准化和系列化水平。通用化是指将生产量大、使用范围广的不同类型或同一类型不同规格的产品零部件进行合并简化，使其能在一些产品中通用；标准化是指将零部件通用范围扩大，并规定出标准的规格型号；系列化是指将产品合理分档、分级、排成系列。提高“三化”水平的目的在于减少设计工作量，加速新产品开发和制造过程，便于维修，从而降低使用费用，提高企业经济效益。

6. 要便于使用和制造。

二、新产品开发的程序

新产品开发的程序，因开发与决策方式的不同而有所区别。新产品开发方式，以独立研制开发最为复杂。现以机械加工装配式企业独立研制新产品为例，它的开发程序如图 15-1 所示。

(一) 调查研究阶段

这一阶段的目的是根据企业的经营目标、产品开发策略和企业的资源条件确定新产品开发目标。企业开发新产品，首先要做好调查研究工作。这里包括技术调查与市场调查。

1. 技术调查。要调查有关产品的技术现状与发展趋势，预测未来可能出现的新技术，以便为制定新产品的技术方案提供依据。对专用产品，要走访用户，了解用户的要求、生产规模、远景规划和生产技术特点，以便为用户选择最佳方案或代为用户进行成套设计；对通用产品，可以在收集技术情报的基础上，采用专家预测法等进行技术预测。

2. 市场调查。要了解国内外市场对产品的需求情况，从而根据市场需求来开发新产品。

(二) 新产品开发的创意阶段

根据调查研究的情况以及企业本身条件，充分考虑用户使用要求和竞争对手的动向，在一定范围内提出开发新产品的初步设想和构思创意，提出准备发展什么新产品，研制什么新产品。构思创意是新产品孕育、诞生的开始，企业新产品开发的构思创意主要来源有：

1. 用户。开发新产品的目的是要满足用户需要，因此，企业要通过各种途径搜

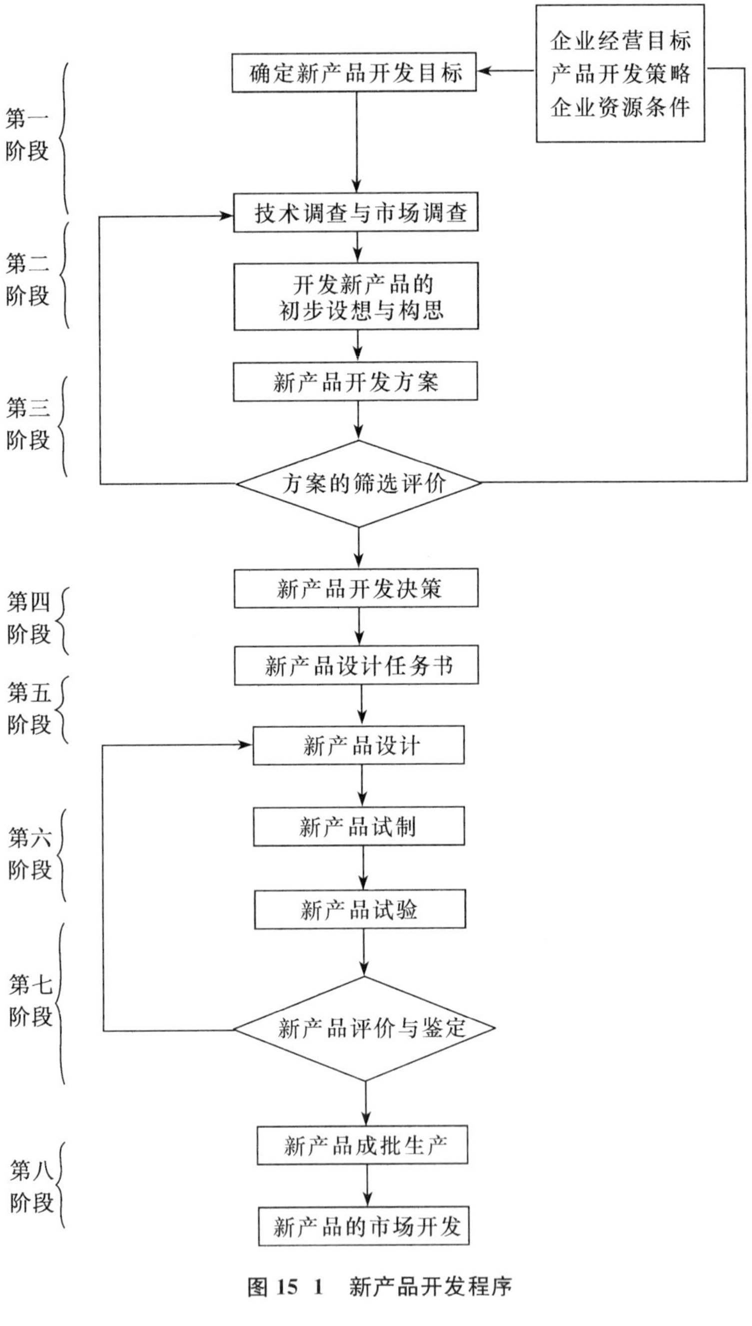

图 15 1　新产品开发程序

集用户的需求，了解用户在使用老产品过程中提出需要改进的意见，并在此基础上形成新产品开发的构思创意。

2. 本企业职工。企业职工熟悉本企业生产条件，关心本企业的发展，特别是销售人员和技术服务人员，经常接触用户，比较了解用户对老产品的改进意见和需求趋势。因此，企业要鼓励职工提出开发新产品的创意。

3. 企业外部科研人员。他们有较丰富的专业知识，掌握较多国内外科技信息，因而可通过多种方式鼓励他们为企业开发新产品提供创意。主要方法有：聘请专家当顾问，请求提供咨询；运用专家、学者的科研成果，从中汲取开发新产品的构思创意。

（三）新产品开发创意的筛选阶段

这一阶段要从征集到的许多方案中，选择出具有开发条件的构思创意。筛选创意时：一要坚持新产品开发的正确方向；二要兼顾企业长远发展和当前市场的需要；三要有一定的技术储备。一般对创意的筛选可采用填写创意评价表的方法。如表 15-1 所示。

表 15-1 创意评价表

影响成功因素	重要性系数	评价等级					得分
		优(5)	良(4)	中(3)	及(2)	劣(1)	
销售前景	0.25		√				1.00
盈利性	0.25		√				1.00
竞争能力	0.15			√			0.45
开发能力	0.15		√				0.60
资源保证	0.10				√		0.20
生产能力	0.10				√		0.20
合计	1.00						3.45

$$\text{评价等级指数}=\frac{3.45}{6}=0.575$$

在一般情况下，评价等级指数要大于 0.5 的创意才具备入选条件。

（四）决策方案和编制设计任务书

产品决策方案就是根据新产品开发目标的要求，对未来产品的基本特征和开发条件进行概括性的描述，包括主要性能、目标成本、销售预计、开发投资、企业现有条件利用程度等。决策的目的就是对不同方案进行技术经济论证、比较，决定取舍。一般决策结果可能出现几种情况：一是所有方案都不付诸开发；二是因某些情况尚不清楚，推迟开发；三是选择两个各有利弊的方案制造出样品，然后依试验结果再决定取舍；四是选择某个真正较优者开发。

新产品开发方案决定后,要组织力量编制设计任务书。设计任务书的内容比产品开发方案要具体。它包括开发新产品的结构、特征、技术规格、用途、使用范围,与国内外同类产品的分析比较,开发这一产品的理由和根据等。设计任务书是指导产品设计的基础文件。

(五) 新产品设计

设计任务书经审查批准后,便可进行产品设计工作。新产品设计一般分为初步设计、技术设计和工作图设计三个阶段。初步设计的主要任务是对产品的基本原理进行研究,对其结构进行试验研究,然后编制初步设计文件,绘制草图;技术设计是产品的定型阶段,它要确定零部件的结构、尺寸、配合关系、技术条件,编写出各种计算数据和技术经济资料;工作图设计,是在技术设计的基础上为新产品试制和生产提供所需全套图纸,为试制、生产和使用提供所需的全部技术文件,如零件图、产品总图、部件装配图和总装图、零部件明细表以及产品使用说明书等。全套图纸和全部技术文件经过审查、会签、批准后归档。

为了提高产品设计工作效率,近年来计算机辅助设计(CAD)也广泛应用于产品设计的全部过程,人们称为设计工作的一次革命。计算机辅助设计是指应用计算机网络技术进行产品以及零部件的结构设计,并绘制图样的一种产品设计方法。计算机辅助设计最初只应用于自动绘图,现已发展到设计计算、几何形状转换、投影、旋转、放大和零件的截面视图以及装配图,使产品设计过程得以实现自动化。计算机辅助设计极大地提高了设计速度,减少了工作量,使产品创新周期大为缩短,为新产品顺利投产和及时投放市场创造了有利条件。

在产品创新工作中开展工业设计,已在世界各工业发达国家普遍兴起,特别是英、德、美、日等国家先后开展了工业设计运动。工业设计是将科学技术、文化艺术和社会经济紧密结合,形成三位一体的综合设计,改变了过去单纯以技术为中心,而是向装饰性、舒适性和宜人性方向发展,产品不仅是一种实用的物体,而且也是一种艺术品,具有轻薄精细的独特风格;产品还便于拆卸、分解和装配,零部件可以回收修复,重复使用;产品在制造使用过程中节约能源,减少原材料消耗,不污染环境,被称为绿色设计或绿色产品。

(六) 新产品工艺设计

工艺设计是产品创新试制阶段和大批量生产时,为达到产品设计的技术要求,指导工人操作,保证产品质量的一项重要技术工作。在产品制造过程中,工艺设计具有工作量大,费用高的特点。

工艺设计的内容包括新产品图纸的工艺分析与审查;工艺方案的拟订和经济评价;编制工艺文件及设计制造工艺装备等。

1. 工艺分析与审查。工艺分析与审查,是从工艺角度出发,检查产品结构的工艺性，产品结构是否合理，是否便于加工，是否适合企业现有设备的制造等。

2. 工艺方案拟订及经济评价。

（1）工艺方案拟订。工艺方案的主要内容：① 确定工艺路线和生产组织形式；② 确定工艺规程制定的形式、内容详尽程度、种类数量等；③ 关键性工艺的解决措施和测试等问题；④ 工艺装备系数和工艺装备的设计原则和经济效果的分析等。

（2）工艺方案经济分析。生产一种或多种零件时，在保证它的技术要求和质量条件下，可采取各种不同的加工方法。在选择最经济合理的工艺方案时，必须进行经济效益分析，才能从中选择工艺费用（成本）最低的工艺方案。工艺成本可分为两类：一类是变动成本（V）；另一类是固定成本（C）。对比两种不同方案时，如方案Ⅰ的变动成本和固定成本均比方案Ⅱ高时，则方案Ⅱ为最优方案。但如果 $C_1>C_2$ 而 $V_1<V_2$，则需根据年产量大小来确定最优方案。两方案年度工艺费用（成本）如图 15-2 所示。图中 Q_A 为临界产量，S_1、S_2 分别为两种方案的年度工艺费用（成本）。由图可知，当年产量（Q）大于 Q_A 时，应采用第一方案，而当年产量（Q）小于 Q_A 时，则采用第二方案。临界产量 Q_A 的计算公式如下：

$$Q_A=\frac{C_1-C_2}{V_2-V_1}$$

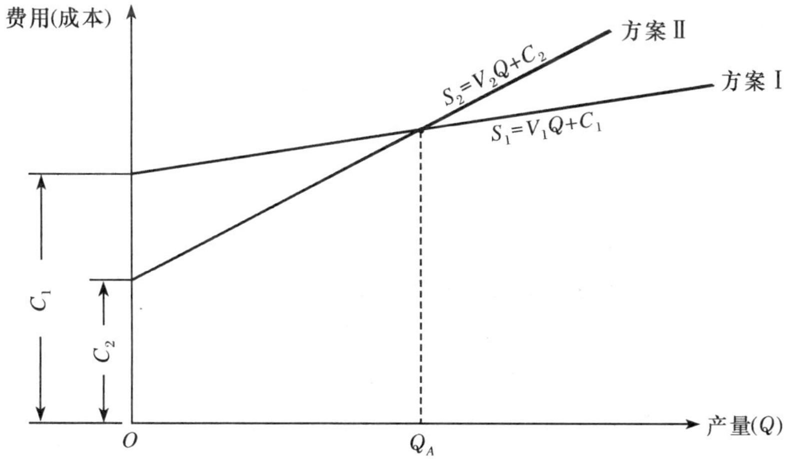

图 15 2　工艺方案费用图

如果参加对比的工艺方案不止两个，同样也可采用上述方法分别求出临界产量。例如，现有三个可供选择的工艺设备方案，一般会出现多种可能情况，但只有当 $C_1<C_2<C_3$ 和 $V_1>V_2>V_3$ 时，如图 15-3 所示，才有现实意义。

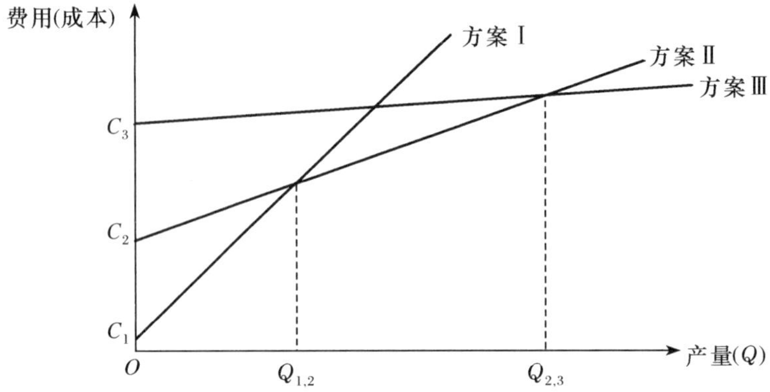

图 15-3 三方案工艺费用图

图 15-3 中三种方案的临界产量是：

$$Q_{1,2}=\frac{C_2-C_1}{V_1-V_2} \quad Q_{2,3}=\frac{C_3-C_2}{V_2-V_3}$$

显然，当产量 $Q<Q_{1,2}$ 时，应选择工艺方案Ⅰ；当产量 Q 介于 $Q_{1,2}$ 与 $Q_{2,3}$ 之间时，应选择工艺方案Ⅱ；只有当产量 $Q>Q_{2,3}$ 时，才能选择工艺方案Ⅲ。

3. 工艺文件的编制。工艺文件是企业安排计划、组织生产、进行劳动组织、技术检查和原材料、工具等供应的依据。编制工艺文件主要是工艺规程，它是指导零部件加工制造和工人操作的技术文件，也是组织生产的依据。工艺规程包括：① 工艺过程卡片。它是按零件编制的，规定了该零件的整个工艺路线、所经过的车间、各道工序的名称、使用的设备和工夹模具等。② 工艺卡片。它是按每种零件的每个工艺阶段来编制的，用来指导各车间（工艺阶段）生产活动。如铸工、锻工、加工、热处理、焊接和装配等，各有其工艺卡片，内容比工艺过程卡片更详尽具体，并附有草图或技术数据。成批生产的所有零件，或单件生产的关键零件都要编制工艺卡片。③ 工序卡片（又称操作卡片）。它把工序再细分为工步，规定详细的操作方法及应注意的事项，并附有草图。大量生产的全部零件及成批生产的关键零件都要编制工序卡片。

4. 工艺装备的设计和制造。工艺装备是产品加工制造所使用的各种刀具、夹具、模具、量具、工位器具和辅助工具等的总称。它是保证产品质量、提高劳动生产率和保证生产安全所不可缺少的装备。

设计和制造工艺装备的工作量很大，一般占到工艺准备劳动总量的 50%～80%，费用平均占产品成本费用的 10%～15%。在设计制造专用工艺装备时，既要满足产品制造及其质量要求和提高劳动生产率，又要达到降低成本的要求，因此，必须确定工艺装备系数以界定工艺装备配备的水平，其计算公式如下：

$$R=\frac{K}{N}$$

式中：R——工艺装备系数；K——专用工艺装备种数；N——产品专用零件种数。

工艺装备系数 R 过大，就会使工艺准备工作量增加，周期长、费用高；若太小，则又不能满足生产需要、保证产品加工质量和提高劳动生产率，因此要合理选择。一般来说，当产量大，产品精度高，工艺复杂，工艺装备系数取大一些；反之，则取小一些。

（七）新产品的试制

新产品的试制一般包括样品试制和小批试制两个步骤。

1. 样品试制。其目的是考核产品的设计质量，考验产品结构、性能及主要工艺，验证和修正设计图纸，使产品设计基本定型。为此，样品试制必须严格按设计图纸和试制条件进行。同时，它一般在试制车间（工段）内进行，试制数量要根据试验项目、试验方式、产品性质和生产类型等多种因素决定。样品试制是新产品开发从设计到正式投产的必要步骤，是产品设计的定型阶段。

2. 小批试制。其目的是考验产品的工艺，检查图纸的工艺性，验证全部工艺文件和工艺装备，并对设计图纸再进行一次审查修改。小批试制要在生产线上进行，要使用设计所要求的各种工装，采用正常的生产组织和劳动组织。因此要求在试制前做好各项准备工作和试制后的总结与调整工作。

（八）新产品试验与评价鉴定

新产品装配至鉴定前，应做好试车及试验工作，对样品进行全面检查、试验与调整。试验和调整后，作出总结，交企业鉴定委员会进行鉴定。

新产品的鉴定，是对产品从技术上、经济上作出全面评价，以确定新产品能否进入下一阶段试制或成批生产。产品鉴定能及时发现问题，采取措施解决问题，以避免造成损失。鉴定一般可分为设计定型鉴定和生产定型鉴定，也可搞一次性技术鉴定。鉴定的内容包括：检查产品是否符合技术标准；检查工艺文件、工艺装备是否先进合理；检查产品是否达到质量指标；检查产品的一般性能、使用性能、可靠性、安全性、环境性能指标等，以及对产品进行各项技术经济分析。

（九）新产品的市场开发

新产品的市场开发既是产品开发过程的终点，又是下一代新产品开发的起点。它的主要工作有：

1. 市场分析。其目的是对产品未来销售量进行预测，并根据预测值来估算收益情况，了解新产品是否有开发价值。

2. 样品试用。在新产品开发的样品试制阶段，可将部分样品送给用户试用，请他们提出意见。

3. 市场试销。对某些新产品在正式投放市场之前，要组织试销，即将产品及其包装、装潢、广告、销售的组织工作等等置于小型的市场环境之中，以便进一步了解产品的销售状况，针对试销中发现的问题，采取必要的措施，为产品正式投放市场打好基础。

4. 产品投放市场。新产品经过鉴定、试销就可以投放到市场中正式销售。这时企业要做的工作有：将新产品列入其正式产品目录；编制产品性能和使用说明书；选择适当广告媒介，安排广告宣传；确定产品商标；向有关部门登记注册；培训销售人员；制定合理的价格；组织好技术服务工作等。

对于订货开发新产品，不需要经过创意构思、筛选、产品开发、方案决策及市场开发等阶段。企业一般只需考虑用户提出的产品技术性能、价格、交货时间与方式是否有能力接受即可。

三、新产品设计的方法

（一）模块化设计法

它是以企业的标准化、通用件和过去生产过的零件为基础，用组合方式或称搭积木方式来设计新产品，或在试验研究的基础上，设计出一系列可互换的模块，然后根据需要选用不同的模块与其他部件组合成不同新产品的方法。在机电产品设计中，这种方法应用很普遍。

（二）内插式设计法

它主要用于新产品的规格处于两种现有产品规格之间的产品设计上。采用内插式方法设计时，对新产品不必进行大量的科研和技术开发工作，只需选用相邻产品的原理、结构以致计算公式等进行产品设计，根据需要，进行少量的研究试验。这实际上是一种生产经验与试验研究相结合的经验性的设计方法。其关键是选择适当的相邻产品，只要相邻产品选择适当，就可充分利用相邻产品的结构及其长处，取得事半功倍的效果，缩短新产品设计周期。

（三）外推式设计法

它是利用现有的产品设计、生产经验，将实践和技术知识外推，设计出比它规格大的类似产品的设计方法。从表面上看，外推式设计与内插式设计方法相似，但实际上两者之间有着本质不同。内插式设计是在已知领域内设计新产品，而外推式设计是在未知领域内设计新产品。在现有产品设计基础上作外推时，需运用基础理论和技术知识，对过去的实践经验进行分析，对有关质量、可靠性等的重要环节，需进行试验，把经验总结与试验研究成果结合起来进行新产品设计。

第三节 新产品开发中的计算机辅助设计

一、计算机辅助设计的含义

计算机辅助设计(CAD),是利用计算机协助设计人员完成产品设计任务的一项专门技术。它是根据设计者提出的设计方案,由计算机网络系统对设计对象的有关资料(如数据、图表、公式等)进行自动检索和运算;并通过屏幕显示样品设计模型,经过设计人员用人机对话型程序语言,对设计模型反复分析、修改、审定,找出最佳或合理的设计方案;最后由计算机自动绘制出设计图纸,并输出有关设计数据。

计算机辅助设计,最初用于美国的航空、微电子和汽车工业。20 世纪 70 年代初微型计算机出现后不久,这种技术得到迅速发展,现在采用这种技术设计的有建筑业、制药业、制鞋业、灯具制造业、化学工业、机电、造船工业等。

计算机辅助设计和传统的人工设计相比,具有下列优点:① 不仅能达到设计的技术要求,而且可以达到最佳要求;② 比传统的查资料、翻手册和进行部分计算的人工方法,在效率上大大提高;③ 在调整设计方案的参数方面比传统使用的最小偏差方法要科学,它是用数学方法,由计算机网络系统沿着方案改进方向自动进行的,从而可在大量方案中选出最优方案;④ 比传统设计方法大量减少实验次数和实验的盲目性,减轻实验和实验场所的负荷,大量节约实验、设计和试制的人力、物力、财力。

总之,这种高速、高效的科学设计方法,可缩短设计周期,提高设计质量,节省人员,降低产品成本。整个计算机辅助设计流程,如图 15-4 所示。

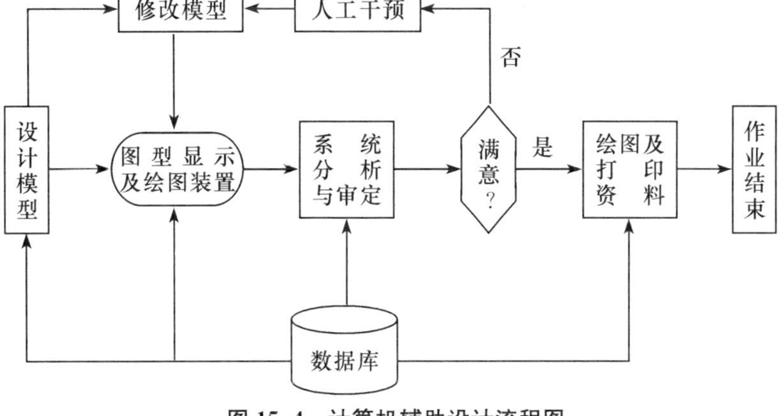

图 15 4 计算机辅助设计流程图

在产品设计中，如果采用计算机辅助设计，除应配置计算机主机和通用输入和输出等硬件设备和相应的通用程序、设计语言、编译系统和操作系统等软件设备外，还需配置专用的图形显示装置。例如，光学图形显示器、图形输入极、数字化仪器和自动绘图设备，以及相应的专用图形显示、自动绘图设备和数据库等。

二、计算机辅助设计的类型

计算机辅助设计一般有以下三种类型。

(一) 信息检索型

信息检索型是将某些定型产品的标准化图纸存入计算机存储设备中，由设计者根据需要，随时从存储设备中检索出标准设计图纸的计算机辅助设计类型。它主要适用于设计标准化和系列化的专用产品。例如，电动机、汽轮机、变压器、泵、鼓风机及减速机等。

(二) 试行型

试行型计算机辅助设计可在信息检索型基础上，通过图形显示，进行局部修改选用。产品不断更新时，必须对原设计图进行修改，这就需要设计者参与这个设计过程，于是在信息检索型的基础上发展成试行型的设计系统。该系统主要利用阴极射线管显示装置，将设计者对修改图纸的构思，通过软件修改输入计算机。计算机经过处理，又将修改后的结果以图形的形式在 CRT 终端上显示出来，由设计者判断。这样经过几次循环，直到获得满意结果为止。

(三) 会话型

会话型是由设计者通过会话型程序设计语言，在图形显示设备上，直接修改设计方案的计算机辅助设计类型。这是当前较理想的一种形式，如图 15-5 所示。设

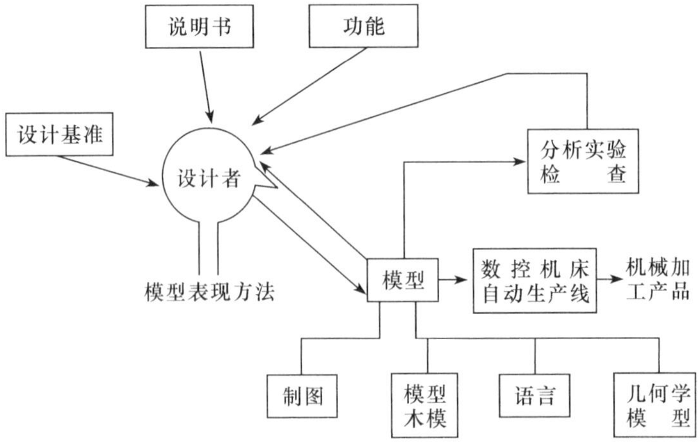

图 15 5　会话型示意图

计人员将所要求的工作、性能、规格记在头脑里，然后通过输入装置给出命令及坐标位置的指令，其结果立刻以图形的形式在输出装置上显示出来，设计者则不断给出指令，进行对话。通常是在计算机上建立起模型，然后从该模型一边取出数据，一边转换成加工用的数据，来完成设计。如果设计不尽合理，就可以通过对话，对计算机中形成的模型进行修正，使之完善。

计算机辅助设计的发展，将与计算机辅助制造和管理自动相结合，组成集成制造系统。这种系统具有计算机控制的自动化信息流，从产品开始构思设计，加工制造，直到最后装配、检验全过程实现全盘自动化。

三、计算机辅助设计示例

这里介绍应用微机进行锅炉产品设计计算的实例。

（一）引言

××锅炉企业是生产电站锅炉、工业锅炉、热水锅炉和沸腾炉等产品。这些锅炉的设计一般分方案设计、技术设计和施工设计三个阶段。在方案设计时，首先根据用户的要求和所供原始资料进行分析，吸取国内外的先进技术，选择各受热面的结构特性，通过技术经济比较，进行主要特性参数的选择。这时需进行热力计算、几何尺寸计算、钢架计算、强度计算、壁温计算、水动力计算、汽水阻力计算以及烟、空气阻力计算等各种计算，以确定设计方案。这些计算中，热力计算是锅炉设计工作的主要项目之一，也是锅炉设计中计算工作量最大的一项。锅炉设计过程见图15-6所示。

热力计算的影响因素多，变化项目多，计算工作量大，查图表和曲线容易出现差错或者使计算结果超出允许误差范围，加上手工演算和抄写，往往每次计算要反复多次，才能获得一个方案的计算结果。如果某一工业锅炉方案设计时，希望通过多个方案的比较选择一个最佳方案，靠手工计算几乎是不可能的。即使只进行一个方案的计算，费时也较长；并且锅炉容量等级越大，计算越复杂，所需时间也越长。有时在某一工程报价设计或某用户急需要改变工况计算结果时，手工计算的速度远远跟不上需要，以致无法进行。

为实现优化设计，提高设计精度，缩短设计周期，企业决定用计算机辅助设计(CAD)实现这项目标。企业锅炉设计组试用BASIC语言编写了应用于微机的热力计算程序（初版），经微机试用，证实程序开发的意图可以得到兑现。

（二）程序设计思想

锅炉热力计算程序编制的技术复杂程度较高，在具体解算中涉及很多高次代数方程的求解。对多次迭代、渐次逼近等数值计算技巧，锅炉设计组在程序设计时遵循以下原则（见图15-7）：① 按照我国“热力计算标准”和“相关规定”，建立数学模型和计算逼近公式，与手工热力计算所依据的计算标准一致。② 结合企业微机的使用情况和发挥人机对话功能为主的程序执行方式的特点，采用 BASIC 语言编写热力计算程序（初版）。③ 该程序为应用于微机的锅炉热力计算通用程序。④ 为做到锅炉设计计算完全计算机化，将热力计算作为锅炉设计计算软件包的一个系统，因此考虑了热力计算和其他计算间的相互关系。⑤ 现阶段为完全用来代替人工计算和抄写，并便于和原手工热力计算相对照，本程序计算结果的打印项目较多。⑥ 在热力通用程序初版完成、经大量验算和试用后，也可设计成其他算法语言程序（例如按 FORTRAN 语言设计程序）。

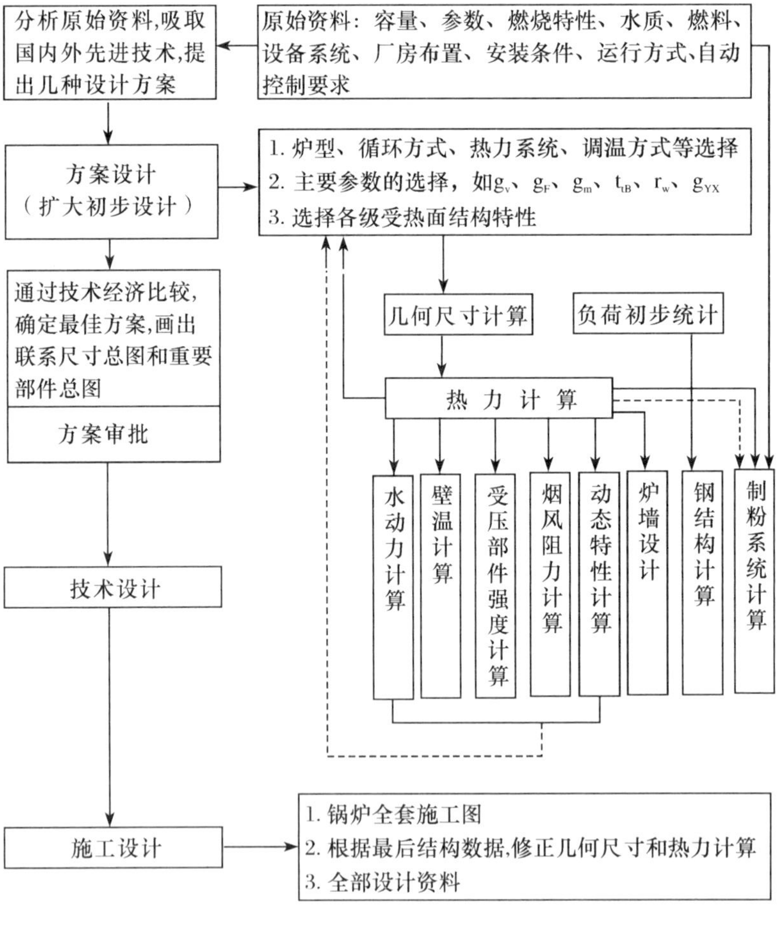

图 15 6　锅炉设计过程图

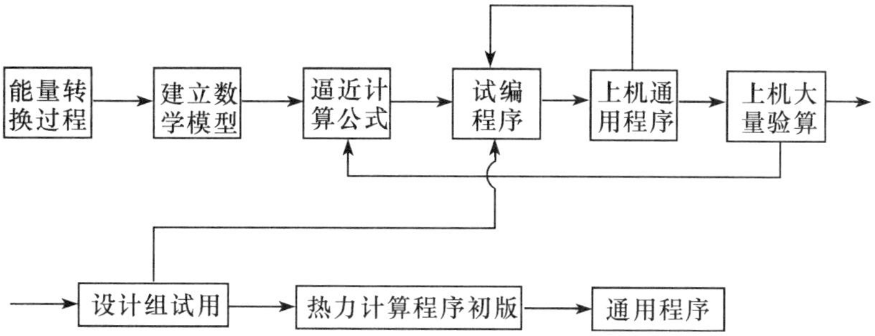

图 15 7　锅炉程序设计时遵循原则

(三) 计算程序的编写特点

1. 在程序设计上，为了减少不必要的重复，节约内存，节省机时，设计的程序尽量使用实现模块化和调用子程序的方法。例如，在热力计算中要多次用到已知烟气温度求烟气的热焓，在程序设计中把它设计成子程序，在主程序中多次调用。

2. 程序设计中尽量利用条件语言提高子程序的通用程度。例如，计算受热面温压 Δ 的子程序，由于适当地使用条件语句，使其可适用于逆流、顺流、平行混合流、连续混合流或交流等各种流动状况。

3. 锅炉热力计算涉及很多高次代数方程的求解，具体解算方法很多，其中之一采用了较易理解其计算思想的方法——平分区间法。图 15-8 为利用该方法的某子程序的框图。

4. 为了编写通用程序，在程序设计中将热力计算标准所用的计算图、空气和烟气的物理特性、水和水蒸气热力特性均建立数学逼近公式编写程序。例如，对于计算已知成分的烟气异热系数的修正值 $M\lambda$ 曲线，我们建立数学逼近公式：

$$M\lambda=\sum_{I=0}^{2}\ \sum_{J=0}^{2}A(I,J)\left(\frac{TI}{100}\right)(\gamma H_2O)J$$

式中：T——烟气平均温度；γH_2O——烟气中水蒸气所占的容积份额(已另编成子程序，其语句标号假设从 1001 开始)。

相对于一定范围的烟气平均温度和水蒸气容积份额，$A(I,J)$为一组固定常数 $A(0,0)$，$A(0,1)$，$A(0,2)$，…，$A(2,2)$。计算 $M\lambda$ 的程序可写成：

```
1300  DIM  A(2,2)
1350  GOSUB  1001(调用计算 γH2O 的子程序)
1310  INPUT"T=?";T
1315  ML=0
```

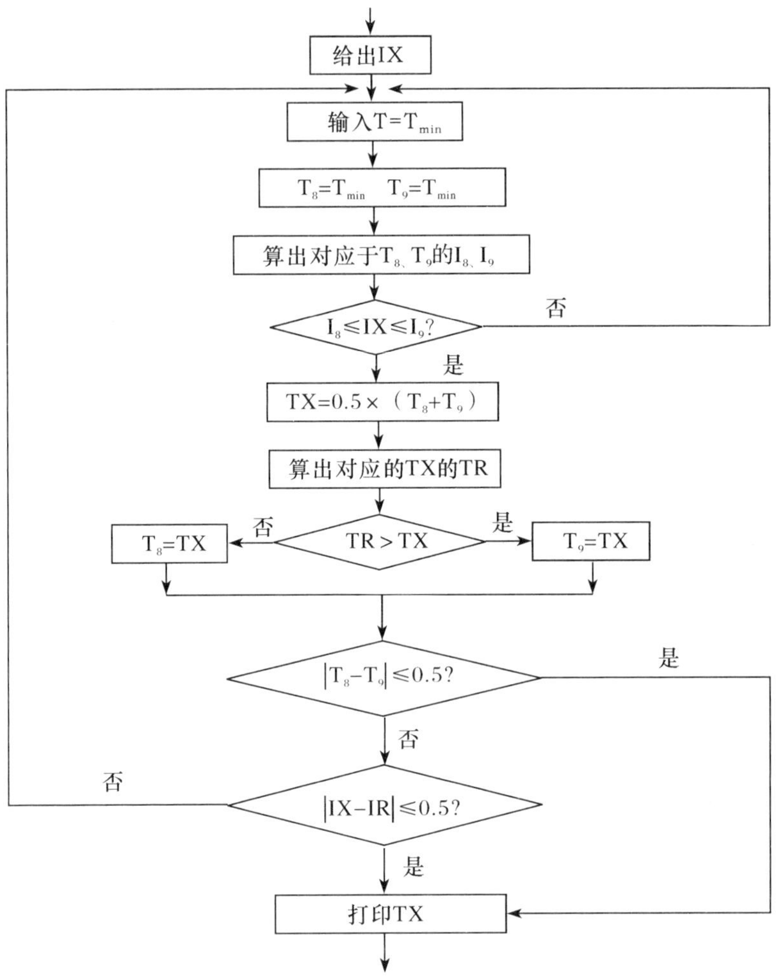

图 15 8　平分区间法子程序框图

```
1320  FOR  J=0  TO  Z
1325  FOR  I=0  TO  Z
1330  READ  A(I,J)
1335  ML=A(I,J)×(T/100)I×RHJ+ML
1340  NEXT  I
1345  NEXT  J
1350  PRINT  "ML=?";ML
1355  DATA  A(0,0),A(0,1),…,A(2,2)
1360  END
```

(四) 使用效果和经济效益

该程序通过微机进行了验算,在额定工况、变工况、报价设计等不同情况下,均取得了良好的使用效果,充分体现了计算机辅助设计的优点。简单归纳为:

1. 通过上机计算,计算结果证明程序计算结果是正确可信的,数学模型逼近公式准确可信,所编程序正确。

2. 达到了缩短设计周期,提高设计精度的目的,做到了以前人工计算几乎不可能进行的优化设计、变工况计算和报价设计。

3. 该程序通用程度高,可用于各种燃烧方式,燃用固体、气体、液体等各种燃料,各种容量等级的各种运行工况下的工业锅炉、热水锅炉和电站锅炉的设计。

4. 该程序反馈功能强,使设计人员(操作者)可以随意改变任一方面的数据,然后重新算出结果,更便于优化设计。

5. 该程序可用于运行中的锅炉调试工作和热平衡试验。由热力计算程序所建立的数学模型,可以较好地模拟锅炉的热力状态,这对运行中的锅炉很有帮助,尤其当煤种、漏风与送风、热损失等因素与原设计工况不符时,计算机可以迅速描述现行锅炉的热力状态,得出定性和定量的分析结果,指导运行单位在锅炉运行中提高节能效益。

第四节　新产品开发管理

一、新产品开发的规划

新产品开发规划,一方面要根据市场需求和遵循新产品开发的有关方针、政策;另一方面要注意将当前与长远、应用研究与基础研究相结合。规划的主要内容有以下几个方面:

1. 开发的目标。这主要包括开发新产品所要达到的技术经济指标、赶超国际先进水平的指标、市场销售目标、市场占有率水平、成本目标和利润目标等。在制定技术经济指标时,一定要考虑市场的需求与本企业的可能,并力求在同类型产品中具有本企业的特色。

2. 分析资料。主要是分析企业内部的人力、物力、财力以及技术状况;企业外部的市场供给与需求、原材料来源、进口件供应;国家的政策和法规,国家下达的指令性、指导性计划等。只有充分掌握这些资料,才有可能使新产品开发规划建立在可靠的基础上。

3. 实施规划。这包括实施规划的各项技术措施、组织措施、研制日程、研制方式,以及责任部门、协作单位等。

4. 按产品寿命周期理论进行新产品开发创新。根据产品寿命周期的发展变化，当一代新产品试制鉴定完成，投入市场并进入成长期时，就要立即组织力量转入下一代新产品的开发创新工作。在老产品处于成熟期、尚未进入衰退期时，就有新的一代产品投入市场接替，就能使企业保持原来的销售旺势。随着产品不断的开发创新，做到生产第一代，试制第二代，开发创新第三代，就能增强企业新的竞争能力，赢得市场。

由图 15-9 可以看出，当第一代产品投入市场时，就要进行第二代产品试制工作，同时开发第三代产品，研制第四代产品。如能做到新产品开发工作"长流水，不断线"，就能保证企业生产经营的长期稳定发展。

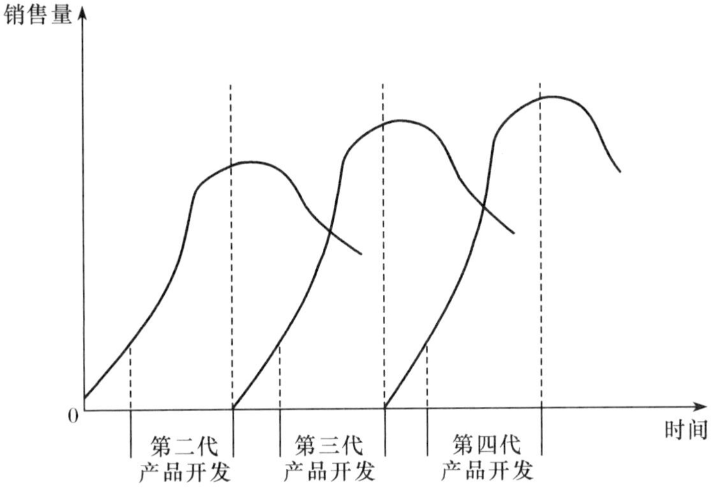

图 15 9　按产品寿命周期理论进行新产品开发创新

二、新产品开发的组织管理

（一）新产品开发的组织形式

1. 职能管理与开发设计合一的组织形式。这种形式是企业在总工程师领导下设立技术科(室)，负责新产品开发的组织管理工作，从事新产品开发设计、试制及生产技术工作。它一般适用于新产品开发项目较少，且产品又不太复杂的中小型企业。

2. 职能管理与开发设计相分离的组织形式。这种形式是企业设立技术科(室)，专门负责技术管理工作；此外，另设新产品开发设计单位、开发领导小组，专门从事科研和新产品的设计试制。这样使新产品开发有物质技术保证，同时也便于统一领导、指挥和配合，确保新产品开发各阶段工作的顺利进行。这种组织形式现已为不少企业所采纳,取得了良好效果。

(二) 新产品设计的组织形式

1. 单线式。它是按新产品成立设计组,在一名主任设计师的领导下,负责完成产品的全部设计工作,并参与试制、试验活动。这种形式的优点是责任明确,便于管理;缺点是要求设计人员具有多方面知识。

2. 复线式。这种形式是将新产品分成两类:一类是独立开发性的;另一类是一般性的,分别组织设计组进行设计。这种形式的优点是突出重点,对发展新产品较有利;缺点基本上与单线式一样。

3. 矩阵式。这种形式是既按新产品设置综合设计组,又按不同专业设置很多专业设计组。每个专业组都要承担不同产品的相同或相似的设计任务。其优点是克服了上述两种形式的缺点,有利于提高设计质量和设计人员水平。但是,采用这种组织形式,要求对综合设计组和专业设计组之间进行协调,对管理水平要求较高。

4. “项目中心”式。这种形式是按新产品开发项目将车间(分厂)里的设计、工艺、试验等有关人员都集中起来,与企业产品设计人员一起组成开发中心。从这些车间来的人员按各自的分工,在项目中参加产品设计、试制,一直到产品生产定型。而后他们便将产品设计带到各自车间,组织本单位应负责的那部分生产。这种形式的优点是:人才集中后,新产品设计快;人才分散下去后,新产品制造快;既有利于人才培养,又有利于产品开发。

第五节 价值工程在新产品开发中的应用

价值工程是一种行之有效的管理技术,是一种新兴的技术经济分析方法,它既可以应用于新产品的研制和开发,也可以应用于老产品的改进和更新。

一、价值工程的基本原理

价值工程是通过功能分析,力求以最低的总成本获得必要的功能,使产品价值得以提高的一项有组织的活动。价值工程中的价值、功能和成本三者关系如下式:

$$价值=\frac{功能}{成本} \qquad \left(或\ V=\frac{F}{C}\right)$$

从上式中可以看出,这里的价值与政治经济学中的价值概念不完全相同,它的功能与成本的关系,是从消费者的角度来考虑某种产品实用价值的。功能是一种产品的具体用途,即产品的使用价值。价值工程以功能分析为核心,保证产品的必要功能，消除不必要功能和剩余功能，努力减少功能成本。这里的成本也不是一般概念的产品成本，而是包括产品开发、制造、销售和使用期间的全部成本，以区别只讲节省制造成本，而忽略减少使用成本的偏向。

对产品开发来讲，上式中的价值就是产品开发方案的价值。在评价几个产品设计方案时，以价值高者为优。提高产品价值的主要途径有：① 功能提高，成本降低；② 功能提高，成本不变；③ 功能不变，成本降低；④ 功能大幅度提高，成本略有增加；⑤ 功能略有下降，成本大幅度降低。

二、应用价值工程的步骤

价值工程在新产品开发中的实施步骤，一般包括选择对象，收集情报，功能分析，方案的提出与评价，组织方案的实施和成果评价几个步骤。

（一）选择对象

选择价值工程对象，是价值工程活动成败的关键。就一个企业说来，往往同时开发和生产几种产品，每种产品又由许多零部件组成。从需要与可能来看，一般是先选产品，即选择成本降低潜力较大者；销售量较大者；结构复杂或不合理者。在产品对象选定后，还要对其组成部分进行分析，选出开展价值工程活动的重点零部件。选择对象的方法如下：

1. 成本比重法。在一个产品中，少数零件往往占产品成本的50%以上。若能将这部分零件的成本降下来，则整个产品的价值就会得到显著提高。这种方法是把占用较多成本的那些零件选出来，作为价值工程的重点分析和评价对象。

2. 强制确定法。它根据各零件的功能重要程度，采取一对一的比较方法进行评分，功能重要的得1分，次要的得零分，然后将各零件的得分占产品总得分的比重作为各自功能评价系数（系数值越高，零件重要程度越大），并按功能评价系数来分配目标成本，确定各零件的功能评价值。

例如，某种产品的目标成本为600元，该产品由A、B、C、D、E、F、G七种零件组成，各种零件的功能评价和现实成本列表15-2所示。

表15-2 各种零件的功能评价和现实成本

零件名称	对比结果（功能评价）								功能评价系数	现实成本（百元）（目前成本）
	A	B	C	D	E	F	G	评价值（得分）		
A	×	0	1	1	1	1	1	5	0.238	1.85
B	1	×	1	1	1	1	1	6	0.286	3.08
C	0	0	×	0	1	0	1	2	0.095	0.50

（续表）

零件名称	对比结果(功能评价)								功能评价系数	现实成本（百元）（目前成本）
	A	B	C	D	E	F	G	评价值（得分）		
D			1	×	1	1	1	4	0.190	0.83
E	0	0	0	0	×	0	0	0	0	0.43
F	0	0	1	0	1	×	1	3	0.143	0.15
G	0	0	0	0	1	0	×	1	0.048	0.56
合　计								21	1.00	7.4

试应用强制确定法进行功能分析，确定该产品提高价值的方向和重点。

步骤1，计算该产品的价值系数和成本系数降低幅度，如表15-3所示。

表15-3　该产品的价值系数和成本系统降低幅度

零件名称	功能评价系数	现实成本（百元）	成本系数	价值系数	按评价系数分配的目标成本（百元）	应降低的成本幅度（百元）
①	②	③	④$=\frac{③}{\sum ③}$	⑤$=\frac{②}{④}$	⑥=600×②	⑦=③−⑥
A	0.238	1.85	0.250	0.952	1.428	0.422(−)↓
B	0.286	3.08	0.416	0.688	1.716	1.364(−)↓
C	0.095	0.5	0.068	1.397	0.570	0.070(+)↑
D	0.190	0.83	0.112	1.696	1.140	0.310(+)↑
E	0	0.43	0.058	0	0	0.430(−)↓
F	0.143	0.15	0.020	7.150	0.858	0.708(+)↑
G	0.048	0.56	0.076	0.632	0.288	0.272(−)↓
合计	1.00	7.4	1.00	—	6	1.4(−)↓

步骤2，根据求出的价值系数栏中，A、B、G零件的价值系数小于1，所以可将它们作为价值分析对象，其中A、B零件成本系数最高，所以应确定B零件，或B、A零件为该产品提高价值的方向和重点。依目标成本要求，各零件应降低成本1.4百元。

3. 倍数确定法。它是根据各零件之间功能重要程度的比值来确定功能评价值的。其具体步骤为：① 用环比法确定各零件功能重要程度比值；② 算出各零件的功能修正比值；③ 将各零件的修正比值分别除以修正比值总和，求出各零件的功能重要度系数；④ 按比重分摊产品目标成本，得出各部分功能评价值。其计算过程见表 15-4。

表 15-4 倍数确定法计算过程

零件	功能相互比值	功能修正比值	功能重要度系数	功能评价值
A	7.00	10.5	0.55	3 300
B	0.25	1.5	0.08	480
C	6.00	6.0	0.32	1 920
D	—	1.0	0.05	300
合计		19.0	1.00	※6 000(目标成本)

上表功能相互比值栏中 7、0.25、6 分别表示 A 零件功能比 B 零件功能重要 7 倍，B 零件功能比 C 零件功能重要 0.25 倍，C 零件功能比 D 零件功能重要 6 倍。功能修正比值栏中以 D 零件为基准，比值定为 1，C 零件比 D 零件重要 6 倍，故修正比值为 1×6=6。以此类推，得出 B、A 零件的修正比值分别为 1.5 和 10.5。

(二) 收集情报

围绕所选定对象广泛收集有关产品设计、工艺、生产、销售等方面情报，取得价值工程活动的依据。

(三) 功能分析

它是价值工程的核心。功能分析包括功能定义、功能分类、功能整理和功能评价四个方面的内容。

1. 功能定义，即用准确而扼要的语言对产品及其零部件的各种功能加以描述，以确定其必要功能。

2. 功能分类，一个产品往往有多种功能。功能可分为基本功能和辅助功能；使用功能和装饰功能；必要功能和不必要功能；合适功能和过剩功能等。

3. 功能整理，即通过功能分类和明确功能系统，找出并排除不必要的功能，补充不足功能，并进一步明确和修正功能定义。

4. 功能评价，即计算出各产品及零部件功能的价值系数和成本可望降低幅度。其数值为目标成本与必要(最低)成本之差。

(四) 方案的提出与评价

价值工程的基本目标是在功能分析的基础上，提出更为合理的产品设计方案，提高其价值。因此,不论是提出新的产品设计方案,还是改进老产品设计方案,都要对以下问题进行分析评价:① 此方案有没有多余或不足的功能?② 除此方案外,是否还有其他方案可以实现这种功能?③ 实现各种方案的成本是多少?④ 新方案是否能实现规定的功能?

(五) 组织方案的实施和成果评价

这是价值工程的最后步骤,它包括产品设计方案审批、实施和成果评价三个方面:

1. 方案审批。由设计人员将方案优选前后的功能、成本以及其他指标整理出来,形成文件报企业领导部门审查批准后执行。

2. 方案实施。它包括确定方案实施负责单位和个人;编制具体实施计划;明确分工进度和质量要求;制定验收标准;组织方案实施;进行详细成本核算等。

3. 成果评价。产品设计方案的实施效果可用以下指标评价。

(1) $全年净节约额=\left(\begin{matrix}改进前\\成\ \ 本\end{matrix}-\begin{matrix}改进后\\成\ \ 本\end{matrix}\right)\times\begin{matrix}年产\\量\end{matrix}-\begin{matrix}价值工程\\活动费用\end{matrix}$

(2) $节约百分数=\dfrac{改进前成本-改进后成本}{改进前成本}\times100\%$

(3) $节约倍数=\dfrac{全年净节约额}{价值工程活动费用}$

节约倍数大于1的方案才是成功的方案,价值工程才算获得成功。

第十六章

质量管理与控制

随着经济全球化，市场区域一体化的发展，产品质量已成为企业生死攸关的大问题。这是因为企业不仅面临着一个竞争激烈、强手如林的国际市场，而且也面临着一个前所未有的竞争激烈的国内市场。显然，如果进入市场的产品不能在质量、品种、价格和售后服务方面取得优势，企业就难以在市场竞争中求得生存和发展，难以在严峻的市场环境中，争得“一席之地”。因此，企业必须加快技术创新步伐，采用先进的工艺技术，不断提高产品质量，降低活劳动和物化劳动的消耗，增强国内外市场竞争能力，从而达到不断提高企业经济效益的目的。本章将着重对质量管理及其发展、全面质量管理和质量保证体系、质量管理的统计方法、质量成本控制、质量认证和系列标准等方面进行阐述。

第一节　质量管理及其发展

一、质量与质量管理

（一）质量的含义

ISO 对质量新定义是：“质量是产品或作业所具有的、能用以鉴别其是否合乎规定要求的一切特性或性能”。① 质量有广义和狭义之分。广义的质量是指：产品、过程或服务满足规定要求的特征和特性的总和。根据这一含义，质量可分为产品质量、工序质量和工作质量。产品质量是指产品适合于规定用途，满足人们固有要求的特性。工序质量（又称工程质量）是指工序能够稳定地生产合格产品的能力。工作质量是指企业的管理工作、技术工作和组织工作对达到质量标准和提高产品质量的保证程度。狭义的质量是指产品质量。产品质量包括内在质量特性，如产品的结构、性能、精度、纯度、物理性能、化学成分等；外部质量特性，如产品的外观、形状、色泽、手感、气味、光洁度等。

---

① 摘自 ISO 9000—2015 版的《质量管理体系——基础术语》。

质量特性可概括为产品性能、寿命、可靠性、安全性和经济性五个方面。

(二) 质量管理

美国著名质量管理专家约瑟夫·朱兰曾说到:“20世纪是生产率的世纪,21世纪是质量的世纪,质量是和平占领市场最有效的武器”。关于质量管理的定义,各国学者有着不同的论述,但基本内容是一致的。日本质量管理大师石川馨认为:“质量管理就是开发、设计、生产、提供最经济、最有用、买方满意地购买的优质产品。”全面质量管理创始人菲根堡姆认为:“质量管理就是为了在最经济的水平上,生产出充分满足顾客质量要求的产品。而综合协调企业各部门活动,构成保证与改善质量的有效体系。”综上所述,质量管理是指用最经济最有效的手段进行设计、生产和服务,以生产出用户满意的产品。

质量管理工作的步骤,一般是根据实践和试验,发现产品质量上的薄弱环节和问题,从科学技术原理、工艺、心理上研究产生的原因;在技术组织管理上,采取有针对性的改进措施,并组织稳定的生产工艺路线,切实加以改进,将改进的结果同原来情况进行对比,看是否达到预期效果;在主要质量问题得到解决时,次要问题又上升为主要矛盾,这时再重复上述过程,以解决新产生的质量问题。

二、质量管理的发展阶段

研究质量管理的发展阶段,有助于我们正确认识质量管理的产生、发展的必然性和实现全面质量管理的重要性。质量管理的发展大致经历了质量检验、统计质量控制和全面质量管理三个阶段。

(一) 质量检验(SQI)

20世纪初至20世纪40年代,这一时期的质量管理工作是单纯依靠检验,剔出废品,以保证产品质量。其方法是全数检验或抽样检验,其作用是事后把关,不让不合格品出厂或转到下道工序。但是,它对已产生的废次品只能起到“死后验尸”,而不能预防不合格品的发生,而且对那些不便全数检验的产品,如炮弹、感光胶片等,也无法起到“把关”的作用。

(二) 统计质量控制(SQC)

20世纪40年代至50年代,欧美一些国家开始运用概率论与数理统计方法,控制生产过程,预防不合格品的产生。数理统计方法是在生产过程中进行系统的抽样检查,而不是事后全检。它的具体做法是将测得的数据记录在管理图上,可及时观察和分析生产过程中的质量情况。当发现生产过程中质量不稳定时,能及时找出原因,采取措施,消除隐患,防止废品再发生,以达到保证产品质量的目的。第二次世界大战中,美国许多兵器工厂,将数理统计方法和质量控制图法运用于生产,取得了显著的经济效益。但是,由于片面强调质量管理统计方法,忽视组织管理工作的积极作用，使人们误认为质量管理就是运用数理统计方法。同时，因数理统计理论比较深奥，计算方法也较复杂，人们对它产生了高不可攀的错觉，因此，在一定程度上限制了它的普及与推广。

(三) 全面质量管理(TQC)

20 世纪 50 年代末和 60 年代初，美国通用电气公司费根堡姆和质量管理专家朱兰提出了全面质量管理的概念，简称 TQC。经过几十年来的实践和运用、总结和提高，全面质量管理的内容和方法得到了充实、发展和提高。

第二节　全面质量管理和质量保证体系

一、全面质量管理的特点

全面质量管理是指以产品质量为核心，以全员参与为基础，建立起一套科学严谨、高效的质量体系，以提供满足用户需求的产品或服务的全部活动。从这一定义出发，全面质量管理具有以下几个特点：

1. 管理的对象是全面的。不仅要管好产品质量，而且要管好产品质量赖以形成的工作质量。它要求在产品质量、功能、价格、交货及服务等方面使用户满意。

2. 管理的范围是全面的。它要求实行全过程的质量管理，把形成产品质量的设计试制过程、制造过程、辅助生产过程、使用过程都管起来，以便全面提高产品质量。优质产品是设计和生产出来的，因此全面质量管理要求把不合格的产品消灭在它的形成过程中，做到防检结合，以防为主，并从全过程各环节致力于质量的提高，从而树立“下道工序就是用户”，“努力为下道工序服务”的思想。

实行全过程的管理，不仅要保证产品设计、工艺加工过程和产品出厂质量，而且还要保证使用质量。这就把质量管理从原来的生产制造过程扩展到市场调研、质量发展规划、研究开发、设计、试制鉴定、试验、工艺技术、原材料供应、检测仪表、生产、工序控制、成品检验、包装、销售、用户服务等各个环节，构成螺旋形上升过程。质量管理的各个环节螺旋形上升过程如图 16-1 所示。

3. 参加质量管理的人员是全面的。它要求企业各部门、各环节的全体员工都参加质量管理。只有人人关心质量，上下一起动手，主要领导亲自抓，分管领导具体抓，各个部门和各环节协同抓，企业的质量管理才能搞好，生产优质产品才有可靠保证。

4. 管理质量的方法是全面的。它在质量分析和质量控制上都必须以数据为科学依据，以统计质量控制方法为基础，全面综合运用各种质量管理方法；必须实行组织管理、专业技术、数理统计三结合，充分发挥它们在质量管理中的作用。

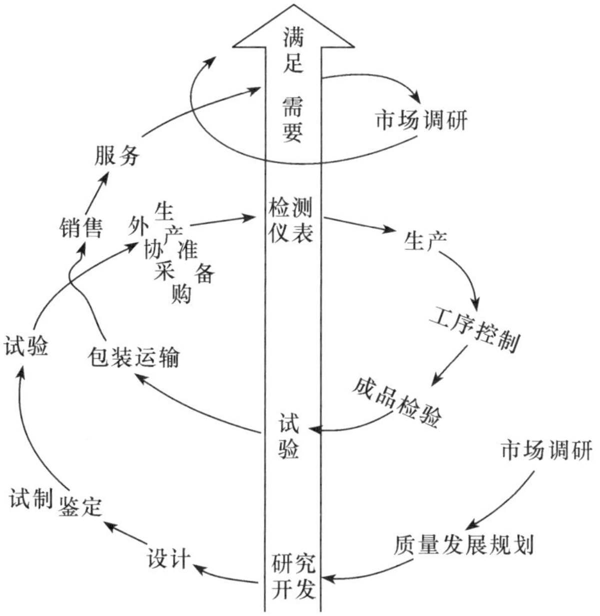

图 16-1 质量管理各环节螺旋形上升过程图

二、全面质量管理的内容

全面质量管理的内容包括设计、制造、辅助生产、使用过程的质量管理。

(一) 设计过程的质量管理

质量是设计、制造出来的，而不是检验出来的。产品设计决定了产品的先天性质量，制造使设计的质量要求得到实现。因此，设计过程的质量管理是一个关键环节。设计过程应做好以下工作：制定好产品质量目标；参与设计审查、工艺验证和试制鉴定；进行产品质量的经济分析。

(二) 制造过程的质量管理

制造过程是产品质量的直接形成过程，因此这一过程管理的重点，是建立一个能够稳定地生产合格产品的管理网络，抓好每个环节上的质量保证工作，即把影响工序能力的因素都管起来，防止和减少废品的产生。同时要做到不合格的原材料不投产，不合格的零件不转入下道工序，不合格的成品不出厂，保证出厂产品都合格。制造过程质量管理，应抓好以下几项工作：加强工艺质量，严格工艺纪律；组织均衡生产和文明生产；组织自检、互检和采用专用智能检测装置，加强对不合格品的管理；及时掌握质量动态，进行质量分析；运用统计质量控制方法，搞好工序质量控制。

(三)辅助生产过程的质量管理

企业辅助生产过程主要包括物料供应、工具供应、设备维修等内容。这些工作的好坏都直接影响着制造过程的质量。因此,要重视提高这些辅助环节的工作质量。具体措施有:① 在物料供应上,要求供应商以较短的提前期和时间间隔,频繁地、小批量地供应原材料和零件,严格质量检验,做到不合格的原材料不投产,不合格的零件不转入下道工序;② 在刀具等工具供应上,要求刀具直送工位,采取定时定量强制换刀,以保证产品加工质量,降低刀具消耗,提高刀具使用寿命;③ 在设备维修上,要求机电维修人员现场驻屯,巡回走动,强化预防维修,即由原来的"坐堂先生"变为主动上门巡诊,做到加强设备的维护保养,快速排除故障,为生产工人提供准时、优质的服务,从而降低设备的故障率和停歇台时。

(四)使用过程的质量管理

产品的质量特性是根据使用要求设计的,产品实际质量的好坏,必须在使用过程中才能作出充分的评价。因此企业的质量管理工作必须从生产过程延伸到使用过程,使用过程是考验产品实际质量的过程,是质量管理的"归宿点",又是企业质量管理的起点。产品使用过程的质量管理,应抓好以下工作:积极开展技术服务,包括编写产品使用保养说明书,帮助用户培训操作维修人员,指导用户安装和调试,建立维修服务网点,提供用户所需备品配件等;进行使用效果与使用要求的调查;提高售后服务,变"三包"(包修、包换、包退)为"三保"(保证向用户提供优质产品、充足的配件、良好的服务)。

三、质量保证体系

质量保证是指生产企业对用户在产品质量方面提供的担保,保证用户购得的产品在寿命期内质量良好,性能、寿命、可靠性、安全性、经济性都符合规定要求,使用正常。质量保证体系是指运用系统的原理和方法,以保证和提高产品质量为目标,把企业各部门、各环节的生产经营活动严密地组织起来,规定它们在质量管理方面的职责、任务和权限,并建立统一协调这些活动的组织机构,使企业内形成一个完整的质量管理有机体。

质量保证体系是全面质量管理深入发展的必然产物。从一些先进企业的实践来看,建立和健全质量保证体系,必须做好以下工作:

1. 加强统一领导,建立全面质量管理网络,严格贯彻质量责任制。

2. 制定质量方针(质量第一、用户第一、服务第一、赶超先进水平),确定质量目标(预定的长期目标、短期目标),编制质量计划(目标计划、指标计划、改进措施计划)。

3. 运用"PDCA 循环"(即计划—实施—检查—处理),推动整个质量工作系统协调运转。PDCA 循环是提高产品质量,改善企业经营管理的重要方法,是质量保证体系运转的基本方式。

4. 推行质量管理业务标准化、管理流程程序化。

5. 加强质量意识教育，积极开展质量管理小组活动。

6. 建立质量信息反馈系统，不断完善质量管理的基础工作（标准化、计量、理化、情报、责任制）等。

第三节　质量管理的统计方法

一、质量管理统计方法的理论基础

（一）质量管理中的数据

数据是反映事物性质的一种量度。在质量管理中，所涉及的数据按其本身特性来分，一般可分为计量值数据和计数值数据两大类。

计量值数据是指用测试工具可连续测取的数据。例如，产品的长度、重量、温度、体积、材料的强度、硬度及化学成分等，可以用小数表示。现以长度为例，在1厘米与2厘米之间可连续地取1.1，1.2，1.3，…在1.1厘米与1.2厘米之间又可连续地取1.11，1.12，1.13，…因此，所取之值可为小数是连续的。计数值数据是以个数计算质量特性的。如合格品与废品件数、疵点数、缺陷数等，不必用仪器连续测取，一般用整数表示。

收集数据一般采用抽样检查的方法。抽样检查的对象称为母体，从母体中抽取的一部分样品叫子样。对子样进行测试就得到若干数据，通过对数据的整理分析，便可判断母体是否符合质量标准。同时，由于目的不同，收集数据的对象和方法主要有两种：一种是以工序为对象，按零件或产品生产时间先后顺序取样，如每间隔一段时间连续取几件子样，进行检验，多用于工序质量控制；另一种是以一批产品为对象，按一批产品随机抽样进行测试，每件产品被抽取的概率完全相等，多用于产品验收。

（二）产品质量波动

产品加工即使在相同的工艺技术条件下，所生产出来的产品，都不会绝对相同，其产品质量总是在一定范围内波动的。影响质量波动的原因很多，但可归纳为两大类：

1. 正常原因（随机原因、偶然原因）。如机床的微小振动，工具的正常磨损，夹具的微小松动，操作和材质的微小变化等。这些因素所引起的质量波动是生产中不能完全避免的。

2. 异常原因（系统原因）。如机床振动太大，工具过度磨损，量具准确性差，材料规格不符，工人过度疲劳等。这些原因造成的质量波动较大，使工序处于不稳定或失控状态，只要采取措施，是可以消除和避免的。

（三）质量波动的正态分布

在正常情况下，产品质量特性分布是成正态分布的，如果将产品按质量特性（尺寸、重量等）分成若干组，计算出每组产品数，以质量特性为横坐标，以数量为纵坐标，以各矩形的高度表示各组的产品数，画出一个质量分布图，连接矩形顶端就得到一条光滑的曲线，此曲线就是正态分布曲线。

根据概率论的原理，在正态分布下，从总体中抽取子样，求出平均值 x，再求出标准差 σ 后，就可以判定总体的偏差范围，作出正态分布曲线，如图 16-2 所示。

标准差的计算公式如下：

$$\sigma=\sqrt{\frac{\sum(x-x)^2}{n}}=\sqrt{\frac{\sum(\text{各个数值}-\text{各数值平均数})^2}{\text{数值的数目}}}$$

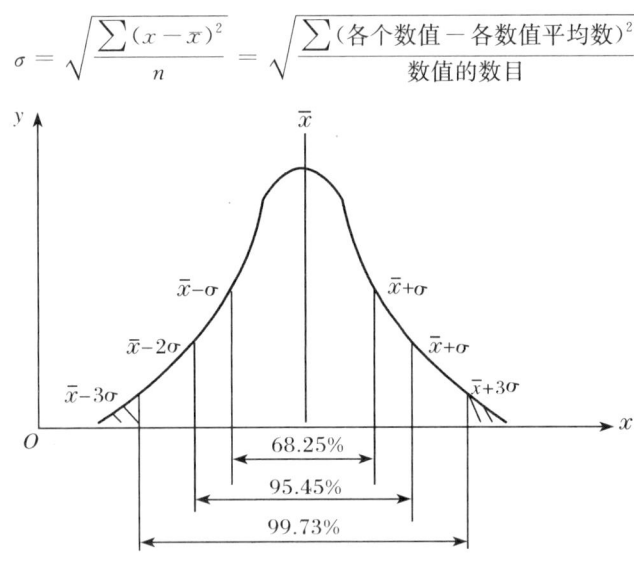

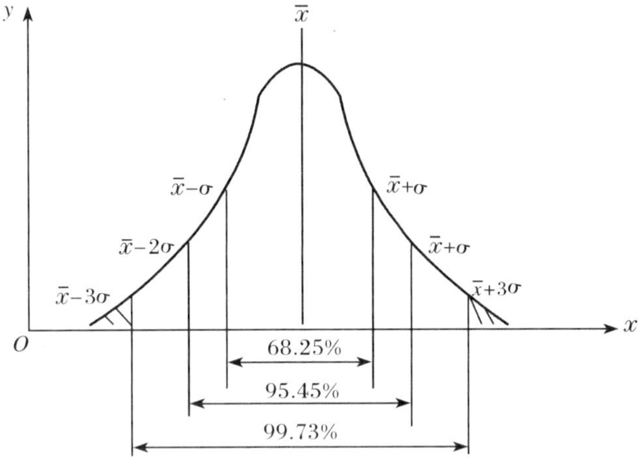

图 16-2 正态分布图

正态分布曲线具有以下特点：

1. 当 x 值等于平均值 x 时，曲线处于最高点，表示频数最高；靠近 x 的偏差出现的概率较大，反之则较小。

2. 曲线以 $x=x$ 时，垂直线为对称轴，呈左右对称，出现中间高、两边低的钟形。

3. 曲线与横坐标所围成的面积等于 1，表示正常情况下，测得的数据值都落在此面积内，即曲线与 $x\pm\sigma$ 范围内的面积占 68.25%；曲线与 $x\pm2\sigma$ 范围内的面积占 95.45%；曲线与 $x\pm3\sigma$ 范围内的面积占 99.73%。

4. 在一定范围（$\pm3\sigma$）以外的偏差，出现的概率是很小的。从图 16-2 阴影部分可以看出，抽查产品的数据与平均值 x 相比，超越 $\pm3\sigma$ 数值的，1 000 件中只有 3 件。99.73%的数值都在控制界限内，超出这个界限的仅有 3‰的可能性，这通常称为3‰规律。因此，根据这一规律，以平均值 $\bar{x}$ 为中心，计算出上下控制界限（±3σ），作出控制图，能对生产过程中的加工产品质量进行控制。

(四) 工序能力指数

工序能力是指工序在正常和稳定状态下，所表现出来的保证生产合格产品的能力。从一定意义上来说，工序能力也可以理解为工序质量。从定量角度看，工序加工产品的质量特性数据的波动幅度（分散程度）可用6σ来表示，即表示工序质量能力大小的B为6倍标准差σ。

工序能力指数（C_p）是反映工序能力满足质量要求程度的一个量度，它可以用产品公差范围（T）与工序能力（B）的比值来反映。其计算公式如下：

$$C_p=\frac{T}{B}=\frac{T}{6\sigma}=\frac{T_u-T_L}{6\sigma}$$

式中：T——公差范围（T=公差上限－公差下限）；B——工序能力（即正常的尺寸分布范围）；T_u——公差上限；T_L——公差下限。

例如，已知抽查一批零件的σ是0.0052mm，T为0.05mm，求工序能力指数。

解：
$$C_p=\frac{0.05}{6\times 0.0052}=1.6$$

从上式和实例可知，为了保证工序所生产的产品合格，实际尺寸的分布范围（即工序能力）必须小于公差范围，并使两者中心线相重合。

工序能力指数是衡量工序质量能力的综合性指标，通过对工序能力的测算，可以了解工序能否保证质量，满足公差的要求。工序能力指数的高低，可根据表16-1的标准来判断。

表16-1　工序能力指数高低的判断标准

C_p	判　断　标　准
$C_p>1.33$	工序能力充分满足要求，但过大时，应避免设备精度浪费
$C_p=1.33$	工序能力较理想
$C_p>1$	表明工序能力尚可，加工精度能满足公差要求
$C_p=1$	有发生不合格品的可能性
$C_p<1$	工序能力不足，应采取措施，改变工艺条件
$C_p<0.67$	表明工序能力非常不够，已产生大量废品，应立即停产，查出原因，采取改进措施

在测定工序能力指数时，当实际尺寸分布中心（$\bar{x}$）与公差中心（M）不一致，即存在中心偏移量（ε）时，会产生如图16-3的现象。

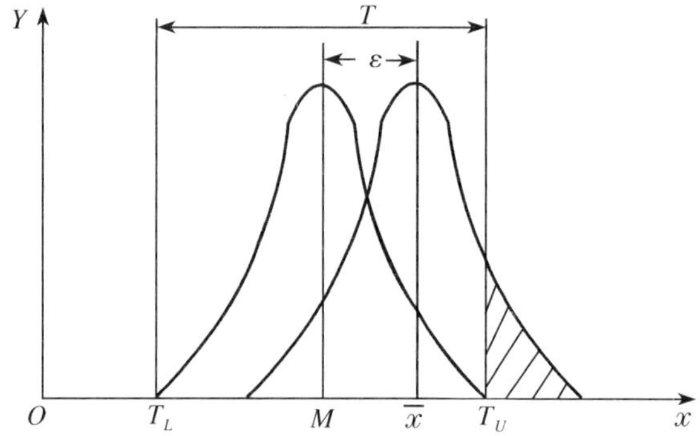

图中：T——公差范围；M——公差带中心；$\overline{x}$——实际尺寸分布中心；ε——实际尺寸分布中心对公差中心的偏移量$=|M-\overline{x}|$。

图 16-3　$\overline{x}$ 与 M 不重合分布图

这时应首先通过对设备进行调整，让实际尺寸中心与公差中心重合后，再计算 C_p 值。也可将计算出的 C_p 值作如下修正：

修正的工序能力指数为：

$$C'_p=(1-K)\cdot C_p=\left(1-\frac{|\overline{x}-M|}{T/2}\right)\cdot C_p$$

$$=\left(1-\frac{2\varepsilon}{T}\right)\cdot\frac{T}{6\sigma}=\frac{T-2\varepsilon}{6\sigma}$$

式中：K—— 偏移修正系数；$M=(T_u+T_L)\div 2$。

例如，已知一批零件轴抽查得 σ 为 0.0052mm，T 为 0.05mm，从直方图测得实际尺寸分布中心对公差中心的偏移量为 0.008mm。求其修正的工序能力指数。

解

$$C'_p=\frac{0.05-2\times 0.008}{6\times 0.0052}=1.09$$

计算结果表明工序能力尚可，加工精度能满足公差要求。

二、质量管理常用的统计方法

质量管理常用的统计方法有：主次因素排列图、因果分析图、相关图、分层法、调查表、直方图、控制图，通常称为质量管理的七种工具。这七种方法应相互结合，灵活运用，可有效地控制和提高产品质量。

（一）主次因素排列图法

主次因素排列图又叫帕累托图。它是找出影响产品质量主要因素的一种简单而有效的方法。由于影响产品质量的因素很多，而主要因素往往只是其中少数几项，由它造成的废品却占总数的绝大部分。主次因素排列图的基本形式，如图 16-4 所示。

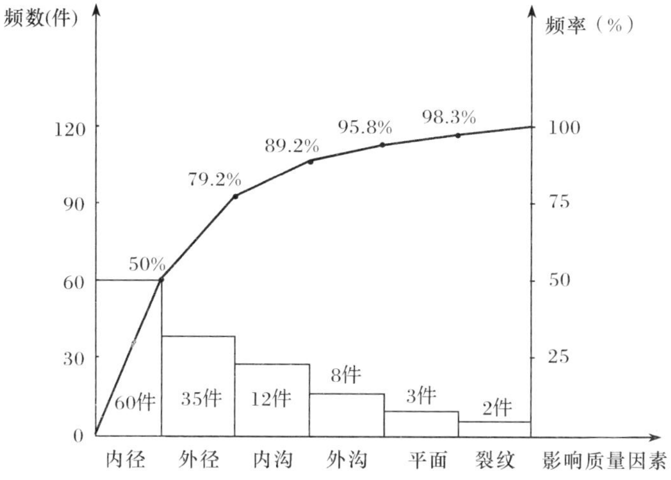

图 16-4 轴承套圈不合格品排列图

主次因素排列图中有两个纵坐标，一个横坐标，几个长方形，一条曲线，左边纵坐标表示频数(件数)，右边纵坐标表示频率，以百分数表示。横坐标表示影响产品质量的各项因素，按影响因素大小从左向右排列。曲线表示各影响因素大小的累计百分数，通常把累计百分数分为三类：0～80%为 A 类因素，称为主要因素；80%～90%为 B 类因素，称为次要因素；90%～100%为 C 类因素，称为一般因素。主要因素找到后，就可以集中力量加以解决。

(二) 因果分析图法

因果分析图又叫鱼刺图、树枝图。它是一种分析影响质量诸因素的有效方法。影响产品质量的因素很多，从大的方面分析，有设备、原材料、操作者、工艺方法、作业环境等方面。从小的方面分析，每一方面又有许多具体影响因素，这些因素又是其他因素作用的结果。因果分析最常用的是因果分析图，如图 16-5 所示。

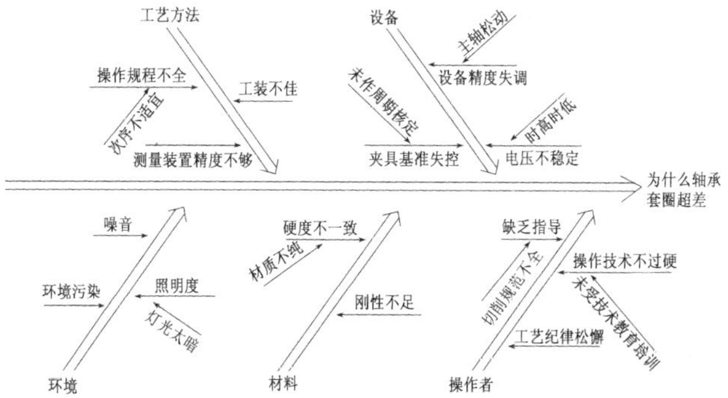

图 16-5 因果分析图

这种方法的主要特点在于能够全面地反映影响产品质量的各种因素，而且层次分明，可以从中看出各种因素之间的关系。通过这种分析，有助于使管理工作越做越细，从而找出产生废品的真正原因，然后对症下药，采取措施加以解决。

（三）相关图法

相关图又叫散布图。它是把两个变量之间的相关关系，用直角坐标系表示的图表。这种方法是用影响质量特性因素的各对数据，用点子填列在直角坐标图上，以观察判断两个质量特性之间的关系，对产品或工序进行有效控制。例如，在热处理中，要找出淬火硬度与淬火温度的关系，可作图 16-6。

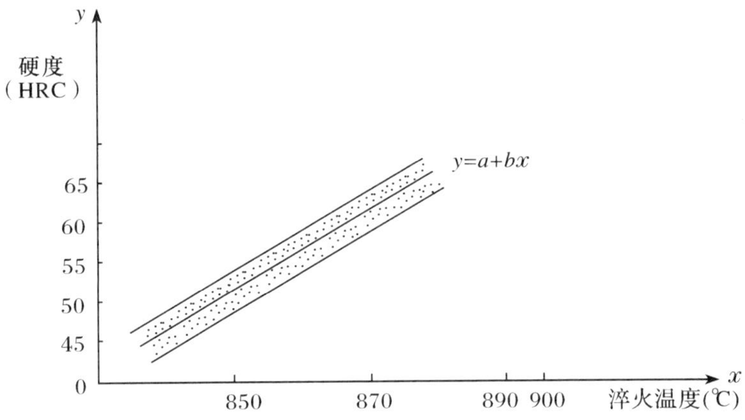

图 16-6 淬火硬度与淬火温度相关图

图 16-6 中，x，y 两种因素所决定的数据近似一条直线，表明淬火硬度与淬火温度近似相关，可用直线方程式 $y=a+bx$ 计算。明确这一关系后，就可以根据硬度要求，掌握淬火温度。

（四）分层法

分层法又叫分类法。它是一种把收集来的原始质量数据按照不同目的加以分类整理，以便分析影响产品质量的具体因素的方法。分层可从不同角度分，如按设备、工艺方法、原材料、操作者、缺陷项目、检测手段等来分类。分层的目的是为了分清责任，找出原因。分层法没有独立固定图表，但可用各种统计图表，如分层的排列图、分层的直方图、分层表等进行分层。

例如，某轧钢企业的废品分层结果如表 16-2 所示。

表 16-2　某轧钢企业 2021 年 8 月废品分层表

废品项目	废　品　数　量　（件）			
	甲车间	乙车间	丙车间	合　计
尺寸超差	30	15	10	55
轧废	10	28	10	48
耳子	5	10	25	40
压痕	8	4	8	20
其他	3	1	2	6
小　计	56	58	55	169

（五）调查表法

调查表又叫核对表。它是利用统计图表来记录和积累数据，并进行整理和粗略分析影响产品质量原因的一种常用图表。常用的调查表有缺陷位置调查表、不良品原因调查表、频数分布调查表等。如铸件的不良品原因调查表，见表 16-3 所示。

表 16-3　不良品原因调查表

不良品原因 / 模　号	裂　纹	气　孔	掉　砂	……
A	正		正	
B		正	正	
C	下		下	
⋮				

（六）直方图法

直方图又叫质量分布图。它是工序质量控制的重要手段，是一种静态的质量分析与控制的统计方法。它通过对抽查过去的质量数据的加工整理，找出其分布规律，从而判断整个生产过程是否正常。绘制直方图，首先将测得的质量数据进行分组，并整理成频数表，然后据以绘出直方图。

现以$\varnothing 8^{-0.10}_{-0.05}$mm 的螺栓外径的生产为例，现从一个生产批量的某道工序中，随机抽取 100 个子样，测得其数据如表 16-4 所示。

表 16-4　螺栓抽样数据表

测量单位：0.001mm

7.937	30	18	25	23	30	20	29	22	25
30	25	12△	25	27	20	25	28	18	37
36	30	25	25	27	24	30	30	22	22
14	30	26	25	27	25	26	35	25	16
24	25	28	27	23	29	23	30	20	18
29	18	24	20	22	22	20	38△	27	27
28	20	22	22	23	25	29	25	22	35
20	18	23	27	29	30	30	24	25	31
18	28	16	23	31	26	25	30	30	22
20	28	19	25	23	18	22	35	30	22

现作直方图，步骤如下：

步骤 1，收集数据，一般在 100 个左右。本例取数据 $N=100$。

步骤 2，找出数据中最大值（$X_{Max}=7.938$）与最小值（$X_{Min}=7.912$），并计算出最大值与最小值之差（极差 R），$R=X_{Max}-X_{Min}=7.938-7.912=0.026$。

步骤 3，确定组数（用 K 表示）。一批数据究竟分多少组，可根据抽样数据的多少而定。分组要适当，组数太多，画出的直方图会成“折齿状”；组数太少，则可能使各组数据差别太少，难以看出分布的规律性。一般来说，组数可从表 16-5 中的数据选取，本例取 $K=10$。

表 16-5　数组和数据关系

数据个数（N）	分组个数（K）
50 以下	7 以上
50～100	6～10
100～250	7～12
250 以上	10～20

步骤 4，计算组距（用 h 表示）。将极差 R 除以组数 K，并取近似值得：

$$h=\frac{R}{K}=\frac{0.026}{10}=0.0026\approx 0.003$$

步骤 5，确定组界值。确定分组的组界，应从一端开始确定，把最小值分在第一组的中间位置上，并使分组的组界值比抽取的数据多一位小数，以使数据不致落在两个组界值上。因此，分组的组界值必须带上最小测量单位的 1/2 尾数。

第一组的下界限值应按下式计算：

$$最小值(X_{Min})-\frac{最小测量单位}{2}=7.912-\frac{0.001}{2}=7.9115$$

第一组的下界限值加上组距，就是第一组的上界限值：

$$7.9115+0.003=7.9145$$

第二组的下界限值就是第一组的上界限值，第一组的上界限值加上组距(h)即为第二组的上界限值。其余类推，则可确定各组的组界，见频数分布表 16-6 所示。

表 16-6　频数分布表

组号	组距(h)	组中值(x_i)	频数分布统计	频数 f_i ①	简化中心值 u_i ②	f_iu_i ③=①×②	$f_iu_i^2$ ④=②×③
1	7.9115～7.9145	7.913	||	2	−4	−8	32
2	7.9145～7.9175	7.916	||	2	−3	−6	18
3	7.9175～7.9205	7.919	卌卌卌|	16	−2	−32	64
4	7.9205～7.9235	7.922	卌卌卌|||	18	−1	−18	18
5	7.9235～7.9265	7.925(a)	卌卌卌卌|||	23	0	0	0
6	7.9265～7.9295	7.928	卌卌卌||	17	1	17	17
7	7.9295～7.9325	7.931	卌卌卌	15	2	30	60
8	7.9325～7.9355	7.934	|||	3	3	9	27
9	7.9355～7.9385	7.937	||||	4	4	16	64
合计				100		8	300

步骤 6，计算各组的组中值(x_i)，组中值是每组中间的数值，可按下式计算：

$$x_i=\frac{某组的下界限值+该组上界限值}{2}$$

$$本例第一组的组中值\ x_1=\frac{7.9115+7.9145}{2}=7.913$$

$$第二组的组中值\ x_2=\frac{7.9145+7.9175}{2}=7.916$$

其余类推。

实际上，上一组的组中值加上组距(h)，就是下一组的组中值。

步骤 7，统计各组频数。从 100 个数据中，按尺寸分布情况，分别加以统计，得：有两个零件在 7.9115～7.9145 之间，有两个零件在 7.9145～7.9175 之间……也可以看出大量零件尺寸集中在 7.925 左右。然后将频数统计数填入表 16-6 中 f_i 栏内。

步骤 8，计算各组简化中心值 u_i。令频数 f_i 最大的那一栏的组中值为 a，则可用下式确定各组的 u_i 值：

$$u_i=\frac{\text{各组组中值 } x_i-a}{h}$$

本例 a=7.925

则 第一组的 $u_i=\frac{7.913-7.925}{0.003}=-4$

其余类推。

步骤 9，计算频数与简化中心值的乘积 f_iu_i，填入表 16-6 相对应栏内。

步骤 10，计算频数与简化中心值平方乘积 $f_iu_i^2$，填入表 16-6 相对应栏内。

步骤 11，计算平均值 $\bar{x}$、标准偏差 σ 和工序能力指数 C_p 值。

$$\bar{x}=a+h\times\frac{\sum f_iu_i}{\sum f_i}=7.925+0.003\times\frac{8}{100}$$

$$=7.925+0.00024=7.9253$$

$$\sigma=h\times\sqrt{\frac{\sum f_iu_i^2}{\sum f_i}-\left(\frac{\sum f_iu_i}{\sum f_i}\right)^2}$$

$$=0.003\times\sqrt{\frac{300}{100}-\left(\frac{8}{100}\right)^2}=0.003\times\sqrt{3-(0.08)^2}$$

$$=0.003\times1.73=0.0052$$

$$C_p=\frac{T}{6\sigma}=\frac{(8-0.05)-(8-0.1)}{6\times0.0052}$$

$$=\frac{0.05}{0.0312}=1.6$$

步骤 12，画直方图。在频数分布表中，我们已能大致看出数据的分布规律。为了能更清晰、更直观地看出这种分布规律，可将频数表中的数据按规定程序作成直方图。

在方格纸上作直角坐标系，横坐标按一定长度等分出分组的组界（分点），以表示质量特性的取值范围，纵坐标按一定长度标出分组的频数（或频率）；以各组在横坐标上的区间为底边，以频数（或频率）为高度作直方块，则可得到相应的频数直方图。如图 16-7 所示。

从上述直方图的绘制步骤和方法中，可以看出数据频数表反映出螺栓尺寸分布的大概情况，而通过直方图就能更形象、更清楚地反映出产品质量差异的规律性。

直方图可用于某些需要加强控制的工序，它可以用来观察分析质量分布的情况。从图 16-7 来看，两边低，中间高，实际尺寸分布范围（B）落在允许公差范围（T）之内，基本近似正态分布，属正常形态，说明质量稳定。当然，如果测得的实际尺寸

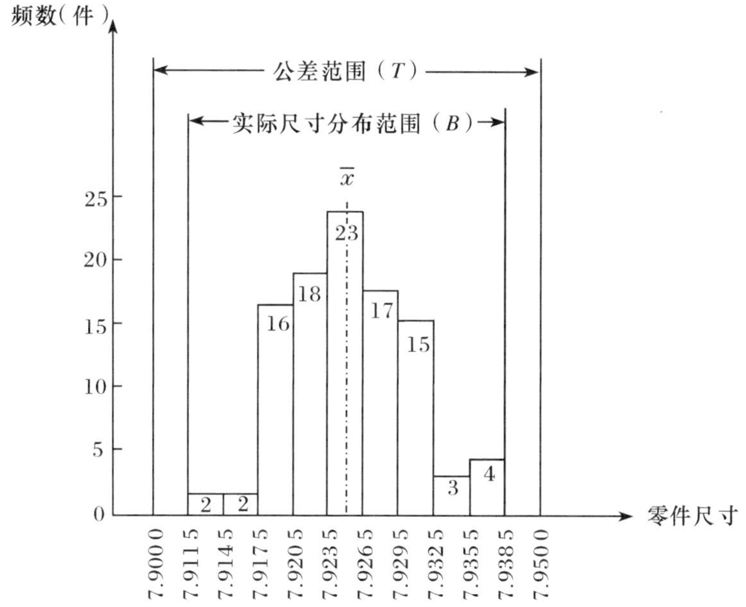

图 16-7 直方图

分布范围(B)落在公差范围(T)一端或之外,说明可能或已有超出公差范围的零件,出现了废品,应立即对设备的工序能力等进行分析,找出产生废品的原因,采取措施,消除废品。

(七)控制图法

控制图又叫管理图。它是工序质量控制的主要手段,是一种动态的质量分析与控制方法。控制图不仅对判别质量稳定性,评定工艺过程质量状态以及发现和消除工艺过程的失控现象,预防废品产生有着重要作用,而且可以为质量评比提供依据。控制图的基本结构形式,如图 16-8 所示。

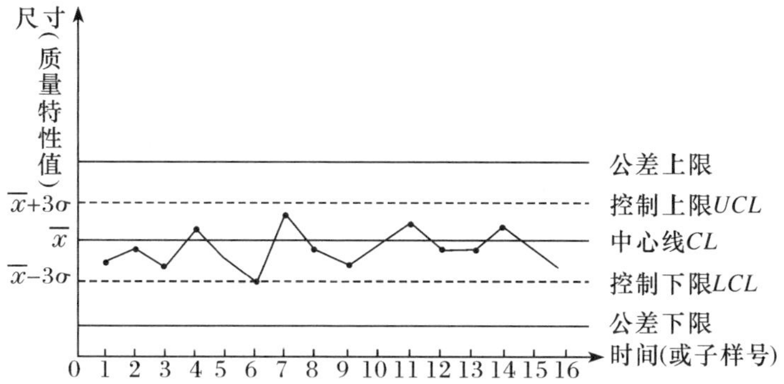

图 16-8 质量控制图

从图 16-8 中可以看出，纵坐标是质量特性值，横坐标为取样时间或子样号。图上有五条线，上面一条实线表示公差上限，最下面一条实线表示公差下限；上面一条虚线叫控制上限，用 UCL 表示，下面一条虚线叫控制下限，用 LCL 表示；中间一条实线叫中心线，用 CL 表示。控制上限与控制下限、中心线是通过收集过去一段时间生产处于稳定正常状态下的数据计算出来的。控制线的范围应比技术标准（公差）的范围要狭窄。在工艺过程进行中，按规定的时间抽取子样，测量尺寸或其他特性值，将测得的数据用点子一一描在控制图上，并将点子连接起来就得到如图 16-8 的控制图。

在正常情况下，统计量相应点子分布在中心线附近，在上下控制界限之内，表明生产过程处于稳定状态。如果点子落在上下控制界限之外，就表明出现了异常现象，生产过程处于不稳定状态，需要及时查明原因，采取调整措施，确保生产过程达到稳定状态。

控制图的观察与分析：当生产处于控制状态时，图上点子在控制界限范围内和在中心线两侧附近活动；当生产处于失控状态时，就会出现异常情况。判别异常情况，可根据实践归纳为以下几点：① 连续 7 个点子落在中心线一侧；② 连续 3 个点子中有 2 个点子接近控制线；③ 点子发生倾向性变化，连续上升或下降；④ 点子有周期变化，例如从上到下，再由下而上，周而复始。总之，凡出现上述情况，就应引起注意，查明原因。

第四节　质量成本控制

一、质量成本的概念

质量成本是西方国家于 20 世纪 60 年代以后形成的一个新的成本概念，是质量管理科学的一个重要组成部分。随着市场经济的快速发展，企业间的竞争日趋剧烈，要求企业必须不断地提高产品质量和降低成本，以物美价廉取胜。但是，提高产品质量，会增加一定费用，使产品成本升高，影响企业利润。怎样才能既使产品质量有所提高，又使质量成本费用支出最少？这就要求我们对质量成本进行深入研究。

质量成本是指企业为保证或提高产品质量管理活动所支出的费用和由于质量故障所造成损失费用的总和。企业在生产过程中，为了防止缺陷产品的流转，就必须对产品进行检验或试验，这就发生了鉴别费用；产品在检验或试验时可能失效，也可能在使用中发生故障，出企业前对产品进行返修或保修期内为用户更换、修理等，使企业不得不为此支付一些故障费用；由于存在出现故障的可能性和进行鉴别的必要性，企业还必须付出预防费用，以减少生产产品和新开发产品的故障费和鉴别费。如果产品没有出现故障的可能性,则不需要进行检验和试验,也就不需要采取任何预防措施,质量成本将大大降低。

二、质量成本的基本内容

质量成本有广义和狭义之分。广义的质量成本包括设计质量成本和制造质量成本;狭义的质量成本是指制造质量成本。制造质量成本又分为直接质量成本(故障、鉴定和预防成本)和间接质量成本(用户不满成本、用户损失成本、声誉损失成本)。这里仅对制造过程中的直接质量成本作一些研究。

(一) 内部故障成本

内部故障成本是指产品出企业前,由于自身缺陷而造成的损失,加上为处理缺陷所发生费用的总和。它包括:① 废品损失,指无法修复的缺陷或经济上不值得修复,使产品报废所造成的原材料和人工费损失。② 返修损失,指修复次品所发生的费用,包括为解决一般性质量问题,在定额工时以外所增加的费用。③ 复检费用,指返工或合格的产品又重复检验或试验所发生的费用。④ 停工损失,指因多种缺陷引起设备停工造成的损失。⑤ 事故分析处理费用,指处理内部质量事故所发生的费用,如不合格品处理工作费用或抽样不合格而进行的筛选费用。⑥ 产品降级损失,指产品因质量事故达不到原有精度而降级所造成的损失。

(二) 外部故障成本

产品出企业后,在销售、运输和使用过程中,因质量问题而支付的一切费用,这就是外部故障成本。它包括:① 索赔费用,指因产品质量问题,经用户申诉而进行索赔处理所支付的一切费用。② 退货损失,指因产品质量问题,致使用户退货、换货而支付的一切费用。③ 保修费用,指保修期内或根据合同对用户提供修理服务的一切费用。④ 折价损失,指因产品质量低于标准,经与用户协商同意折价接受产品所造成的损失,即因折价而减少的收益。

(三) 鉴定成本

鉴定成本是指在一次交验合格的情况下,按照计划,对原材料、零部件进行质量检验或试验所支出的费用。它包括:① 进货检验费用,指对器材、外购件、协作件进企业时检验的费用。首件鉴定、检查、协作件的质量审核,以及采取其他监督办法所发生的费用等。② 工序检查费用,指产品在制造过程中,对零部件质量进行检验的费用。③ 最终检验费用,指对完工产品进行检验所支付的费用。④ 产品质量评级费用,指确定产品质量等级的评审费用。⑤ 试验材料及劳务费用,指破坏性试验所消耗的产品、材料以及劳务和试验等费用。⑥ 检验设备维修费,指对检验设备进行维护保养、修复、校正所支付的费用。

(四) 预防成本

预防成本是指企业为使产品质量不低于标准的开支费和提高质量水平的活动费。它包括：① 质量计划工作费用，指制定质量政策、质量目标及质量计划工作所发生的费用；编制管理文件、手册、工作程序、工作标准所发生的费用，以及建立质量保证体系所引起的费用。② 检验计划工作费用，指制定检验计划所发生的费用。③ 新产品评审费，指对研究方案及设计评价，制定试验方案与实施计划，质量评价活动，产品更新的质量评审等费用。④ 工序能力研究费，指为达到符合质量而对工序能力进行的调查研究和保持工序能力等所发生的费用。⑤ 质量审核费，指对质量体系、工序质量和供应单位等进行质量审核所发生的一切费用。⑥ 质量情报费用，指对质量情况的收集、分析、归纳、判断和研究所发生的费用。⑦ 质量培训费用，指为达到质量要求或改进产品质量的目的，而对有关人员进行培训所发生的费用。⑧ 质量资料费，指开展质量管理活动所支付的有关资料费用。⑨ 质量奖励费用，指用以促进提高质量所支付的奖金。

三、故障成本、鉴定成本与预防成本的关系

质量成本中的故障成本、鉴定成本与预防成本之间的关系，可用图 16-9 表示。

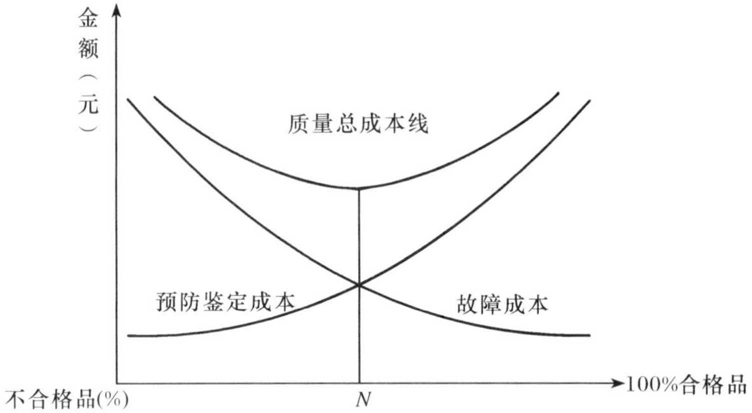

图 16-9 质量成本关系图

从图 16-9 中可以看出，随着产品质量的提高，预防鉴定成本随着增加，而故障成本则减少；故障成本曲线与预防鉴定成本曲线的交点是最佳质量费用点，这时质量适宜，花费合理而较少，经济效益高。总之，图 16-9 中告诉我们，故障成本、预防鉴定成本之间，客观上存在着一个合理的比例，这个比例通常是内、外部故障成本之和约占质量总成本的 50%～60%，预防成本约占 10%，鉴定成本约占 30%，如果违背了这个比例，企业在经济上将会受到极大损失。如果预防鉴定成本过少，将导

致故障成本剧增,利润急剧下降。例如,某企业未开展质量成本工作前,经调查测算,内部故障成本占质量总成本的35%,外部故障成本占30%,鉴定成本占34%,预防成本仅占1%。显然,这个比例是不合理的,预防成本所占比例太小。开展质量成本工作之后,该企业将预防成本由1%提高到7%,使企业内部故障成本由35%下降到20%,外部故障成本由30%下降到20%,鉴定成本由34%下降到28%,使质量总成本下降了25%,获利百万余元。

四、质量成本适宜区域的确定

质量总成本曲线,一般可分为改善区、适宜区和至善区三个区域,如图16-10所示。

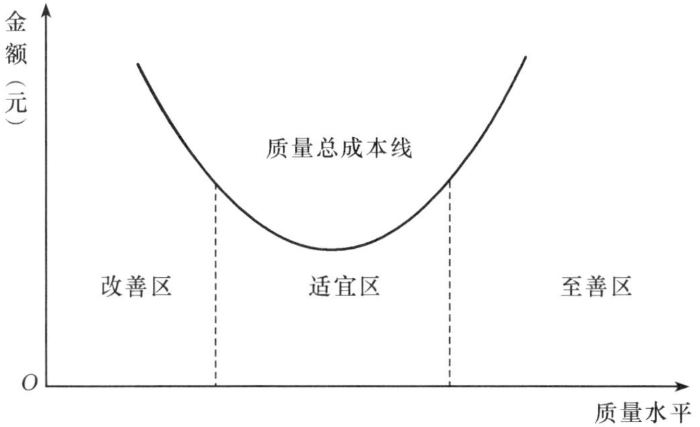

图16-10 质量总成本曲线图

从图16-10可以看出,质量水平处于改善区时,质量水平较低,故障成本较高,应尽快提高产品质量;质量水平处于适宜区时,质量适当,用户满意,质量成本最低,经济效益高,是最佳质量区域;质量水平处于至善区时,产品质量水平最高,超过了用户的要求,出现了剩余质量。在至善区域,故障成本虽然小了,但预防鉴定成本却很高,结果质量总成本也很高,于是企业经济效益降低,一般不宜采用此区域。

既然适宜区域是人们追求的区域。那么,怎样确定它呢?通常采用的方法有如下几种。

(一)经验测算法

采用这种方法时,要从企业历年的统计资料中,找出质量成本的平均先进水平,进行技术经济分析论证后,初步确定质量成本的适宜区域,然后在实践中加以修正,再正式确定质量成本的适宜区。

(二) 逐项优化法

采用这种方法时，要分别找出故障成本、鉴定成本和预防成本的最佳值，从而相应地定出适宜区域，并在实践中不断修正完善。

(三) 合理比例法

前面已经讲到，在故障成本、鉴定成本和预防成本之间，存在着一个合理比例，若按此比例进行工作，即可找到适宜区。合理比例要依据本企业实际情况而定，要经过反复实践摸索，才能找到。

(四) 灵敏度分析法

灵敏度就是指鉴定成本与预防成本之和与故障成本增量的比值。其计算公式如下：

$$灵敏度(\alpha)=\frac{P+A}{\Delta F}=\frac{预防成本+鉴定成本}{故障成本增值(上期与本期故障成本之差)}$$

在改善区，提高单位质量水平，故障成本显著下降，即 ΔF 增值大，而 $(P+A)$ 增值较小，故在改善区 α 值较小。在适宜区，提高单位质量水平，ΔF 比在改善区域变化小，$(P+A)$ 值比在改善区域变化大，故在适宜区 α 值较大。在至善区，提高单位质量水平，花费大（预防鉴定成本高），但故障成本降低不多，即 ΔF 值小，而 $(P+A)$ 值大，于是 α 值迅速增大，即变得特别灵敏。

根据上述特点，就可利用 α 值来确定适宜区域。如某产品共生产 7 批，每批的质量成本如表 16-7 所示，试依据 α 值的大小确定其区域。

表 16-7　某产品每批的质量成本

批次	故障成本增值 (ΔF)	预防鉴定成本 ($P+A$)	灵敏度 (α)	区　域
1	3 452.72	1 176.71	0.34	改善区
2	2 246.13	1 412.91	0.63	改善区
3	1 081.06	1 729.94	1.60	改善区
4	907.72	1 879.84	2.07	适宜区
5	813.94	2 159.24	2.65	适宜区
6	537.57	2 616.77	4.87	适宜区
7	206.55	2 873.98	13.91	至善区

从表 16-7 可以看出，1～3 批 α 值较小，即花费较少的预防鉴定成本，故障成本就大幅下降，表明质量处于改善区。而到第 7 批时，α 值就显著增大，表明质量已开始进入至善区。显然，第 4、第 5、第 6 批产品质量处于适宜区。

第五节　质量认证和系列标准

一、产品质量认证

（一）产品质量认证的概念

认证(Certification)的原意是指由授权机构出具的证明。2019 年 10 月 15 日《中华人民共和国产品质量管理条例》对产品质量认证的定义是:“依据产品标准和相应的技术要求,经认证机构并通过颁发认证证书和认证标志来证明某一产品符合相应标准和相应技术要求的活动”。国际标准化组织(ISO)2019 年 2 月 26 日对产品质量认证的定义为:“质量是产品或作业所具有的、能用以鉴别其是否合乎规定要求的一切特性或性能。”关于产品质量认证的概念可以从以下几个方面来理解:第一,认证的对象是产品、过程或服务的质量。第二,特定标准是认证的基础。第三,质量认证的表示方法是颁发认证证书或认证标志。第四,质量认证是第三方公正机构从事的活动,一般认为各国的标准化机构是各国公认的第三方公正机构。

（二）产品质量认证的分类

1. 按认证性质划分,可以分为安全认证和合格认证。

（1）实行安全认证的产品,必须符合我国《标准化法》中有关强制性标准的要求,对于关系国计民生的重要产品、有关人身安全和健康的产品,必须实行安全认证。

（2）实行合格认证的产品,必须符合我国《标准化法》规定的国家标准或者行业标准的要求。

2. 按认证范围划分,可分为国家认证、区域性认证和国际认证。

（1）国家认证是指各国对国内产品实行的认证。如我国在国务院标准化行政主管部门统一组织和管理下,对本国产品实行的认证。

（2）区域性认证是指由若干个国家和地区,根据自愿的原则自行组织起来,按照共同认定的技术标准,以及一定的规范而进行的认证。一般说来,经过本区域性组织成员国认证管理机构认证的产品,其他成员国认证机构就应该予以承认。区域性认证最典型的,首推欧洲共同体的区域认证。

（3）国际认证是指参与国际标准化组织(ISO)和国际电工委员会(IEC)认证组织,按照 ISO 与 IEC 的标准开展的认证活动。

（三）产品质量认证的程序

产品质量认证必须经过以下程序:① 产品质量认证申请(申请书由认证机构统一制发);② 认证机构接到申请书后,对申请方进行了解,确定是否接受申请;③ 如果接受申请,申请方应做好与认证有关的工作安排,预交认证费用;④ 认证方与申请方一起根据需要，确定质量认证依据；⑤ 申请认证方准备质量体系有关文件，提供认证方审阅；⑥ 认证机构评定质量体系文件，并通知被认证方对不符合要求或重大遗漏处进行修正和补充；⑦ 被认证方做好进行现场评审前的一切准备工作；⑧ 认证机构根据质量体系标准和有关文件，到生产现场进行评审；⑨ 被认证方对认证机构提出的问题进行整改；⑩ 批准注册发证，并公开公布；⑪ 获准后的监督管理；⑫ 每隔3年需对被认证方的质量重新认证。

二、我国的产品质量认证制度

2020年11月29日，国务院颁发了《中华人民共和国认证认可条例》(以下简称"条例")，它是一个较系统的、全面的、正规的关于我国产品质量认证认可的法制文件。其主要内容可概括为以下几个方面。

1. 国务院标准化行政主管部门统一管理全国的认证工作。其主要职责是：① 制定认证工作的方针、政策、规划和计划。② 统一规定或者批准认证标志的样式。③ 审批认证委员会的组织与章程。④ 审批承担认证检验任务的检验机构。⑤ 对承担认证工作的检查人员进行注册管理。⑥ 审批并发布可以开展认证的产品目录。⑦ 公布获得认证的产品及其生产企业的名录。⑧ 归口管理有关认证的国际活动。⑨ 对认证工作的重大问题进行协调处理。⑩ 对认证工作实行监督。

2. 产品质量认证监督管理委员会负责认证工作的具体实施。认证监督管理委员会需由国务院标准化行政主管部门直接设立，或授权国务院其他行政部门设立，该委员会由产品的生产、销售、使用、科研、质量监督等有关部门的专家组成。其职责是：① 提出可以开展认证的产品目录方案。② 制定实施认证的具体办法。③ 确认用于认证的国家标准或者行业标准。④ 推荐承担认证检验任务的检验机构。⑤ 受理认证申请。⑥ 组织对申请认证的企业的质量体系进行审查。⑦ 批准认证、颁发认证证书，并向国务院标准化行政主管部门备案。⑧ 处理有关认证的争议问题。⑨ 负责对获准认证的产品及其生产的企业进行监督检查。⑩ 依法撤销认证证书。

3. 对有国家标准或行业标准的产品进行认证。企业对有国家标准或者行业标准的产品进行认证时，可向国务院标准化行政主管部门设立的，或者向国务院标准化行政主管部门授权的部门设立的行业认证委员会申请认证。

4. 产品认证分为安全认证和合格认证。实行安全认证的产品，必须符合《标准化法》中有关强制性标准的要求；实行合格认证的产品，必须符合《标准化法》规定的国家标准或者行业标准的要求。

5. 对获得认证的产品和企业实行法定的监督检验。我国的产品质量认证制度已是国际上典型的质量认证制度。典型的认证制度的条件是：① 产品质量经独立的检验机构抽样检验，符合指定标准的要求；② 生产企业的质量保证能力经检查人员现场检查和评定，符合认证机构规定的要求；③ 获准认证后，定期进行监督检验和监督检查。

6. 质量认证机构。在我国已建立的认证机构中，主要有以下几个：

(1) 中国方圆标志认证委员会质量认证中心(简称 CQM—QCC)，成立于 1991 年 9 月 17 日，是国家技术监督局直接设立的第三方国家认证认可机构，由生产、销售、使用、科研、质量监督、标准化、计量检验等方面专家及消费者组织的代表所组成。其认证范围包括有形产品和无形产品。目前它在全国设有 29 个分支机构。

(2) 中国电子元器件质量认证委员会(QCCECC)，成立于 1981 年 4 月。按照国际电工委员会电子元器件质量评定体系(IECQ)的章程和程序规定建立机构、制定章程和规则，是 IECQ 体系中的中国代表机构(NAI)。其认证范围包括无源元器件、有源元器件、厚薄膜及混合集成电路、机电元件、电磁元件、光电器件及电线电缆等。

(3) 中国电工产品认证委员会(CCEE)，成立于 1984 年 10 月，是代表中国参加国际电工委员会电工产品安全认证组织(IECC)的唯一机构。其认证范围为家用电器、电动工具、电缆等产品的安全要求和特殊要求，认证合格发给 CB 测试证书和认证合格证书。

(4) 中国认证认可监督管理委员会，在 2001 年 1 月 18 日正式宣布自 2002 年 5 月 1 日起实施 3C 标志，并于 2004 年 10 月 1 日强制执行中国国家强制性产品认证标志 CCC，即 3C 标志。3C 标志中的第一个 C 表示中国，第二个 C 表示强制，第三个 C 表示认证许可。在 CCC 基本认证标志之后加进不同符号(字母)，则表示不同类别产品的认证标志。如“CCC_S”表示产品安全认证标志；“$CCC_{S\&E}$”表示产品安全与电磁兼容认证标志；“CCC_{EMC}”表示产品电磁兼容认证标志；“CCC_F”表示产品消防认证标志等。

(5) 上海质量体系审核中心(SAC)，成立于 1992 年 12 月 22 日，具有独立法人资格。SAC 坚持信誉第一，公正至上的宗旨，严格执行“条例”规范、规则、程序，为国内外(日本名古屋、大阪、爱知、神奈川等地区)企业提供认证服务。SAC 确保客观、公正、真实、完整的认证服务，对通过审核的产品和作业等，颁发认可认证证书。

三、产品认证标志

认证标志是由认证机构设计并发布的一种专用标志，用来证明某一产品符合特定标准或技术规范，经认证机构批准，使用在认证产品、产品铭牌、包装物、产品使用说明书或出厂合格证上。

认证标志可分为合格标志和安全标志两种，分别使用在获准合格认证和安全认证的产品上。产品上带有认证标志，不仅可以把准确可靠的质量信息传递给用户和消费者，对企业而言，还起到质量信誉证的作用，表明认证标志产品的生产企业要接受认证机构的监督复查，确保出企业的认证产品持续稳定符合规定标准要求。图 16-11 为部分国家和地区的产品安全标志，图 16-12 为部分国家认证机构的合格标志。

中国强制性产品认证标志（3C 认证标志）

欧盟市场准入标志

美国保险商试验室安全标志

日本电器产品安全认证标志

英国 BSI 安全标志

瑞典电器安全标志

意大利电器安全标志

图 16-11　部分国家和地区安全标志（示例）

机构标积（Logo）

产品合格认证标志

产品安全认证标志

管理体系认证标志

英国国家标准（BS）标志

日本工业标准（JIS）标志

韩国工业标准（KS）标志

（续图）

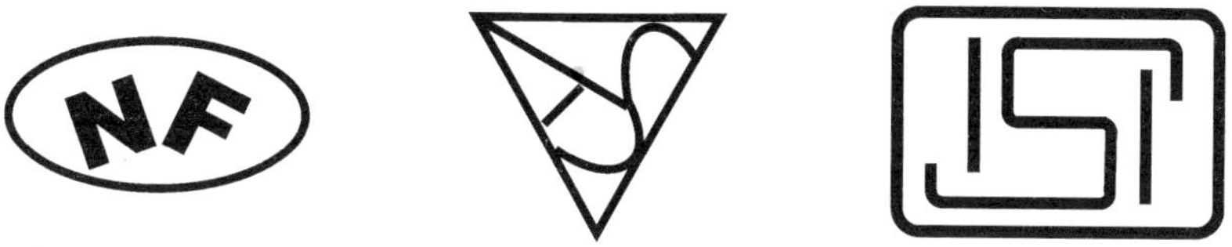

法国国家标准（NF）标志　　澳大利亚国家标准（AS）标志　　印度国家标准（ISI）标志

图 16-12　部分国家认证机构合格认证标志(示例)

四、质量保证系列标准—— ISO 9000 族标准

为了适应国际经济合作和贸易往来需要，国际标准化组织在 2015 年最新版本，ISO 9000《质量管理和质量保证标准——选择和使用指南》、ISO 9001《质量体系——设计开发、生产、安装和服务的质量保证模式》、ISO 9002《质量体系——生产和安装的质量保证模式》、ISO 9003《质量体系——最终检验和试验的质量保证模式》、ISO 9004《质量管理和质量体系要素——指南》等标准，统称为 ISO 9000 系列标准。

有了 ISO 9000 系列标准，使各国的质量管理和质量保证活动统一在 ISO 9000 系列标准基础之上。标准总结了工业发达国家先进企业的质量管理的实践经验，统一了质量管理和质量保证的术语和概念，并对组织（或企业）的质量管理，实现组织的质量目标，消除贸易壁垒，提高产品质量和顾客满意程度等产生了积极的影响，受到了世界各国的普遍关注和采用。迄今为止，它已被世界各国和地区共同采用为国家标准，并广泛用于工业、贸易、经济和政府的管理领域，许多国家和地区建立了质量体系认证制度。

为了使 ISO 9000 系列标准更加协调和完善，2015 年质量管理和质量技术委员会对 ISO 9000 系列标准进行了较全面的修订，修订后的新标准，更加强调了顾客满意及监视和测量的重要性，促进了质量管理原则在各类组织中的应用，满足了使用者对标准更通俗易懂的要求，强调了质量管理体系要求标准和指南标准的一致性。

2015 年版 ISO 9000 族标准包括以下一组密切相关的质量管理体系核心标准：

（1）ISO 9000—2015《质量管理体系——基础和术语》（中国 GB/T19000—2015）。此标准表述了 ISO 9000 族标准中质量管理体系的基础知识，并规定了质量管理体系的术语。

（2）ISO 9001—2015《质量管理体系— 要求》（中国 GB/T19001—2015）。此标准规定了质量管理体系的要求，用于证实企业具有提供满足顾客要求和适用法规要求的产品能力，目的在于增进顾客的满意度。

(3) ISO 9004—2015《质量管理体系——业绩改进指南》(中国 GB/T19004—2015)。此标准提供考虑质量管理体系的有效性和效率两方面的指南。其目的是促进企业业绩的改进,并使顾客及其他相关方满意。

(4) ISO 9011—2015《质量和环境管理体系——审核指南》。此标准为核心标准,它提供审核质量和环境管理体系的指南。

第十七章

设备综合管理

设备管理的发展过程，是人机相互作用的动态过程。人作用于机械设备，生产出财富；机械设备反作用于人，完善和丰富了人的技能。因此，随着现代科学技术的发展，企业的生产设备日趋高速、精密、复杂化和数控智能化。生产依赖于设备的程度日益提高；产量、质量、品种、交货期、成本、安全与环境保护以及劳动者的情绪无不受着设备的影响。科学地管理好设备已成为企业管理的重要组成部分。本章主要阐述设备综合管理的内容和任务，设备的选择和评价，设备的计划修理与故障修理，设备改造与更新，设备综合工程学以及计算机设备在企业管理中的应用等问题。

第一节　设备综合管理的内容、任务和指标

一、设备综合管理的内容

设备是指进行生产经营活动过程中所使用的各种机械、电子、智能的总称。它一般包括生产设备、动力设备、传导设备、运输设备、管理设备(计算机、电传机、复印机等网络系统集成)、科研设备、仪器、仪表及各种工具等。它是现代企业生产的物质技术基础，是企业赖以生存发展的重要条件，也是企业固定资产的重要组成部分。机器设备状况的好坏，对企业的生产发展和经济效益影响巨大。

设备综合管理的内容是对设备运动全过程中的管理。它包含设备运动的两种形式：一是设备的物质运动形式；二是设备的资金运动形式。

设备的物质运动形式，是指设备的计划、设计、制造、购置、安装、调试、验收、使用、维护、修理、更新、改造直至报废的全过程。而资金运动形式，表现为对设备的最初投资、维修费用支出、折旧费计算、改造更新、资金筹措、积累和支出等。

在企业传统管理活动中，对第一种运动形式的管理，通常叫设备的技术管理，对第二种运动形式的管理，通常叫设备的经济管理。过去只重视设备的技术管理，忽视设备的经济管理，导致设备的经济性下降，对提高企业经济效益十分不利。

二、设备综合管理的任务

设备综合管理的任务是正确贯彻执行党和国家的方针政策，通过采取一系列技术、经济、组织措施，逐步做到对企业主要生产设备的设计、制造、购置、安装、使用、维修、改造、更新直至报废的全过程进行综合管理，以获得设备寿命周期费用最经济，设备综合效能最高的目标。它的具体任务是：

1. 要以设备的寿命周期作为设备管理的对象，力求设备在一生中消耗的费用最少，设备综合效率最高。

2. 设备的设计和制造应以系统论的观点，力求在使用中达到准确、安全、可靠，在维修中便于检查与修理，提高设备利用率。

3. 按照技术先进，经济合理，技术服务好的原则，正确选购机器设备，为企业提供优良的技术装备。

4. 在节省设备管理费用和维修费用的条件下，保证机器设备始终处于良好的技术状态。

5. 搞好设备的更新与改造，提高设备的现代化水平，使企业生产活动建立在最佳的物质技术基础上。

三、设备综合管理水平考核指标

设备综合管理水平考核一般有以下几种指标。

1. 设备开动率。

$$\text{设备开动率}=\frac{\text{实际作业时间}}{\text{制度开动时间}}\times 100\%$$

2. 设备完好率。

$$\text{设备完好率}=\frac{\text{完好设备台数}}{\text{已安装投入使用台数}}\times 100\%$$

3. 故障停机率。

$$\text{故障停机率}=\frac{\text{故障停机时间}}{\text{制度工作台时}}\times 100\%$$

4. 维修费用率。

$$\text{维修费用率}=\frac{\text{维修费用}}{\text{生产总值}}\times 100\%$$

5. 设备役龄及设备新度。设备役龄是指生产中设备服役的年限，发达国家的设备役龄为 10～14 年。另外还可以用设备新度来表示，其计算公式如下：

$$设备新度=\frac{设备的净值}{设备的原值}\times 100\%$$

第二节　设备的选择、自动化和经济评价

一、设备的选择

设备的选择应满足生产实际的需要，结合企业长远生产经营发展方向全面考虑。这样，可以使企业有限的设备投资，用在生产必需的设备上，发挥投资的最大经济效益。一般说来，技术上先进，经济上合理，安全节能，满足生产需要是选择设备时应共同遵守的原则。在具体运用这一原则时，应结合以下因素全面考虑。

（一）设备的生产效率

设备的生产效率，是指单位时间内能生产的产品数量，这是衡量机器设备效率的重要指标之一，一般表现为功率、行程、速度等一系列技术参数。但考虑这一因素时，应同企业的长期计划结合起来，既要使设备的生产效率能够满足企业生产发展的需要，又要使设备达到充分负荷。

（二）设备的可靠性

可靠性是指设备的精度、准确度的保持性，零件的耐用性，故障停机和安全可靠性等。对金属加工机床来说，就是能保证达到零件的最终加工精度，如尺寸精度、表面形状、位置精度等。

（三）设备的节能性

节能性是指机器设备节省能源消耗的性能。节能好的设备表现为热效率高、能源利用率高、能源消耗少，具体表现为小时耗电量、耗油量、耗能（太阳能、风能、氢能）量、耗气量少等。

（四）设备的维修性

机器设备运转到一定时间要进行修理，这是设备物质运动的一般规律。为了便于维修和节省修理费用，要考虑设备维修的难易程度。维修性能好的设备，是指设备结构简单，零部件组装合理，维修时零部件容易拆卸，便于检查，零部件的通用、互换性好等的设备。

（五）设备的环保性

设备的环保性，是指设备的噪声和设备排放有害物质对环境的污染程度。选择设备时，要选择能把“三废”和噪声控制在一定的标准范围之内的设备，要求设备配备有相应治理“三废”的附属装置或净化设备。

（六）设备的成套性

设备成套性是指设备要配套。要使设备尽快形成生产能力，应考虑单机配套，

即备件、配件、随机工具要成套;机组配套,即一组机器的主机、辅机、控制装置等要配套;工程项目配套,即一个新建项目的各种机器设备要配套成龙。

(七) 设备的灵活性

设备的灵活性包含如下几个内容:一是在工作对象固定的条件下,设备能够适应不同的工作环境和条件,操作、使用比较方便灵活;二是对工作对象可变的加工设备,要有适应多种零部件加工的性能,通用性要强;三是设备结构简单紧凑,重量轻、体积小,占用作业面积小,移动方便。

(八) 设备的安全性

设备的安全性是指设备在使用过程中要确保安全。机器设备一旦发生事故,直接威胁着工人的健康和生命,给企业带来巨大的经济损失。因此在选择设备时,必须注意设备是否有安全防护装置,以免发生人身或设备事故。

二、设备的自动化

它是指采用先进的生产技术设备来替代传统的生产技术设备,以实现企业生产过程的自动化。先进生产技术设备是指集机械工程技术、电子技术、信息技术、激光技术、纳米技术等为一体所产生的技术、设备和系统的总称。它主要包括自动化的技术装备、自动化机器集成系统和计算机集成制造系统。

(一) 自动化技术装备

1. 机器自动化附件。它是指在机器上添加一些不昂贵的装置,以减少手工工作量和运作时间,通常适用于少量的简单工序,如车床的快速定位和夹紧装置。

2. 数控机器。它是指带有控制系统的机床,可读出磁带或计算机存储的操作指令,并按指令完成工序操作。数控机器不仅由计算机替代打孔机完成编程和传送操作程序,而且还同时能完成机器调整和更换工具等工作。由于计算机编程的效率高,改善了数控机器的产品柔性程度,因而它已广泛应用于按工艺专业化组织的生产车间中。

3. 机器人。它是对可编程控制的多功能机器的总称,即用来完成生产工序的拟人化机器。美国有人定义为:工业机器人是一种可重复编程、多功能的操纵器,通过各种程度的自动化动作去移动材料、零件、工具或专门装置以完成某种操作。机器人的头脑是微机,有手臂和手掌,传感器使手臂和手掌得以精确定位。可垂直、水平和径向移动,能握住焊枪、喷漆枪、电弧焊工具、机床转轴等以完成各种操作。机器人价格随数量增加而下降,可用于焊接、切割、喷漆、涂层装配、检验、运输和仓库管理等工作。

4. 自动质量控制和检测系统。它是用来控制产品质量、测量零件的尺寸和几何精度与标准相比较,判断零件加工是否符合质量要求。同样,可配一套软件用于电路板检验，检验计算机的各项功能。

5. 自动识别系统。它是指利用条形码、磁头和光学识别来传感信息，并输入计算机，数据从产品、文件、零件、包装箱等处自动读出而无需人工。超级市场常用这类系统，从商品条形码读出价码传给收款机并打印出此商品有关信息告诉顾客，同时将信息传给储存管理部门。企业的仓库、车间、零售或批发部门可应用这种识别系统。系统的硬件费用并不高，但开发软件和数据库的费用较贵。

（二）自动化机器集成制造系统

随着自动化技术的发展，单个自动化机器趋于联成系统，主要有加工自动线、装配自动线、柔性制造系统、自动存储和检索系统等。

1. 加工自动线。它是由若干自动机床联成一体，并配备自动化传送和搬运设备。自动线上的每台自动机有材料自动传送机，无需人工操作，每台机器完成作业后，零件按固定顺序传给下一台机器直至加工完毕，这类系统常用于生产产品的主要零部件，如汽车的齿轮箱。这类自动线属于固定自动化或刚性自动化。

2. 装配自动线。它是由若干自动装配机器和自动材料装卸设备联成系统。材料或零部件自动送到各台机器，每台机器完成装配工序后即送往下一台机器，直到产品装配完毕为止。装配自动线需要有新的连接方法，产品设计要与自动装配线相适应。装配自动线可降低产品成本，提高产品质量，投资相对较低。

3. 柔性制造系统。它是指一组按次序排列的机器，由自动装卸及传送机器连接，并经过计算机系统集成一体。如原材料和待加工零件在零件传输系统上装卸，零件在一台机器上加工完毕后传到下一台机器，每台机器接收操作指令，自动装卸所需工具，无需工人参与。柔性制造系统的初始投资很大，但产品单位成本低、质量高、柔性程度大，能快速适应产品变化的要求。

4. 自动存储和检索系统。它是用来接受生产线上有关材料的指令，将材料放置在存储器中，发送材料到指定工序以及调整库存记录。它由以下几个部分组成：计算机及通信系统，处理材料存放，抽取和发送及调整库存记录；自动材料装卸及发送系统，计算机自动控制的传送带或自动导向车辆系统；仓库存储和检索系统。这套系统目的在于增加存储能力，减少带动成本，并靠条形码和识别技术代替人工检索，改进产品质量。

（三）自动化系统集成化

由于自动化系统集成化后的进一步发展，形成了计算机辅助设计，计算机辅助制造系统以及计算机集成制造系统。计算机辅助设计已在第十五章进行了详细介绍，这里不再阐述。

1. 计算机辅助制造。它是指应用计算机网络技术来安排和控制各台生产设备在零件加工中的运作，它比计算机辅助设计发展缓慢一些，但也在不断发展，计算机辅助制造与生产计划和控制系统的自动化密切相关，计算机将完成生产工艺路线的编制，产生生产过程操作程序，编制生产计划及控制生产过程。随着计算机辅助设计和制造逐渐集成一体，它为产品设计与产品制造工作实现自动化创造了有利条件，同时，促使企业按市场需求变化快速设计新产品，将其信息储存于数据库中，通过计算机辅助制造系统可很快投入制造，减产费用，降低产品成本，提高产品质量。

2. 计算机集成制造系统。它是将企业内各种计算机网络系统，像计算机辅助设计，计算机辅助制造及财务、营销等连成一体，实现企业全过程计算机网络化的综合系统。计算机网络系统触及企业内各个部门，该系统中一种行动的输出就成为另一种行动的输入，从销售订单开始直到产品运出为止构成一个事件链。现在国际上不少国家都有一些公司成功地运用计算机集成制造系统，并取得了显著的经济效益。

三、设备的经济评价

在选择和评价设备时，除了考虑上述因素外，还要考虑经济因素，即对设备作出经济评价。国内外对设备经济评价的方法很多，各有特点，现仅介绍几种常用的方法。

（一）设备投资回收期法

它是根据设备的投资费用及由于采用该种设备在提高劳动生产率、节约原材料及能源、提高产品质量、节省劳动力等方面所带来的节约额进行计算的经济评价方法。其计算公式如下：

$$\text{设备投资回收期(年)}=\frac{\text{设备投资费用(元)}}{\text{采用该设备后的年节约额(元/年)}}$$

计算出来的设备投资回收期越短，说明设备投资效果越好。在相同的条件下，选择投资回收期最短的设备为最佳设备。

（二）费用换算法

它是根据设备最初一次投资费用和设备每年支付的维持费，按照设备的寿命周期和利率，换算为设备每年的总费用或设备寿命周期总费用，然后对不同方案进行比较、分析，选择最优设备的方法。由于对设备费用换算方法不同，又可分为年费法和现值法。

1. 年费法(或称年值法、年价法)。这种方法是把购置设备一次支出的最初投资费，依据设备的寿命周期，按复利利率，换算成相当于每年费用的支出，然后再加上每年的维持费得出不同设备的总费用，从中选择总费用最低的设备为最优设备。

例如，有 A、B 两台设备，估计寿命周期为 10 年，年利率为 6%，其最初投资费及每年维持费用如表 17-1 所示。

表 17-1　A、B 两台设备的最初投资费及每年维持费用

单位：元

设备名称	最初投资	每年投资费	每年维持费	每年总费用
	(1)	(2)=(1)×资本回收系数	(3)	(4)=(2)+(3)
A	7 000	951	2 500	3 451
B	10 000	1 359	2 000	3 359

上表中资本回收系数为 0.13587，可由系数表查出，也可运用公式计算：

$$\frac{i(1+i)^n}{(1+i)^n-1}=\frac{6\%\times(1+6\%)^{10}}{(1+6\%)^{10}-1}=0.13587$$

式中：i——利率；n——设备寿命期。

两台设备比较，选择 B 设备较好。采用 B 设备后每年可节约 92 元(3 451－3 359)。

2. 现值法(现价法)。这种方法和年费法的主要区别是每年维持费通过现值系数换算成相当于最初一次投资的数额，而最初一次设备投资费则不变。

例如，在上例中按现值法计算的总费用如表 17-2 所示。

表 17-2　按现值法计算的总费用

单位：元

设备名称	最初投资	每年维持费用现值	10 年内全部支出现值合计
	(1)	(2)=每年维持费×现值系数	(3)=(1)+(2)
A	7 000	2 500×7.36=18 400	25 400
B	10 000	2 000×7.36=14 720	24 720

表中现值系数可查表，也可运用公式计算：

$$\frac{(1+i)^n-1}{i(1+i)^n}=\frac{(1+6\%)^{10}-1}{6\%\times(1+6\%)^{10}}=7.36$$

计算结果，选择 B 设备同样优于 A 设备。因为 B 设备在 10 年内全部支出的现值比 A 设备少 680 元(25 400－24 720)。上述两种方法虽然计算不同，但计算结果是一样的。

第三节　设备计划修理和故障修理

一、设备的计划修理

设备修理的目的是消除劣化，更换已磨损的零部件，使设备的技术性能得到恢

复。设备修理的方式一般有两种：一是事后修理，即机器设备由于磨损不能继续使用被迫修理；二是预防性修理，即机器设备虽已有磨损，但未发生故障预先进行修理。进行预防性修理，可以避免因设备故障影响生产而造成的重大损失，现已为各工业发达国家广泛采用。然而，事后修理方式并非一无是处，因为有些设备在发现故障后再停机修理，并不会给生产造成损失，反而减少了平时的维修费用。

（一）计划修理的内容

计划修理有预防修理和改善修理，还有发展中的同步修理和预知修理。

1. 预防性修理。通过日常点检、定期检查、精度检查，准确地掌握设备实际技术状况，在设备发生故障前有计划地进行修理，这就是预防性修理。

2. 改善修理。为了解决设备反复出现的故障和提高一部分设备的原有的技术性能，而进行的改进性修理，叫改善修理。改善修理有时单独进行，但大多数是在预防性修理项目中列入改善内容。

3. 同步修理。如果同一台设备上的两个或两个以上的零件，在同一时间内损坏，使其故障同步化（一次发生），从而使这些损坏零件造成的更换和修理可以一次进行。例如，零件 A 和零件 B 的故障周期相同，都是 6 个月，每种零件造成的故障停修时间都是 8 小时，若两种零件的故障不在同一时期内发生，则 1 年的故障停修时间为 2×8 小时，再乘 2 次，就是 32 小时。若当一种零件损坏时，将另一零件同时更换，就可使今后两种零件的故障同时发生。这样，故障停修时间就可减少一半。由此可见，对于同一台设备，故障周期接近，故障停机修理时间大致相同的零件越多，修理停机时间就越短，修理的经济效果也越好。

为了实施同步修理，通常采取如下步骤：

(1) 每次修理的情况，均需详细记录，其内容包括派工单、修理内容、故障间隔期、停工修理的时间及其造成的生产损失、停工修理的费用等。

(2) 按时间顺序排列各种故障记录。

(3) 将以上结果列成表格，进行比较。

(4) 对数据进行分析，作出有关同步修理决定。

同步修理一般用于关键、大型、昂贵、复杂的设备以及流水线上的设备，其经济效益更加显著。

4. 预知修理（预知维修）。这是近年来在监测技术基础上发展起来的一种维修新技术。它能对设备故障敏感部位的运转状态进行连续监测。其信息通过电子计算机处理，可早期测出将要发生的故障，并自动发出警报，从而极大地减少维修工作中的盲目性。

（二）修理计划编制的依据

编制设备修理计划的依据主要有：

1. 通过日常点检、定期点控与精度检查，发现设备技术性能劣化状况。按精度检查表的要求定期检查机床项目，并计算其精度指数 T 值，以判断精度劣化程度。其计算公式如下：

$$T=\sqrt{\frac{\sum(T_p/T_s)^2}{n}}$$

式中：T——精度指数；T_p——精度实测值；T_s——精度容许值；n——测定项目数，n 不得小于总项目数的 70%。

其应用条件如下：

$T \leqslant 0.5$——为新机床验收条件之一；

$0.5 < T \leqslant 1$——为大修或重点修理的设备验收条件之一；

$T \leqslant 2$——设备仍可继续使用，但需注意调整；

$2 < T \leqslant 2.5$——需进行重点修理或大修；

$2.5 < T \leqslant 3$——大修或更新(以大修为主)；

$T < 3$——大修或更新(以更新为主)。

例如，某台设备修理前的精度指数 T 为 2.9，那么此台设备应该进行大修，修理后的精度指数 T 为 0.7，则此台设备大修是合理的。

2. 设备加工精度不良，尺寸、表面形状、位置、公差达不到技术要求。

3. 设备机能差，动作不良。企业的设备修理计划，主要是依据检查结果的完整记录，并参考以往维修资料认真进行分析、编制，使每项计划修理都能收到消除缺陷、隐患，恢复与提高设备精度的良好效果。

二、设备的故障修理

设备的故障修理是指由于预防维修措施不善而发生突发故障后，采取排除故障所进行的事后修理。它是维修工作中的重要环节，直接影响故障停机时间和生产任务的按时完成，甚至被迫停产，打乱作业计划，推迟交货期，因此企业要千方百计避免和减少设备故障修理。

(一) 设备故障的种类

1. 突发故障。这是指通过事先的测试或监控，无明显征兆，并无发展过程的随机故障。突发故障的概率同使用的时间无关。如冷却液、润滑油突然中断，超负荷引起零件损坏等。

2. 渐发性故障。这是指通过事先的测试或监控能够预测到的故障。突发故障的发生概率与使用时间有关，即使用时间越长，发生故障的概率越高。如零件的磨损、疲劳、腐蚀、老化等。

(二) 设备发生故障的原因

设备发生故障,一般有以下原因:

1. 设备在设计、制造、装配中存在缺陷。
2. 设备使用的原材料不合格,在试验、化验过程中未被发现。
3. 设备在使用过程中,由于磨损、变形、疲劳、振动等原因。
4. 设备维修不良,超负荷使用及操作使用方法不当。
5. 设备长期失修。

(三) 设备的故障修理

设备使用部门遇到以下情况时,可填写故障修理委托书,向设备维修部门提出修理要求:

1. 突然发生故障。
2. 日常点检时,发现必须由维修专业人员立即排除的故障或缺陷。
3. 定期检查发现的故障,确有必要立即修理者。
4. 由于设备原因,造成了废品。

维修部门接到故障修理委托书,或看到生产工人打开了生产线附近的红灯时(故障信号灯),应立即赶到现场进行抢修。特别是重点设备的故障,要优先进行抢修,尽量缩短修复时间,在紧急情况下,来不及办理委托手续时,也可先进行修理,然后补办手续。维修工人对故障原因、停歇时间,要认真记录,并在分析每次故障原因的基础上,积极采取有效的防范措施,防止故障再次发生。

第四节 设备的改造与更新

一、设备的磨损

我国现行的设备管理制度,只考虑设备的有形磨损,因此严重地妨碍了设备现代化进程。如果说过去在技术进步缓慢的情况下,设备损坏是主要问题,那么,在当今社会由于科学技术高速发展,现有设备和新设备不断完善,设备无形老化的速度越来越快,陈旧便成为设备的突出问题。设备管理还必须研究如何提高设备管理的经济效益,促进设备的改造与更新问题。

设备在使用过程中有寿命期限,又有各种磨损引起的经营费用增加,以及设备逐渐贬值等问题,因此,在进行设备更新时,必须对设备磨损问题加以研究。设备的磨损分为两种形式,即有形磨损和无形磨损。

(一) 设备有形磨损的规律与度量

1. 有形磨损。这是指设备在使用运转过程中,由于零件的相对运动产生摩擦形成的磨损。设备的这种有形磨损是有规律的，大致可以分为三个阶段，如图 17-1 所示。

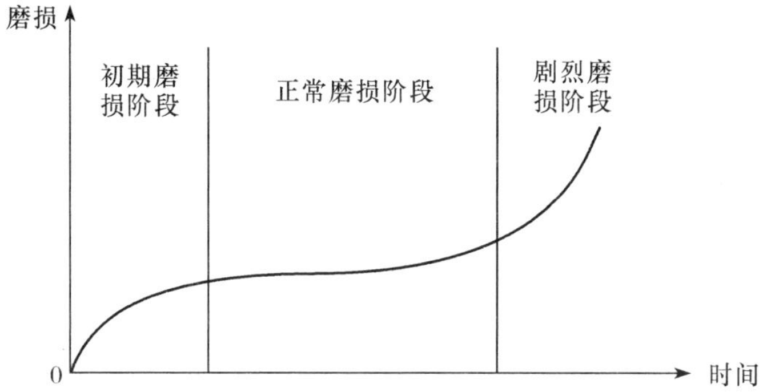

图 17-1 设备磨损阶段及磨损曲线

(1) 初期磨损阶段。在这一阶段中，由于相对运动，使零件表面微观几何形状，在受力情况下迅速磨损，不同形状零件之间的相对运动也会发生磨损。这一阶段的磨损速度较快，但所经历时间较短。

(2) 正常磨损阶段。在这一阶段中，磨损速度缓慢。本阶段属设备正常工作时期，经历的时间比较长，设备处于最佳技术状态，生产效率较高，对产品质量最有保证。

(3) 剧烈磨损阶段。在这一阶段中，磨损速度急剧上升，设备性能、精度等技术性能已不能保证，生产效率迅速下降，如不及时修理，就会影响生产，发生设备事故。

设备的有形磨损又分为两种情况：一是设备在使用中，由于物理、化学变化的影响，如摩擦、冲击、疲劳、腐蚀和变形而产生磨损，这种磨损一般是看得到或感觉得到的，这种实体的磨损，称为第一类有形磨损，或称使用中磨损。二是设备在闲置时，由于物理、化学变化的影响，引起生锈、腐蚀变质，或设备缺少必要的维护保养而丧失精度和工作能力，这种闲置中的磨损称为第二类磨损，或称自然磨损。

2. 有形磨损的度量。它的度量可分为：

(1) 低劣化速度指数。设备因有磨损，精度逐渐下降，功能衰退。设备的低劣化程度可用劣化程度指数 V_c 来表示。其计算公式如下：

$$V_c = \frac{T_{(n+1)} - T_n}{t} \tag{1}$$

式中：$T_{(n+1)}$，T_n——相邻两次所测得的设备精度指数值；t——相邻两次精度测量的时间间隔期(年)；n——精度测量的年份次序号，从 1 开始计算。

例如，某车床自2017—2021年实测精度指标值如下：

2017年1月	测得 $T=0.100$
2018年1月	测得 $T=0.479$
2019年1月	测得 $T=1.028$
2020年1月	测得 $T=2.028$
2021年1月	测得 $T=3.432$

试判断该车床的低劣化程度。

将测得的各年精度指数值代入公式(1)，计算的结果如表17-3所示。

表17-3 某车床低劣化速度指数表

年份	测定日期	精度指数 T	低劣化速度指数 V_c
1	2017年1月	0.100	0.20
2	2018年1月	0.479	$\frac{0.479-0.1}{1}=0.379$
3	2019年1月	1.028	$\frac{1.028-0.479}{1}=0.549$
4	2020年1月	2.028	$\frac{2.028-1.028}{1}=1.00$
5	2021年1月	3.432	$\frac{3.432-2.028}{1}=1.404$

从表17-3中可知该车床至第五年，精度指数已接近1.5，低劣化速度指数急剧上升，因此在第五年就应该更新或进行大修理。

(2) 有形磨损程度。设备的有形磨损程度，可用设备的实际价格损失(如修理费用)与设备再生产(重造)价格之比来表示，其计算公式如下：

$$\alpha_P = \frac{R}{K_1} \tag{2}$$

式中：α_P——设备有形磨损程度；R——设备修理费用；K_1——设备磨损的设备再生产价格。

在公式(2)中，分母用设备再生产价格，而不用原始价格，是因为修理费用与设备本身价格，必须用同一时间坐标的费用进行比较。

(二) 设备无形磨损

在科学技术不断发展的情况下，由于社会劳动生产率的提高，生产该设备的劳动耗费减少，因而引起设备的贬值；或由于出现了性能更加完善，生产效率更高的设备，使原有设备价格相对贬值，这种非使用和非自然力作用所引起的设备价值上的损失叫无形磨损。无形磨损也可分为经济性无形磨损和技术性无形磨损。

总之，设备在有效使用期内，既受到有形磨损的损失，又遭到无形磨损的损失，两种磨损共同作用于一台设备，称为综合磨损。

二、设备改造的重要性

设备改造是指应用现代科学技术成就，根据生产发展的需要，改变原有设备的结构，或旧设备增添新部件、新装置，改善原有设备的技术性能和使用指标，使局部达到或全部达到现代新设备水平的工作。由于现有设备比新型设备的数量大得多，因此，没有任何一个国家能够按照设备改型周期把现有的全部设备，一代又一代全部更新。由于设备改造比研制新设备的周期短、费用省、见效快，对发展新产品，促进科技进步十分有利。因此，国外一些企业，在开发新产品或增产现有产品时，总是添置一部分反映现代高新技术水平的设备，保留一部分可用的原有设备，改造相当数量的现有设备。对技术老化的设备进行技术改造，能够获得更好的技术经济效益。

三、设备改造的方案和内容

（一）设备改造的方案

设备改造的方案，必须经过初步设计和技术经济评价，与各种方案进行对比分析，选择确定最佳方案。设备改造既要考虑设备的技术性、适用性，又要考虑它的经济性。例如，改造一台旧设备的费用效果不如购买新设备，那这台设备就没有改造的必要了。一般最普通、最典型的设备改造，不是改造役龄最长或役龄最短的设备，而是役龄为中年的设备；不是从根本上改变原有设备的结构，而是在原有基础上改革或增加某些机构，改善设备的技术性能。

（二）设备改造的内容

设备改造的内容很广泛，主要包括：① 提高设备的自动化程度，实现数控化、联动化、智能化；② 提高设备功率、速度、刚度和扩大、改善设备的工艺性能；③ 将设备改装成高效、专用设备；④ 提高设备零部件的可靠性、维修性；⑤ 实现加工对象尺寸公差的自动控制；⑥ 改装设备监测监控装置；⑦ 改进润滑、冷却系统；⑧ 改进安全、保护装置及环境污染系统；⑨ 降低设备原材料及能源消耗；⑩ 使零部件通用化、系列化、标准化，提高三化水平。

四、设备改造的实施

设备改造的实施程序，与制造新设备基本相同。企业改造一条生产线，往往包括制造数台专用设备、改造数量大的老设备、采购少量新设备、充分利用原有老设备。

因此,设备改造计划工作,由企业主管生产部门统一负责,确定方案,并向有关单位下达改造计划和安排制造、施工任务。改造设计按计划部门提出的设计任务书进行。较小的单台设备改造,大部分是结合修理进行的,一般由修理主管部门负责。

每项设备改造工程,无论是单台的较大工程或是结合修理的较小工程,都必须有改造设计图纸,并将竣工图及修理技术资料整理存档。

设备改造后,对原有设备的技术管理资料,要重新整理,对原有设备的专用备件要进行妥当处理。

五、设备更新

设备更新,是指以比较先进的和比较经济的设备,来代替物质、技术和经济上不宜继续使用的设备。所以在进行设备更新时,既要考虑设备的自然寿命,又要考虑设备的技术寿命和经济寿命。

(一) 设备的寿命

1. 自然寿命。这是指设备的物质寿命(或叫使用寿命),即从设备投入生产开始到设备报废为止所经历的时间。其报废界限是最后一次大修是否进行的经济界限。

2. 技术寿命。这是指设备的有效寿命,即从设备投入生产到被新技术淘汰为止所经历的时间。

3. 经济寿命。这是指设备的费用寿命,是以维修费用为标准所确定的设备寿命。当设备到了自然寿命后期,由于依靠过多的维修费用来维持设备的自然寿命,就会造成经济上不合算,其报废界限是综合效益低劣。

研究设备更新问题,是为了讲究技术进步,提高经济效益。其目的是寻求设备的合理使用年限,即设备的经济寿命。

(二) 计算设备经济寿命的方法

为了使设备更新经济合理,既要考虑设备的自然寿命,也要考虑设备的技术寿命和经济寿命。这就要运用数学方法计算设备的经济寿命,确定设备的最佳更新周期。其计算方法很多,现介绍两种常用的方法。

1. 低劣化数值法。设 K_0 代表设备的原始价值,T 代表已使用的年限,则每年平均分摊的设备费用为$\frac{K_0}{T}$。

随着 T 的增长,按年平均的设备费用不断减少,但设备的维护修理费用及燃料、动力消耗增加,这就叫设备的劣化。若这种低劣化每年以 G 的数值增加,则 T 年的低劣化数值为GT,T 年中平均低劣化数值为$\frac{GT}{2}$。由此可得平均每年的设备费用总和为:

$$y = \frac{G}{2}T + \frac{K_0}{T}$$

若使设备费用最小，则取：

$$\frac{dy}{dt} = O, 得\ T = \sqrt{\frac{2K_0}{G}}$$

例如，某种设备的原始价值为8 000 元，每年低劣化增加值为 320 元，求其经济寿命。

$$T_{min} = \sqrt{\frac{2K_0}{G}} = \sqrt{\frac{2 \times 8\ 000}{320}} = \sqrt{50} = 7(年)$$

即这种设备的经济寿命为 7 年。以上计算未考虑利息因素。

2. 面值法。它是以同类型设备的统计资料为依据，不考虑利息和大修及经营上的经济效益，通常分析计算其年度使用费用以确定设备经济寿命的一种方法。它适用于军用武器装备，如飞机、大炮、坦克与生产设备不同，很难计算经济效益，在这种情况下用面值法比较合适。计算公式如下：

$$P_n = \frac{M - L_n + \sum y_t}{n}$$

式中：P_n——第 n 年的年度使用费；M——设备原值；L_n——第 n 年的实际残值；y_t——第 t 年的维持费（$t=1,2,3,\cdots,n$）；n——设备使用年限。

例如，设某种军用发射装置原值为3 000 百元，根据有关统计资料，其逐年维持费 y_t 和逐年实际残值 L_n（$n=1,2,3,4,5,6,7$）均为已知值，如表 17-4 所示，试求其经济寿命。

解：用面值法列表计算如下：

表 17-4　用面值法列表计算该发射装置经济寿命

单位：百元

使用年限 n	1	2	3	4	5	6	7
维持费用 y_t	600	700	800	900	1 000	1 200	1 500
实际残值 L_n	2 000	1 333	1 000	750	500	300	300
累计维持费 $\sum y_t$	600	1 300	2 100	3 000	4 000	5 200	6 700
损失价值$=M-L_n$	1 000	1 667	2 000	2 250	2 500	2 700	2 700
使用费用$=M-L_n+\sum y_t$	1 600	2 967	4 100	5 250	6 500	7 900	9 400
年度使用费 $P_n = \frac{M-L_n+\sum y_t}{n}$	1 600	1 483	1 367	1 312	1 300	1 317	1 343

从上表计算结果看，年度使用费用以第五年为最少，所以该发射装置的经济寿命为5年。

第五节　设备综合工程学及全员设备管理

一、设备综合工程学及其特点

什么是设备综合工程学？按英国工商部下的定义是："设备综合工程学是这样一门学科，它对适用于固定资产的工程技术、管理、财务等实际业务进行综合研究，以求实现设备寿命周期费用的最大程度节约。工厂机械、装置、建筑物的可靠性和有关可靠性的方案、设计、使用和费用的信息反馈，都属于它的研究范围。"这一定义说明了设备综合工程学具有以下五个特点：

1. 设备综合工程学把寿命周期费用作为评价设备工作的重要经济指标。它要求寿命周期费用最经济，而不是只研究某一阶段（如制造、维修）费用的经济性。

2. 设备综合工程学把与设备有关的工程技术、管理、财务等问题综合起来，是对现代化设备进行全面管理和研究的边缘科学。

3. 设备综合工程学重点研究设备的可靠性、维修性设计。

4. 设备综合工程学把设备的一生（制定方案、设计、制造、安装、调试、维修、改造、更新）作为研究和管理的对象。这是系统的观点在设备管理中的运用。

5. 设备综合工程学是关于设计、使用和费用信息反馈的管理科学。

二、全员设备管理及其主要内容

全员设备管理，又叫全员设备维修或全面生产维修，简称TPM。它是日本在学习美国设备预防维修的基础上，吸收英国设备综合工程学的主要观点，继承本国传统管理经验，逐步形成和发展起来的一种设备管理和维修制度。它的主要内容包括以下几点。

（一）指导思想

它的指导思想是"三全"，即全效率、全系统、全体人员。

全效率就是综合效率，即设备整个寿命周期内的输出与设备在整个寿命周期内的费用之比值。

全系统有两个含义：一是指把设备的全过程，即研究设计、制造、使用，一直到革新改造、报废都管起来；二是指与设备全过程相适应的一套维修方式，即从设备设计、研究开始，采用维修预防，在使用中实行预防维修，重复发生故障部位采取改善维修等。

全体人员，是指凡是涉及设备的规划研究、设计、制造、使用、维修、供应等所有部门的有关人员，从经理（厂长），一直到第一线操作工人都参加设备管理，分别承担相应的职责。

（二）设备维修方式

它主要包括：日常维修，即设备的检查（日常点检和定期点检）、清扫、调整、润滑、更换、整理等活动；预防维修；事后维修；改善维修；维修预防等。这些设备维修方式总称为生产维修。它们的关系和适用范围如图 17-2 所示。

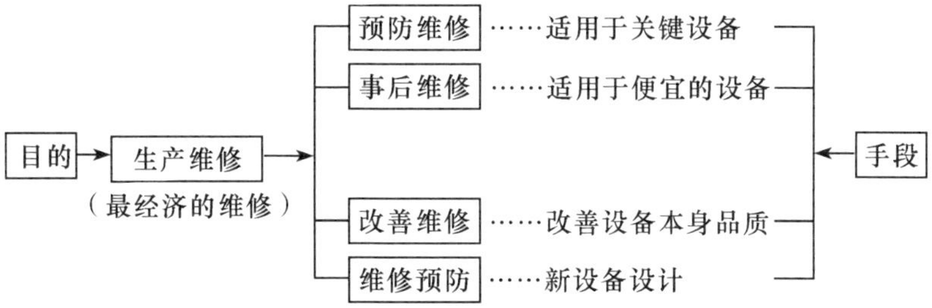

图 17-2　生产维修与其他维修的关系

（三）重点设备的划分

重点设备是指优先安排日常点检、定期点检等预防维修措施的设备。划分重点设备的具体依据是对产品质量、产品产量、维修保养、交货期、安全生产、产品成本等的影响程度来评定。

从全员设备维修内容可以看出，全员设备维修非常重视设备的综合效率和设备一生的最大效益的研究，具有明显的经济性；在具体做法上，以定期点检和日常点检、改善修理为主，同时进行部分事后维修，使设备维修工作具有灵活性和针对性，体现了以维修业务为主，提高设备利用效率，为生产服务的思想。

5 第五篇

财务信息管理

第十八章

成本管理与控制

成本管理是涉及企业各部门的一项综合性管理工作，是企业管理的重要组成部分。加强成本管理与控制，对于促进企业的技术与经济结合，加强成本预测、计划和核算，降低产品成本，提高经济效益等方面都有着重要作用。

第一节 成本费用与成本管理

一、成本费用的含义和内容

要了解成本，必须先要弄清企业在生产经营活动过程中所发生的费用。费用是指企业为了生产产品和提供劳务所发生的各种耗费和垫支的总和。企业的费用是由产品制造成本和期间费用两部分所组成。产品制造成本包括与产品生产有密切关系的直接材料、直接工资、其他直接支出和制造费用。期间费用包括与产品生产没有直接联系的管理费用、销售费用、财务费用，将他们直接计入当期损益，从当期销售收入中得到补偿。分清产品制造成本和期间费用的目的在于减少成本计算的工作量，正确反映企业生产经营成果，也有利于企业作出正确的生产经营决策。成本和费用之间的相互关系如图 18-1 所示。

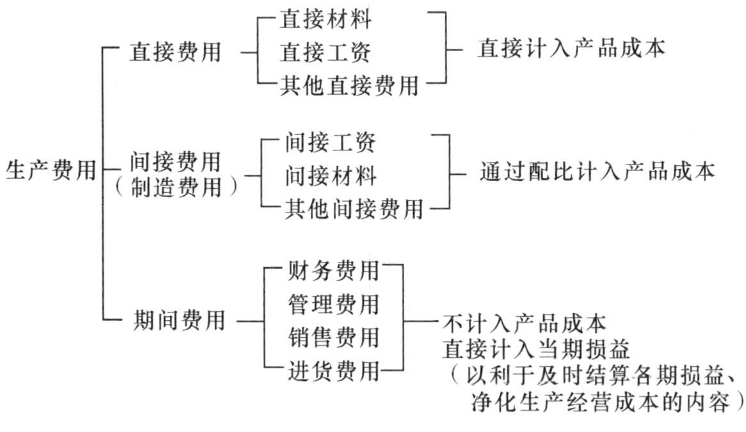

图 18-1 成本与费用关系图

二、成本费用的管理

加强成本费用管理的首要环节是明确成本费用的构成和开支范围，弄清哪些费用可以计入产品成本和期间费用，哪些费用不能计入产品成本和期间费用。这样才能统一核算口径，提高核算的真实性，防止利润指标的虚增虚减，才能正确处理好国家、投资者与经营者之间的分配关系，使之走向科学化和规范化管理。

（一）产品成本项目

产品成本（又称制造成本）是指企业为生产一定种类和数量的产品所发生的直接材料、直接工资、其他直接支出和制造费用的总和。产品成本所包含的上述四项费用就构成了计算产品成本的项目，产品成本项目反映了成本的构成，通过计算、分析和考核，可以找出降低产品成本的有效途径，从而提高企业的经济效益。产品成本项目的具体内容分述如下：

1. 直接材料。它是指能够直接分清应计入产品成本的原材料、辅助材料、备品配件、外购半成品、燃料、动力、包装物以及其他直接材料。

2. 直接工资。它是指直接从事产品生产人员的工资、奖金、津贴和补贴。

3. 其他直接费用。它是指直接从事产品生产人员的员工福利费等。

4. 间接费用（或制造费用）。它是指企业为生产产品和提供劳务而发生的各项间接费用。具体包括企业各生产单位（分厂、车间）为组织和管理生产所发生的管理人员工资、奖金、员工福利费、劳动保护费、生产单位房屋、建筑物，机器设备的折旧费，租赁费（不包括融资租赁费），修理费，物料消耗，低值易耗品摊销，取暖费，水电费，办公费，差旅费，运输费，保险费，设计图纸费，试验检验费，季节性和修理期间的停工损失以及其他制造费用。

（二）期间费用（又称期间成本）的构成

期间费用是指企业在一定生产经营期间内为获得收益而发生的各项相关支出。这些费用不受企业产品产量增减的影响，不应计入产品成本，在发生的当期就全部转入损益，从销售收入中一次扣除。这就是说，期间费用是与各个生产经营期间直接相关发生的费用，随着生产经营期间的结束而结转，直接列入各个经营期间的损益中，而不应递延到下一个生产经营期间。这样，可以充分反映和监督各期间费用发生情况，以利于控制和考核期间费用发生数额，也便于考核不同产品的盈利能力，进行成本预测和决策。期间费用包括管理费用、销售费用和财务费用等。

1. 管理费用。它是指企业一级行政管理部门为组织和管理生产经营活动而发生的各项费用。其具体内容包括公司经费（包括行政管理部门员工工资、修理费、物料消耗、低值易耗品摊销、办公费和差旅费等）、工会经费、员工教育经费、劳动保险费、待业保险费、董事会费、聘请中介机构费、咨询费（含顾问费）、诉讼费、排污费、技术转让费、矿产资源补偿费、研究与开发费、无形资产摊销、开办费摊销、业务招待费、存货盘亏或盘盈（不包括应计入营业外支出的存货损失）、房产税、车船税、土地使用税、印花税、计提的坏账准备和存货跌价准备，以及其他管理费用。

2. 销售费用。它是指企业在销售产品、自制半成品和提供劳务过程中发生的各项费用以及专设销售机构的各项经费。其具体包括由企业负担的运输费、装卸费、包装费、保险费、展览费、广告费，以及为销售本企业商品而专设的销售机构（含销售网点，销售服务网点等），租赁费（不含融资租赁费）、人员的工资、奖金、员工福利费、办公费、业务费、折旧费、修理费、物料消耗、低值易耗品摊销以及其他经费。商品流通企业在购买商品过程中所发生的进货费用，也作为销售费用处理。

3. 财务费用。它是指企业为筹集生产经营所需资金而发生的各项费用支出。其具体包括企业在生产经营期间发生的利息支出（减利息收入）、汇兑损失（减汇兑收益）、金融机构手续费以及筹资时发生的其他费用等。企业发生的短期借款和加息，按财务制度规定，也应计入财务费用中。

除上述成本费用开支范围以外，财务制度规定，下列开支不得列入产品成本和期间费用：购置和建造固定资产，购入无形资产和其他资产；资本的利息支出；对外投资支出；分配给投资者的利润（包括支付的优先股股利和普通股股利）；被没收的财物，在税后利润中支付的各项赔偿金、违约金、滞纳金、罚息、罚款以及赞助、捐赠支出；在公积金、公益金中开支的支出，国家法律、法规规定在成本费用开支范围以外的各种付费，以及不得列入成本费用的其他支出。

（三）成本的分类

企业为了实现有效经营，必须根据成本核算的不同目的和要求，可以从不同角度对成本进行分类。现将成本的主要分类方法列成表 18-1。

表 18-1 成本的分类

<table>
<tr><th>分类标准</th><th colspan="2">具体划分和项目</th></tr>
<tr><td rowspan="2">按费用与生产过程关系可分为
（制造成本法）</td><td>生产成本
（产品成本）</td><td>直接材料
直接工资
其他直接支出
制造费用
} 计入产品成本</td></tr>
<tr><td>非生产成本
（期间成本）</td><td>管理费用
财务费用
销售费用
} 在当期损益表中全部扣除</td></tr>
</table>

（续表）

分类标准	具体划分和项目		
按费用与产量依存关系可分为（变动成本法）	变动成本	直接材料 直接工资 其他直接支出 变动制造费用	计入产品成本
	固定成本	固定制造费用 管理费用 财务费用 销售费用	全部在当期损益中予以扣除

（四）加强成本费用管理

加强成本费用管理的目的就是要防止在利润管理过程中，违反财务制度，通过成本费用而随意调整企业利润的倾向，以保证财务成本的真实性。在此过程中，通常要特别注意以下几个问题：① 企业为完成利润计划或满足股东分配欲望，不真实反映经营期间的成本费用，采取该提不提、该摊不摊或挂账等账务处理手段，调度“水分”利润，进行“超前”分配。② 有章不循，任意列支各种费用，具体表现在企业擅自提高费用标准，随意扩大成本费用开支范围以及乱摊成本费用，把国家规定不应列入成本的各种费用摊入成本。③ 企业领导层的决定，必须符合国家政策、法规。在成本费用管理方面，企业应以财税法规为准绳，凡超越企业领导层权限范围的财务事项，必须上报当地财政部门批准。对于一些企业违反国家成本费用规定的行为，财税审计部门有权按规定要求企业进行财务调整，按章纳税，并依违纪程度，按规定给予经济处罚。

三、成本管理的内容和要求

（一）成本管理的内容

成本管理，是指对企业生产经营活动过程中所发生的成本和费用，有组织、有系统地进行预测、决策、计划、控制、核算、考核和分析等一系列科学管理工作的总称。它的主要内容包括：成本预测、成本计划、成本控制、成本核算、成本考核和成本分析。成本预测、决策和计划为事前管理，它是在成本形成之前，根据企业生产经营状况，运用科学的方法，进行成本指标的测算，然后编制成本计划，作为降低成本的行动纲领和日常控制成本开支的依据。成本控制和核算为事中管理，它是对企业生产经营过程中所花费的各项开支，根据计划进行严格的控制和监督，并正确计算产品的实际成本。成本考核和分析为事后管理，它是通过实际成本与计划成本的比较,检查成本计划的完成情况,并进行分析,找出影响成本升降的主客观因素,发现问题,总结经验,从而制定进一步降低产品制造成本的有效措施,为编制下期成本计划提供依据。

(二)成本管理的要求

成本管理的基本任务就是以提高经济效益为中心,不断组织企业员工挖掘降低成本的潜力,努力降低产品成本,增加企业利润,提高企业竞争能力。因此,科学的成本管理应符合以下要求:

1. 严格执行成本费用的开支范围。成本开支范围是指国家对企业在生产经营活动中所发生的各项费用,允许列入成本的具体开支项目及其内容。企业应根据《企业财务通则》《企业会计制度》和有关规定确定成本、费用的开支范围。一切与生产经营活动有关的支出,都应按规定计入成本、费用。就制造企业来说,由直接材料、直接工资、其他直接支出和制造费用构成产品的制造成本,而销售费用、管理费用、财务费用不计入产品的制造成本,直接作为当期收益扣减。正确确定成本费用开支范围,可以统一成本费用计算口径,保证成本费用指标的真实性、可比性,有利于进行成本分析比较。

2. 实行全面性成本管理。成本是反映企业各部门工作成果的一项综合性指标,涉及面广,计算工作量大。因此,我们要不断地降低成本费用,增加企业利润,就必须实行全面性的成本管理,即对成本实行全员管理和全过程管理。

(1) 对成本实行全员管理。它是指从企业领导到员工,人人都参加成本管理。成本管理与企业每个部门、每个员工都有直接关系。要降低产品成本,必须全面贯彻执行成本管理责任制,按部门或个人落实成本费用责任指标,定期考核执行情况,分析成本费用升降原因,把降低产品制造成本作为各个责任部门或个人应承担的经济责任,使其做到责任明确、职责清楚、奖惩合理。同时,为了更好地实现全员成本管理,企业应组织广大员工学习成本管理知识,研究降低成本的途径和方法,积极参加成本的计划、控制、核算、考核和分析等成本管理活动。

(2) 对成本实行全过程管理。它是指从产品设计、工艺制定、材料采购与供应、产品生产与销售,一直到用户使用都要实行全过程的综合管理。

3. 重视预防性成本管理。由于现代化生产技术的特点是高速化、高效化,生产耗费受技术条件影响较大,因此需要对产品形成过程的费用进行预防性控制,防止出现偏差,避免造成损失和浪费。

4. 建立健全各项基础工作。加强定额管理,严格计量、检验和物料收发领退制度,健全企业计划价格和原始记录等基础工作。

(三)降低产品成本的途径

以同样的人力、物力、财力生产出更多的优质产品,或生产同样多的产品,少消耗人力、物力和财力,可以使企业获得较好的经济效益。为了持续降低产品成本,就必须不断寻找降低产品成本的途径。降低产品制造成本的主要途径如下:

1. 开展价值分析,改进产品的结构和工艺,努力节约单位产品中的原材料、燃料、动力消耗,是降低产品制造成本的最重要的途径。降低产品原材料等物料消耗的措施有:① 改进产品设计,采用重量轻、体积小、功能高、消耗低的新型产品;② 采用新技术、新工艺进行生产,用有限的材料和能源生产出更好更多的产品;③ 开展原材料的综合利用,加强废料、边角余料的回收,提高材料利用率;④ 在不影响产品质量的前提下,用低价料代替高价料,货源充裕的材料代替供应紧缺的材料;⑤ 建立健全物料的管理制度,加强材料采购、收发、检验和保管工作,减少不必要的材料损耗。

2. 有效地利用设备、革新设备,不断提高设备利用率。提高设备利用率,就是充分地利用各种设备,提高设备的生产效率,增加单台设备在单位时间内的产品产量。这样可以降低单位产品应负担的折旧费、修理费和其他制造费用。

3. 节约人力,不断提高劳动生产率。提高劳动生产率,意味着减少产品生产中的劳动耗费,使企业在单位时间内生产出更好更多的产品,缩短单位产品消耗的劳动时间,从而降低产品制造成本中的直接工资。

4. 提高产品质量,减少废品损失。产品质量的提高,废品数量的减少,就意味着产品生产过程中的损失性费用减少,从而使产品制造成本降低。

5. 提高管理工作效率,减少管理费用支出等。

第二节 成本费用预测和成本计划的编制

一、成本预测

成本预测是在调查研究和掌握有关成本数据的基础上,运用定性分析和定量计算,对未来产品成本水平及其变动趋势作出科学的预计。预测过程就是不断动员员工挖掘潜力,以保证达到预期成本降低目标的过程。成本预测是确定目标成本的基础,是编制成本计划的重要环节。

(一) 目标成本预测

目标成本是指企业在一定时期内产品成本应达到的水平。它是成本管理工作的奋斗目标,也是企业在某一时期内为实现目标利润而规定的成本控制标准。目标成本预测是为选择计划期内目标成本最佳方案提供资料。它通常有以下几种方法:

1. 在预测目标利润的基础上,预测目标成本。其计算公式如下:

$$\text{目标总成本}=\text{产品目标销售收入总额}\times(1-\text{税率})-\text{目标利润总额}$$

$$\text{单位目标成本}=\text{产品单位售价}\times(1-\text{税率})-\frac{\text{目标利润总额}}{\text{计划销售数量}}$$

$$\text{目标利润总额}=\text{计划销售收入总额}\times\frac{\text{单位售价}-\text{单位变动成本}}{\text{单位售价}}-\text{固定成本总额}$$

2. 利用高低点法预测目标成本。高低点法又称最高最低法。它是根据历史的成本资料、计划期的销售数量(或产量),先计算出最高、最低期的单位变动成本和固定成本,然后确定出目标成本的成本预测方法。其计算公式如下:

$$y=a+bx$$

式中:y——目标总成本;a——固定成本总额;b——单位变动成本;x——计划期产品产量。

例如,某企业近几年中生产某种产品的年产量和成本资料如表 18-2 所示。

表 18-2 生产某种产品的年产量和成本

年份	总产量(件)	总成本(元)
2013	4 000	20 000
2014	5 000	28 000
2015	6 000	30 000
2016	8 000	33 000
2017	8 600	34 400
2018	9 000	37 000
2019	9 500	37 600
2020	10 000	38 000

2020 年的计划产量为 12 000 件,要求确定 2021 年的目标成本。根据表 18-2 所给资料可知,产量最低期为 2013 年,计 4 000 件,产品总成本为 20 000 元;产量最高期为 2020 年,计 10 000 件,产品总成本为 38 000 元。则:

$$\text{单位变动成本}=\frac{\text{最高产量期总成本}-\text{最低产量期总成本}}{\text{最高期总产量}-\text{最低期总产量}}$$

$$=\frac{38\,000-20\,000}{10\,000-4\,000}=3(\text{元/件})$$

$$\text{固定成本总额}=\text{总成本}-\text{总产量}\times\text{单位变动成本}$$

$$=38\,000-10\,000\times3=8\,000(\text{元})$$

2021年的目标成本＝8 000＋3×12 000＝44 000(元)

单位目标成本＝44 000÷12 000＝3.667(元)

根据计算可知，该企业2021年度在计划产量达到12 000件时，总目标成本可确定为44 000元，单位目标成本则为每件3.667元。

3. 运用最低成本法预测目标成本。最低成本法，就是选择某一先进成本作为目标成本的一种方法。它可以根据企业上年实际成本和计划年度成本降低任务进行计算确定；也可以选择国内外同类产品的先进水平或本企业历史先进水平作为目标成本；还可以是按本企业平均先进水平制定的定额成本或标准成本作为目标成本。

4. 运用回归直线法预测目标成本。回归直线法又称回归分析法，它是根据若干期产量和成本的历史资料，计算出具有代表性的产量和成本的回归直线，预测变动成本和固定成本，从而确定出目标成本的一种方法。其计算公式如下：

$$y=a+bx$$

式中：y——总成本；a——固定成本；b——单位变动成本；x——产量。

计算公式中的固定成本和单位变动成本可通过建立下列联立方程组求得：

$$\sum y = na + b\sum x$$
$$\sum xy = a\sum x + b\sum x^2$$

式中：n——期数。

由此可推导出：$a = \dfrac{\sum y - b\sum x}{n} = \dfrac{\sum x^2 \sum y - \sum x \sum xy}{n\sum x^2 - (\sum x)^2}$

$$b = \frac{n\sum xy - \sum x \sum y}{n\sum x^2 - (\sum x)^2}$$

目标成本确定后，就要与上年预计平均单位成本进行比较，测算出成本降低目标，即成本降低额或降低率。成本降低目标的计算公式如下：

成本降低额＝上年预计平均单位成本－单位目标成本

$$成本降低率=\frac{上年预计平均单位成本-单位目标成本}{上年预计平均单位成本}$$

(二) 测算各项技术经济指标的变动和预测对产品制造成本降低程度的影响

1. 测算原材料、燃料、动力的单耗和单价的变动，影响成本降低的程度。

(1) 在原材料、燃料和动力单价不变条件下，单耗降低与费用降低的幅度是一致的。由于原材料、燃料和动力单耗降低，影响成本降低的计算公式如下：

$$\text{成本降低率}=\text{计划期原材料单耗降低}\%\times\frac{\text{基期原材料费用}}{\text{占制造成本}\%}$$

(2) 在原材料、燃料和动力单耗不变的条件下，单价降低与费用降低的幅度是一致的。由于原材料、燃料和动力单价变动，影响成本变动的计算公式如下：

$$\text{成本降低率}=\text{计划期原材料单价降低}\%\times\text{基期原材料费用占制造成本}\%$$

(3) 由于原材料、燃料和动力的单耗与单价同时发生变动，影响成本降低程度的计算公式如下：

$$\text{成本降低率}=\left[\text{单耗降低}\%+\text{单价降低}\times\left(1-\text{单耗降低}\%\right)\right]\times\text{基期原材料费用占制造成本}\%$$

2. 测算劳动生产率提高超过平均工资增长，影响成本降低的程度。产品制造成本中的工资费用，同时受到劳动生产率和平均工资两因素的影响。劳动生产率的提高，会使工资费用降低；而平均工资的增长则会使工资费用上升。当计划期劳动生产率提高超过平均工资增长时，则会使成本降低。其计算公式如下：

$$\text{成本降低率}=\frac{\text{计划期劳动生产率提高}\%-\text{计划期平均工资增长}\%}{1+\text{计划期劳动生产率提高}\%}\times\text{基期工资费用占制造成本}\%$$

3. 测算产量增长超过制造费用增加，影响成本降低程度。制造费用是制造成本的组成部分，它随着产量增减会发生相应的变动。当计划期产品产量增长幅度超过这部分费用增长幅度时，会使制造成本降低。其计算公式如下：

$$\text{成本降低率}=\frac{\text{产量增长}\%-\text{制造费用增长}\%}{1+\text{产量增长}\%}\times\text{基期制造费用占制造成本}\%$$

4. 测算计划期产品制造成本总降低率和降低额。将上述各项技术经济指标的测算结果相加，就可求得计划期产品制造成本总降低率，然后，再以计划期产量按上年平均单位制造成本计算的总制造成本，与计划期产品制造成本总降低率相乘，即为计划期产品制造成本总降低额。

例如，某机械企业从基年成本报表中所提供的全部制造成本各项费用占成本的比重为：原材料 60%，燃料和动力 20%，工资及福利费 5%，制造费用 15%。该机械厂计划年度各项技术经济指标的变动情况如下：产品产量增长 10%，原材料单位消耗降低 5%，原材料单位价格上升 2%，燃料和动力单位消耗降低 2%，生产工人劳动生产率提高 10%，生产工人平均工资增长 2%，制造费用增长 5%。

根据以上资料预测计算如下：

(1) 由于产品产量增长超过制造费用增长，使成本降低：

$$\text{成本降低率}=\frac{10\%-5\%}{1+10\%}\times15\%=0.68\%$$

（2）由于原材料单位消耗降低和单价上升，使成本降低：

$$\text{成本降低率}=[5\%-2\%\times(1-5\%)]\times60\%=1.86\%$$

（3）由于燃料与动力单耗降低，使产品成本降低：

$$\text{成本降低率}=2\%\times20\%=0.4\%$$

（4）由于劳动生产率提高超过平均工资增长，影响成本降低：

$$\text{成本降低率}=\frac{10\%-2\%}{1+10\%}\times5\%=0.36\%$$

如果该企业计划年度各产品计划产量按上年实际（或预计）平均单位制造成本计算的总制造成本为6 534 000元，则计划年度产品制造成本总降低率和降低额测算如下：

$$\text{计划年度制造成本总降低率}=0.68\%+1.86\%+0.4\%+0.36\%=3.3\%$$

$$\text{计划年度制造成本总降低额}=6\,534\,000\times3.3\%=215\,622(\text{元})$$

（三）单位产品制造成本的预测

单位产品制造成本是反映企业在一定时期内的产品制造成本水平的指标，是企业成本计划中的一个重要指标。预测计划期单位产品制造成本降低额的计算方法如下：

1. 由于原材料、燃料和动力消耗降低和价格变动，影响单位制造成本的降低额：

$$\text{单位产品制造成本降低额}=\sum\left(\text{某种材料计划期单位消耗降低数}\times\text{该种材料基期单价}\right)$$

$$\text{单位产品制造成本降低额}=\sum\left(\text{某种材料计划期单位降低额}\times\text{该种材料计划期单耗}\right)$$

2. 由于劳动生产率提高，单位产品工时消耗的降低，影响单位制造成本降低额：

$$\text{单位产品制造成本降低额}=\text{计划期单位产品工时消耗降低数}\times\text{基期小时工资率}$$

3. 职工平均工资的变动，影响单位制造成本降低额：

$$\text{单位产品制造成本降低额}=\text{计划期小时工资率变动数}\times\text{计划期单位产品工时消耗}$$

或

$$\text{单位产品制造成本降低额}=\frac{\text{基期月平均工资}}{\text{基期月人均产量}}-\frac{\text{基期月平均工资}}{\text{计划期人均产量}}$$

将上述预测计算各因素影响单位制造成本降低额相加，确定计划期单位产品制造成本总降低额；然后，再根据基期该产品的实际平均单位制造成本减计划期单位产品制造成本总降低额，即为计划期该产品的单位制造成本。

根据以上预测的产品成本总降低额和单位产品成本降低额与目标成本的要求进行比较，若达到要求，则可编制成本计划，若测算结果达不到目标成本和成本降低幅度的要求，则需进一步发动群众，挖掘企业内部潜力，采取降低成本的新措施。

二、期间费用预算

期间费用是企业生产经营耗费的重要组成部分，也应该编制预算，以便加强管理与控制。编制期间费用预算，可参照上一年度实际耗费，并考虑计划年度生产经营变化对费用开支的影响，在采取相应措施，降低费用的基础上，科学合理地制订。

三、成本计划的编制

（一）成本计划的内容

成本计划是以货币形式预先规定企业在计划期（年）内产品生产耗费水平和可比产品成本降低水平。成本计划是企业生产经营活动计划的重要组成部分，是对产品成本进行科学管理的工具，也是企业进行成本控制、核算与分析的依据。

成本计划的内容，一般包括：

1. 主要产品单位成本计划。它是按每种主要产品各编一份成本计划表，表中按制造成本项目列出上年预计平均单位成本和计划年度计划单位成本，并将两者进行比较，计算出降低额和降低率。

2. 全部产品成本计划。它是按产品项目列出全部产品成本计划，并按可比产品、不可比产品、全部商品产品进行汇总，表中同时列出每一产品上年度预计平均成本和计划年度单位计划成本、计划产量、总成本及两年对比总成本的降低额和降低率；同时计算各种可比产品成本的上年预计平均单位成本与计划年度计划单位成本的降低额和降低率。

3. 降低成本措施计划。它包括企业在计划期所采取的降低成本措施的项目、内容、预计效果、执行单位及负责人等。

（二）成本计划的编制程序和方法

成本计划是根据企业计划期的目标成本和成本降低指标，上年成本计划预计完成情况，计划期生产、物资供应、劳动工资和技术组织措施计划，各种定额资料，上年成本核算和分析资料，测算计划期主要产品单位成本和成本的降低额、降低率，企业下达成本计划的建议指标，以及企业计划价格等资料进行编制的。

成本计划编制的程序，一般是先编辅助生产车间的成本计划，再编基本生产车间的成本计划，最后汇总成全厂的成本计划。

1. 辅助生产车间成本计划的编制。它是按每个辅助生产车间分别编制的。其编制方法是：

(1) 确定计划期辅助生产车间所需原材料、工资、各项费用计划数量。

凡有消耗定额的，可根据计划生产量(或劳务量)、单位产品(或劳务量)消耗定额和计划单价计算。

凡有规定费用开支标准的，如劳动保护费，可根据车间享受人数按规定标准计算。

凡是没有消耗定额和开支标准的费用项目，如低值易耗品，可根据上期的预计(或实际)数结合本期车间计划产量或劳务供应量增减情况和计划期节约费用的要求来确定。其计算公式如下：

$$\text{本期计划数量} = \text{上期预计(实际)数} \times \frac{\text{本期计划产量或劳务供应量}}{\text{上期预计(实际)产量或劳务供应量}} \times (1 - \text{节约}\%)$$

凡是相对固定的费用项目，如办公费，可根据上期预计(实际)数和计划期节约费用要求来确定。

凡是其他计划中列有的费用项目，如工资，可根据其他计划有关资料计算。

(2) 辅助生产费用计划编制以后，相应地编制辅助生产费用分配计划，把辅助生产车间的全部费用分配给各有关受益单位。由于辅助生产车间相互间的劳务供应，已在编制各车间费用计划时，按结算价格计算列入，所以，只需把其余辅助生产费用分配到各有关基本生产车间的产品制造成本计划中去。在分配辅助生产费用时，应计算辅助生产车间所提供的产品或劳务的计划单位成本。其计算公式如下：

$$\text{产品或劳务计划单位成本} = \frac{\text{车间生产费用总额}}{\text{计划期生产量或劳务量}}$$

根据产品或劳务计划单位成本和为各受益单位提供的产品或劳务数量，就可以进行辅助生产费用的分配。

2. 基本生产车间成本计划的编制。

(1) 编制基本生产车间制造费用计划。它的编制方法同辅助生产车间成本计划编制方法基本相同，即按规定的明细项目和前述各种方法确定基本车间制造费用发生额，然后按一定标准分配给各种产品。

(2) 编制基本生产车间产品制造成本计划。车间产品制造成本计划，主要是用来计算各车间内加工的产成品、半成品和在制品的计划成本。为了便于计算各种产品制造成本,计划应按每一种产品来编制。

(3) 编制各车间单位产品制造成本时,对前一车间转来的半成品成本,可用平行结转法或逐步结转法来计算。① 平行结转法。它不计算前一车间转来的半成品成本,而是将各车间相同产品的单位成本相加即得车间计划单位产品制造成本。② 逐步结转法。它要计算前一车间转来的半成品成本,并列入本车间产品的"原材料"项目或以"自制半成品"项目反映;生产某一产品的最后一个车间的单位成本,即是车间计划单位产品制造成本。企业应根据自身的生产特点,结合成本管理需要选择采用。

第三节 成本控制、核算和分析

为了保证已定目标成本和成本计划的顺利实现,企业还必须依靠全体员工的共同努力,搞好成本的控制、核算的分析工作。

一、成本控制

成本控制是指在成本形成过程中,按照事先制定的标准,对成本形成过程中发生的各项生产耗费进行限制和监督,并采取有效措施及时纠正脱离标准的偏差,使实际成本的各项费用支出或劳动耗费,被限制在规定标准范围之内,以保证达到企业降低成本目标的过程。因此,成本控制是指导和调节生产耗费的重要手段,是使成本管理转入预防性管理的重要标志,是发挥成本管理作用的中心环节。

(一) 成本控制的程序

成本控制的目标是使实际成本达到目标成本或计划成本的要求。因此,搞好成本控制工作,一般可按以下基本程序进行。

1. 确定成本控制标准。成本控制标准是对各种物质消耗和其他各项费用开支制定的数量界限,它是成本控制的准绳。成本控制标准包括:成本计划、目标成本、成本降低目标、各种费用支出限额和物资消耗定额,以及产品或零部件的成本降低目标等。在实际工作中,还需将成本计划指标按生产部门、单位、产品、零部件或工序等,分解成更具体的小指标来控制。

2. 监督成本形成过程,及时发现实际成本与成本控制标准的差异。实际成本小于成本控制标准的称为顺差,表明成本控制良好;反之,为逆差,表明成本控制不好,必须及时而准确地找出原因,为纠正偏差提供方向和信息。

3. 提出措施,纠正偏差。对成本形成过程中产生的逆差,应采取各种有效措施予以纠正。对可能产生的差异,要采取预防性措施,以保证按成本标准支付各项生产费用，从而达到成本降低的预期目标。

(二) 成本控制的内容

成本控制的内容包括：成本的事前控制、事中控制和事后控制。它们之间的相互关系如图 18-2 所示。

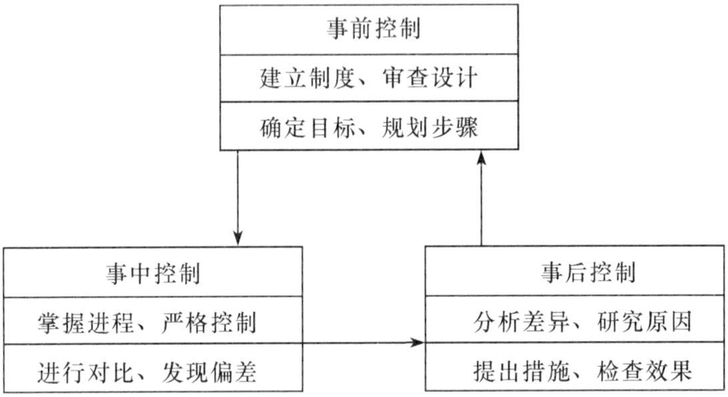

图 18-2 成本控制示意图

1. 事前控制。它主要包括制度控制、产品设计阶段的成本控制和制定工艺方案阶段的成本控制。

(1) 制度控制。根据企业具体情况，制定必要的成本管理的规章制度，建立健全物料收发领用、费用开支报销、工时利用等方面的成本责任制度。

(2) 产品设计阶段的成本控制。产品成本水平往往是在设计阶段决定的，产品设计不合理，就会造成先天性成本过高，如果不改变设计，只是对产供销费用进行控制，要想大幅度地降低成本是不可能的。因此，在开发新产品或改革老产品设计时，必须认真搞好产品设计成本控制，以保证新设计产品不仅在技术上是先进的，而且在经济上也是合理的。

对设计阶段的产品成本，一般是通过目标成本来控制。新产品的目标成本是根据产品设计的销售价格，扣除销售税金和企业必须确保的目标毛利后确定的。新产品的目标成本应作为企业设计部门设计新产品的奋斗目标。在产品设计过程中，应开展价值工程活动，使新设计的产品既有必要的功能，又体现最低的成本。产品设计成本，一般可用公式计算如下：

$$\text{产品设计成本}=\left(\text{直接材料成本}+\text{直接工资成本}\right)\times\left(1+\frac{\text{制造费用}}{\text{直接材料}+\text{直接工资}}\right)$$

产品设计成本测算出来以后，应与目标成本进行比较。当设计成本不超过目标成本时，则说明设计方案是可行的。

(3) 制定工艺方案阶段的成本控制。产品设计方案确定之后，如果该新产品的生产有多种工艺方案时，应进行比较，从中选择出技术先进和经济合理的最优方案。在经济上要比较哪个工艺方案的成本最低。

2. 事中控制。在成本形成过程中，要按照事先规定的标准，对实际发生的各项生产耗费进行调节和限制，使之被控制在原定的标准之内，以保证成本目标的实现。

(1) 材料费用的控制。根据影响产品制造成本中的材料费用升降，对其控制应从材料消耗和材料价格两方面进行。

材料消耗量控制，主要有定额控制法和金额控制法两种。① 定额控制法，主要用于对主要原材料和燃料消耗量的控制。企业生产产品耗用的主要原材料和燃料，一般都有消耗定额。各种材料消耗定额，应作为车间、班组控制材料消耗量的标准。同时，物料供应部门依据计划产量、消耗定额，计算确定各车间、班组和用料单位的领料限额，实行限额发料制度，对各用料单位实行凭证限量供应。② 金额控制法，主要用于对非主要材料消耗的控制。企业生产产品耗用材料中，一些品种繁多、消耗量小、无法制定消耗定额的非主要材料消耗，应采用金额控制法。物料供应部门根据各用料单位上期的实际耗用金额，结合计划期变化情况和节约要求，综合确定各单位某类材料以金额表示的领用限额，作为该类材料消耗量的标准。用料单位领用材料时，只要在规定金额范围之内，可随时领用。

(2) 材料价格的控制，主要是加强材料采购成本和配合料的配比控制。企业材料采购成本由外购材料的买进价和采购费用两部分组成。企业物料供应部门应加强材料采购过程中的管理，合理选择采购地点和运输方式；科学计算采购批量，减少储备量；减少途中材料损耗量，加强材料入库验收，从而降低材料采购成本。同时，对产品消耗的原材料有属于配合料的情况下，配比变动对配合料的平均单价影响很大。为此，企业生产技术部门应合理地设计科学配方，在保证产品质量的前提下，尽量增加低价材料的比重，减少贵重材料的比重。物料供应部门应按规定配比组织供料，用料单位应按规定配比进行投料，以控制配合料的平均单价。

(3) 工资费用的控制。工资费用是产品制造成本中的重要组成部分。单位产品工资费用的高低，主要是由单位产品劳动时间的消耗和职工的平均工资决定的。因此，产品制造成本的工资费用控制应从下述两方面进行。

一是单位产品劳动时间消耗的控制。为了有效控制单位产品劳动时间消耗，企业必须事前制定先进合理的劳动定额和人员定额。劳动定额是指单位产品所消耗的劳动时间或单位时间内完成的产品产量。人员定额是指企业在正常生产经营条件下，各部门、车间、班组所配备的各类人员的数量和结构。

二是员工平均工资的控制。员工平均工资的高低，决定于这一时期的工资总额的大小和劳动时间的利用情况。因此，对员工平均工资的控制，首先，要严格掌握工资支出范围和标准，保证不突破企业预先规定的工资数额；其次，企业劳动工资部门应合理地组织劳动力，改善劳动组织；最后，教育员工严格遵守劳动纪律，充分利用劳动时间，不断提高劳动效率，以控制员工平均工资水平。

（4）制造费用的控制。制造费用的组成内容比较复杂，各种费用的性质和作用又各不相同，因此，制造费用的控制形式和方法也多种多样。凡是与产品产量同比例增减变动的费用，可以核定百元产值费用定额作为控制标准，实行定额控制法；凡是与固定资产有直接联系的费用（如折旧费），可以通过核定百元固定资产原价费用定额作为控制标准进行控制。

3. 事后控制。它主要是找出产生成本差异的原因，以便采取有效措施，为进一步降低产品成本提供信息。

（三）成本控制的方法

对产品成本进行控制，需要采取一定的组织技术方法。成本控制的方法很多，主要有本、量、利分析法，价值分析法，网络分析法，ABC 分类控制法，指标分解控制法等。鉴于以上组织技术方法在其他章节已有介绍，这里不再赘述。

二、成本核算

对企业生产产品所耗用的直接材料、直接工资、其他直接支出和制造费用进行审核和控制，并且按照其用途和发生地点进行归集和分配，最后计算出产品的制造总成本和单位成本，这就是成本核算。计算成本的方法很多，主要有品种法、分批法、分步法、制造成本法和变动成本法，这里仅对后两种方法进行对比，来说明变动成本法优于制造成本法。

（一）实行变动成本法，是加强企业生产经营管理的需要

根据《企业会计准则》和新会计制度的规定，企业改按制造成本法来计算产品成本，这与我国传统的成本核算制度相比，可算得上是一次革命，而制造成本法在国外已普遍应用，并在此基础上，发展到了变动成本法。变动成本法是把随产量增减发生的变动费用计入产品成本和存货成本，而把固定生产成本和非生产成本作为期间成本在当期（月）损益中扣减的一种成本计算方法。制造成本法是产品只计算生产成本的方法。变动成本法与制造成本法相比，具有明显的优点：

1. 变动成本法能更好地体现权责发生制原则的要求。维持企业生产经营能力的固定成本，主要是为生产提供条件的，与生产量无关，而与经营期间有关，因此，按照权责发生制原则的要求，理应由本期收益负担，而不应转嫁到以后会计期间收益；由于制造成本法把固定制造费用也计入产品成本，在产销平衡时，全部产品成本可以在当期收益中得到补偿。这时，采用这两种方法计算的销售利润相同。而在产销不平衡时，就会出现差异，当销大于产（在产品和产成品存货减少），制造成本法计算的利润小于变动成本法计算的利润;当产大于销,存货中的固定费用就会转嫁到以后会计期间,无法在当期收益中获得补偿,使当期利润虚增。存货越多,转嫁费用、虚增利润就越严重,一旦积压产品降价销售或霉坏变质,企业因所投入资金得不到补偿而造成重大损失,甚至出现资不抵债而导致破产。从这一点来说,制造成本法在一定程度上助长了企业只顾生产、不管销售,只顾眼前、不管后果的短期行为。

变动成本法,由于固定制造费用不计入产品和存货成本,直接在当期收益中得到补偿,因而更能体现权责发生制原则的要求。这种方法能正确揭示销量与利润的内在联系:销量增加,利润增加;销量减少,利润减少。这就促使企业十分重视产品的销售和拓展销售市场。

2. 变动成本法提供的会计信息更有利于企业预测和短期决策。变动成本法按成本特性划分为固定成本和变动成本,因而对某种产品进行量、本、利分析就十分方便,无需对产品成本进行重新分解、组合、分配,避免了大量的重复计算,为企业的预测和产品决策提供可靠的数据;同时,采用变动成本法,不需要将固定成本分摊到产品中去,而是直接从当期损益中扣减。这样,既大大简化了成本核算工作,又避免了费用分摊过程中发生人为的偏差,使提供的会计信息资料更加及时、准确。

3. 变动成本法有利于加强对成本的控制和管理。采用变动成本法,一旦产品成本出现不利差异,就可以通过对产品的变动生产成本和固定生产成本进行分析,找出原因,及时加以纠正,便于加强对成本的控制和管理。如果发现直接材料、直接工资、其他直接支出等出现不利差异,就可以查找供应部门和生产车间的工作是否存在不足之处;如果固定生产成本出现了不利差异,则应由有关管理部门承担责任。这样,就有利于企业加强成本控制和明确经济责任。

4. 变动成本法有利于我国会计工作向国际会计发展。国际会计是指因超越国界和经营活动展开的企业会计。它的主要作用是:① 有利于我国会计工作的国际交流和会计资料的国际对比;② 便于跨国经营交易和跨国企业经营方式中的会计计量和报告;③ 能满足国际金融市场对会计的需要;④ 方便世界范围内对会计和财务报告进行比较和协调。我国企业如能尽快借鉴使用变动成本法,将更加有利于推动我国会计工作向国际会计协调发展。

(二) 变动成本法与制造成本法的区别

为了深刻地认识变动成本法,有必要对这两种成本方法作进一步剖析,找出它们的区别。这里我们先用图 18-3 和图 18-4 把制造成本法和变动成本法的核算流程作一详细比较。

从图 18-3 和图 18-4 可看出,制造成本法则将企业全部成本分为生产成本和非

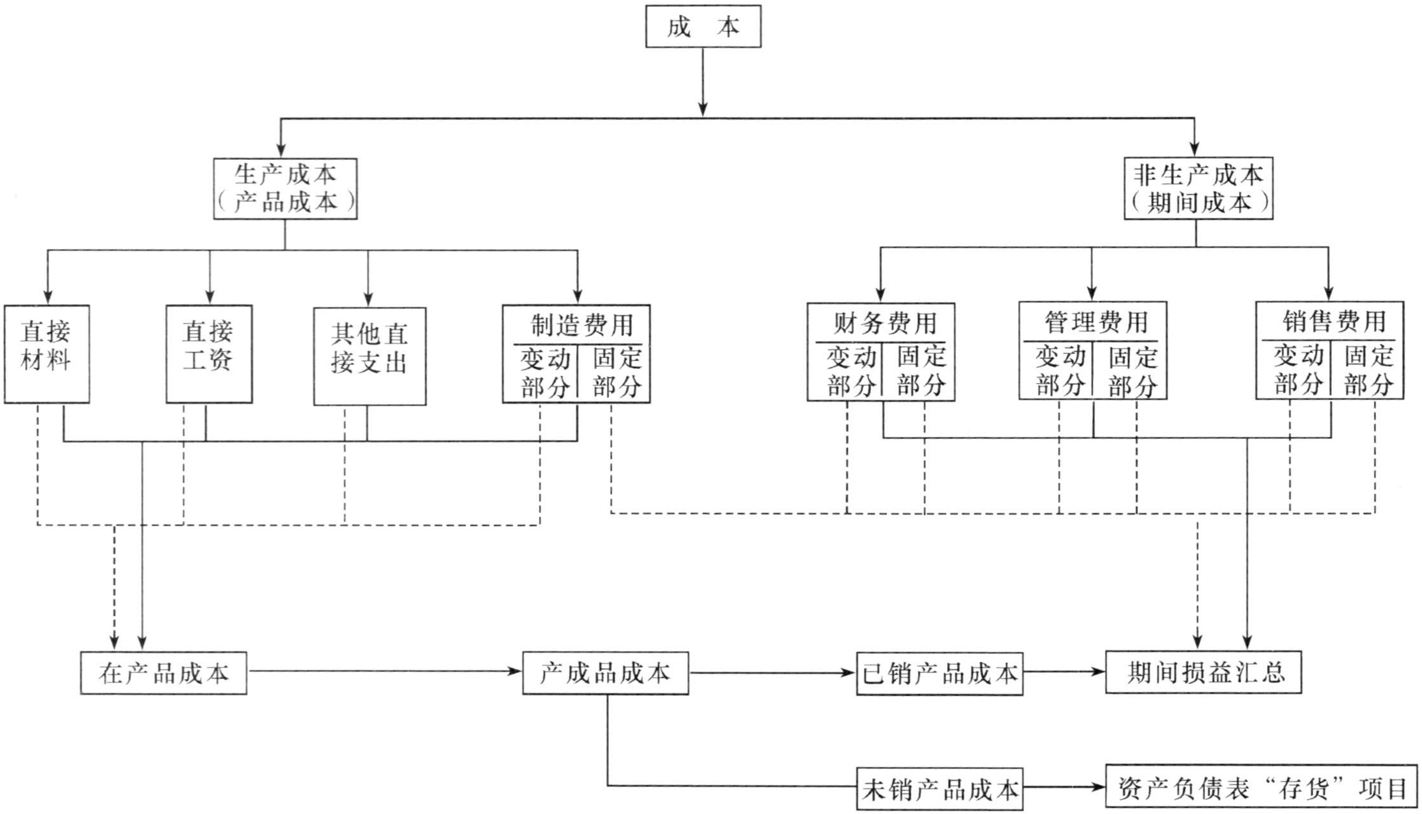

注：实线代表制造成本法的数据流程，虚线代表变动成本法的数据流程。

图 18-3　制造成本法的数据流程

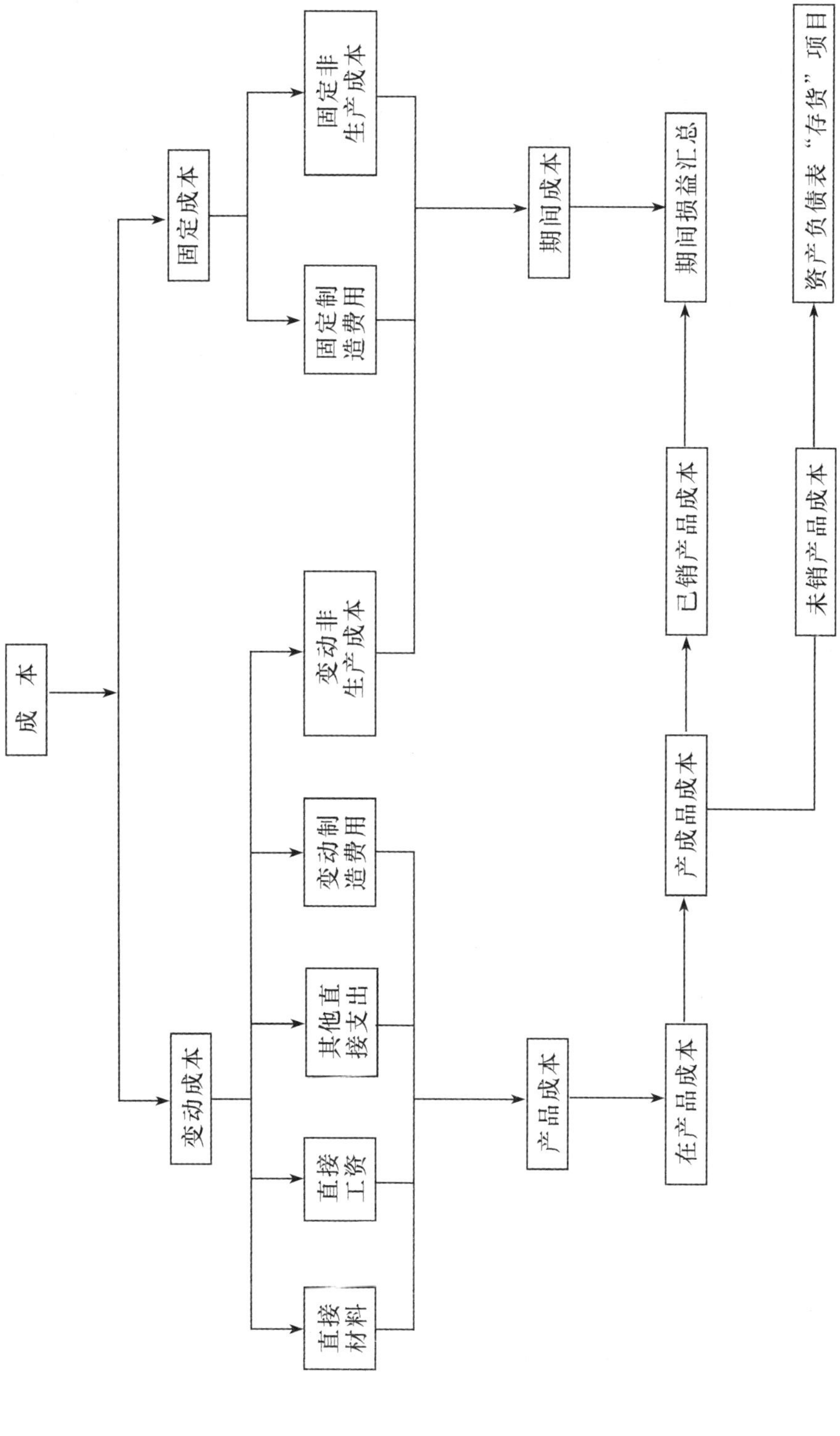

图 18-4　变动成本法的数据流程

生产成本;变动成本法将企业全部成本划分为变动成本和固定成本。这就可以清晰地得出两种成本计算方法有以下几方面的区别:

1. 产品成本构成的内容不同。采用制造成本法,它把所有的生产成本计入产品成本,把所有的非生产成本作为期间成本在当期损益表中全部扣除;采用变动成本法,它只将与生产一定数量的产品所耗用的直接材料、直接工资、其他直接支出和变动制造费用计入产品成本,而把非生产成本和固定制造费用作为期间成本,全部在当期损益表中予以扣除。

例 1 某企业某月生产甲产品 1 000 件,每件耗用直接材料 30 元,直接工资(工资、奖金、津贴、补贴)20 元,其他直接支出(福利费等)1 元,变动制造费用 5 元,固定制造费用总额为 8 000 元,用制造成本法和变动成本法计算的单位产品成本如表 18-3 所示。

表 18-3 某企业的产品成本

单位:元

成本项目	制造成本法		变动成本法	
	单位成本	总成本	单位成本	总成本
直接材料	30	30 000	30	30 000
直接工资	20	20 000	20	20 000
其他直接支出	1	1 000	1	1 000
变动制造费用	5	5 000	5	5 000
固定制造费用	8×(8 000÷1 000)	8 000	—	—
单位产品成本	64	64 000	56	56 000

可见,两种成本计算方法所算出来的单位成本是不同的。

例 2 承例 1,若该企业发生的非生产成本为 5 000 元,用两种成本法计算的期间成本如表 18-4 所示。

表 18-4 某企业的期间成本

单位:元

成本项目	制造成本法	变动成本法
固定制造费用	—	8 000
非生产成本	5 000	5 000
期间成本	5 000	13 000

由此看出,两种成本法计算出来的期间成本也有很大差异。

2. 两种成本法对期末产成品和在产品存货计价不同。由于制造成本法是在已销售商品和未销售成品、在产品之间分配全部生产成本的，所以期末产成品和在产品存货中包含了一部分固定生产成本。而变动成本法计算的期末产成品和在产品存货中不包含这部分固定生产成本，所以，变动成本法对期末产成品和在产品存货的估价，一般低于制造成本法的估价。

例 3 承例 1，另设期末产成品存货为 50 件，无在产品存货，用两种成本法计算的产成品期末存货计价如表 18-5 所示。

表 18-5 某企业的产成品期末存货计价

项 目	制造成本法	变动成本法
单位产品成本(元)	64	56
期末产成品存货(件)	50	50
期末产成品存货成本(元)	3 200	2 800

3. 盈亏计算结果不同。因为两种成本方法对固定成本处理不同，所以对产成品和在产品期末存货的计价和盈亏的计算方法也随之不同，计算出来的利润也不相同。

例 4 承例 1、例 2、例 3，设产品销售 950 件，单位售价 100 元/件，变动非生产成本 10 元/件，固定非生产成本总额 5 000 元。用两种成本法计算的损益如表 18-6 所示。

表 18-6 某企业损益计算表

单位：元

制造成本法			变动成本法		
摘 要	金 额		摘 要	金 额	
销售收入(950×100)		95 000	销售收入(950×100)		95 000
减：销售成本		60 800	减：销售成本(只含变动成本)		53 200
生产成本(1 000×64)	64 000		生产成本(1 000×56)	56 000	
可供销售商品成本	64 000		减：期末存货(50×56)	2 800	
减：期末存货(50×64)	3 200		边际贡献		41 800
			减：期间成本		22 500
销售毛利		34 200	固定制造费	8 000	
减：非生产成本(950×10+5 000)	14 500		变动非生产成本(950×10)	9 500	
			固定非生产成本	5 000	
利润		19 700	利润		19 300

从表18-6的结果可见，产大于销时，制造成本法计算的利润比变动成本法计算的利润多400元。

（三）变动成本法优于制造成本法

变动成本法适应现代企业的内部管理，是企业现代化管理必不可少的一种先进方法，所以，应以变动成本法替代制造成本法。理由是制造成本法确定的利润受存货变动的影响，企业经营者难以理解和应用，不利于企业的决策和计划。经营者的常识是：在成本水平不变的情况下，多销售就可以多得利润，这种观点是符合经济学理论的。商品必须销售出去其价值才能得到社会承认，企业才能取得收入和利润。但是，制造成本法所确定的利润，在销量不变情况下会有很大波动。这主要是固定制造费用要计入产品成本，其中已经售出的产品其成本作为销货成本冲减收入，未售出的产品其成本作为期末存货成本列为资产。若本期销量大于产量，销货不仅要负担本年发生的固定制造费用，而且由于销售了上期转来的存货，还要负担它们吸收的固定成本，必然引起利润波动。这种波动，有时会达到令人难以理解的程度，即增加销售量不仅不会增加利润，反而会使利润下降。出现利润的这种反常波动，不仅妨碍经营者正确决策和把握预期利润，而且对管理十分有害。因为在其他条件不变的情况下，仅仅增加存货就能使企业利润增加，会助长盲目生产，浪费资金。另外，制造成本法确定的利润，不仅受销量和成本水平的影响，而且受生产量的影响，因此，既不符合经济学原理，也不易被经营者理解和掌握。改变这种不合理现象的方法是采用变动成本法，这样，可以使企业利润的增减与销量的增减保持一致，使企业注重产品的销售，而不是盲目扩大产量，可以克服由于采用制造成本法造成的虚盈实亏、财政虚收的问题；可以简化会计核算工作，有利于加强企业内部经营管理等。因此，从长期看，变动成本法是计算产品成本最有效的方法。

三、成本分析

产品成本分析是通过计划成本和实际成本指标的对比，以及对成本计划执行情况的检查，找出影响成本升降的原因，寻求降低成本的方向和途径的一种分析法，通过成本分析，可以促进企业产品成本不断降低。

产品成本分析，主要是对以企业全部产品成本计划完成情况的分析和可比产品成本降低任务完成情况的分析。

（一）全部产品成本计划完成情况的分析

企业全部产品分为可比产品和不可比产品。对全部产品成本计划完成情况的分析，就是将全部产品的实际总成本和计划总成本进行比较，确定其实际总成本比计划总成本的降低额和降低率，以便了解企业成本计划完成的情况。

例如,某企业某年度的全部产品成本表如表 18-7 所示。

从表 18-7 中可以看出,全部产品的实际总成本比计划总成本降低额为 76 000 元,降低率为 4.27%。虽然可比产品和不可比产品都完成了计划,但可比产品成本的降低额为 21 000 元,降低率为 1.42%;而不可比产品成本的降低额为 55 000 元,降低率高达 18.3%。这说明全部产品成本的降低,主要是依靠不可比产品成本的降低,从而揭示了成本管理中的一个薄弱环节,必须进一步加以分析,找出原因,提出改进措施。

(二) 可比产品成本降低任务完成情况的分析

可比产品的实际总成本,除了与计划比较外,还需按实际产量同以上年实际单位成本计算的总成本相比较,确定可比产品实际总成本同上年成本相比的降低额和降低率,并同成本计划中所规定的计划降低额与计划降低率相比较,以考核可比产品成本降低任务的完成情况。

从表 18-7 中可见,本年度全部可比产品成本降低额达到 185 000 元,比上年降低 11.25%。其中乙产品比上年降低 12%,降低额为 165 000 元,占全部降低额的 89%。而甲产品比上年降低 7.4%,降低额只有 20 000 元。这表明本年度成本降低的收益 89%来自乙产品。

影响可比产品成本降低任务完成情况的因素,主要有:

1. 产品产量变动的影响。产品产量变动,是指实际产量比计划产量是增加还是减少。在品种结构和单位成本不变的情况下,产品产量的增加或减少,必然引起成本降低额发生相应的增加或减少,但并不引起成本降低率的变动。

2. 产品品种结构变动的影响。品种结构的变动,是指各品种的产品在其总产量中所占比重的变动。品种结构的变动不仅影响成本降低额,而且也影响成本降低率。假定都是生产成本降低率高的产品,则总的降低额和降低率就增大;反之,则减少。

3. 产品单位成本变动的影响。产品单位成本的变动,意味着产品所消耗的人、财、物的节约或超支。它是影响成本降低额和降低率变动的主要因素。在其他因素不变的情况下,产品单位成本变动与成本降低额、降低率的变动成反比。

(三) 成本差异分析

采用变动成本法,一旦产品的成本出现了不利差异,就可以分别通过对产品的变动生产成本和固定生产成本进行分析,找出差异的原因,及时加以纠正。例如,若发现直接材料成本、直接人工成本等出现了不利差异,就可以查找供应部门或生产部门的工作是否存在不足之处,若是期间成本出现了不利差异,则应由有关管理部门承担责任。这有利于企业加强成本管理工作和划清经济责任。

表 18-7　某企业某年度的全部产品成本表

单位：元

产品名称	计量单位	本期产品产量	单位成本			总成本			实际比计划降低额	实际比计划降低率(%)	比上年实际	
			上年实际平均成本	本年计划成本	本年实际成本	按上年实际平均单位成本计算	按本年计划平均单位成本计算	按本年实际单位成本计算			降低额	降低率(%)
		(1)	(2)	(3)	(4)	(5)＝(1)×(2)	(6)＝(1)×(3)	(7)＝(1)×(4)	(8)＝(6)－(7)	(9)＝(8)÷(6)	(10)＝(5)－(7)	(11)＝(10)÷(5)
可比产品：												
甲产品	件	2 000	135	130	125	270 000	260 000	250 000	10 000	3.85	20 000	7.40
乙产品	件	11 000	125	111	110	1 375 000	1 221 000	1 210 000	11 000	0.9	165 000	12.00
小　计						1 645 000	1 481 000	1 460 000	21 000	1.42	185 000	11.25
不可比产品：												
丙产品	件	1 000		300	245		300 000	245 000	55 000	18.3		
全部产品成本						1 645 000	1 781 000	1 705 000	76 000	4.27		

第十九章

财务管理决策与评价

为了适应现代市场经济发展的需要，规范企业财务行为，必须加强企业财务管理。企业财务管理是对企业资金营运的管理，即对企业资金的筹集与获取，运用与耗费，回收与分配所进行的管理，它是对企业生产经营活动进行综合性的管理，也是企业管理的一个重要组成部分。

第一节　财务管理的作用、特征和任务

一、财务管理的作用和特征

（一）财务管理的内容和作用

财务管理是指对企业所需资本金的取得、分配和使用过程中各项工作的管理。它的主要内容包括财务决策与评价，资金筹集，流动资产、固定资产、无形资产和递延资产以及其他资产管理，对外投资，成本和费用，营业收入，利润分配，企业清算，财务会计报告及财务分析评价等。

加强财务管理，对于进一步完善经济责任制，巩固经济核算，提高经营管理水平，减少资本金的占用和人力、物力消耗，降低成本，增加企业盈利等方面有着重要的作用。

（二）企业资本金运动

企业生产经营活动过程中资本金运动情况如图 19-1 所示。

企业生产经营活动过程中的资本金运动，可以从静态和动态两个方面来加以分析。

从静态分析，它表现为资本金的占用与来源。企业资本金的占用，主要分为固定资本金和流动资本金的占用。企业资本金占用如图 19-2 所示。

从动态分析，它表现为资本金的循环与周转。资本金的循环，是指企业资本金从货币形态开始，经过供应、生产、销售三个环节，顺次转化为储备资金、生产资金、成品资金等形态，最后又回到原来的出发点，即货币资金形态。这种循环是周而复始的、有规律的运动过程。这种循环，每发生一次，货币资金就应增值，资本金循环与周转的管理在企业生产经营过程中得以实现。

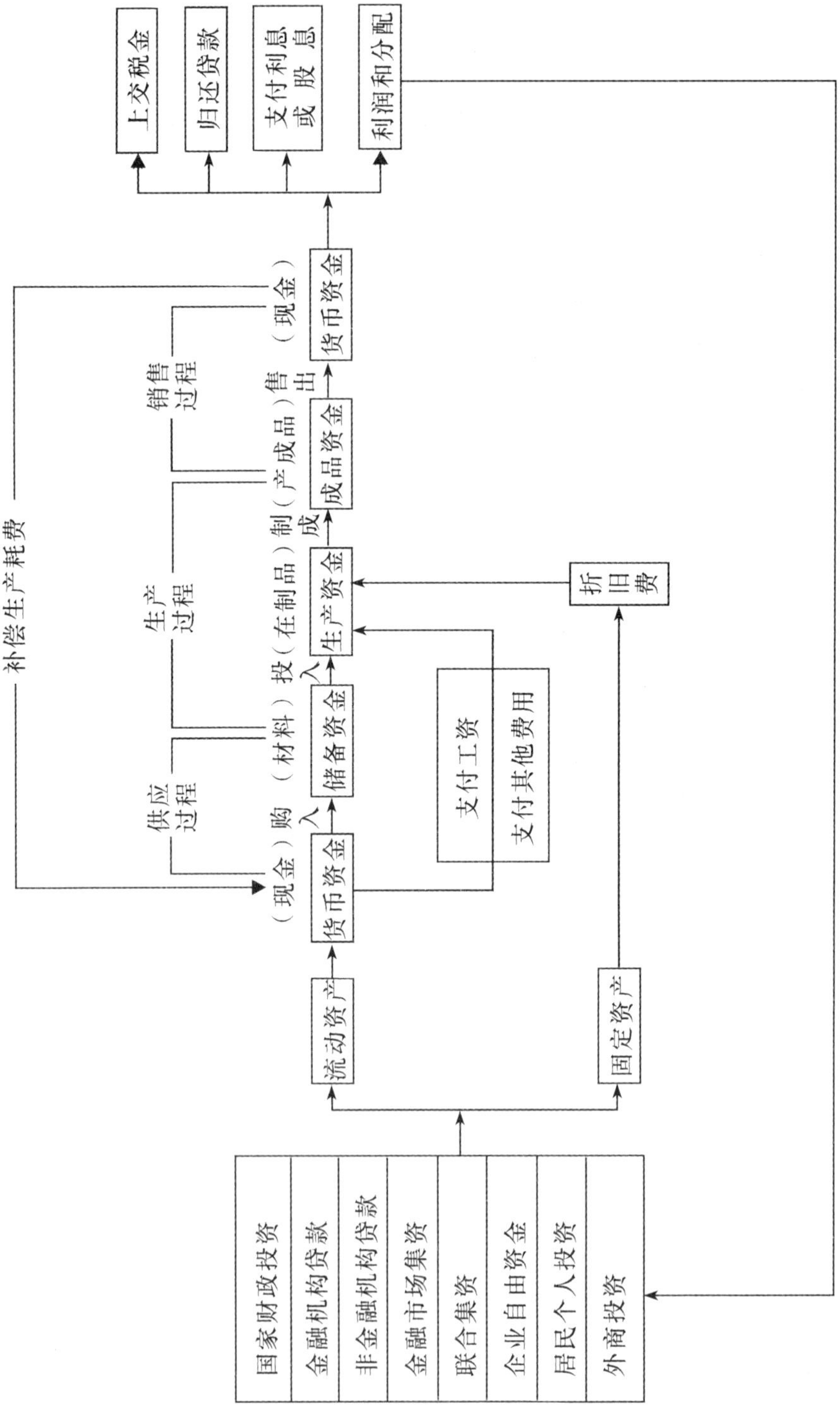

图 19-1 企业资本金运行状况图

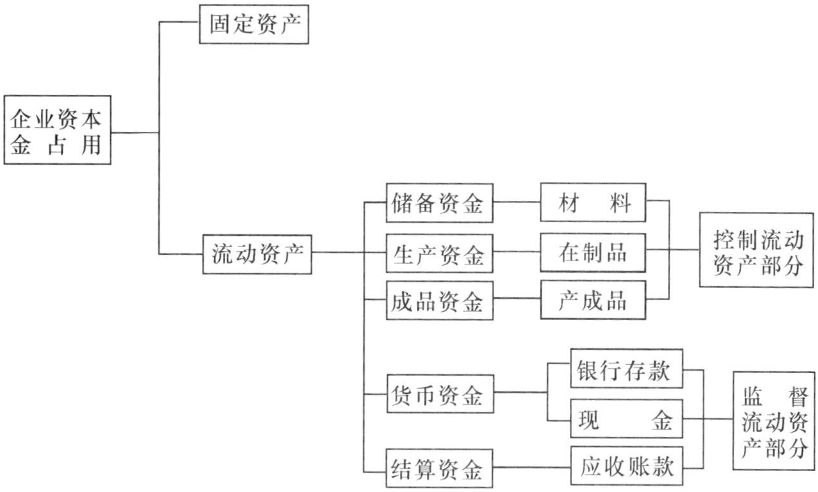

图 19-2　企业资本金占用图

(三) 财务管理的特征

企业财务管理的特征主要是：以企业资本金运动的客观规律为依据；以正确组织财务活动和处理财务关系为内容；以获取企业利润为主要目标；以货币形态为计量单位。

二、财务管理的任务

企业财务管理的基本任务是做好各项财务收支的计划、组织、控制、核算、分析和考核工作，依法、合理筹集资金，有效利用企业各项资产，实现企业经营目标，努力提高经济效益。它的具体任务是：① 组织、安排、筹集资本金，提高资本金使用效果；② 降低产品成本，增加企业利润；③ 实现财务监督，贯彻财经法规，维护财经纪律；④ 建立、健全企业内部财务管理制度，做好财务管理的基础工作，如实反映企业财务状况，依法计算和缴纳国家税收，保证投资者权益不受侵犯；⑤ 按照国家规定，合理地分配收入和使用自有资金，正确处理国家、企业、职工三者之间的分配关系。

为了实现上述任务，企业必须搞好财务决策、计划执行、控制、核算和评价等方面的工作，才能在资本金的整个运动过程中，正确组织财务活动，保证占用尽可能少的资本金和尽可能省的成本，生产出适销对路、价廉物美的产品，为企业创造更多的利润。

第二节　资 金 筹 集

企业是国民经济的细胞，是市场经济的主体，发展经济就要办企业，办企业就要有资本金。资本金可以是投入的，也可以是借来的，但无论如何办企业总要有一笔本钱，从而才能以本求利，以本负亏，这个办企业的本钱就叫资本金或资本。对股份制企业来说，资本金按投入资本的不同物质形态分为货币投资、实物投资、证券投资和无形资产投资等。资本金是指企业在工商行政管理部门登记的注册资金。资本金按照资本主体分为国家资本金、法人资本金、个人资本金和外商资本金等。企业要扩展自身的功能，亦要有足够的资本金，企业运行才能顺畅。

一、资本金筹集的来源

(一) 国内资本金来源

1. 国家财政投资(即国家资本金)。对于国家或地方政府的重点建设项目(铁路、公路、车站、港口、机场等)，可以申请国家财政或地方政府财政投资。根据国家的宏观政策，政府财政中还有种种重点科技项目贷款、新建项目贷款，以及企业基础设施、固定资产以及部分流动资产贷款。

2. 金融机构贷款。它主要是指向银行贷款，这是企业资本金筹集的主要方式之一。银行贷款以贷款是否需要担保为标准，可分为信用贷款与抵押贷款。银行贷款有短期、中期和长期贷款之分，它们的利率各不相同。企业必须根据贷款的用途与期限，选择恰当的贷款种类。

3. 非金融机构贷款。它主要包括信托投资公司、融资租赁公司、保险公司、证券公司、企业集团的财务公司以及商业信用等机构的贷款。这些机构通过一定的途径或方式为企业直接提供部分贷款，这种贷款与银行信贷相比，数额较小，但方式灵活，具有广阔的发展前景。

4. 金融市场集资。这是指企业通过证券市场直接融资的行为，即投资者与使用者之间建立直接信用而取得的中、长期资金。如发行股票、债券等。

5. 联合集资。这是指以横向联合生产经营的合资方式，如以跨地区、跨行业、跨部门的合资经营、联合投资经营等，以及来料加工、买方贷款、卖方贷款等形式吸收资金的融资行为。

企业资本金国内来源可见图 19-3 所示。

(二) 国外资本金来源

企业开发利用国外资本金的主要途径有：

1. 向国际金融机构、外国银行贷款。这要按照国际惯例进行申请，款项的汇率、利息及偿还等按国家有关法规执行。

2. 出口信贷。卖方信贷由承包商向银行贷款；买方信贷是出口国银行同进口国买方的贷款。

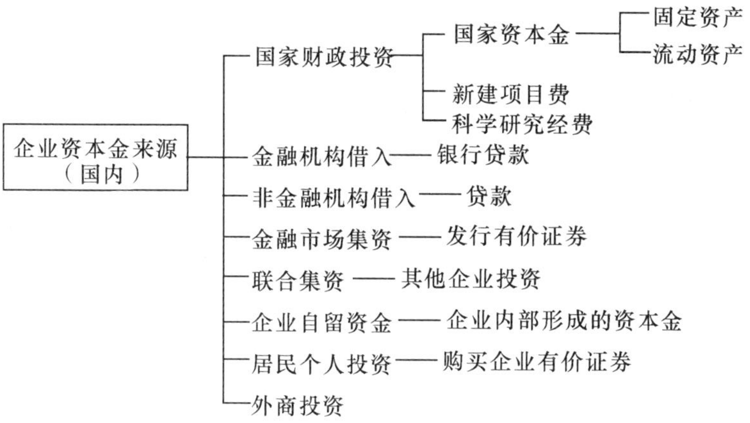

图 19-3　企业资本金来源图

3. 中外合资经营。中外双方出资，一般要求中方出劳动力、场地、设备等，外方出资金或引进先进技术、设备和人才等。

另外，还可以通过补偿贸易、来料加工、来件装配、中外合作经营、国外（含海外）发行股票、债券，实现国际租赁方式和形式取得外资。

（三）企业筹资渠道和筹资方式

企业筹资渠道和筹资方式之间的对应关系如表 19-1 所示。

表 19-1　筹资渠道与筹资方式间的对应关系

筹资方式 / 筹资渠道	吸收直接投资	发行股票	银行借款	发行债券	商业信用	融资租赁
国家财政资金	√	√				
银行信贷资金			√			
非银行金融机构资金	√	√		√	√	√
其他企业资金	√	√		√	√	√
居民个人资金	√	√		√		
企业自留资金	√	√				
外商资金	√	√				√

企业筹集的资本金，必须由中国注册会计师验资并出具验资报告，由企业据以发给投资者出资证明。同时，企业筹集的资本金，依法享有经营使用权，在生产经营期间，投资者除依法转让外，不得以任何方式抽走。法律另有规定的，服从其规定。

(四) 资本金筹集必须讲求资金成本

资金成本是指企业筹集和使用资金而付出的代价,资金成本包括资金筹集费和资金占用费两部分。资金筹集费是指筹集过程中支付的各项费用,如发行股票、债券支付的印刷费、发行手续费、律师费、资信评估费、公证费等。资金占用费是指占用资金支付的费用,如股票的股利、银行借款利息、债券利息等。相比之下,资金筹集费用是一次性发生,因此在计算资金成本时可作为筹资金额的一项扣除,资金成本一般用相对数表示,即资金成本率。资金成本率计算的一般模型是:

$$资金成本率=\frac{资金占有费}{筹资总额-资金筹集费}$$

或

$$资金成本率=\frac{资金占用成本率}{1-资金筹集费用率}$$

(五) 资本金筹集必须讲求效益

1. 企业筹集的资本金,一般都是有偿占用的,企业应以最低需要量作为筹集资本金的依据。

2. 要让人“有利可图”。以企业的良好“形象”和经营管理水平、明确的投资效益,让投资者看到期望值,以吸引投资者多投资。

3. 要取“低资金成本”。企业取得的各种贷款,都得按时支付利息,要选用贷款利率比投资率低的贷款。

二、财务决策的含义和作用

财务决策,有广义和狭义之分。广义的财务决策是指对企业财务活动各个方面所进行的决策,包括筹资与投资决策、固定资产更新改造决策、流动资产占有使用决策、资本金投向决策、目标成本与利润决策、财务结算决策等。狭义的财务决策是指对企业重要财务活动、资本金筹集、使用方向和使用效果所进行的决策,也就是从财务活动角度出发,对企业各项经营决策的评价和选择。这里主要是指广义的财务决策。

企业财务决策的主要作用是:

1. 评价选优。通过决策过程,可以选出占用资本金少而获得盈利多或效果好的最优方案。

2. 综合平衡。经营决策的每个组成部分及其所涉及的各种因素,它们往往会发生矛盾。要解决这些矛盾,只有通过财务决策,把它们综合起来,从资本金占用和经济效益角度进行调整、平衡后,以达到相互紧密衔接的经营决策要求。

3. 均衡资源。企业资源配置,不仅应从实物形态上进行分配,而且要从价值形态上进行考察。在实际工作中,资源分配是在资金分配的基础上,通过财务决策来实现的。

三、财务决策的基本步骤和方法

(一) 财务决策的基本步骤

1. 确定目标。在调查研究的基础上,确定财务活动要达到的明确目标。

2. 制定方案。依据大量信息资料,制定出能达到财务活动目标的各种可行性方案。

3. 评优方案。按照标准,采用相应方法选择最佳财务决策方案。

4. 跟踪控制。在财务决策方案实施过程中,要随时掌握信息资料,及时采取有效措施,防止资金使用过程中发生偏离预期目标的情况发生。

(二) 财务决策的方法

财务决策的方法主要分为两大类:即计量决策法和主观决策法。

1. 计量决策法。这是指建立在数学工具基础上的决策方法。如筹资决策主要考虑尽量取低利息的贷款。这样企业可以在经营利润一定的情况下,获得更好效益。它可用下式表示:

企业所得实际利润＝企业所得经营利润－利息

决策方法可采用矩阵法和决策树法。

2. 主观决策法。这是指直接凭借人们的经验、知识和能力,在经营决策的各个阶段,根据已知情况和现有资料,提出决策目标、方案、参数,并作出相应的评估和选择的决策方法。此外,还可以运用滚动计划方法,按旬、月、季度进行决策。

第三节　流动资产管理

企业要进行生产经营活动,必须拥有一定数量的流动资产。流动资产是相对于固定资产而言的,它是指企业可以在 1 年或者超过 1 年的一个营业周期内变现或者耗用的资产,包括现金、银行存款、短期投资(包括股票、债券、基金等)、应收及预付款项、待摊费用、存货等。根据流动资产在企业生产经营中的流动变化情况,又分为控制流动资产和监督流动资产。控制流动资产是指生产资金、成品资金和储备资金在正常情况下的最低需要量。监督流动资产是指在流通过程中发出的商品、货币资金和结算资金。

一、流动资产的特点

管理好企业流动资产是企业得以生存和发展的需要。流动资产的管理主要依其特点和构成来进行的。流动资产的特点有：

1. 经常处于流动状态。流动资产的原始形态是货币资金，但在企业再生产活动过程中，不断变换其形态：货币→储备（原材料）→生产（在产品）→产成品→货币，周而复始。

2. 流动资产并存性与继起性统一。从整体上看，它在同一时点上，各种形态并存；从局部上看，则一个一个形态顺次地运动，依次继起。

3. 流动资产垫支时的专一性与循环时的通用性统一。流动资产垫支某一方面后，就不能再垫支，这就是专一性；从一定量货币来说，可以购买 A 物，也可以购买 B 物，这就是通用性。

4. 流动资产具有较强的综合性。它能反映企业生产经营活动的全貌。

二、流动资产的构成

根据流动资产周转运动情况，它的构成如图 19-4 所示。

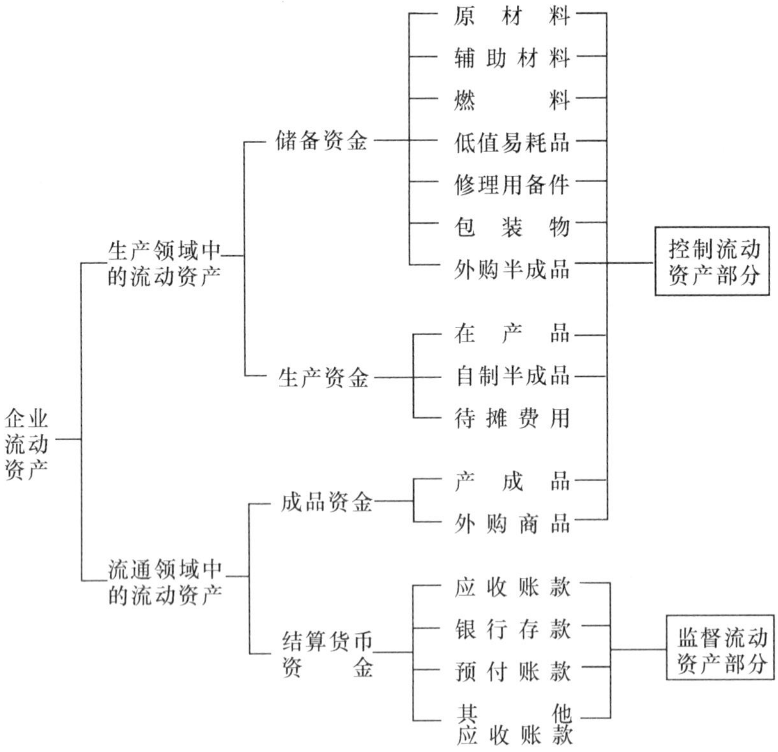

图 19-4 流动资产构成图

三、流动资产管理的基本任务

运用最低限度的、必要数额的流动资产，是为了保证生产过程和流通过程的不断进行，支持和督促企业完成生产计划，以满足市场需求。具体要求是按财经纪律严格流动资产的使用范围，做到不浪费；核定先进合理的流动资产定额，及时组织好对生产经营活动所需流动资产定额的供应；协调供产销关系，尽量减少流动资产的占用，加速资金周转；实行分级归口管理，落实流动资产管理的经济责任制。

四、流动资产管理的日常工作

流动资产的日常管理主要是核定定额，加强管理，考核效果。

(一) 流动资产定额的核定

1. 流动资产定额。它是指为保证企业在一定时间(年、季、月、日)内的生产经营活动顺利进行所需最低限额的流动资产。其计算公式如下：

$$\text{流动资产定额}=\text{流动资产平均每日周转额}\times\text{定额日数}$$

$$\text{定额日数}=\text{在途日数}+\text{验收日数}+\text{整理准备日数}+\text{供应周期}\times\text{供应周期系数}+\text{保险天数}$$

供应周期系数通常为0.5～0.6之间，计算公式如下：

$$\text{供应周期系数}=\frac{\text{平均经常储备量}}{\text{最高储备量}}$$

$$\text{储备资金定额}=\text{原材料等物料的每日平均消耗定额}\times\text{定额日数}$$

2. 在产品资金定额。它是指从物料投入生产开始到成品完工验收入库为止的整个生产物流过程中，合理占用的资金数额。其计算公式如下：

$$\text{在产品资金定额}=\text{每日平均生产费用}\times\text{生产周期}\times\text{在产品成本系数}$$

$$\text{每日平均生产费用}=\text{计划期平均日产量}\times\text{产品计划单位成本}$$

生产周期，即产品从投入开始到加工完成，验收入库的全部时间。

在产品成本系数，即按生产周期计算的在产品资金需要量的折扣率。它的计算是：产品平均每日成本与产成品成本之比。如一次投入原材料，其他则均衡支出，它的计算公式如下：

$$\text{在产品成本系数}=\frac{\text{原材料费用}+\text{其他生产费用}\div 2}{\text{单位产品成本}}$$

3. 成品资金定额。它是指产品从验收入库起到销售产品,并取得货款止合理占用的资金定额。其计算公式如下:

$$\text{成品资金定额}=\text{平均每日产品入库量}\times\text{产品计划单位成本}\times\text{定额日数}$$

定额日数包括库存日数、包装发运日数和结算货款日数。

4. 待摊费用资金定额。它是指应按受益期限分期摊入以后若干期产品成本的定额。其计算公式如下:

$$\text{待摊费用资金定额}=\text{计划期结转的待摊费用}+\text{计划期待摊费用发生额}-\text{计划期待摊费用摊销额}$$

以上各项资金定额相加,就是流动资产的需要量。

(二) 流动资产运用效果的评价

流动资产效果评价的主要指标有:

1. 流动资产周转次数。

$$\text{流动资产周转次数}=\frac{\text{流动资产周转总额}}{\text{流动资产平均占用额}}$$

2. 流动资产周转天数。

$$\text{流动资产周转天数}=\frac{\text{计划期的天数(360 天)}}{\text{流动资产(年)周转次数}}$$

或

$$\text{流动资产周转天数}=\frac{\text{流动资产平均占用额}\times\text{计划期天数}}{\text{流动资产周转总额}}$$

3. 流动资产产值率。

$$\text{流动资产产值率}=\frac{\text{企业总产值(元)}}{\text{流动资产平均占用额(百元)}}\left(\begin{array}{c}\text{每百元在一定时期}\\\text{提供企业总产值}\end{array}\right)$$

4. 流动资产盈利率。

$$\text{流动资产盈利率}=\frac{\text{企业实现税利总额(元)}}{\text{流动资产平均占用额(百元)}}\left(\begin{array}{c}\text{每百元在一定时期}\\\text{内提供盈利值}\end{array}\right)$$

(三) 搞好流动资产的日常管理工作

根据我国有关规定，对流动资产的日常管理，主要是做好日常的调度、平衡和控制工作。对流动资产可参照表 19-2 进行管理。

表 19-2 流动资产管理

ABC 分析法	重点物料(A)	次要物料(B)	一般物料(C)
定额方法	按周期一个一个核定	参考上期占用水平，结合计划期加速周转	保持上期占用水平，剔除不合理因素
保险储备	要低些	要高些	灵活
控制程度	从严控制	适度控制	有限额
采购方式	计划合同	计划、合同和自购	市场选购
库存监督方式	经常检查	定期检查	抽查

第四节 固定资产管理

企业进行生产经营活动，一定要拥有劳动资料(房屋、建筑物、机械设备、运输设备、工具器具等)。固定资产是指同时具有下列特征的有形资产：① 为生产商品、提供劳务、出租或经营管理而持有的；② 使用寿命超过一个会计年度。根据这一定义,企业持有固定资产的目的是为了企业在生产经营中使用,而不是为了其他目的,如果购置的固定资产以未来增值或转售为目的,则应列为投资性资产或存货。此外,固定资产的使用寿命至少超过 1 年,或大于 1 年的经营周期,且能多次参加生产经营而保持其原来的物质形态基本不变。不具备上述条件的劳动资料应列为低值易耗品。

一、固定资产的特点

1. 固定资产以实物形态参加生产经营过程,以其技术性能作用于产品的生产或提供劳务,而不以其实物形态形成产品、劳务的价值。

2. 固定资产实体使用寿命的长短,不与产品、劳务生产周期一致,其价值的周转时间要经过多次反复的生产周期才能完成。

3. 固定资产的补偿，在价值形态与实物形态上是不同的。价值形态的补偿是根据固定资产在使用中的消耗程度，以折旧形式分次、逐步实现。其实物形态在报废前仍然可在生产中发挥作用。

4. 随着企业再生产过程的连续进行,固定资产价值分两部分实现,实物形态部分逐年递减,脱离实物形态部分依次通过在产品、劳务和产成品转化为货币,而逐步递增。

二、加强固定资产管理的作用

固定资产的价值形态表现为货币资金。它不是无偿占用，而要按照规定向国家缴纳房产税、车船税、车船使用牌照税、印花税等。因此，加强固定资产管理的作用有：一是为了提高固定资产利用率，避免浪费，增加企业经济效益；二是节约国家基本建设投资，减轻财政负担；三是在加强固定资产管理过程中发现问题，提出建议，改进管理工作。

三、固定资产的管理

（一）固定资产管理的要求

固定资产管理的要求，主要是正确地核定固定资产的需要量；正确地计算固定资产的折旧，并且管好、用好折旧费；正确、合理地处理好当期发生的固定资产修理费用；管好用好固定资产，使其充分发挥效益。

（二）固定资产管理的方法

1. 核定固定资产的需要量，其计算公式如下：

$$\text{某项生产设备需要量}=\frac{\text{计划期生产任务（实物量或台时数）}}{\text{单台设备的生产能力（实物量或台时数）}}$$

或 $$\text{某项生产设备需要量}=\frac{\text{计划生产任务（产量）}}{\text{单位设备工作时间}\times\text{单位时间产量定额}}$$

2. 固定资产折旧的方法，有平均年限法、工作量法、双倍余额递减法、年数总和法和加速折旧法。

(1) 平均年限法。平均年限法的计算，有两种方法：

其一，平均使用年限法（也叫直线法）。这是按照固定资产的原值和使用年限平均提取折旧的方法，其计算公式如下：

$$\text{固定资产年折旧额}=\frac{\text{原始价值}-(\text{残值}-\text{清理费用})}{\text{使用年限}}$$

式中，清理费用指在清理时所需拆卸、搬运费用等。在实际工作中，折旧提取一般采用折旧率来计算，其计算公式如下：

$$\text{固定资产年折旧率}=\frac{\text{年折旧额}}{\text{原始价值}}\times 100\%$$

或 $$\text{固定资产年折旧率}=\frac{\text{原始价值}-(\text{残值}-\text{清理费用})}{\text{使用年限}\times\text{原始价值}}\times 100\%$$

$$\text{固定资产月折旧率}=\frac{\text{年折旧率}}{12}$$

其二，工作量法。这是按照固定资产完成的工作量或工作时效计算折旧的方法。

① 按行驶里程计算折旧公式如下：

$$单位里程折旧额=\frac{固定资产原值\times(1-预计净残值率)}{总行驶里程}$$

② 按工作小时计算折旧公式如下：

$$单位工时折旧额=\frac{固定资产原值\times(1-预计净残值率)}{总工作小时}$$

(2) 双倍余额递减法。这是指采用固定的折旧率，在不考虑固定资产残值情况下，用直线法折旧的 2 倍乘以固定资产账面价值计算折旧的一种折旧法。其折旧计算公式如下：

$$年折旧率=\frac{2}{折旧年限}\times 100\%$$

$$月折旧率=年折旧率\div 12$$

$$月折旧额=\begin{matrix}当月月初固定\\资产账面净值\end{matrix}\times 月折旧率$$

由于计算折旧额采用的是期初固定资产账面净值(折余价值)，没有考虑净残值问题，所以应当在折旧所限到期前两年，改用直线法折旧，以便处理净残值问题。最后两年的年折旧额按下式计算：

$$\begin{matrix}最后两年\\年折旧额\end{matrix}=\frac{最后两年年初固定资产账面净值-预计净残值}{2}$$

(3) 年数总和法。这是加速折旧法的一种。它是以各期固定资产可使用年限除以全部使用年限的逐期年数加成总数作为各期年折旧率，并乘以固定资产应计提折旧额计算各期折旧的一种方法。其计算公式如下：

$$年折旧率=\frac{预计折旧年限-已使用年数}{预计折旧年限\times(预计折旧年限+1)\div 2}\times 100\%$$

$$月折旧率=年折旧率\div 12$$

$$月折旧额=(固定资产原值-预计净残值)\times 月折旧率$$

(4) 加速折旧法也称递减折旧费用法。这是在固定资产的耐用年限内，通过使用早期多提折旧，并随使用年限的延续而逐渐递减的方式，使其固定资产价值加快得到补偿的一种计提折旧的方法。加速折旧法有余额递减法、双倍余额递减法、年数总和法、递减折旧率法等。在我国，随着社会主义市场经济的确立和企业经营的国际化，普遍认为适当地采用加速折旧法是当前经济发展的一种客观需要。

3. 固定资产修理费用的处理。现行有关制度规定，企业不再计提大修理基金，发生的固定资产修理费用支出，计入当期的成本、费用。若修理费用发生不均衡、数额较大的，为了分摊合理，可以采用分期摊销或预提的办法，并报主管部门备案。

4. 固定资产的日常管理。固定资产是企业得以生存和发展的基础，加强固定资产管理，对于提高企业财务管理水平，加速企业的技术进步都有着重要的作用。财务管理部门要支持、监督企业认真做好固定资产的日常管理工作。它主要包括维护固定资产完整无损；提高固定资产的利用效率；做好固定资产的分析工作，即分析固定资产的构成、分布是否恰当；认真做好对固定资产的有偿转让、报废和清理，以及对固定资产的盘盈、盘亏清查工作。

第五节　无形资产、其他资产、对外投资和企业清算

一、无形资产的概念、分类和管理

(一) 无形资产的概念

无形资产是指企业拥有或控制的没有实物形态的可辨认非货币性资产。

无形资产是企业有偿取得，长期使用，能使企业获得较高盈利能力和盈利水平，但没有实物形态的资产。

(二) 无形资产的分类

无形资产通常有以下几种分类方法：

1. 按能否辨认划分。以此划分可分为可辨认无形资产，包括专利权、专有技术、商标权、著作权、专营权、土地(海域)使用权等；不可辨认无形资产是指商誉。

2. 按取得形式划分。按照无形资产的来源渠道划分，可分为投资者投入的、从企业外部购入的和自创的无形资产等，如专营权、专利权、商标权等。

3. 按存续期限划分。按照无形资产的存在期限划分，可分为有期限无形资产和无期限无形资产。

(三) 无形资产管理

无形资产不计提折旧，其价值从开始使用之日起，在有效使用期限内平均摊入管理费用。企业转让无形资产时，所取得的收入除国家另有规定外，计入其他销售收入。

二、其 他 资 产

其他资产是指不能包括在流动资产、长期投资、固定资产、无形资产等以

外的资产，主要包括长期性质的待摊费用和其他长期资产。

（一）长期待摊费用

长期待摊费用是指企业已经支出，但摊销期限在1年以上（不含1年）的各项费用，包括固定资产大修理支出、租入固定资产的改良支出等。但是，应当由本期负担的借款利息、租金等，不得作为长期待摊费用处理。

长期待摊费用应当单独核算，在该费用项目的受益期限内分期平均摊销。大修理费用采用待摊方式的，应当将发生的大修理费用在下一次大修理前平均摊销；租入固定资产改良支出应当在租赁期限与预计可使用年限两者孰短的期限内平均摊销。其他长期待摊费用应当在受益期内平均摊销。

股份有限公司委托其他单位发行股票支付的手续费或佣金等相关费用，减去股票发行冻结期间的利息收入后的余额，从发行股票的溢价中不够抵销的，或者无溢价的，若金额较小的，直接计入当期损益；若金额较大的，可作为长期待摊费用，在不超过两年的期限内平均摊销，计入损益。

除购置和建造固定资产以外，所有组织筹建企业期间所发生的费用，如组织筹建人员的工资、律师和注册会计师的咨询费、企业登记注册费等，先在长期待摊费用中归集，待企业开始生产经营当期起一次计入开始生产经营当期的损益。

如果长期待摊的费用项目不能使以后会计期间受益的，应当将尚未摊销的该项目的摊余价值全部转入当期损益。

1. 租入固定资产改良支出

企业采用经营租赁方式从其他单位租入的固定资产，所有权属于出租人，承租企业依合同享有使用权。如果企业对租入的固定资产进行改良，由于租入固定资产的所有权不属于企业，因此，发生的改良支出只能作为待摊费用处理。待摊期限在租赁期或改良工程的有效使用期两者孰短的期限内摊销。如果摊销期限超过1年的，作为长期待摊费用处理。

2. 股票发行费

股票发行费是指与股票发行直接有关的费用（指股票按面值发行时发生的费用，或股票溢价不足以支付的费用），一般包括股票承销费、注册会计师费（包括审计、验资、盈利预测等项费用）、评估费、律师费、公关及广告费、印刷费及其他直接费用等。

3. 固定资产大修理支出

对固定资产大修理发生的费用采取摊销方式核算的，发生的固定资产大修理支出应在大修理间隔期内平均摊销，如果摊销期限超过1年（不含1年）的各项费用，应作为长期待摊费用处理。

(二) 其他长期资产

其他长期资产一般包括国家批准储备的特种物资、银行冻结存款以及临时设施和涉及诉讼中的财产等。其他长期资产可以根据资产的性质及特点单独设置相关科目核算。

三、企业对外投资

(一) 企业对外投资的概念

企业按照国家法律、法规规定,可以采用现金、实物、无形资产或购买股票、债券等有价证券方式向其他单位投资,包括短期投资和长期投资。

(二) 企业对外投资的作用

对外投资是企业主要经营活动之外的一项重要财务活动。在现代市场经济条件下,鼓励企业相互投资,对于充分发挥市场经济对资源配置的作用,促使企业之间的横向经济联合,充分利用闲置资金,提高资金利用效能,搞活金融市场有重要作用。

(三) 企业对外投资分类

企业对外投资可按以下内容划分。① 按照对外投资的经济内容不同划分;② 按照对外投资的目的及涉及的时间长短不同划分;③ 按照对外投资的性质和方式不同划分。

将以上对外投资的分类汇总后可以图 19-5 表示。

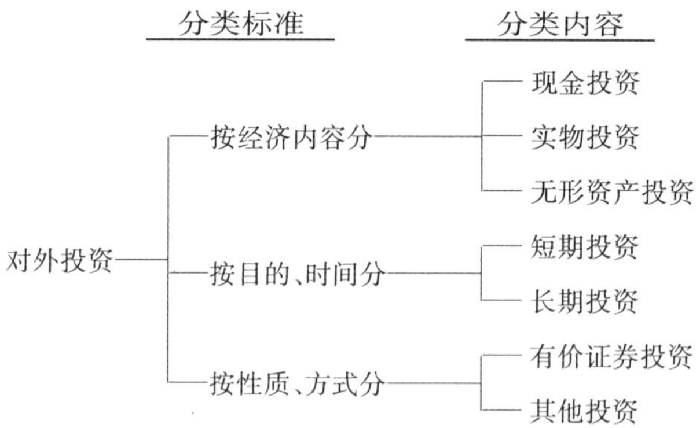

图 19-5 对外投资分类图

四、企 业 清 算

(一) 企业清算的概念

企业清算是指企业因某种原因而终止经营,结算一切财务事项。无论是什么原因，一旦企业终止经营活动而转入清算，都必须成立专门的清算机构，负责组织实施清算工作。清算期间任何人未经清算机构许可不得处置企业(公司)财产。

(二) 企业清算的内容

1. 对企业的各项财产物资进行全面的清算盘点。

2. 核实企业的各项债权债务。

3. 妥善处理企业的各项遗留问题，如职工遣散安置、有争议财产的处理等。

4. 编制清算的资产负债表。清算机构在发现企业(公司)财产不足清偿债务时，应立即停止清算，并按程序向人民法院申请破产，转入按破产程序进行清算。

(三) 清算管理

企业在清算过程中，必须遵守财务制度的有关规定。具体来说，应注意如下问题：

1. 清算财产的范围。其范围包括宣布清算时企业的全部财产及清算期间取得的财产。已作为担保抵押物的财产，相当于担保债务的部分，不属于清算财产，超过所担保的债务数额的部分，属于清算财产。

2. 清算财产的作价。清算财产作价处理时，一般以账面净值为依据，也可以重估价值或兑现收入等为依据。

3. 清算的顺序。企业财产和清算收入拨付清算费用后，其他债务偿还应遵循如下顺序：① 应付未付的职工工资、劳动保险费等；② 应缴未缴国家的税金；③ 尚未偿还的债务。同一顺序内不足清偿的，按比例清偿；如果剩余财产不足偿还全部债务，则按比例分摊偿还。

4. 剩余财产的处理。企业的清算净收益，也要缴纳所得税，税后所剩财产，按照投资者出资比例或合同、章程规定进行分配。其中有限责任公司，按投资者出资比例分配；股份有限公司按照优先股股份面值对优先股股东分配，剩余部分，按照普通股股东的股份比例分配；国有企业清算后剩余的财产，应上交国家财政部门。

5. 清算结束。清算机构向企业董事会或职工代表大会作清算工作报告及财产分配方案的同时，编制清算后资产负债表、损益表，经董事会或职工代表大会批准后宣布清算工作结束。

第六节　企业收益、利润分配、财务报告及评价

一、企业收益的构成

企业收益是指期末净资产大于期初净资产的增量。会计学认为，收益是产出

大于投入的差额，即企业在一定时期内已实现的收入与其相关的成本费用之间的差额。

企业在一个会计期间的收益突出地体现在利润这个基本数据上，而利润的实现是在现行会计模式下收入与费用相互配比的结果。企业利润一般由三个主要部分组成：

1．营业利润。它是利润的主要来源，能恰当地反映企业经营管理者的经营业绩。其计算公式如下：

营业利润＝主营业务利润＋其他业务利润－存货跌价损失－销售费用－管理费用－财务费用

主营业务利润（毛利）＝主营业务收入－销售折让－主营业务成本－主营业务税金及附加

其他业务利润＝其他业务收入－其他业务支出

2．投资损益。它主要指企业的短期投资和长期投资所获得的收入与投资损失的差额。

3．营业外收入与营业外支出。营业外收入是指与企业经营活动没有直接关系的各种收入，主要包括：固定资产盘盈、处置固定资产净收益、处置无形资产的收益、非货币性交易收益（如股权换股权等）、罚款净收入等。营业外支出是指不属于企业经营费用，与企业经营活动没有直接关系，但应从企业利润总额中扣除的支出，主要包括：固定资产盘亏、处置固定资产净损失、非常损失（如自然灾害造成的损失等）、罚款支出、资产评估减值、债务重组损失、捐赠支出等。

4．净利润。净利润是企业经营成果的综合反映，是会计核算的重要组成部分。其计算公式如下：

净利润＝利润总额－所得税费用

利润总额＝营业利润＋投资收益（减投资损失）＋补贴收入＋营业外收入－营业外支出

二、利润分配

利润分配是指企业按税法缴纳所得税后的净额，通常按下列顺序分配：① 支付各项赔偿金、违约金、滞纳金、罚款；② 弥补企业以前年度亏损；③ 提取盈余公积金、法定公益金，若以前年度亏损未弥补完，不得提取；④ 向投资者分配利润，若企业未提取盈余公积金和法定公益金，不得进行投资者的利润分配。加强利润分配管理，能提高企业盈利水平，搞好利润分配，正确处理好国家、企业、投资者三者关系，促进企业和国民经济的发展。

表 19-3 资产负债表

会企 01 表

编制单位：××公司　　　　20××年 12 月 31 日　　　　单位：元

资　　产	行次	年初数	期末数	负债和所有者权益（或股东权益）	行次	年初数	期末数
流动资产：				流动负债：			
货币资金	1	1 406 300	820 745	短期借款	68	300 000	50 000
短期投资	2	15 000		应付票据	69	200 000	100 000
应收票据	3	246 000	46 000	应付账款	70	953 800	953 800
应收股利	4			预收账款	71	0	0
应收利息	5			应付工资	72	100 000	100 000
应收账款	6	299 100	598 200	应付福利费	73	10 000	80 000
其他应收款	7	100 000	100 000	应付股利	74	0	32 215.85
预付账款	8			应交税费	75	30 000	105 344
应收补贴款	9	5 000	5 000	其他应交款	80	6 600	106 600
存货	10	2 580 000	2 574 700	其他应付款	81	50 000	50 000
待摊费用	11	100 000		预提费用	82	1 000	
一年内到期的长期债权投资	21			预计负债	83		
其他流动资产	24			一年内到期的长期负债	86	1 000 000	
流动资产合计	31	4 751 400	4 144 645	其他流动负债	90	0	
长期投资：							
长期股权投资	32	250 000	250 000	流动负债合计	100	2 651 400	1 577 959.85
长期债权投资	34			长期负债：			

长期投资合计	38	250 000	250 000	长期借款	101	600 000	1 160 000
固定资产：				应付债券	102	0	
固定资产原价	39	1 500 000	2 401 000	长期应付款	103	0	
减：累计折旧	40	400 000	170 000	专项应付款	106		
固定资产净值	41	1 100 000	2 231 000	其他长期负债	108	0	
减：固定资产减值准备	42	0	0	长期负债合计	110	600 000	1 160 000
固定资产净额	43	1 100 000	2 231 000	递延税项：			
工程物资	44	0	150 000	递延税款贷项	111	0	
在建工程	45	1 500 000	578 000	负债合计	114	3 251 400	2 737 959.85
固定资产清理	46	0	0				
固定资产合计	50	2 600 000	2 959 000	所有者权益(或股东权益)：			
无形资产及其他资产：				实收资本(或股本)	115	5 000 000	5 000 000
无形资产	51	600 000	540 000	减：已归还投资	116		
长期待摊费用	52	200 000	200 000	实收资本(或股本)净额	117		
其他长期资产	53	0	0	资本公积	118	0	
无形资产及其他资产合计	60	800 000	740 000	盈余公积	119	100 000	135 685.15
				其中：法定公益金	120		11 895.05
递延税项：				未分配利润	121	50 000	220 000
递延税款借项	61	0	0	所有者权益(或股东权益)合计	122	5 150 000	5 355 685.15
资产总计	67	8 401 400	8 093 645	负债和所有者权益(或股东权益)总计	135	8 401 400	8 093 645

三、财务会计报告

企业的财务会计报告（又称财务会计报表）是反映企业在一定时期的财务状况、经营成果及理财过程的总结性书面文件。它是向企业外部提供的报告。需要查阅企业财务报告的单位和个人，主要是企业的投资者和债权人（国家、银行、股东、企业债券购买者），政府及有关机构（税务、工商、主管部门、海关）等。

（一）企业财务会计报告的种类

企业财务会计报告包括资产负债表、利润表、利润分配表、现金流量表。

1. 资产负债表。它是反映企业财务状况，用以说明某一特定日期（月、季、年最后一天）企业控制的资产、承担的债务与投资者权益方面情况的报表，如表 19-3 所示。

2. 利润表（即损益表）。它是反映企业一定期间（月、季、年）全部生产经营成果，说明企业在这段时间内的收入、成本费用及盈亏情况的一种报表，如表 19-4 所示。

表 19-4 利 润 表

会企 02 表

编制单位：××公司　　20××年＿＿＿＿月　　单位：元

项　　目	行次	本月数	本年累计数
一、主营业务收入	1		1 250 000
减：主营业务成本	4		750 000
营业税金及附加	5		2 000
二、主营业务利润（亏损以“－”号填列）	6		498 000
加：其他业务利润（亏损以“－”号填列）	7		0
减：销售费用	9		20 000
管理费用	10		158 000
财务费用	11	（略）	41 500
三、营业利润（亏损以“－”号填列）	12		278 500
加：投资收益（损失以“－”号填列）	13		31 500
补贴收入	14		0
营业外收入	15		50 000
减：营业外支出	16		19 700
四、利润总额（亏损总额以“－”号填列）	17		340 300
减：所得税费用	18		102 399
五、净利润（净亏损以“－”号填列）	19		237 901

（续表）

补充资料：		
项　　目	本年累计数	上年实际数
1. 出售、处置部门或被投资单位所得收益 2. 自然灾害发生的损失 3. 会计政策变更增加（或减少）净利润 4. 会计估计变更增加（或减少）净利润 5. 债务重组损失 6. 其他	（略）	（略）

3. 利润分配表。它是反映企业一定时期（一年）对实现净利润的分配或亏损弥补，说明利润表上反映的净利润分配去向的报表，如表 19-5 所示。

表 19-5　利润分配表

会企 02 表附表 1

编制单位：××公司　　20××年度　　单位：元

项　　目	行次	本年实际	上年实际
一、净利润	1	237 901	（略）
加：年初未分配利润	2	50 000	
其他转入	4		
二、可供分配的利润	8	287 901	
减：提取法定盈余公积	9	23 790.10	
提取法定公益金	10	11 895.05	
提取职工奖励及福利基金	11		
提取储备基金	12		
提取企业发展基金	13		
利润归还投资	14		
三、可供投资者分配的利润	16	252 215.85	
减：应付优先股股利	17		
提取任意盈余公积	18		
应付普通股股利	19	32 215.85	
转作资本（或股本）的普通股股利	20		
四、未分配利润	25	220 000	

4. 现金流量表。它是以现金和现金等价物的流入、流出，反映企业在一定期间(1 年)内的经营活动、投资活动和筹资活动的动态情况，表明企业现金流入和流出全貌的报表。现金流量表如表 19-6 所示。

表 19-6 现 金 流 量 表

会企 03 表

编制单位：××公司　　　　20××年度　　　　单位：元

项　　目	行次	金　额
一、经营活动产生的现金流量：		
销售商品、提供劳务收到的现金	1	1 342 500
收到的税费返还	3	
收到的其他与经营活动有关的现金	8	
现金流入小计	9	1 342 500
购买商品、接受劳务支付的现金	10	392 266
支付给职工以及为职工支付的现金	12	300 000
支付的各项税费	13	199 089
支付的其他与经营活动有关的现金	18	70 000
现金流出小计	20	961 355
经营活动产生的现金流量净额	21	381 145
二、投资活动产生的现金流量：		
收回投资所收到的现金	22	16 500
取得投资收益所收到的现金	23	30 000
处置固定资产、无形资产和其他长期资产所收回的现金净额	25	300 300
收到的其他与投资活动有关的现金	28	
现金流入小计	29	346 800
购建固定资产、无形资产和其他长期资产所支付的现金	30	451 000
投资所支付的现金	31	
支付的其他与投资活动有关的现金	35	
现金流出小计	36	451 000
投资活动产生的现金流量净额	37	-104 200

（续表）

项　　　　目	行次	金　　额
三、筹资活动产生的现金流量：		
吸收投资所收到的现金	38	
借款所收到的现金	40	400 000
收到的其他与筹资活动有关的现金	43	
现金流入小计	44	400 000
偿还债务所支付的现金	45	1 250 000
分配股利、利润或偿付利息所支付的现金	46	12 500
支付的其他与筹资活动有关的现金	52	
现金流出小计	53	1 262 500
筹资活动产生的现金流量净额	54	－862 500
四、汇率变动对现金的影响	55	0
五、现金及现金等价物净增加额	56	－585 555
补　　充　　资　　料	行次	金　　额
1. 将净利润调节为经营活动现金流量：		
净利润	57	237 901
加：计提的资产减值准备	58	900
固定资产折旧	59	100 000
无形资产摊销	60	60 000
长期待摊费用摊销	61	
待摊费用减少（减：增加）	64	100 000
预提费用增加（减：减少）	65	
处置固定资产、无形资产和其他长期资产的损失（减：收益）	66	－50 000
固定资产报废损失	67	19 700
财务费用	68	21 500

（续表）

补　　充　　资　　料	行次	金　　额
投资损失（减：收益）	69	－31 500
递延税款贷项（减：借项）	70	
存货的减少（减：增加）	71	5 300
经营性应收项目的减少（减：增加）	72	－100 000
经营性应付项目的增加（减：减少）	73	17 344
其他	74	
经营活动产生的现金流量净额	75	381 145
2. 不涉及现金收支的投资和筹资活动：		
债务转为资本	76	
一年内到期的可转换公司债券	77	
融资租入固定资产	78	
3. 现金及现金等价物净增加情况：		
现金的期末余额	79	820 745
减：现金的期初余额	80	1 406 300
加：现金等价物的期末余额	81	0
减：现金等价物的期初余额	82	0
现金及现金等价物净增加额	83	－585 555

资产负债表、利润表、现金流量表，这三张表分别从不同角度反映企业的财务状况、经营成果和现金流量。资产负债表反映企业一定日期所拥有的资产、需偿还的债务，以及投资者所拥有的净资产的情况；利润表反映企业一定时期内的经营成果，即利润或亏损的情况，表明企业运用所拥有的资产的获利能力；现金流量表反映企业一定时期内现金流入、流出，表明企业获得现金和现金等价物的能力。

（二）财务会计报告编制的要求

为了保证财务会计报告能及时为使用者提供正确有用的信息，编制财务会计报告时应符合以下要求：

1. 表首清晰明了。每张报表的表首要清晰标明企业名称、报表标题及填表日期。

2. 内容真实、全面。报表要完整反映企业财务状况及经营成果，所有数字及文字说明要真实。

3. 编制应及时、连贯。报告的编制与报送要及时，为了使报表使用者对不同会计期间的财务状况进行系统、连续的比较分析，报表的编制应保持连贯性。

四、财务评价

财务评价是指根据财务会计报告、管理会计报告等，通过分析，对企业财务状况及经营成果进行总结和评价。评价指标按其在总结和评价企业财务状况和经营成果中的功能、作用不同，可以划分为偿债能力指标、营运能力指标和盈利能力指标三大类：

1. 偿债能力指标。这是用来总结和评价企业长期以及短期内能够用其资产偿还负债能力的大小，或者用来判断企业举债经营安全程度的指标。

2. 营运能力指标。这是用来总结、分析和评价企业销售能力、资金流动性等企业正常经营运转能力的指标。

3. 盈利能力指标。这是用来评价企业在生产经营活动中的创利水平的指标。它为企业提供生产经营的效果和获利能力以及为投资者提供企业的资本收益、效益水平的情况。该指标包括资本金利润率、营业收入利税率、成本费用利润率等。

以上三大类指标有机结合，可以满足企业的债权人、投资者、经营者以及政府部门等从不同侧面对企业作出全面评价。

第二十章

企业信息管理

企业信息管理是指应用电子计算机、网络技术和现代通信技术，对企业信息资料的收集、加工、处理、传输、使用、贮存和维护等一系列活动的总称。随着现代信息技术的飞速发展，不少企业都建立了高效能的管理信息系统，这为提升企业管理工作效率和企业经济效益创造了极为有利的条件。本章将简要阐述信息的概念和特征，管理信息系统的发展与应用等。

第一节　信息的概念、特征与管理

一、信息的概念

信息是指客观存在的所有事物，通过物质载体发出的所有信息、指令、数据、情况及消息中包含的所有可能传递与交换的知识内容。信息从使用的角度不同来讲，有广义与狭义之分。广义的信息是指一切可以利用的情况、消息、资料等。狭义的信息是指根据需要收集起来的，经过加工整理后具有某种使用价值的情报、图形、文字、公式、方法、数据、符号、声音、动画等的总称。信息的发展大体经历了四次革命：第一次是语言革命；第二次是文字革命；第三次是印刷革命；第四次就是电信、电话、电视、电子计算机和卫星通信技术的广泛应用。在当今世界里，不仅现代化管理对信息的依赖性越来越明显，而且整个社会也正朝着信息社会的方向发展，人们越来越认识到信息是一切管理活动的基础和源泉。

二、信息的一般特征

各种信息的具体内容尽管不同，但其基本特征有共同之处，信息的一般特征有：

1. 信息的真实性。信息是反映客观事物的事实，脱离实际或不符合事实的信息，不仅没有使用价值，而且可能产生负价值，所以事实是信息的中心价值，也是其基本属性。

2. 信息的时效性。信息具有很强的时间性，因此收集时必须强调及时性，及时而有效的信息才具有价值，才能产生效益。也可以说信息是有寿命周期的。

3. 信息的传递性。信息是可以传递的，这是其基本属性。传递信息可以在一定时间、空间、范围、程度内，通过声波、数据、文字、图像、颜色、电磁波、光波等信息载体进行传播，人们有目的地发出信息，传播信息和接受信息，就是信息的传递。不能传递的信息是无用的，也是无存在的价值。

4. 信息的共享性。信息与其他资源相比，具有在使用过程中不被消耗的属性。信息通过传递，可以让许多人同时共享。如一个企业的采购部门将采购原材料的信息，既可传递给生产部门，又可传递给销售部门和财务部门，使企业的许多相关部门都掌握原材料的供应情况。信息是可以交换的，但它的交换具有叠加性，获得信息的人并没有使传递信息的人失去信息。因此，信息交换的结果使信息实现共享。而物质的交换使需求方获得物质，而供给方失去物质。共享性使信息具有无穷大的规模效应，可以获得巨大的经济价值。

5. 信息的转换性。信息可以通过各种形式进行转换，如信息可以从一种形态转换为另一种形态，从一种载体转换为另一种载体，从一种语言转换为另一种语言，以及数据间的转换而形成新的信息等，所以信息是可以转换的。人们在接受原始信息的基础上，通过筛选、整理、归并、计算、加工成适合各种需要的信息。

6. 信息的贮存性。信息是可以贮存的。人脑可以贮存信息，这就是记忆，电子计算机贮存信息，可分为内贮存器和外贮存器。贮存信息的目的是为了今后使用，许多信息因为能贮存，所以才具有使用价值。

7. 信息的可压缩性。信息经过加工、处理就可以压缩成精练、有用、便于贮存的信息。信息可以在不丢失内容的情况下进行概括、综合与集中。对信息压缩的方法有：文摘、纪要、眉批、剪辑、目录、索引以及信息的数据化、图像化、报表化等。通过对信息的压缩，排除其中的冗余信息，可以提高信息贮存容量、传输速度和利用效率。

8. 信息的扩散性。扩散是信息的本质。信息通过各种渠道向各个方向扩散，一方面有利于知识的传播，有利于人类社会的进步和发展；另一方面对信息的使用要讲究策略性、有效性、灵活性、实用性和保密性。如通过远程网络教育，可以加速知识的传播，使更多的人更方便地获得知识，而如果通过网络传播虚假或有损身心健康的信息，则会给社会带来危害。

9. 信息的依附性。任何信息都是由信息实体和信息载体构成的整体。信息实体是指信息的内容（自然信息、生物信息、社会信息），信息载体是反映这些内容的文字、数据、图像、胶片、声波、光波、磁鼓等。信息必然要依附于一定的介质而存在，信息与载体是不可分割的。

三、信息管理与信息技术的发展

信息管理是指在整个管理过程中，人们收集、加工和输入输出信息的总称。信息管理的过程包括信息的收集、加工、传输和信息贮存等。

信息技术的发展一般经历了信息化、集成化、网络化和智能化四个阶段。第一，实现信息化。信息化是指将企业的生产过程、物料移动、事物处理、现金流动、客户交流等业务过程数字化，通过各种信息系统网络加工生成新的信息资源，提供给各层次的人员掌握各类动态业务中的一切信息，以做出有利于生产要素组合优化的决策，使企业资源合理配置，并能适应瞬息万变的市场竞争环境，获得最大的经济效益。第二，实现集成化。企业作为一个有机系统，需要企业内部的产品开发、采购、生产、销售与客户服务紧密集成起来。因此，计算机应用也需要从局部走向集成与整合。第三，实现网络化。为了实现集成化，企业就需要实现网络化，尤其是随着互联网的日益普及和性能提升，使不少企业构建起全国乃至全球性的业务运作体系，实现业务的有效扩张。第四，实现智能化。除了完成商品交易之外，还要挖掘客户的需求，从数据里面获得财富，辅助企业决策，让企业成为一个智能化的企业。

第二节　管理信息系统概述

一、管理信息系统的概念

管理信息系统是一个人和机器相结合的人机系统，是用系统思想建立起来的，以电子计算机、网络通信设备和办公设备为手段，为管理过程服务的信息系统。它输入各种管理数据，经过电子计算机的加工处理，并经一定编码程序的解释，输出供各级管理机构使用的管理信息。管理信息系统是由管理系统、信息处理系统和传输系统三部分组成。管理系统包括供应链子系统、生产子系统、财务会计子系统、销售子系统、人事子系统等；信息处理系统不仅用电子计算机进行单纯的数据处理，为管理部门和人员提供有关资料和报表，而且还要运用现代数学方法和模拟方法，按照一定编码或模式推导出各种管理信息，供管理部门和人员使用；传输系统是指通过线路构成电子计算机网络，把必要的信息、及时、准确、可靠、迅速地传输到有关的管理部门和人员。

二、管理信息系统的特征

管理信息系统主要有以下几方面的特征：

1. 信息来源的分散性和数量的庞杂性。任何组织的活动都涉及内外各方面的信息，特别是企业的生产经营过程更是一项复杂活动过程，如生产的产品品种、生产所用原材料、工具、资金，企业中的各类人员及其数量、技术、文化等，企业的原始信息就产生在生产经营的各个环节和各个方面。所以信息来源面广、量大，这就决定了数据收集工作的复杂性和繁重性。

2. 信息加工处理的多样性。在企业中，各部门使用信息的目的不同，对原始信息的加工处理也须采用多种多样的方法。如有的只需按照不同标准对信息进行分类，检索并进行简单运算即可，有的则要应用现代数学方法，求解一些较复杂的数学模型（生产计划优化、销售预测、作业排序等）。所以需求不同，方法也各异。

3. 信息传递的及时性。在企业管理中，只有及时灵敏地传递和使用信息，才能不失时机地对生产经营活动中做出相应的决策；反之，再重要的信息也会变得毫无价值。

4. 信息管理的层次性。企业管理一般分为高层管理、中层管理和基层管理三个层次。相应地企业中的信息也就有战略层信息、战术层信息和作业层信息。战略层信息涉及企业长远的、全局的方向和目标，战术层信息关系到企业在一定时间内的生产经营活动，作业层信息涉及企业日常业务活动的信息，用来解决企业经常性的问题。

三、管理信息系统的结构

从管理信息系统来看，可将其划分为业务信息系统、知识工作系统和决策支持系统。管理信息系统的结构如图 20-1 所示。

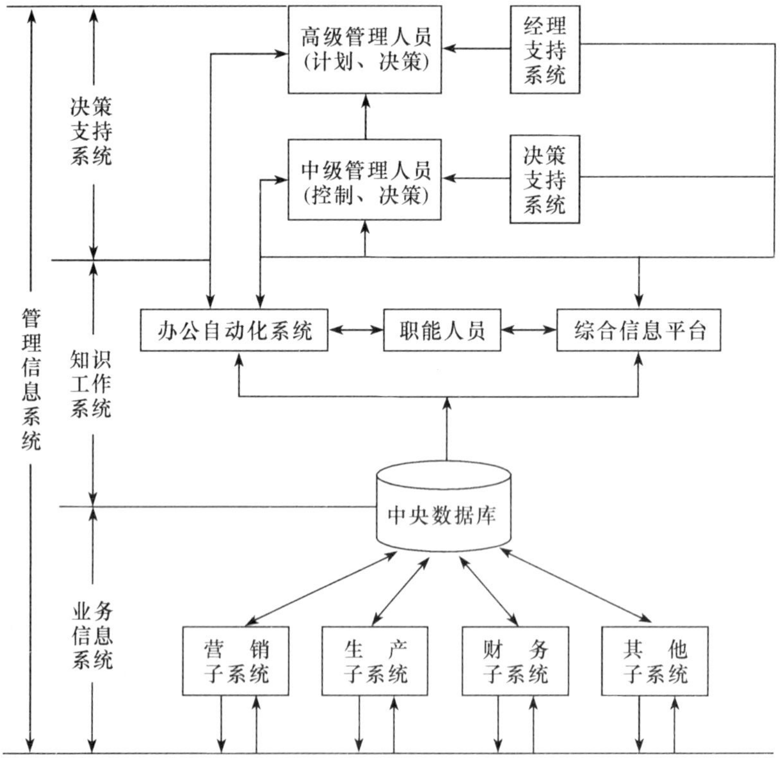

图 20-1 管理信息系统结构图

从图 20-1 可以看出，业务信息系统是整个管理信息的基础，它的主要功能是对职能管理人员，按照业务管理规程所做工作进行真实记录，在流程上实现对过程进行控制和必要的统计分析。知识工作系统是整个管理信息系统的神经中枢，它的主要功能是进行信息沟通。对于企业高层来说，可以通过它将整个企业的经营战略公开给相关人员，也可以通过它了解公司内部的经营状况和企业所处经营环境。对于企业中层来说，可以通过它将企业的管理制度、工作计划发布出去，也可以通过它了解计划的执行情况和各项资源的使用情况。对于基层来说，可以通过它了解领导的工作安排，反馈相关工作的结果。决策支持系统是整个管理信息系统的最高境界，其功能包括企业经营战略的制订，企业资源的分配等。它是以业务信息系统和知识工作系统为基础，只有知识库、模型库健全和完善，才可能建立起真正意义上的决策支持系统。

四、管理信息系统的建立

由于企业生产类型不同，规模大小有别，生产工艺难易程度有异，各职能部门划分不同，信息子系统的建立没有固定模式。一般来说，企业应建立若干子系统：

1. 产品营销子系统。包括拟定产品价格，广告费用预算，产品信息，顾客需求，销售趋势分析，售后服务登记及分析等。

2. 生产组织子系统。包括生产调度，生产计划和生产作业计划的编制，生产能力平衡的计算，各种生产指标和定额完成情况的反馈等。

3. 经营决策计划子系统。包括企业内外信息收集、分析、处理，对生产经营活动进行预测、决策，编制生产经营计划，各项技术经济指标的登记、分析等。

4. 会计子系统。包括存货控制、审查、编制各种财务报表、进行成本核算和分析等。

5. 财务子系统。包括财务决策、财务分析和财务预算的编制与执行等。

6. 人力资源子系统。包括各种定额的制定，建立员工档案、考勤管理，工资单计算和打印等。

7. 物料管理子系统。包括物料消耗定额、物料储备定额，物料采购供应计划，物料发放和库存管理登记等。

8. 设备工具管理子系统。包括设备规格代号、账册登记、设备维修计划的编制、维修保养费用预算及工具制造修理计划的编制等。

9. 质量管理子系统。包括产品质量、工作质量、服务质量的监督检查和分析，产品完工、原材料、半成品入库验收等质量控制及质量成本控制等。

10. 后勤子系统。包括直接为生产过程服务的起重运输、吊装搬运等辅助工作计量仪器检验维护修理。

将以上子系统加以联网，就建立了企业管理信息系统的基本模式，如图 20-2 所示。

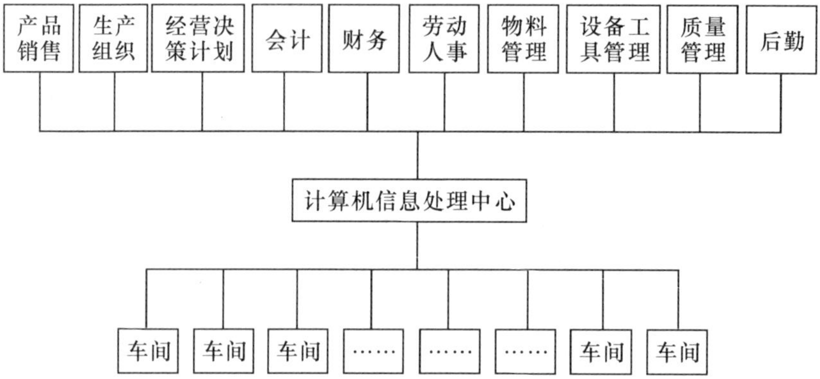

图 20-2　企业管理信息系统基本模式

第三节　管理信息系统的发展与应用

一、管理信息系统的发展过程

管理信息系统由传统的人工系统，发展到以计算机与通信技术相结合的管理信息系统，大体经历四个阶段：

1. 传统信息管理阶段。从资料的收集、分类、整理、综合、贮存到分析、运算过程都是由人工操作或用一些简单的计算工具来完成。这种人工管理系统存在着工作效率低，处理和传递速度慢；数据不全面、不准确；重复劳动，关系多头；贮存容量小，不能解决大规模信息加工和运算处理；管理人员把大量的时间用于信息的收集、转抄和计算工作之中。

2. 计算机简单数据处理阶段。在这一阶段，企业在管理中引进了计算机，并用计算机进行单项目的管理和简单的项目处理，如成本和财务核算、工资计算、人力资源管理、统计报表处理等。但在这个阶段由于计算机的外围设备、软件和通信技术等还不发达，计算机的应用只限于在机房内，对原始数据的收集和整理，仍要借助于人工方式来进行，并要用人工将收集的数据送到计算机房进行处理以后，再用人工将此信息分类送到各个使用部门。计算机在整个管理系统中只起到单项数据的计算作用。

3. 计算机数据综合处理阶段。在这一个阶段，由于计算机的外围设备、软件及通信技术有很大的发展，使计算机在管理系统中的应用由机房扩大到经营场所，由原来的一户一机过渡到多户一机，将多个终端设备通过通信线路和一台主机相连接，实现了数据共享，并加快了信息收集、加工、处理和传输的速度。数据可以由发生地直接输入计算机，加工处理后的信息又直接传递给使用部门，这样就形成了信息管理的局部信息系统。如财务、成本管理系统，物料管理系统、劳动工资系统、生产管理系统等。

4. 计算机数据系统处理阶段。这是管理信息系统的高级阶段。由于电传技术、实时反馈技术、数据库等新技术和新设备的不断发展，使计算机向着整机系列化、结构模块化、处理网络化方向发展，企业管理各个子系统都可以用计算机加以联网，如证券市场的计算机联网系统，金融市场的银行联网系统等。数据库内贮存着各类信息资料，企业的各业务管理部门都可以利用计算机进行信息管理，并参与企业重大决策。这是以计算机为中心的管理信息系统的高级阶段。

二、管理信息系统的应用

目前在我国企业中应用最为典型的管理信息系统是企业资源计划(ERP)、供应链管理(SCM)、客户关系管理(CRM)、电子商务(EC)、战略信息系统(SI)和财务会计系统等。这里仅对企业资源计划、供应链管理和客户关系管理作简要介绍。

1. 企业资源计划。企业资源计划是建立在信息技术基础上，利用先进的管理思想，全面集成企业所有资源信息(物流、资金流、信息流)，为企业提供决策、计划、控制与经营业绩评估的全方位、系统化管理平台。它的宗旨在于帮助企业合理调配资源，最大化地创造企业效益。企业资源计划从20世纪80年代进入我国企业以来，经过20多年的探索与实践，企业资源计划已被越来越多的企业所采用。据计世资讯公司研究表明，企业资源计划已占据中国管理软件市场的50%以上，并已取代财务软件，成为中国管理软件市场的主力军。

2. 供应链管理。供应链管理是一个范围更广的企业结构模式，它以核心企业为主，将客户、研发中心、供应商、制造商、分销商、零售商、服务商等整合成一个完整的网链结构，供应链上的各个节点企业，形成了一个不可分割的有机整体，从而达到对客户需求、产品研发、物料采购、产品制造、销售和服务各环节供应链资源的有效规划和控制。供应链管理突破了企业内部信息管理范畴，体现了一种全新的管理思想，内容融合了各项业务活动。在供应链管理中，强调以同步化、集成化的生产计划为指导，以各种技术为支持，以Internet/Intranet(信息网络)为依托，围绕着供应、生产作业、物流或制造过程、分销、零售商或满足需求来实施。

3. 客户关系管理。随着市场竞争日趋激烈，仅仅依靠产品的质量已经很难留住客户，而必须为客户提供全方位的服务，服务已成为企业取得成功的强有力的手段。对于企业来说，要针对每个客户的不同需求，提供个性化的服务已成为当务之急。客户关系管理就是融合了当今最新的信息技术，包括 Internet 技术、多媒体技术、数据库、数据挖掘、专家系统和人工智能、呼叫中心，通过对客户进行跟踪、管理和服务，留住老客户、吸引新客户的手段和方法。客户关系管理是围绕对客户关怀的整个业务的信息系统的集成，它体现了先进管理思想的信息技术综合运用，是管理思想、业务、信息技术的高度整合，很难将客户关系管理中的信息与具体的业务活动分割开来，它们已经高度集成。

三、管理信息系统在海尔公司的具体应用

海尔公司总裁张瑞敏说："海尔通过信息手段，实现了全球化的设计、全球化的采购，可以随时响应客户的需求。信息化使海尔实现了与客户零距离。海尔为订单生产，全部做到了现款现货，不会打价格战"。早在 2001 年，海尔已完成了连接海内外终端市场，贯通采购、设计、生产、销售、财务等环节的计算机网络化的管理信息系统工程。海尔目前在全国有 42 个配送中心，每天配送的产品大约是 5 万多件，要配送到 1 550 个海尔专卖店和众多销售点。海尔所有的配送工作都是通过计算机网络系统指令来进行，到货及时率由 95%提高到 98%以上，实现了与用户的零距离。

海尔采用网络化管理信息系统实现订单的实时处理。目前，海尔平均每月接到海内外订单 90 多万个，定制的产品品种 1.08 万个，订单的产量 450 多万台，平均每天出口 300 多个标准箱，国内发货 5 万台。当订单信息在网上一出现，物流、资金流以及所有支持流程的每个部门同时准备到位，做好订单上与本部门相关工作。

海尔工业园区物流中心采用了 SAP 软件管理系统的红外线无线扫描设备，工作人员只需扫描物料周转箱上的条形码，就可以轻松完成收货程序；如果物料不在订单范围内，信息终端就会自动报警，避免了人为因素导致的库存增加。仓库的任务已不再是用来贮存物料，而是过站物流的一个中转点，它只是暂时存放各种零部件，然后由计算机进行配套，把配置好的零部件直接送到生产线。

海尔大力推进企业信息管理的根本目的就是创造世界名牌，通过企业信息管理追求采购、制造、营销、设计和资本运作五种业务的全球化。在全球化采购方面，海尔物流每年的采购额超过 200 多亿元，来自 1 000 多个供应商，全部通过网上招标系统完成，使公司得到了真正价廉物美的商品。在全球化设计方面，海尔的产品开发管理系统通过互联网和世界各地的研究机构进行交互式的设计，这就大大缩短了家电产品的开发周期，使海尔在网络家电领域占有领先地位。在全球化制造方面，海尔目前在国外有 17 个生产企业，国内 9 个生产企业，25 个工业园区。通过公司的网络化管理信息系统，海尔能随时了解企业的运营情况。在全球化营销方面，海尔目前在海内外共有 53 000 个营销网点，其中海外 4 万多个网点，占总数的 2/3 以上，公司通过信息网络系统来管理这些网点，提高了公司的管理效率。

教学课件索取单

敬爱的老师：

感谢您使用由陈文安、穆庆贵、胡焕绩主编的《企业管理》(第 8 版)。为了方便您的教学，本书配有相关的教学课件。如果您需要，请您填写下面表格中的相关信息，并以电子邮件的形式发到我社，我们在核对您的信息后，会免费向您提供教学课件。

我们的联系方式：

地址：上海市中山西路 2230 号立信会计出版社　　　邮编：200235

电子邮件：fangshihua_2013@163.com　　　电话：(021)64411375

姓　　名		性别		身份证号			
学　　校				学院、系		教研室	
学校地址						邮　　编	
职　　务			职称			办公电话	
E-mail			手机			宅　　电	
通信地址						邮　　编	
教材用量	册		委托订购单位				

您对本书的使用有什么意见和建议？

____

____

____

____